全国优秀教材一等奖
"十二五"普通高等教育本科国家级规划教材
普通高等教育"十一五"国家级规划教材
"创业管理"国家级精品课程教材
教育部普通高等教育精品教材

全国优秀教材一等奖

华章文渊 管理学系列

第5版

创业管理

Entrepreneurship

张玉利 薛红志 陈寒松 李华晶 编著

机械工业出版社
China Machine Press

图书在版编目（CIP）数据

创业管理 / 张玉利等编著 . —5 版 . —北京：机械工业出版社，2020.6（2021.11 重印）
（华章文渊・管理学系列）

ISBN 978-7-111-65769-9

I. 创…　II. 张…　III. 企业管理　IV. F272

中国版本图书馆 CIP 数据核字（2020）第 094700 号

本书继续保留了前 4 版的整体框架和内容特色，并根据创业教育的发展及授课教师的反馈，做出了相应的修订。本书以创业过程为主线，同时注意加强创业思维、方法和关键要素等内容，将它们与创业过程紧密结合起来，进一步强化“观念、知识、技能和行动”这一框架。除了理论的更新和调整，新版对引例、调查研究、创业聚焦、延伸阅读、专栏、行动指引、实践练习等内容也做了大量的更新。

本书可以作为高等学校的创业基础课教材，也可供 MBA 学员学习使用，还可作为希望了解创业知识的社会从业人员的参考读物。

出版发行：机械工业出版社（北京市西城区百万庄大街 22 号　邮政编码：100037）
责任编辑：施琳琳　　责任校对：李秋荣
印　　刷：北京诚信伟业印刷有限公司　　版　　次：2021 年 11 月第 5 版第 7 次印刷
开　　本：185mm×260mm　1/16　　印　　张：21.5
书　　号：ISBN 978-7-111-65769-9　　定　　价：49.00 元

客服电话：（010）88361066　88379833　68326294　　投稿热线：（010）88379007
华章网站：www.hzbook.com　　读者信箱：hzjg@hzbook.com

华章文渊

管理学系列

师道文宗

笔墨渊海

文渊阁 位于故宫东华门内文华殿后，是紫禁城中贮藏图书的地方，中国古代最大的文化工程《四库全书》曾经藏在这里，阁内悬有乾隆御书“汇流澄鉴”四字匾。

华章文渊

管理学系列

作者简介

张玉利 教育部长江学者特聘教授、博士生导师，博士。南开大学创业研究中心创始主任、全国工商管理专业学位研究生教育指导委员会创新创业协同促进中心主任，国务院学位委员会第七届学科（工商管理）评议组成员、教育部科学技术委员会管理学部委员、中国高质量MBA教育认证工作委员会委员等。主要研究领域为创业管理、企业成长战略、管理教育，主持国家自然科学基金重点课题2项，主讲的“创业管理”课程先后被教育部评为国家级精品课程和精品视频公开课，课程教学团队入选天津市级教学团队。2016年获复旦管理学杰出贡献奖。出版著作多部，编著的《创业管理》（“十一五”“十二五”国家级规划教材）被数百所高校选用。

薛红志 南开大学商学院副教授，博士。现任南开大学商学院副院长、南开大学MBA中心主任。曾赴新加坡南洋理工大学、美国百森商学院、瑞典延雪平大学进修和讲学。主要研究领域为创新与创业管理、企业成长和组织转型，先后主持国家自然科学基金项目、教育部人文社会科学基金项目、天津市教委社会科学重大项目等课题多项。国家级精品课程“创业管理”核心成员，面向本科生和研究生开设“创新管理”“商业模式创新”“公司创业”等课程。

陈寒松 山东财经大学工商管理学院教授，博士。南开大学创业研究中心核心成员，中国高校创新创业教育研究中心专家库（第一批）专家，山东省工业和信息化厅专家，济南市科技创业研究会副会长等。主要研究方向为创业管理、商业模式创新、数字化转型等。主持及参与创业相关主题的省（部）级课题30余项，发表创新创业主题的学术论文70多篇。面向工商管理类专业本科生和MBA主讲“创业管理”课程，主持建设“创业管理”优质课程，出版教材10余部。

李华晶 北京林业大学经济管理学院教授、博士生导师，博士。美国圣路易斯大学访问学者、南开大学创业研究中心成员、全国优秀创新创业导师、北京市青年教学名师等。主要研究领域为创新创业管理、企业成长战略和创新创业教育等，主持国家自然科学基金项目、教育部人文社会科学基金项目等课题10余项，发表学术论文100余篇，出版著作和教材10余部。曾获北京市哲学社会科学优秀成果奖二等奖、北京高校青年教师社会调研优秀项目一等奖等。

INSTRUCTION 出版说明

提高自主创新能力，建设创新型国家，是党中央国务院做出的战略部署，是包括科技界、教育界在内全社会的共同目标。高等学校是培养和造就数以千万计专门人才和一大批拔尖创新人才的重要基地，是综合国力的重要组成部分，在支撑经济社会发展、提高自主创新能力、推进创新型国家建设中具有不可替代的重要作用。增强自主创新能力，建设创新型国家，对培养创新人才提出了新的要求，也对高等教育提出了新的挑战。教育部明确提出大力推进高校自主创新，进一步提高高等教育质量。

作为教学内容改革成果重要体现形式的教材，在高校创新人才的培养中扮演着重要角色。“教材是体现教学内容和教学方法的知识载体，是进行教学的具体工具，也是深化教育教学改革、全面推进素质教育、培养创新人才的重要保证。”21 世纪的到来，对高等教育来说，不仅是时间上的跨越，更重要的是教育思想、教育观念发生了深刻的变革，而教材正从一个侧面折射出教育思想变革。为体现优秀教材的创新成果，机械工业出版社华章公司推出“华章文渊”教材系列（分为经济学系列和管理学系列）。本系列重视教育思想和观念的改革，力求处理好知识、能力和素质三者辩证统一的关系，以素质教育为核心组织教材的内容，实现教材内容和体系的创新。“华章文渊”教材充分体现“授人以鱼不如授人以渔”的终身教育的思想。

奉献给广大读者的“华章文渊”教材系列重在培养学生的创新精神和能力，观点、体系有所创新，既与国际接轨，又具有理论性、实用性、可操作性和创新性等鲜明特色，具有各自的知识创新点和独到之处。同时，优秀教材是知识性和可读性的结合体，将深奥的知识融于浅显易懂的文字中，努力使读者的学习过程变得轻松愉快，这也是“华章文渊”的目标。

秉承“国际视野、教育为本、专业出版”的理念，华章始终坚持以内容取胜的出版标准。集合优秀教材创新成果的“华章文渊”教材系列正是“深化教育教学改革，全面推进素质教育，培养创新人才”的直接体现，期待有志于此的广大教师加入。

机械工业出版社华章公司经管出版中心

前　言 PREFACE

在互联网浪潮、社会变革和经济转型的强力驱动下，中国历史上从未像今天这样渴望和重视创业者。作为从事创业教育的一线教师，我们有责任为那些有抱负的大学生（尤其是大学生创业者）提供理论支撑和方法工具，引导他们释放自身潜力并取得成功。

与时代背景相呼应，大批高校设立了若干门创业课程或成体系的创业教育项目，但由于在教学内容、课堂形式、教学方法等方面并未突破传统模式，一定程度上无法匹配学生的实际需求，结果导致创业教育本身正在遭受社会的拷问和质疑。

创业不存在唯一的定义，我们将它定义为一种机制，把创业的基本职能提炼出来，主要强调创业活动可以管理，创业思维可以训练，创业技能可以提升。同时，创业也是为了应对竞争机制，并希望能与之互补。改革开放 40 多年来，市场经济的建立和竞争机制的作用功不可没，竞争是和别人比，而创业是超越过往的自己，两者融合更有助于和谐发展。

创业有狭义和广义之分，推崇接受广义的定义，不是为了使其内涵广泛，而是为了提炼出一般性的规律。因为创业机制可以应用于资源约束和不确定性情境的各种实际状态，所以也就有了公司创业、社会创业、学术创业等专业领域。把握一般的规律才有助于发现创业所具有的一些独特问题，进而推动研究与教学工作。

自机械工业出版社 2008 年 1 月推出《创业管理》首版以来，这已是第 4 次修订这本书了。与第 4 版相比，本次修订除一般性的内容更新外，比较大的变化如下。

1. 全面更新案例素材

创造性破坏导致的结果是新创企业各领风骚不几年，以致新一代大学生对 10 年前的企业甚至感到陌生。因此，为了增强时代感以及学生的熟悉度，第 5 版全面调整了上一版中各章的引例、创业聚焦和调查研究等，选取了大家更加熟悉、频繁接触、广为流传、最新出现的一些创业者和创业企业，如美团、拼多多等。作为辅助教学内容的案例素材，第 5 版更加突出时效性，更多采用中国本土案例。

2. 重点突出创业情境

创业者是一个特殊群体，创业活动具有特殊性，存在不同的行动逻辑，也需要相应的思维和心智模式。造成这一系列独特性的重要原因是创业情境。创业是在资源高度约束、高度不确定性情境下的假设验证性、试错性、创新性的快速行动机制，这是南开创业研究团队给创业下的定义。为此，我们在第 1 章中专门增加了有关创业情境的介绍和探讨，特别强调资源高度约束和高度不确定性这两个显著情境，并在后面各章有关创业活动的内容中，明确加入了这两个创业情境的约束条件。

3. 全面深化创业逻辑

当今社会，速度竞争更激烈，要求创业行动快速、低成本地验证和试错，快速迭代、用户参与价值共创、精益思想被推崇都是时代的产物，也是创业实践中的创新。本次修订在内容框架上沿用了过程的逻辑，但这种逻辑只是一般性的创业过程，并不意味着绝对意义上的顺序和时间先后。此外，延续之前版本的风格，第 5 版在第 11 章中进一步强调创业决策的独特性，旨在引导创业者不断总结和提升。

本次修订的动力和依据来自多个方面。

首先，以南开大学创业研究中心为核心的团队继续开展创业研究。结合调查研究和国家自然科学基金重点课题，我们将研究重点从创业过程向创业认知研究深化，更加关注创业活动的前端。创业研究中的收获和新的认识成为我们修订本书的重要内容来源。

其次，社会力量的推动提升了需求。基于培养创新型人才、推动教育教学改革的内在需要，高校开展创新创业教育的积极性明显增强，大学生创业意愿和实际创业的比例也在提升，这些都对创业教育提出了更高的要求。我们编写的这本《创业管理》教材自 2008 年出版以来，已经被数百所高校选用，及时更新、打造精品是我们的责任。

最后，也是最重要的，同行专家的鼓励和建议，以及读者的反馈。自 2016 年以来，我们与机械工业出版社华章公司的团队合作，已经在南开大学、广西大学、东北大学、中国海洋大学连续举办四期“高校创业师资训练营”，吸引了国内高校的 300 余名创业任课教师参与深度研讨和交流。在此基础上，应广大老师的要求，我们不断升级教学内容，并将上述训练营中的教学内容转化到教材中。大家鼓励我们不断修订教材，也给出了具体的修改意见和建议，在此，对这些老师和专家表示真诚的感谢，他们（按姓氏笔画排序）是：

万　炜	湖南大学	邓汉慧	中南财经政法大学
马　丁	太原理工大学	付锦峰	河南工程学院
马鸣萧	西安电子科技大学	冯　新	碳 9 学社
王秀宏	天津大学	吕　力	武汉工程大学
王　坤	天津商业大学	朱必祥	南京理工大学
王　欣	安徽财经大学	朱吉庆	上海外国语大学
王　敏	武汉大学	朱欣民	四川大学
王鉴雪	北京工业大学	华锦阳	上海财经大学
王燕茹	中国青年政治学院	刘峰涛	东华大学
牛　芳	南开大学	刘海建	南京大学
毛基业	中国人民大学	刘　瑛	太原科技大学
尹建华	对外经济贸易大学	刘景江	浙江大学

关小燕	江西师范大学	张文松	北京交通大学
汤汇道	合肥工业大学	张　平	华南理工大学
许正中	国家行政学院	张　莉	江南大学
许　朗	南京农业大学	张慧玉	浙江大学
孙纬业	天津理工大学	张　铭	三峡大学
孙家胜	浙江工商大学	张　维	天津大学
杜义飞	电子科技大学	陈　丹	山东大学
杜运周	安徽财经大学	陈文华	江西师范大学
杜卓君	上海海洋大学	陈立新	天津工业大学
李文忠	天津城市建设学院	陈　收	湖南大学
李冬梅	山东工商学院	陈　劲	清华大学
李华晶	北京林业大学	陈　昀	湖北经济学院
李　波	中南财经政法大学	陈忠卫	安徽财经大学
李　政	吉林大学	陈　健	广东外语外贸大学
李　俊	浙江科技学院	苗　青	浙江大学
李剑力	河南省委党校	林立杰	烟台大学
李晓伟	中国海洋大学	林　嵩	中央财经大学
李家华	中国青年政治学院	易世志	重庆交通大学
李　琳	大连海事大学	易　锐	湘潭大学
李新生	湖南工业大学	周小虎	南京理工大学
杨雪莲	青岛大学	周文辉	中南大学
杨媛媛	广东外语外贸大学	周立新	重庆工商大学
肖　昆	黑龙江科技大学	周海明	西安邮电大学
吴小节	广东工业大学	赵文红	西安交通大学
吴　琨	南京审计学院	赵观兵	江苏大学
吴满琳	上海理工大学	赵红梅	内蒙古财经大学
何云景	太原科技大学	赵　荔	上海金融学院
何中兵	哈尔滨工业大学	胡桂兰	江苏大学
狄成杰	安徽财经大学	胡　涌	北京林业大学
汪元锋	上海金融学院	胡　霞	中国矿业大学
汪秀婷	武汉理工大学	侯胜田	北京中医药大学
汪宜丹	上海金融学院	姜锡明	新疆财经大学
沙彦飞	淮阴工学院	贺　妍	苏州大学
沈超红	中南大学	贺　尊	武汉科技大学
张仁江	南开大学	聂元昆	云南财经大学

聂　锐	中国矿业大学	董　靖	中国矿业大学
贾建锋	东北大学	鲁　涛	南京理工大学
夏　宁	山东财经大学	曾春花	贵州师范大学
顾　颖	西北大学	湛　军	上海金融学院
钱杭园	浙江农林大学	温　馨	沈阳工业大学
钱　昇	杭州电子科技大学	雷家骕	清华大学
黄卫伟	中国人民大学	路江涌	北京大学
黄娅雯	云南财经大学	谭旭红	黑龙江科技大学
黄福广	南开大学	谭志合	九江学院
梅小安	江西财经大学	熊道伟	深圳职业技术学院
曹　巍	中国矿业大学	樊智勇	南阳理工学院
崔显林	云南财经大学	黎赔肆	南华大学
隆湘成	湖南大学	颜志刚	韶关学院
葛建新	中央财经大学	戴逸飞	韶关学院
董志霞	北京航空航天大学	戴维奇	浙江财经大学
董青春	北京航空航天大学	魏立群	香港浸会大学

本次修订工作主要由薛红志、陈寒松、李华晶和我共同完成，薛红志修订了第 3、6、8 章的内容，陈寒松修订了第 5、7、9、10 章的内容，李华晶修订了第 4、11、12 章的内容，我修订了第 1、2 章的内容。最后由我负责对这三位作者的修订稿做进一步的修订和最终校改。

参与本书第 1 版至第 4 版编写、修订工作的还有：陈忠卫，安徽财经大学副校长、教授；陈立新，天津工业大学教授；陈颉，天津财经大学教授；陈文华，江西师范大学教授；杜国臣，北京大学光华管理学院博士后；杜运周，东南大学教授；李政，吉林大学教授；李乾文，南京审计大学教授；王晶晶，安徽财经大学教授；胡望斌，南开大学教授；杨俊，浙江大学教授；赵都敏博士、田新博士、朱晓红博士、张慧玉博士等。

与机械工业出版社华章公司的优秀团队合作，有压力但更有愉快之感。吴亚军编辑及其团队成员投入很大的精力收集各方意见，想方设法改进交流学习平台，促使我们投入大量的时间和精力修订、改进本书，在此对他们表示特别感谢。此外，我们还要感谢国内外同行的意见和建议，感谢广大读者通过网络给出的建议和鼓励，感谢学生在学习过程中的积极反馈，感谢南开大学创业研究中心的所有团队成员及他们在本书编写和修订过程中做出的贡献。

敬请关注我们的微信公众号“NET2019”，我们会随时发布有关创业教学和研究的相关信息。

我们将会继续修订更新，期待你的宝贵意见和建议。

张玉利

2020 年 3 月

教学建议 SUGGESTION

教学目的

本课程的教学目的是让学生在从工业社会向信息社会转型以及全球创业热潮的背景下关注与了解创业思维和行动，理解创业行动的内在规律以及创业活动本身的独特性，认识创业管理过程中容易遇到的问题和新创企业的特点，挖掘创业精神的内涵，从创业实践中总结适应信息社会的竞争优势来源和管理创新经验，发现创业机制。本书着眼于培养学生的积极进取和创新意识，塑造和强化创业精神，培养和锻炼机会识别、创新、资源整合、团队建设、知识整合等创业技能，引导学生用创业的思维和行为准则开展工作，培养和强化创造性地分析与解决问题的能力，尝试将创业机制运用于既有企业、大企业以及社会管理实践中。

前期需要掌握的知识

管理学、经济学、战略管理、市场营销学、财务管理等相关课程知识。

课时分布建议

教学内容	教学要点	课时安排	
		MBA	本科
第 1 章 创业、创业情境与创业思维	● 了解创业活动的特殊性 ● 洞察并感悟创业情境 ● 挖掘创业活动的本质内涵 ● 了解创业的一般性过程 ● 认识并培养创业思维 ● 掌握创业行动的基本准则	4	4
第 2 章 成为创业者	● 了解创业者所具备的个人特质 ● 分析创业者的创业动机及其对创业活动的影响 ● 理解创业者需要具备的独特技能和素质 ● 了解创业者的社会责任和创业伦理 ● 了解创业者可能面临的风险、压力等负面影响	3	2
第 3 章 洞察创业机会	● 掌握机会识别和判断的基本方法 ● 把握与判断适合个体创业者的机会特性 ● 了解创业机会评价的目的和方法 ● 熟悉提升机会识别能力的途径 ● 熟悉机会识别的发现和建构过程 ● 理解信息加工对创业机会建构的意义	4	4

（续）

教学内容	教学要点	课时安排	
		MBA	本科
第 4 章 组建创业团队	• 了解创业团队对创业成功的重要性 • 了解团队组建要考虑的主要问题 • 了解创业团队演变的一般规律 • 掌握优秀创业团队的主要特征 • 理解团队的创业型领导的特点	2	4
第 5 章 整合创业资源	• 了解创业者资源整合的独特性 • 熟悉创业者资源整合的机制和技能 • 运用资源基础理论解释创业活动 • 理解创业资源整合难的本质原因 • 掌握资源整合的一般原则与过程	2	4
第 6 章 设计商业模式	• 了解商业模式的内涵与逻辑 • 熟悉商业模式的核心构成要素 • 掌握商业模式的设计方法 • 了解商业模式的设计过程 • 理解商业模式设计中的关键假设	4	4
第 7 章 明确目标市场	• 了解市场定位的基本方法 • 熟悉传统的产品开发与顾客发展 • 区分瀑布型开发与敏捷迭代开发 • 掌握创业营销的基本工具和方法	5	4
第 8 章 撰写商业计划	• 了解商业计划的基本格式、规范 • 掌握商业计划书的主要组成部分 • 掌握商业计划撰写的基本技巧 • 规避商业计划撰写的错误做法 • 熟悉探索导向计划方法的基本构成 • 了解环境不确定性对商业计划作用的影响	3	4
第 9 章 开展创业融资	• 了解创业融资难的原因 • 掌握创业融资的主要渠道 • 了解不同融资方式的差异 • 了解融资的一般过程	3	2
第 10 章 成立新企业	• 了解新企业成立的衡量维度 • 认识新企业成立需要的条件和时机 • 熟悉新企业市场进入的三种模式 • 熟悉企业的组织选择 • 了解企业注册的程序和步骤	3	2
第 11 章 发展新企业	• 掌握新企业提高合法性的基本举措 • 了解现金流对于新企业生存的重要性 • 掌握企业成长的规律 • 掌握企业持续成长的管理重点 • 了解公司创业的内涵 • 理解公司创业的实施过程	2	2
第 12 章 完善创业决策	• 理解创业决策的独特属性 • 掌握创业决策的基本要素 • 了解创业直觉决策的意义 • 掌握提升创业直觉决策效果的方法 • 熟悉创业决策的不同方式及其适用情境 • 掌握提升创业决策效果的途径	1	4

说明：1. 在课时安排上，对本科生建议课堂讲授 40 学时、组织案例讨论 12 学时、课外练习 12 学时，标注课时的内容要讲，其他内容可不讲或选择性补充；对非管理类专业的本科生建议安排超过 48 学时，以便补充相关的专业知识；对 MBA 建议课堂讲授 36 学时、组织案例讨论 14 学时。

2. 每章在最后都设计了实践练习，建议以小组的形式开展，可以利用课堂汇报交流，其中不少练习可以代替案例分析和讨论。

目录 CONTENTS

一旦创业思维成为第二本能，你就能持续不断地识别不确定但具有高潜力的商业机会，并快速和自信地开发这些机会。不确定性将成为你的同盟而不是敌人。

——丽塔·麦克斯兰斯，伊安·麦克米兰

第1章 创业、创业情境与创业思维

【核心问题】

☑ 为什么创业成为热潮？
☑ 对创业的认识是如何演化的？
☑ 创业活动主要做些什么？
☑ 创业分为哪些类型？
☑ 创业的本质特征是什么？
☑ 精益创业为什么会流行？
☑ 创业思维的内容是什么？
☑ 如何有效地采取创业行动？

【学习目标】

☑ 了解创业活动的特殊性
☑ 洞察并感悟创业情境
☑ 挖掘创业活动的本质内涵
☑ 了解创业的一般性过程
☑ 认识并培养创业思维
☑ 掌握创业行动的基本准则

引例 关于创业者特征的课堂讨论

下面是以往我们常在创业课堂上开展的讨论练习。

老师问:“在座的各位同学，曾经创业或正在创业的请举手。”举手者寥寥无几。

老师接着问:“未来打算创业的请举手。”举手者增加了，但也不多。

老师接着问:“今后两年内想创业的请举手。”举手者又有所增加，但还是不多。

老师继续问:“有朋友在创业的请举手。”学生几乎都举手了。

老师追问:“你们觉得创业者有一些独特的地方吗?或者说，你感觉你的创业者朋友和你有明显的不同之处吗?”多数同学都点头。

老师布置任务:“那么，请大家都认真想想，创业者有什么独特之处，每位同学说一条，大家轮流说，最好不要重复。”

“勤奋、执着甚至固执、有激情、有梦想、开拓进取、敢冒险、创新能力强、能忽悠、胆子大、领导能力强、不服输、自信、过于自信、白手起家、勤奋……”很快，这些词汇就写满了黑板。

老师让大家安静下来，过了一会儿，问大家:“在座的同学大多数都没有创业的规划，甚至可以说不想创业，那么请大家看看黑板上你们用来描绘创业者的词汇，请大家判断这些词汇哪些应该与自己无关，与自己今后工作所需要的技能无关。”

开始，大家觉得很多的词汇都能删除，比如冒险，很快又觉得不能删除，的确哪有什么地方真正没有风险，没有风险哪会有收益呢?讨论一会儿后，大家说固执、过于自信等可以删除。其实，创业者也不符合这些特征。

讨论结束后，老师总结:“创业是推动经济和社会进步的重要力量。信息社会、网络技术等推动了创业活动的活跃，大家即使不去创业，创业精神和技能对大家开展任何工作也都有帮助。这就是建议大家学习创业课程的原因。”

对此，你赞同吗?

接下来问各位读者一个问题:“请你也想想创业者的特征，想想马云、乔布斯这些人，看看他们有些什么显著不同的特征，然后判断他们的这些特征是天生的还是后天养成的，在先天和后天因素中，哪个更重要一些?”

10 多年前，我们讨论的话题企业还是诺基亚、联想、微软、万科，但现在充斥各种媒体的是腾讯、小米、Facebook、阿里巴巴，而且这些响当当的名字估计很快又会被区块链、人工智能、大数据、物联网等所带来的新一波创业热潮所淹没。毫无疑问，我们正在经历一场全球范围的创业革命，其影响不亚于 20 世纪的工业革命。创业者通过颠覆性创新、新市场开拓、创造就业机会、提高生产效率以及打造新兴产业，持续不断地为经济增长做出不可估量的贡献，并极大地改变了我们的生活方式。但我们应该思考全球性的创业热潮为什么能够兴起，而且有愈演愈烈之势?其根本原因可能是人类社会从工业社会向信息社会转型，创新和速度等替代了稳定性和秩序等成为竞争优势的重要来源，全球化、互联网技术等因素促使个体的创造力得以全面发挥，《世界是平的》《工业 4.0》《大数据时代》《梦想社会》《失控》《必然》等一系列著作都在解释我们当今所处的社会。

回首 20 多年前，商学院很少开设创业相关课程，但是在 20 多年后，不仅很多学校的创业课程呈现为系列化，而且大批学生开始将创业作为他们的职业选择之一，这一比例在持续上升。如今，创业更像是一种职业，它不仅正在普及，而且大受追捧。创业已经成为工商管理学科的重要组成部分。

1.1　创业活动及其本质

1.1.1　创业是长期且普遍存在的社会现象

创业是长期存在的社会现象，只是人们在很长时间里并不知道他们在从事创业活动。后来，人们注意到这个相对特殊群体的存在，并逐渐称之为企业家，观察企业家的行为，形成对创业活动的基本认识。随着社会的变迁，对企业家及其创业活动的认识也在不断深化。

企业家一词源于法语“entreprendre”，最初的含义是“承担”（to undertake），最早见于 16 世纪，指的是参与军事征战的人们。18 世纪初，法国人又将该词用于从事探险活动的人。1755 年，法国经济学家理查德・坎蒂隆出版了《商业性质概论》（*Essay on the Nature of Commerce in General*）一书，首次将企业定义为承担某种风险活动的组织，因为企业要以确定的价格购买商品，然后以不确定的价格售出商品。坎蒂隆把每个从事经济活动的人都称为企业家，因为这些人是不能按固定的价格买卖的，他们要面对不确定的市场而承担风险。这应该是经济领域对创业的最早描述，从此创业就和风险紧密地联系在一起。18 世纪后期，重农学派的经济学家魁奈和鲍杜，把从事农业栽培的人称为企业家。他们认为，唯有土地是社会产品的来源，从事农业的企业家是至关重要的。这样，他们第一次把企业家与产业联系在一起，并将其含义由“承担风险”扩展到“承担风险”和“创新”两个方面。

到 19 世纪初，企业家的含义又从农业扩展到工业以及整个经济活动中。让・萨伊在 1803 年出版的《政治经济学概论》和 1817 年出版的《政治经济学精义》中指出，企业家是“将一切生产手段（劳动、各种形态的资本或土地等）组合起来的经济行为者，是在作为使用生产手段的结果（产品）的价值中，能够发现有可用于扩大总资本，并可用于支付工资、利息或地租以及归属自己的利润的人”。“他必须预见特定产品的需求以及生产手段，必须发现顾客，一言以蔽之，必须掌握监督与管理的技能。”“在如此复杂的活动过程中，克服许多困难，压抑住许多忧虑，开动脑筋想出许多方法。”[⊖] 很明显，萨伊认为企业家是那种具有判断力、忍耐

⊖ 田贵庚，汪小亚 . 企业家的雄才大略：市场竞争与企业领袖 [M]. 广州：广东旅游出版社，1997: 1-26.

力等特殊素质以及掌握了监督和管理才能的人。

现代意义上的企业家的出现，与生产力和商品经济的巨大发展，以及股份公司的形成有密切联系。19 世纪 70 年代后期，美国经济学家首先探讨了与资本所有者不同的企业家独有的职能。例如，沃克强调资本家只提供资金并以利息的形式取得报偿，企业家则有效地管理企业，他们以利润作为报酬，两者有本质区别。康蒙斯则认为，承担风险的企业家所得的利润是利润的一种形式，它产生于企业家的能力和所承担的风险，是暂时、可变的。而克拉克则把企业家的利润看成是扣除利息和地租的剩余，它的取得是由于企业家把技术、经营或改善组织应用于经济过程。

真正较透彻地认识企业家的职能和作用的是哈佛大学的经济学家约瑟夫·熊彼特。他在 1912 年出版的《经济发展理论》和 1942 年出版的《资本主义、社会主义和民主主义》等著作中，不仅将企业家提高到“工业社会的英雄”“伟大的创新者”的高度，而且强调，企业家的职能是“创造性破坏”“企业是实现新的生产要素组合的经营单位，而企业家是实现生产要素组合的人”。这种组合，并不是对原有组合方式的简单重复，而是一种创新。通过这种重新组合，建立新的企业生产函数，从而导致社会经济的连续变化，推动社会经济的发展。

20 世纪 80 年代初期，人类社会从工业社会进入信息社会，信息技术的普遍应用、全球化进程的加快等为创业活动提供了更有利的环境，新的商业模式不断涌现，资源与生产要素更加便捷和快速地予以组合，技术、产品以及管理创新层出不穷，机会和创造成为商业活动的核心内涵，人们对创业的理解也更加概括和具有普遍意义。比较典型的描述来自哈佛大学教授霍华德·史蒂文森，他把创业解释为“在不拘泥于资源约束的前提下，追逐机会并创造价值的过程”。创业意味着新的经济活动，能够带来市场的变革。经济学家马克·卡森提出：“企业家是擅长对稀缺资源进行协调利用并做出明智决断的人。他是‘市场的创造者’，他的报酬是一种剩余权益，而非合约收入。”

最近，人们从经济与社会发展的高度理解创业，认为创业通过向顾客提供利益来创造价值，是提升社会价值的重要途径。创业活动能够提供就业机会，推动创新，促进经济发展和社会安定，也是个体或者组织取得竞争优势的重要手段。

行动指引

取得竞争优势的三种方法

取得竞争优势的三种方法是：

（1）低价生产和销售；

（2）制造创新型高质量产品，获取高额利润；

（3）制造创新产品，最终降低成本。

哪一种方法更好？如何才能做到呢？

1.1.2　创业活动的特殊性

创业至少有两层含义。一层含义是活动，主要指创业者及其团队为孕育和创建新企业或新事业而采取的行动，扩展开来，可以包括新企业的生存和初期发展（见图 1-1）；另一层含义是精神，也可以称之为企业家精神，主要指创业者及其团队在开展创业活动中所表现出来的抱负、执着、坚忍不拔、创新等品质以及一些相对独特的技能。

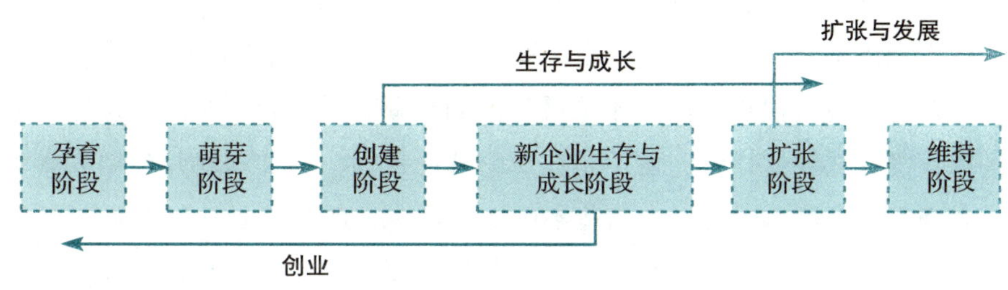

图 1-1　企业生命周期前端的创业活动

创业活动本身属于商业活动范畴，也是一种普遍存在的社会现象。人们经常从精神层面谈论创业活动，一个重要的原因是创业这种商业活动具有较强的特殊性。

1. 创业活动较多地依赖创业者及其团队的个人能力

管理学科产生的主要驱动力量是集体活动的存在和需求，研究对象主要是组织活动。大公司和相对规范的经营管理工作需要靠组织的力量来完成。创业活动不同，特别是初期的创业活动更多地靠个人的力量和智慧。长期以来，一种普遍存在的认识是：创业成败主要取决于创业者的个人禀赋，一些客观事实也印证了这一点。柳传志之于联想、马云之于阿里巴巴等，都是如此。尽管这样的创业会给企业发展带来一些问题，但创业者对创业活动的重要性甚至决定性作用是客观存在的，今后很长一段时间仍将会如此。目前学术界争论甚至驳斥创业成败取决于创业者天赋的论断，不是否定创业者的作用，而是关心创业者所具有的品质与技能是不是天生的，能否学习和后天培养。

2. 创业活动是创业者在高度资源约束下开展的商业活动

大多数创业者都经历了“白手起家”的过程，如果一个人拥有丰富的资源，也许就失去了创业的动力。其实，从地理区域的情况看，也具有这样的特点。创业活动活跃的地区往往不是资源丰富、交通便捷的地区，比如创业活跃的温州恰恰资源贫瘠、交通不便。为什么会这样？原因是多方面的。创业经常是变不可能为可能，大家都认为不可能，自然也就不愿意提供资源给创业者，个人和单一的组织所拥有的资源总是有限的，创业者在创业初期所能筹措到的资源也是有限的，不得不白手起家。由于资源的限制和约束，创业者经常要寻找那些不需要大量资源投入的机会开展创业活动，结果大多数创业活动的启动资本都不是很高，甚至资金很少就可以启动。创业活动的这一特点带来了完全不同的结果：有的创业者因为资源约束干脆形成了自力更生的个性和习惯，长期不向银行贷款并以此感到自豪，极大地约束了事业的发展；有的创业者为了摆脱资源约束的困境，积极寻求资源获取渠道和整合手段的创新，探索出创造性整合资源的新机制，成为成功创业的重要保证。

3. 创业活动是在高度不确定环境中开展的商业活动

高度不确定性是创业最突出的特点。中国的改革开放本身就是典型的创业活动。回顾改革开放历程，“摸着石头过河”“不管白猫黑猫，抓着老鼠就是好猫”，这两句话应该说给人们的印象最为深刻。微观层面的创业活动，许多也是这样开展的。为什么要这样做，而不是按照明确的目标，有计划地开展创业活动？因为创业者面对着高度不确定性，这些不确定性具体表现在以下三个方面。

（1）颠覆性、创造性与混乱的状况难以计划和预测。计划和预测只能基于长期的、稳定的运营历史和相对静止的环境，这些条件是创业者及其新创企业所不具备的。创业是开拓新事业的过程，未来很多情形都不可知，即使有过创业经历的创业者，也不可能直接将过往的经验简单复制到新的环境之中。当然，大公司所面临的环境也是不确定的，但由于资源有限、创新的产品和服务还不被大家所熟悉、创业想法有待验证等多方面原因，新创企业所面临环境的不确定性更高。何况很多创业活动的目的就是挑战现行的经营模式、开展突破性创新、开拓全新市场，因此面临的不确定性就更高。

（2）谁是顾客、顾客认为什么有价值等都是未知数。创业存在的必要性是借助向顾客提供利益来创造价值，离开顾客谈创业没有任何意义。顾客需要什么并不清晰。亨利·福特借助汽车的制造和销售可以说改变了世界，他回忆说：“如果当年我去问顾客他们想要什么，他们肯定会告诉我想要一匹跑得更快的马而不是一辆汽车。”苹果公司的创始人史蒂夫·乔布斯的认识更加透彻，他指出：消费者没有义务去了解自己的需求，消费者只知道自己的抽象需求，比如好吃的、好看的、舒服的、暖的、冷的、好的、坏的，等等。企业需要把抽象的需求具体化，把潜在的需求显现化，把缓慢的需求紧迫化，把片面的需求全面化，把次要的需求重要化。著名管理大师彼得·德鲁克则强调企业存在的唯一目的就是“创造顾客”。

（3）模糊性和快速变化。创业活动的结果经常不可知，当面临多个方案需要选择，而在每个方案出现的结果不确定、发生的概率也不清楚的情况下，严格地说无法做出科学的决策。不确定性还表现为“不连续性”，今天并不是昨天的延续，不连续性在现实中经常表现为快速变化。[㊀]

㊀ 张玉利 . 环境不靠谱时如何创业 [J]. 中外管理，2013(2).

重要概念

奈特不确定性

弗兰克·奈特（1921）对风险和不确定性进行了分类。设想一个游戏，在罐中放有不同颜色的球，规则是每次取一个球，取到红球就奖励 50 元。第一种情况是，已告诉游戏者罐中共有 10 个球：5 个绿球和 5 个红球，那么对每一次取球，都能精确地计算出得到红球的概率，这类不确定性是风险问题。第二种情况是，事先不知道罐里有多少个球，也不知道每种颜色的球有多少，甚至不知道是否有红球，这时游戏者面临的就是不确定性问题。如果游戏者能够通过对其他游戏者的观察计算出取到红球的概率，这个不确定性的问题就转化成了风险问题；如果无法计算出取到红球的概率，那就是一个不确定性问题，这种情形就是奈特不确定性。

不确定性客观存在，也和主观认识有关。同样的市场环境条件，有长期经营经验的企业会认为市场比较成熟，容易掌控；对新进入市场的新手，可能会觉得无所适从。面对不确定的环境，成功的创业者通常要积极地承担风险而不是设法规避风险，他们利用而不是规避偶然事件，快速行动、善于学习、注重合作和联盟应对不确定性，大公司在研究战略时会考虑 5 年甚至更长的目标，对创业者来说，1 年的想法也许就是真正意义上的战略。

4. 创业活动失败率高

失败是大概率事件、成功是小概率事件，这是创业活动的独特之处。尽管大公司也会失败，例如，有人统计《财富》500 的企业榜单，发现过一段时间就有公司会退出，但大公司的失败率要远低于创业企业。根据美国劳工统计局的统计数据（1994～2015 年），约六成（平均 59.1%）的创业企业会在 8 年以内死亡。根据中华人民共和国国家市场监督管理总局㊀的统计数据，近六成（56.1%）的企业会在 5 年内死亡，企业的平均寿命为 6.09 年。据《财富》杂志公布的数据，全球范围内创业失败率高达 70%，中国首次失败的创业者高达 90% 以上，选择再次创业的创业者不到 15%（中国创业网，2010）。2013 年，国家工商总局首次发布《全国内资企业生存时间分析报告》，该报告显示企业成立后第 3 年死亡数量最多，死亡率最高，接近 40%，5 年内死亡率达到 50%。因为大家对创业失败的理解和界定不同，加上特别难以统计，所以创业失败率到底有多少，很难有被大家普遍接受的权威数据，但失败率高是事实。还有观点强调，不能用亏损等财务指标衡量成功或是失败，只要创业者没有放弃，就不能说是失败。还有观点强调创业失败的作用，认为 80% 以上的创业项目都会失败，而创业者的人生 80% 却会成功。尽管如此，失败率高的事实需要予以重视。

创业活动的独特性使创业者的决策不同于既有企业的管理决策。既有企业的市场是已经存在的，并且有现成的资源、网络和顾客，而创业者在这些方面几乎都要从零做起。

㊀ 2018 年 3 月，根据第十三届全国人民代表大会第一次会议批准的国务院机构改革方案，将国家工商行政管理总局（简称“国家工商总局”）的职责整合，组建国家市场监督管理总局，不再保留国家工商总局。

1.1.3 创业的本质内涵

创业是一种普遍的社会现象和人类活动，相信每个人都会觉得自己知道创业是什么，但要准确地定义，刻画出创业的本质和精髓，可能又是一件非常困难的事情。

行动指引

先把书放下，找一位自己身边认识的创业者聊聊，听听他对创业的理解，问问他以前都干过哪些事情，以及应对困难的解决方法，再回来看书，相信你会有更多收获。

创业是一种普遍的活动，学者给出的定义也很多。考察各种定义中出现的关键词，出现最多的是“启动、创建、创造”“开发新事业、创建新企业”“创新、新产品、新市场”“追逐机会”“风险承担、风险管理、不确定性”“资源或生产方式的新组合”等，如表 1-1 所示。

表 1-1 创业定义中包含的关键词

序号	对创业定义的不同理解	出现频数	序号	对创业定义的不同理解	出现频数
1	启动、创建、创造	41	10	价值创造	13
2	开发新事业、创建新企业	40	11	追求成长	12
3	创新、新产品、新市场	39	12	活动过程	12
4	追逐机会	31	13	既有企业	12
5	风险承担、风险管理、不确定性	25	14	首创活动、做事、超前认知与行动	12
6	追逐利润、个人获利	25	15	创造变革	9
7	资源或生产方式的新组合	22	16	所有权	9
8	管理	22	17	责任、权威之源	8
9	统帅资源	18	18	战略形成	6

注：表中只列示了超过 5 个以上频数定义的分析。

资料来源：MORRIS M, LEWIS P, SEXTON D.Reconceptualizing Entrepreneurship:An Input-output Perspective [J]. SAM Advanced Management Journal, 1994, Winter(1): 21-31.

表 1-1 列出的一些关键词基本上反映了创业活动的不同侧面，追逐利润、价值创造、追求成长等反映出创业的目标；追逐机会、创造变革、资源或生产方式的新组合、管理、创建新企业或开发新事业等是实现目标的手段；风险承担、超前认知与行动、活动过程等是创业活动的属性。这也说明，可以从不同角度定义创业。

概括来说，创业的定义有狭义和广义之分。狭义的定义就是创建新企业，英文中经常用“start-up”一词。按照这样的定义，很容易区分一个人的工作是不是在创业。广义的定义则把创业理解为开创新事业，英文中倾向于使用“entrepreneurship”一词。任何一个在不确定情况下开发新产品或新业务的人都是创业者，无论他本人是否意识到，也不管他是身处政府部门、获得风险投资的公司、非营利机构，还是由财务投资者主导的企业。[一] 狭义的创业定义是广义创业的载体，在创业活动日趋活跃以及对社会经济发展的贡献越来越突出的今天，为了探索创业的本质，弘扬创业精神，更多的人倾向于使用广义的创业定义。

在长期以来的教学和研究工作中，我们比较了不少定义，总的来说，我们更认同哈佛大学霍华德·史蒂文森教授的定义：创业是不拘泥于当前资源条件的限制而对机会的追寻，组合不同的资源以利用和开发机会并创造价值的过程。[二] 结合表 1-1 中列举的关键词，我们可以发现该定义集中体现了创业所包含的关键要素，也容易体会到创业活动所具有的关键要素，包括识别机会、整合资源、创造价值等，也反映了创业活动的主要特征，如资源高度约束，但该定义对环境不确定性不够关注。

重要概念

创业、创业者与新创企业

创业是在（高度）不确定的环境中，不拘泥于当前资源条件的限制而对机会的追寻，组合不同的资源以利用和开发机会并创造价值的过程；创业是一种思考、推理和行动的方法，它不仅要关注机会，还要求创业者有完整缜密的实施方法和讲求高度平衡技巧的领导艺术（杰弗里·蒂蒙斯）。两个定义都直指创业的本质，前者强调过程和行动，后者突出思维和认知。

创业者指任何在高度不确定的情况下开发新产品或新业务的人。

新创企业指在不确定的情况下以开发新产品或服务为目的而设立的组织。

1.1.4 创业与创新

成功的创业离不开创新。腾讯公司开发了 QQ、微信等即时通信网络工具，极大地改变了人们的联络和社交方式；百度公司开发了百度搜索引擎，向人们提供了更简单便捷的信息获取方式。每个成功的创业者都注重创新，他们可能开发出新的产品或服务，可能找到了新的商业模式，也可能探索出新的制度和管理方式，从而获得成功。著名经济学家熊彼特曾经把创新作为创业者与创业精神的重要特征，管理大师德鲁克 1985 年出版的名著《创新与企业家精神》[三] 也将创新与创业精神放在一起进行讨论，我们可以看到两者紧密相关，很难割裂。那么，创新与创业有什么区别？是不是一回事？

谈到创新，人们普遍关心的一个重要问题是创新与发明的关系，而且经常容易把创新与发明、研发等技术活动混淆起来。创新和发明不同，发明是一种技术上的概念，其结果是发现新事物；创新则主要是一种经济术语，是将新事物、新思想付

㊀ 埃里克·莱斯. 精益创业：新创企业的成长思维 [M]. 吴彤，译. 北京：中信出版社，2012: 14.

㊁ STEVENSON H. The Heart of Entrepreneurship[J]. Harvard Business Review, 1985, March-April: 85-94.

㊂ 该书中文版已由机械工业出版社出版。

诸实践的过程。美国小企业管理局对创新定义如下："创新是一种过程，这一过程始于发明成果，重点是对发明的利用和开发，结果是向市场推出新的产品或服务。"这种定义有助于人们更好地理解创新与发明的区别。

其实，创新与发明之间并不存在某种必然的联系。创新过程可以开始于发明，比如将某种发明运用于生产过程中，或将某种新的资源与现有资源组合到一起，以便达到创新的预期目的。同时，创新过程也可以根本不依赖于哪种特定的发明，而仅仅是对目前的活动进行新的组合，同样也能达到创新的目标。创新和发明是两个根本不同的概念，正如熊彼特所说："创新同发明是完全不同的任务，要求具有完全不同的才能。尽管企业家自然可能是发明家，就像他们可能是资本家一样，但他们之所以是发明家并不是因为他们的职能的性质，而只是一种偶然的巧合，反之亦然。"

创新与创业之间的关系并不像创新与发明那么清楚，但仍然有差别（见图 1-2）。如果把科学和应用作为一个连续光谱的两端，创业显然更偏向应用，创新介于中间，可以从科学的角度理解，也可以从应用的角度理解。近些年，大家重视科学、技术、产品服务、产业、组织、管理之间的关系，如互联网技术带来去中介和组织生态化，进一步带动管理创新，这也有助于理解创新与创业的关系。

图 1-2 创新、发明、创业的区别与联系

创业与创新之间并不是完全等同的概念，有些创业活动主要是在模仿甚至复制别人的产品和服务以及经营模式，自身并没有什么创新，但也是在创业，这样的例子很多。也就是说，创业更侧重财富创造，更加关注市场和顾客。同时，创业还更加注重商业化过程，可以表现为把创新商业化，也可以表现为模仿并商业化。当然基于创新的创业活动更容易形成独特的竞争优势，也有可能为顾客创造和带来新的价值，进而实现更好的成长。

创业聚焦　　**科学与技术**

把科学和技术分开，是近些年来的重大进步。以前科学和技术是不分的，研究和开发也是不分的，于是产生了重技术、轻科学的现象，而实用主义盛行更加剧了这种现象。以储能为例，储能技术是技术，储能材料是科学，科学比技术更重要、更基础。中国100多年前的改革，先是洋务运动，主张“师夷长技以制夷”，后来五四运动强调的科学、民主则推动了更深层次的变革，更深层次地影响了中国的发展。创业要关注技术、关注创新，但容易忽略科学。与科学、发明、技术等相比，创业所依赖的创新更加强调商业化，更加偏向市场和用户，这些会偏离基础科学端，前些年倡导自主创新的企业主体在一定程度上也加强了应用技术的开发强度，这在扩大生产、满足需求方面有效，在产能过剩、产业转型升级、深层次竞争的时代容易落后，中美贸易争端更加让国人意识到对科学和技术的外部依赖非常危险。好在一些大公司（如BAT、华为等）早已开始投入巨资支持基础科学研究。我国人口众多，人口红利明显，消费拉动是经济增长的重要动力，这些是优势也会形成惰性。以人工智能（AI）为例，我们在应用端方面有优势，甚至是让人自豪的优势，我们承认在基础科学、数据科学家的数量方面还存在差距，但对这种差距的危机感可能会被应用优势的自豪感所淹没。

讨论发明、创新、创业这三个概念之间的异同，并不是在做文字游戏。在与创业者接触的过程中，经常会遇到这样的情况：他们对自己的产品很自豪，经常沾沾自喜地强调产品的技术性能如何好，对顾客不喜欢自己的产品感到不理解。很多具有技术背景的创业者总是更像一位工程师，他们喜欢发明新东西，而忽视顾客的需求，他们不会从顾客的角度、从价值创造的角度创新。成功的创业活动离不开创新，包括产品和服务创新、技术创新，也包括制度创新和管理创新等。与创新相比，创业更强调机会、顾客和价值创造。从价值创造角度看，应更加倡导顾客导向的创业、创业导向的创新。

创业者不能仅仅看到创新，也不能仅仅专注于创造。伟大的创业者可以在早期就看到一个事物的潜力，并将其做大做强。Tom Grasty 通过一个类比对此进行了解释：“如果将创造比成池塘里面的一块鹅卵石，那么创新就是这块鹅卵石所激起的水波效应。一开始必须有一个人将这块鹅卵石投掷到水中，这个人就是一名创造者。也必须有一个人能够意识到，这些小小的波纹最终会引发一个大浪，而这个人就是一名创业者。”真正的创业者不会仅仅驻足在水边。他们目睹着这些波纹，并在真正的大浪来临之前，就觉察到这一股势不可挡的力量。在预测之后，他们会聪明地骑着这一股大浪奋勇向前。正是这些行为，推动着每个创业者的创新。[㊀]

㊀ 陈小蒙 . 创新与创造，有何不同？ [Z/OL]. http://36kr.com/p/98942.html?utm_source=krweeklyw71e.

1.2 创业认识的演进

为了解读成功创业的关键所在，人们对创业问题开展了大量研究，做出了多种多样的解释，并形成了不同的观点。按时间顺序，可以把对创业的认识分为三类：个体观、过程观和认知观。

1.2.1 创业的个体观

早期的创业研究集中于创业者个体，起初从“特质论”出发，试图识别将创业者与非创业者区分开来的一组稳定个体特征。综合来看，在特质论文献中发现的最主要的创业者特质包括高成就需要、内部控制点、高冒险倾向和高模糊容忍度。然而，此后在有关创业者特质的研究中就没有什么共识了，也没有这四种特质是天生的还是后天培育的进一步科学证据了。[㊀]

重要概念

高成就需要、内部控制点、高冒险倾向和高模糊容忍度

高成就需要是指争取成功、追求优越感，希望做得最好的需要。高成就需要者与其他人的区别在于他们想把事情做得更好，他们努力是为了个人成就而不是成功的报酬本身，有一种使事情比以前做得更好或更有效率的欲望。

内部控制点是指个体在周围环境作用的过程中，把责任归于个体的一些内在原因（如能力、努力程度等），而不是归于个体自身以外的因素（如环境因素、运气等），即个体相信自己能掌控自己的命运，而不是由外部环境决定的。

高冒险倾向的个体比低冒险倾向的个体可以更快地做出决策，在做出选择时使用的信息量也更少。

高模糊容忍度指个体对模糊情境或界线缺乏清晰划分的接受程度高。

组织行为学中的“大五人格模型”认为，有五种特质可以涵盖人格特质描述的所有方面，我们可以运用该模型看看研究学者发现的这些人格特质与人们能否成为创业者之间的关系。

（1）外倾性。外倾性重点描述的是人在交际中的健谈度与活跃度，人与人之间在外倾性方面的差异有2/3来自基因遗传。外倾性的人会比内倾性的人更有创业冲动，调查也证实了大部分创业者具有外倾性人格。有一项研究以出生于1958年3月的同一周的英国人进行调查，结果发现，他们在11岁时进行的外倾性人格测验结果与日后成为创业者的概率成正比。美国亚利桑那州立大学的一个研究小组也发现，女性创业者的外倾性非常明显。

㊀ 海迪·内克，等.如何教创业[M].薛红志，等译.北京：机械工业出版社，2015: 4.

（2）情绪稳定性。创业者需要稳定的情绪，需要对艰苦的工作、孤独、压力、不安全感以及个人财务困难等方面拥有较强的承受能力。这些都是在创建企业时时常会遇到的问题。一般来说，创业者不应过度忧虑，在面对挫折时要有一定的适应能力。创业会带给创业者情绪上的跌宕起伏，管理你的情绪状态会变得很难但很重要。研究显示，与创业者相比，情绪不稳定性更常见于普通经理人之中。

（3）随和性。随和性较强的人一般不会成为创业者，因为他们不会为了追求自己的利益而与他人争斗，进行艰难的讨价还价。研究显示，下岗后选择自主创业的人，比回到原工作岗位的人意志更加坚定，同时对事物的怀疑程度也更深。调查数据也显示，与普通领导者相比，创业者的亲和度要更低一些。

（4）责任心。具有责任心的人多半会拥有坚持不懈、坚忍不拔、善始善终、尽职尽责、值得依靠的特性。创业者要有很强的责任心，做事需要有条不紊、深思熟虑，在面对困难时要一往无前。调查发现，创业者和普通领导者在“大五人格特质”方面的差异，在责任心上体现得最为突出。

（5）经验开放性。高经验开放性的人通常富有想象力和创造力，充满了好奇心并具有卓越的领导才能。创建一家企业需要拥有创造力，以便想出新办法来解决各种用户问题，获取资源来开发新的经营策略。而拥有经验开放性的人，很容易能从巨大的资源库里获得新信息，并不断更新自己，应对企业运营中的各项问题。

有关创业者特质的早期研究成果呈现在了大多数的创业教材中，通常开篇便讨论“谁”是创业者以及“他”拥有何种个性特征。但是，通过创业者人格、态度和人口统计学特征来考察创业者与非创业者的特质差异，在解释创业行为和创业过程时只能获得有限的结论，难以用一些稳定的个体特质对创业做出普遍意义上的解释。此外，这类研究必然存在以下问题：并不是所有的创业者都具备上述特质，许多人不是创业者但也具备其中的大部分特质；对一个创业者应该具备多大程度的特质特征没有做出解释；已有研究成果对哪些是创业者特质的看法并不一致，或者创业者特质同实际创业情况的关系也不一致。

创业聚焦　**你喜欢乔布斯的特质吗**

《史蒂夫·乔布斯传》中的几个细节：①女友告诉他，她怀孕了，他的第一反应竟是逼迫她离开他家——无情；②苹果公司上市分股权时，他拒绝分给几位从第一天就跟着他的员工股份——冷漠；③早期开发游戏时，他拿了 5 000 美元，却告诉共同创始人沃兹只有 700 美元——蒙钱。如果隐去乔布斯的名字，你觉得有这些特质的人会创业成功吗？

很多年前学者就主张，勾勒典型创业者特质的任何尝试注定没什么用，然而这类研究仍在继续。最近，斯科特·谢恩（Scott Shane）则明确指出了创业基因的角色和存在，将创业者是天生还是后天培育的讨论推到了新的极端。

调查研究

基因多大程度上影响创业能力

美国凯斯西储大学（Case Western Reserve University）教授、创业研究学者斯科特·谢恩，以同卵和异卵双胞胎间的比较分析了基因与创业之间的关系。这两类双胞胎基本上都同时由相同的父母养育。同卵双胞胎几乎有着完全相同的遗传密码，与众多兄弟姐妹一样，异卵双胞胎只携带50%这样的遗传密码。通过比较两类双胞胎的情形，人们不难找出遗传和环境、天生和后天形成的关系。谢恩通过研究发现，一个人是否有意识到新商业机会的能力，有45%来自遗传。想体验新奇经历的强烈欲望，有50%～60%来自遗传。谢恩通过对双胞胎的研究得出结论：环境和遗传因素对人迎接新挑战的影响比例分别为45%和61%。研究结果还表明，在对外部环境的兴趣上，遗传影响最多只有66%。

不仅研究基因和遗传，人们还利用神经科学仪器和方法研究创业者的决策机制，尝试寻找决定创业者行为的深层次原因，识别那些更加稳定的因素，如生理因素就比心理因素稳定得多。此外，还有不少人从比较的视角研究创业者的独特性，将创业者和打工者、管理者、职业经理人、领导者进行多方位比较，对了解创业者群体有帮助。我们承认创业者自身的独特性和对创业活动的直接影响，但不能抛开环境因素单独分析创业者的特质，毕竟创业活动的成败受多方面因素影响，同时，创业者的心理和性格特征也在不断地变化。

资料来源：斯科特·谢恩．你无法逃脱的基因密码[M]. 彭新松，凌志强，译．北京：北京联合出版公司，2012.

1.2.2 创业的过程观

作为对个人特质方法的回应，一些学者主张用行为方法研究创业，认为创业终究是关于新企业创建的，其中，多种力量在新企业生成过程中交互作用，而创业者只是该过程的一部分而已。因此，我们应该考察创业者在新企业创建情境下开展的活动，关注创业者做了什么，而不是他是谁。随着研究人员针对创业研究从特质向行为转移的呼吁，创业的过程观开始登上历史舞台。

请先看下面的例子：

- 一位妇女喜欢为家庭聚会制作开胃食品，朋友经常称赞她，告诉她这些食品有多么的美味。后来，她建立了一家公司来制作和销售开胃食品。
- 一位从事生物化学基础研究的科学家做出了能推动该领域前沿发展的重要发现。但是，他对识别该发现的实际用途没有兴趣，而且从未尝试那样做。
- 从管理职位上被“裁员”以后，一位中年人偶然发现了用特殊方法处理旧轮胎作为花园边饰（将不同种类植物分开的隔离物）的创意。

- 一位退休军官想出一个创意：从政府那里购买淘汰的水陆两栖交通工具，并使用它们去建立一家专门从事偏远荒野旅游的公司。
- 一个年轻的计算机科学家开发出比目前市面上任何软件都要好得多的新软件，并寻求资金创建一家公司来开发和销售该软件。

在上述例子中，从事生物化学基础研究的科学家只是科学家而非创业者，如果没有什么“意外”发生，这位科学家可能永远不会成为创业者。偶然发现了用特殊方法处理旧轮胎作为花园边饰创意的中年人可能成为创业者也可能不会，这要看他是否进一步采取行动以及可能采取什么行动，也许他会尝试开展这项业务，也许他会把创意告诉朋友而自己不进一步开发。退休军官和年轻的计算机科学家已经踏上了创业之路，他们不仅看到了机会并有创意，而且开始着手创建公司和筹集资金。第一位妇女在创业的道路上走得最远，她从朋友的赞赏中看到机会，成立了公司，销售她的开胃食品，也许她还在为其公司的生存和发展而努力。

研究创业，需要剖析创业过程中所包含的活动和行为，这也是大多数创业管理教材都从过程的角度展开的主要原因。创业过程包含的活动和行为较多，从阶段性活动来看，可分为机会识别和机会开发两大阶段，并可进一步细分为以下 6 个方面。

1. 产生创业动机

创业活动的主体是创业者，创业活动首先取决于个人是否决定成为创业者。当然，不少人是因为看到了创业机会，由于潜在收益的诱惑，激发了创业动机，进而成为一名创业者或创业团队成员。随着社会保障体系的建立和健全，以及产权体制改革的深化，原有因为体制差别形成的特殊利益会逐渐减少，结果会进一步降低创业成本，激发人们的创业动机。

2. 识别创业机会

识别创业机会是创业过程的核心，也是创业管理的关键环节。识别创业机会包含发现机会和评价机会价值两大方面的活动，这其中有许多问题值得研究。第一，机会来自哪里？或者说创业者应该从何处识别创业机会？第二，为什么某些人能够发现创业机会而其他人却不能？或者说哪些因素影响甚至决定了创业者识别机会？第三，机会是通过什么形式和途径被识别到的？是经过系统搜集和周密的调查研究还是被偶然发现的？第四，是不是所有的机会都有助于创业者开展创业活动并创造价值？围绕这些问题，我们可以看到创业者在识别创业机会阶段经常要采取的活动。为了识别机会，创业者可能需要多交朋友并经常与朋友交流沟通，这样做有助于创业者更广泛地获取信息。创业者可能还需要细心观察，从以往的工作和周边的事物中发现问题，看到机会。对于自认为看到的机会，创业者需要对机会进行评估，判断机会的价值。

3. 整合资源

整合资源是创业者开发机会的重要手段。强调整合资源，是因为创业者可以直接控制的可利用资源少，许多成功的创业者都有过白手起家的经历。对创业者来说，整合资源往往更意味着整合外部的资源、别人掌握控制的资源，来实现自己的创业理想。创业者不能仅靠自己所识别的机会整合资源，他们需要围绕创业机会设计出清晰的商业模式，向潜在的资源提供者陈述清晰的有吸引力的盈利模式，有时还需要制订出详细的创业计划。要知道潜在的资源提供者也不希望自己拥有的资源被闲置，他们也急于寻找到资源升值的途径。目前在我国，一方面是企业难以融到资金，难以找到合适的人才；另一方面则是大量的资金被存到银行，大量的剩余劳动力在渴望工作。

4. 创建新企业或是诞生新事业

新企业的创建和新事业的诞生是衡量创业者创业行为的直接标志，有人甚至直接将是否创建了新企业作为个人是不是创业者的衡量标准。创建新企业有不少事情要做，包括公司制度的设计、企业注册、经营地址的选择、确定进入市场的途径，等等。有时甚至要在是创建新企业还是收购现有企业等进入市场的不同途径之间进行选择。这些工作也是开创新事业、公司内部创业活动等都需要思考的。对公司内部创业活动来说，可能没有公司制度的设计问题，但同样要设计奖惩机制，甚至需要制定利益分配原则；可能没有企业注册问题，但同样要有资金投入及预算控制机制等问题。在创业初期，迫于生存的压力，也由于对未来发展无法准确地预期，因此创业者往往容易忽视这部分工作，结果给今后的发展带来许多问题。

5. 实现机会价值

创业者整合资源、创建新企业的目的是实现机会价值，并通过实现机会价值来达成自己的创业目标。表面来看，与已经存在多年经营历史的企业相比，创业者新创建的企业没有什么本质的区别，都要做好生产销售工作，或都在做类似的工作。实际上，它们之间的差异还是巨大的。对已存在的企业来说，其销售工作的核心任务也许是注重品牌价值，维护好老顾客，提升顾客的忠诚度。而对新创建的企业来说，也要考虑品牌价值等问题，但首要任务则是如何争取到第一个顾客，如何从竞争对手那里把顾客抢夺过来，这意味着新企业要为顾客创造更大的价值，也可能意味着要为获得同样的收益付出更高的代价和成本。

确保新创建的企业生存下来是创业者必须面对的挑战，但创业者不能仅仅考虑生存，同时还需要考虑成长，不成长就无法生存得更长远，在激烈竞争的环境中尤其如此。企业成长存在内在的基本规律，在这方面，企业成长理论（包括成长决定因素理论和成长阶段理论）研究已经取得了较丰富的成果。创业者需要了解企业成长的一般规律，预见到企业不同成长阶段可能面临的管理问题，采取有效的措施予以防范和解决，使机会价值得到充分的实现，同时不断地开发新的机会，把企业做大、做强、做活、做长。

6. 收获回报

追求回报是创业活动的主要目的，虽然不求回报是做人的美德，但对开展创业活动的创业者来说，这样的美德是不值得提倡的。对回报的追求有助于强化创业者对事业的执着。对创业者来说，创业是获取回报的手段和途径，是一种载体，而不是目的本身。回报可能是多种多样的，对回报的满意程度在很大程度上取决于创业者的创业动机。调查发现，多数创业者的创业动机首先是自己当老板，然后才是追求利润和财富，对这些人来说，当老板的感受就是回报。对以追求财富为主要动机的创业者来说，把自己创建的企业在短期内培养成为一家快速成长的企业并成功上市，可能是理想的获取回报的途径。

现实中，创业者随着创业活动的持续，会对自己创建的企业甚至经营的产品融入越来越多的情感，甚至将其视为生命的一部分，淡化甚至忘却了对回报的追求，结果可能是不仅没有收获回报反而约束了企业的健康发展。调查显示，有的企业初期发展得很好，进入了快速成长阶段，需要更多的资金发展，也有不少投资者表示愿意投资，但创业者因为担心自己创办的企业被别人控制而失去了不少发展的机会。这样的例子很普遍。

虽然创业的过程观被大多数人认可并成为创业管理教材的主流，但研究发现，创业者之间的行为是极为不同的，并且教材中的内容与新生创业者的实际行为几乎没有重合之处。结果，创业变成了另一个版本的管理——领导、控制、计划和评估的过程，差别在于前者适用于新创企业。

1.2.3　创业的认知观

目前，从认知视角研究创业已经获得人们的广泛兴趣和关注。创业认知被定义为人们用来做出有关机会识别、机会评价、新企业创建以及企业成长的评估、判断或决策的知识结构。[㊀] 创业认知研究者不是基于人格特质来区分创业者的，而是揭示创业者的思维模式，认为特定的思维模式是竞争优势和个体差异的来源。

大部分创业认知研究探讨个体做出创业行动决策的原因并将这种决策与根深蒂固的知识结构和信念关联起来，即认知结构，同时认为创业是一种有计划的行为，反映了认知的过程。认知结构代表和装载了知识，研究者由于出发点不同，对认知结构形成了多种类似的表示方法和定义，如脚本、图示、知识结构、解释系统

㊀ MITCHELL R K, BUSENITZ L, LANT T, MCDOUGALL P, MORSE E A, SMITH B. Toward a Theory of Entrepreneurial Cognition: Rethinking the People Side of Entrepreneurship Research[J]. Entrepreneurship Theory and Practice, 2002, 27(2): 93-104.

等，认知结构被认为是区别创业者和非创业者以及导致创业者行为差异的关键，而认知过程则被认为是知识接受和应用的方式，认知偏差和直观推断成为认知过程中的两个研究重点。创业过程本身充满大量不确定性与复杂性，创业者出于时间与成本等因素的制约，不可能做到完全理性决策。如果没有认知偏差和直观推断，很多创业行为将不会发生，但这种简化会产生难以避免的偏差。

重要概念

认知偏差和直观推断

认知偏差（cognitive bias）是指主体认识和处理各种信息并由此诱发的行为与客观实际不一致的表现。认知偏差在创业决策与行为中起到了重要作用，代表着“创业者思考、归因和获得决策的方式”。已有研究表明，创业者处理信息时出现的认知偏差主要包括过度自信（overconfidence）、控制错觉（illusion of control）、马后炮偏差（hindsight bias）、小数法则（law of small numbers）等。

直观推断（heuristics）是一种基于经验的决策方式，从信息的重新组合分析中获得新的见解，从而更有效、更及时地利用机会。

人的认知结构并非静止不变，而是在与外界环境的适应中通过同化与顺应两种机制从不平衡到新的平衡，因此认知结构具有时间阶段性，而认知过程本身就是一个随时间发展的概念。认知结构与认知过程都与特定的创业阶段有关，每个创业阶段可以划分为三个连续过程：扫描、解析、创业意向或行动。其中，扫描和解析过程反映了个体所表现出来的信息加工方式，即认知风格。认知风格的变化和培养过程，其背后反映的是个体认知的发展，与认知的内容和结构变化有关。创业者认知发展是一种有意识的心理活动过程，认知发展的轨迹离不开学习过程，而已形成的认知发展水平又是进一步学习的必要前提。学习风格体现了个体识别新知识、吸收新知识并把新知识运用于创新和创业过程的能力。

总之，从认知视角探讨创业，问题不再是某个个体能否成为一个创业者，而是某个个体如何才能变得富有创业精神、创造机会并针对机会开展行动。

上述三种创业观的差异比较如表 1-2 所示。

表 1-2　创业的个体观、过程观和认知观的差异

	个体观	过程观	认知观
主要内容	英雄、神话、人格剖析	计划、预测	思维和行动
分析焦点	特质，天生还是后天培养	新企业创建	从事创业活动的决策
分析层面	创业者	企业	创业者和创业团队
主要用语	内部控制点、风险承担倾向、成就需要、容忍模糊度	资本市场、成长、资源分配、绩效、机会发现	专家脚本、直观推断、决策、心智模式、知识结构

1.3　创业的类型

随着创业活动的活跃，创业活动的类型也呈现多样化的趋势。了解创业类型，比较不同类型的创业活动，有助于更好地理解创业活动。

1.3.1　创业分类的常见维度

对创业的基本分类可以围绕谁在创业、在哪里创业、创业效果如何这三个基本问题展开，进而可以识别出基本的创业活动，还可以组合成许多创业类型（见图 1-3）。

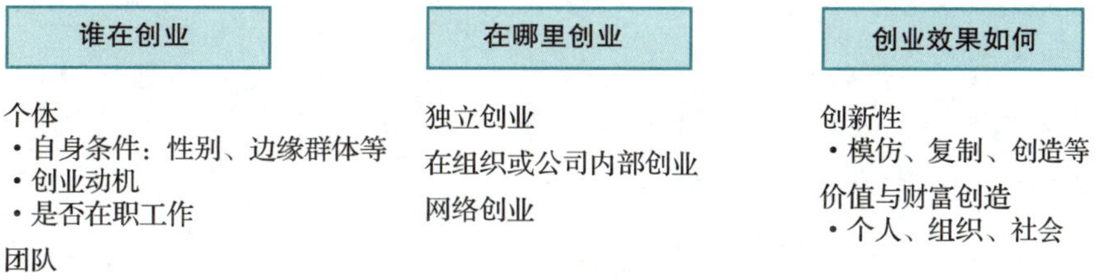

谁在创业	在哪里创业	创业效果如何
个体 • 自身条件：性别、边缘群体等 • 创业动机 • 是否在职工作 团队	独立创业 在组织或公司内部创业 网络创业	创新性 • 模仿、复制、创造等 价值与财富创造 • 个人、组织、社会

图 1-3　创业的基本分类

结合图 1-3 的分类，目前我们已经识别到不少具有独特性的分类，现选择具有典型意义的分类予以介绍。

1. 生存型创业与机会型创业

该分类是由全球创业观察项目首先依据创业者的创业动机提出来的。在该项目中，**生存型创业**（necessity-push entrepreneurship）被定义为创业行为出于别无其他更好的选择，即不得不参与创业活动来解决其所面临的困难，不少下岗职工的创业行为便属于这种类型；**机会型创业**（opportunity-pull entrepreneurship）被定义为创业行为的动机出于个人抓住现有机会并实现价值的强烈愿望，创业有更好的机会，李彦宏创建百度公司显然属于机会型创业。

⊙ 专栏 1-1

大学生创业的两种常见类型：生存型和机会型

大学生创业大多属于个体创业范畴，个体创业可分为生存型创业和机会型创业。

因为没有其他合适的工作而选择创业，就是生存型创业。

生存型创业者以满足生存需要诸如养家糊口或关系需要诸如当老板有面子为创业动机，他们很少考虑其创业是否进入了新市场，或企业扩张等可持续发展的公司经营战略。由于生存型创业主要是在现有的市场或小市场中寻找机会，因而具有简单、创业成本低、对创业者素质要求不高等特点。从就业和稳定等社会角度看，生存型创业更适合我国目前的经济发展水平，也适合大多数未经历过创业实践和未接受过系统创业训练的大学生。

因为发现有吸引力的机会而选择创业，就是机会型创业。

机会型创业者不以开个小店养家糊口为终点，而是为了寻求更好的发展机会或者寻求更多的财富。从经济角度看，机会型创业要比生存型创业更有价值，由于机会型创业具有创造新产品和新市场的功能，特别是能够开辟大市场、形成新产业、带动经济发展，因而被誉为经济发展的引擎。因此，有能力、有条件的大学生，可以利用所学知识成为机会型创业者。

生存型创业和机会型创业有一定的区别。

一是创业动机不同。生存型创业者的创业动机是没有其他合适的工作而创业，机会型创业者的创业动机是发现有吸引力的机会而创业。

二是发现商机市场不同。生存型创业是在现有市场中捕抓机会，机会型创业是发现了新需要与新市场。

三是进入市场不同。生存型创业是进入现有的小市场，机会型创业是面向大市场。

四是出发点不同。生存型创业是根据自己拥有的资源选择机会，机会型创业是对开辟大市场有把握。

资料来源："大学生创业的两种常见类型：生存型和机会型"，http://blog.sina.com.cn/u/1988911765, 2015-08-05.

2. 个体创业与公司创业

这是根据创业活动的发生场所和创业者的个体差异进行的分类。个体创业主要指不依托于某一特定组织而开展的创业活动，而公司创业主要指由已有组织发起的组织的创造、更新与创新活动，创业活动是由在组织中工作的个体或团队推动的。虽然在创业本质上，公司创业和个体创业有许多共同点，但是由于起初的资源禀赋不同、组织形态不同、战略目标不同等，在创业的风险承担、成果收获、创业环境、创业成长等方面也有很大的差异。两者的主要差异点如表 1-3 所示。

3. 网络创业

网络创业也被称为互联网创业，简单地说，是指利用互联网作为平台进行创业的行为。目前学术界关于网络创业的研究还不多，但我们身边的例子已经很多，在国内，享有"网络牛仔商人"称号的马云可谓家喻户晓，他认为互联网像一个无穷的宝藏，等待人们前去发掘，就像阿里巴巴用咒语打开的那个山洞，据说这是"阿里巴巴"名称的来源。

网络的价值是巨大的，网络中的虚拟世界与现实中的真实世界同样丰富多彩。人们利用互联网作为平台形成了巨大的市场，有市场当然就有机会，就可以有创业行为。而且，由于互联网具有传播速度快、互动性强、不受地理等自然条件限制等特点，而成为创业者关注的重要平台。

表 1-3　个体创业和公司创业的主要差异点

个体创业	公司创业
• 创业者承担风险	• 公司承担风险，而不是与个体相关的生涯风险
• 创业者拥有商业概念	• 公司拥有概念，特别是与商业概念有关的知识产权
• 创业者拥有全部或大部分事业	• 创业者或许拥有公司的权益，可能只是很小部分
• 从理论上看，对创业者的潜在回报是无限的	• 在公司内，创业者所能获得的潜在回报是有限的
• 个体的一次失误可能意味着生涯的失败	• 公司具有更多的容错空间，能够吸纳失败
• 受外部环境波动的影响较大	• 受外部环境波动的影响较小
• 创业者具有相对独立性	• 公司内部的创业者更多受团队的制约
• 在过程、试验和方向的改变上具有灵活性	• 公司内部的规则、程序和官僚体系会阻碍创业者的策略调整
• 决策迅速	• 决策周期长
• 低保障	• 高保障
• 缺乏安全网	• 有一系列安全网
• 在创业主意上，可以沟通的人少	• 在创业主意上，可以沟通的人多
• 至少在初期阶段，存在有限的规模经济和范围经济	• 能够很快地达到规模经济和范围经济
• 严重的资源局限性	• 在各种资源的占有上都有优势

资料来源：MORRIS M, KURATKO D. Corporate Entrepreneurship[M]. Florida: Harcourt College Publishers, 2002: 63.

4. 弱势群体创业

弱势群体创业是政府关心的创业行为，指创业行为的主体是那些处于社会边缘状态的个体。由于是弱势群体，他们往往更难以整合到资源，创业会更加艰难，但反过来，创业也能够改变弱势群体的社会地位，体现社会公平。为此，政府制定了一系列特殊政策为弱势群体创业提供支持，包括税收减免、融资担保等。

5. 衍生创业

从广义上讲，凡是从已有组织（企业、大学或科研机构）中产生出来的企业都可以称为衍生企业。具体来说，衍生创业是指在现有组织中工作的个体或团队，脱离所服务的组织，凭借在过去工作中积累的经验和资源，独立开展创业活动的创业行为（见图 1-4）。

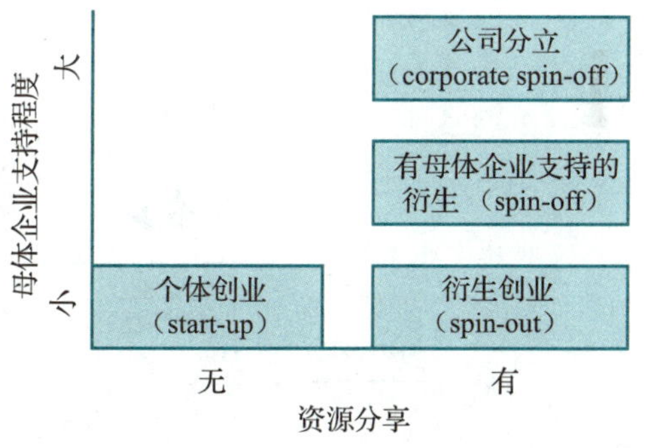

图 1-4　衍生创业

资料来源：KOSTER S. Spin-off Firms and Individual Start-ups: Are They Really Different? [R]. The 44th ERSA Conference, 2004, August 25-29.

长期以来，衍生创业行为一直经常发生。1955 年，晶体管之父肖克利博士离开贝尔实验室在硅谷创建了“肖克利半导体实验室”，一时吸引了众多有才华的年轻科学家加入。1957 年，肖克利半导体实验室的八位杰出精英因不满肖克利的唯我独尊而集体出走，创办了仙童半导体公司（简称“仙童”）。之后仙童利用半导体技术优势，在短时间内便成为硅谷成长最快的公司。同时，仙童还成为半导体技术人才的孵化器，一批批人才从仙童跳槽，在硅谷附近创办了众多衍生企业，其中有英特尔、AMD 等知名的大公司。一时间，个体创业成为硅谷的潮流，正如乔布斯比喻的那样："仙童半导体公司就像个成熟了的蒲公英，你一吹它，这种创业精神的种子就随风四处飘扬了。"在国内，牛根生离开伊利公司创建蒙牛，就是很典型的例子。

衍生企业由于与母体企业之间所具有的联系，所以在创业的初始条件、市场定位、经营策略、成长方式等方面都会表现出与个体创业不同的一些特点，值得关注和研究。

1.3.2 基于创业初始条件的分类

创业者往往是在资源匮乏的情况下开展创业活动，因此，研究创业活动的初始条件对分析创业活动的特点，预测创业活动的发展演变规律，具有十分重要的意义。在这方面，阿玛尔·毕海德教授的研究工作特别具有影响力。

芝加哥大学教授阿玛尔·毕海德曾在哈佛商学院讲授创业课程，为了梳理出清晰的授课计划，他带领学生对 1996 年进入美国 *Inc.*500[㊀] 的企业主进行了深入访谈，并于 2000 年出版了《新企业的起源与演进》一书。[㊁] 在该书中，他从不确定性和投资两个维度构建了一个投资、不确定性与利润的动态模型（见图 1-5）。

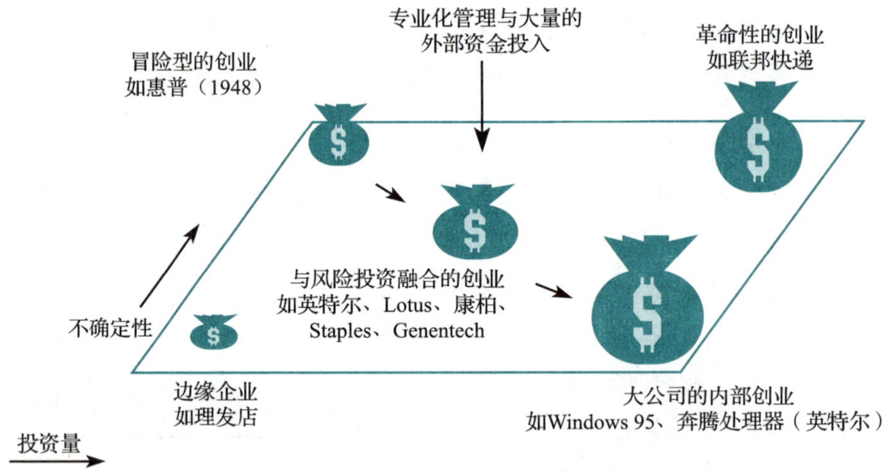

图 1-5 投资 – 不确定性 – 利润模型

注：钱袋的大小代表潜在利润的多少。

毕海德强调创业并不单纯指创业者或创业团队创建新的企业，大企业同样有创业行为。在这个模型中，他将原创性的创业概括为五种类型，分别是边缘企业（marginal businesses）、冒险型的创业（promising start-ups）、与风险投资融合的创

㊀ 美国 *Inc.* 杂志每年推出的 *Inc.*500 排名结果在企业界和学术界产生了巨大的影响。该杂志于 1979 年创刊，1982 年开始以一定的标准对美国高速成长的私营企业进行排名，推出了 *Inc.*500（成长速度最快的 500 家私营企业排序的简称），至今从未间断。

㊁ 阿玛尔·毕海德．新企业的起源与演进 [M]. 魏如山，译．北京：中国人民大学出版社，2004.

业（VC-backed start-ups）、大公司的内部创业（corporate initiatives）和革命性的创业（revolutionary ventures）。

投资 – 不确定性 – 利润模型非常经典。首先，该模型的两个维度——投资量和不确定性，把握住了创业活动的两个最基本的条件也可以说是属性，投资量反映的是资源约束，不确定性反映的是风险程度和对未知的探索。其次，从数量上看，绝大多数的创业活动都属于边缘企业类型，这类企业多为自我雇用性质，也多属于生存型创业，所需投资少，风险也小，当然盈利性弱，成长性也相对差一些。这类企业一般不需要融资，多数可以用自有资金和家庭支持解决商业活动所需要的资金。再次，属于机会型创业的是冒险型的创业，社会应该营造环境鼓励和培育更多的冒险型的创业，这类企业的失败率更高，但改变社会的作用更大。最后，从冒险型的创业到与风险投资融合的创业，再到大公司的内部创业，是一条特别值得研究的线路，也是创业管理的重点。

1.3.3　基于效果的分类

依据效果对创业进行分类也是一种常见的分类形式，

这样的分类有助于创业者关注创业活动效果，提升创业活动质量，也有助于创业活动的成功。在这方面，克里斯汀和戴维森的分类更具有代表性。

克里斯汀等人依照创业对市场和个人的影响程度，把创业分为四种基本类型（见图 1-6），即复制型创业、模仿型创业、安家型创业和冒险型创业。[⊖]

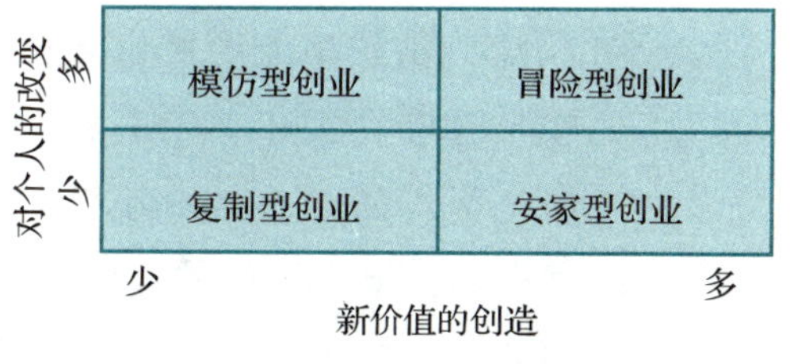

图 1-6　基于价值创造的创业类型

1. 复制型创业

这种创业模式是在现有经营模式基础上的简单复制。例如某人原先担任某家电公司部门主管，后来离职创建了一家与原家电公司相似的新家电公司，且新组建公司的经营风格与离职前那家公司也基本相同。现实中，这种复制型创业的例子特别多，且由于前期生产经营经验的累积而使得新组建公司成功的可能性很高。但在这种类型的创业模式中，创新贡献较低，也缺乏创业精神的内涵，并不是创业研究的主流。

2. 模仿型创业

模仿型创业虽然很少给顾客带来新创造的价值，创新的成分并不算太高，但对创业者本身命运的改变还是较大的。例如某煤矿公司的经理辞职后，模仿别人新组

⊖ BRUYAT C, JULIEN P A. Defining the Field of Research in Entrepreneurship[J]. Journal of Business Venturing, 2001, 16(2): 165-180.

建一家网络公司。相对来说，这种创业具有较高的不确定性，学习过程较长，经营失败的可能性也比较大。不过，如果是那些具备创新精神的创业者，只要经过专门化的系统培训，注意把握市场进入契机，创业成功的可能性也比较大。

3. 安家型创业

这种形式的创业，创业者个人命运的改变并不大，所从事的仍旧是原先熟悉的工作，但能不断地为市场创造新的价值，为消费者带来实惠。例如，公司内部的一位工程师在为公司开发完成一项新产品后，在此基础上为自己开发新项目，可能脱离原有公司走上团队创业之路，依赖对技术问题的深入理解以及以往建立起的关系追求个人创业精神最大限度的实现。

4. 冒险型创业

冒险型创业模式，将极大地改变个人命运，从事一项全新的产品经营，个人前途的不确定性很大，同时，由于是创造新价值的活动，将面临较高的失败可能性。尽管如此，这种创业预期的报酬较高，因此对那些充满创新精神的人来说仍富有诱惑力。但是，它需要创业者有高超的能力、适当的创业时机、合理的创业方案和科学的创业管理，才可能获得成功。

戴维森基于创业效果在组织层面和社会层面的产出对创业进行了分类[⊖]（见图 1-7）。组织层面的产出和社会层面的产出都是负的创业行为属于失败创业，如破产的污染企业；组织层面的产出为负而社会层面的产出为正的创业行为属于催化剂式创业，比如万燕 VCD 的创业，虽然失败，但催化出了一个巨大的新兴产业；组织层面的产出为正而社会层面的产出为负的创业行为属于重新分配式创业，如我国钢铁行业的低水平重复建设；组织层面的产出和社会层面的产出都为正的创业行为属于成功创业，比如星巴克开创了一个全新的休闲产业，戴尔带来了一种全新的经营模式等，取得了企业、消费者和社会等层面的多赢效果。社会应该赞赏成功创业，而重新分配式创业不可避免，同时催化剂式创业更需鼓励。

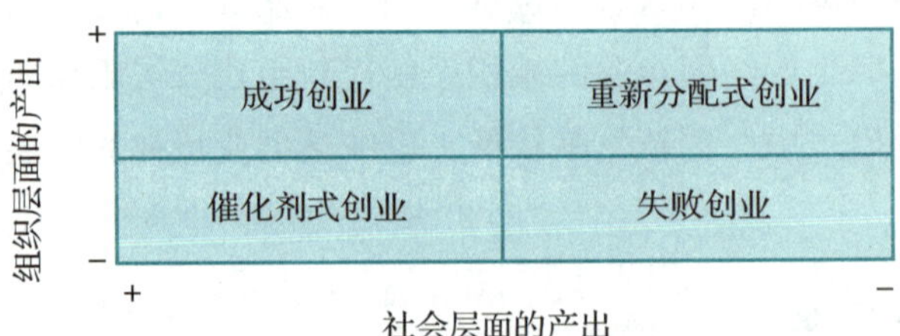

图 1-7 基于创业效果的创业分类

⊖ DAVIDSSON P, WIKLUND J. Levels of Analysis in Entrepreneurship Research: Current Research Practice and Suggestions for the Future[J]. Entrepreneurship Theory and Practice, 2001, Summer: 81-99.

创业活动作为一种社会现象，普遍存在于人类活动中。随着环境的变化，创业活动的类型也越来越多，无法一一列举。了解创业活动的类型，比较不同类型的创业活动，有助于把握创业活动的本质和关键要素，掌握不同类型创业活动的特殊性，例如，技术出身的创业者往往会高估产品和技术的优势，低估市场的风险。因此，对创业适当地分类，了解创业活动的类型，对研究和实践都很重要。

重要概念

用户创业

用户创业是指用户个体或群体最初为满足自己的需求，将一种创新产品或服务商业化，并提供给市场的现象。这种由于用户创新驱动的创业现象越来越多，世纪佳缘、饿了么、小牛电动、锤子科技，都属于这种现象所涌现的新企业。

1.4　创业逻辑与创业思维

研究和学习创业，不一定要去创办企业，但在不确定时代一定要理解创业的逻辑，要保持旺盛的创业精神，把创业精神和技能运用到自己的工作实践中，进而形成自己的创业思维。

1.4.1　效果逻辑与因果逻辑

萨阿斯·萨阿斯瓦斯[㊀] 选取了销售额从 2 亿到 65 亿美元不等的一些企业，针对它们的 27 位创始人开展了实验研究，主要研究发现如下。[㊁]

（1）成功创业者从手段驱动而不是目标导向的行动起步。成功创业者并不是一开始就有一个明确的愿景或产品创意，而是思考自己是谁、知道些什么，然后联系潜在利益相关者群体，寻找合作机会。随着新的资源组合被发掘和设计出来，愿景可能会形成，但推动发展的并不是愿景，而是手段、机会和利益相关者。

（2）成功创业者在评估机会时，考虑的是“可承受损失”，而不是预期收益。既然未来从本质上说不可预测，创业者就不会花时间去预测未来或计算预期值，创业者将潜在损失降低到自己可以接受的程度，即便没有那么成功，他们的损失相对那些凭借猜测潜在收益而进行大胆投资的创业者来说也要小得多。这种

㊀ 萨阿斯·萨阿斯瓦斯（Saras Sarasvathy）教授目前在弗吉尼亚大学达顿商学院任教，她于 1998 年获得博士学位，她的导师是 1978 年诺贝尔经济学奖得主赫伯特·西蒙教授。萨阿斯瓦斯是创业认知研究领域的杰出学者，提出了用于解释新企业和新市场创造的效果逻辑理论，吸引了众多创业学者的兴趣。

㊁ SARASVATHY S. New Venture Performance Darden Business Publishing, Teaching Note No. UVA-ENT-0074, 2006.

基于可承受损失的反复实验为获取宝贵的新资源组合创造了机会，也铺就了前行之路。

（3）成功创业者会设法利用意外而不是回避意外。这些创业者承认未来是不可预测的，最终的道路是未知的。因此，他们会保持灵活性，利用突发事件重新审视手段和目标。每遇到一个无法预料的事件，他们都会自问：这个意外是否开启了新的机会？即使面对的是负面意外，他们的热情也绝不会因此而熄灭。

（4）成功创业者会召集一些愿意加入自己的人。他们会建立大量合作关系，常常把最初的客户变成合作伙伴，把最初的供应商变成投资者，把最初的投资者变成客户、员工，或任何其他身份。最终，他们会缝制一条由投资者、客户、供应商和员工等利益相关者拼成的“百纳被”，他们共同做出承诺，携手共创事业并营造相应的环境。

效果逻辑理论由此诞生，相对应的是因果逻辑理论。因果逻辑也被称为预测逻辑，因为它强调必须依靠精确的预测和清晰的目标；效果逻辑也被称非预测逻辑，极度依靠利益相关者并且是手段导向的。

绝大部分教材和媒体都建议人们采用因果逻辑开展创业：首先要开展市场研究和竞争分析，找到目标细分市场；然后制定营销战略，计算边际成本 / 价格并制定财务规划；最终撰写商业计划，整合资源，组建团队并搭建新企业。而效果逻辑支持的做法则是：首先从你是谁、你知道什么以及你认识谁起步，尽可能利用少量资源开始做可以做的事情；然后要与大量潜在利益相关者进行交互并谈判实际的投入，根据实际投入重塑创业的具体目标；重复上述过程，直到利益相关者和资源投入链条收敛到一个可行的新创企业。

以星巴克为例，按照因果逻辑，创业故事应该是这样的：㊀

- 创始人霍华德·舒尔茨发现，婴儿潮一代拒绝加工和包装食品与饮料，偏好更加“自然”和高质量的食品与饮料。
- 舒尔茨看到美国人变得对相比大多数零售店里提供的服务水平更高的服务越来越感兴趣。
- 舒尔茨利用对顾客需求的理解开发了优质咖啡产品和宜人的零售环境。

但历史事实其实是这样的：

- 1980 年之前，美国人均咖啡消费量已经连续 20 年下滑。
- 星巴克最初由戈登·波克等人于 1971 年创立，是一家位于西雅图的出售高质量烘焙豆的商店，同时提供茶、调味品等，但并不按杯出售咖啡。

㊀ SARASVATHY S. The Entrepreneurial Method: How Expert Entrepreneurs Create New Ventures. Darden Business Publishing, Teaching Note No. UVA-ENT-0073, 2006.

- 如舒尔茨自己所说："星巴克创始人并没有研究市场趋势。他们只是满足一小部分人对优质咖啡的需求而已——他们自己的需求。"
- 即便戈登·波克和他的合作伙伴也不是第一个"发现"特色咖啡的人——荷兰的咖啡鉴赏家从 1966 年就开始干这行了，很可能其他人也早在波克之前就干这行了。
- 不同于星巴克的创始人，舒尔茨并不是一个咖啡迷，"同 20 世纪 80 年代早期的大多数美国人一样，他在成长过程中将咖啡看成一种在超市的走道里出售的商品"。他是一家家用器皿供应商的管理人员，该店的客户包括最初的星巴克公司。

因果逻辑和效果逻辑都要求创业者理解基本的商业技能，如合理的会计实践、企业运营环境的合法性问题以及财务和人员管理的日常机制。同时，两者还都要求创业团队按照新创企业做出的承诺有效地执行。然而，两种逻辑中的主要驱动力是不同的（见表 1-4）。

表 1-4　创业活动的两种逻辑

	因果逻辑	效果逻辑
对未来的认识	预测：把未来看成过去的延续，可以进行有效的预测	创造：未来是人们主动行动的某种偶然结果，预测是不重要的，人们要做的是如何去创造未来
行为的原因	应该：以利益最大化为标准，通过分析决定应该做什么	能够：做你能够做的，而不是根据预测的结果去做你应该做的
采取行动的出发点	目标：从总目标开始，总目标决定了子目标，子目标决定了要采取哪些行动	手段：从现有的手段开始，设想能够利用这些手段采取什么行动、实现什么目标，这些子目标最终结合起来构成总目标
行动路径的选择	既定承诺：根据对既定目标的承诺来选择行动的路径	偶然性：选择现在的路径是为了使以后能出现更多更好的路径，因此路径可能随时变换
对风险的态度	预期回报：更关心预期回报的大小，寻求能使利益最大化的机会，而不是降低风险	可承受的损失：在可承受的范围内采取行动，不去冒超出自己承受能力的风险
对其他公司的态度	竞争：强调竞争关系，根据需要对顾客和供应商承担有限的责任	伙伴：强调合作，与顾客、供应商甚至潜在的竞争者共同创造未来的市场

资料来源：READ S, SARASVATHY S D.Knowing What to Do and Doing What You Know: Effectuation as a Form of Entrepreneurial Expertise [J]. Journal of Private Equity, 2005, 9(1): 45-62.

行动指引

查阅一下马云 1999 年最开始成立阿里巴巴时的实际情况，当时大众对互联网的了解还几乎是空白。你认为，马云是采用因果逻辑还是效果逻辑开展创业的？

1.4.2 精益思想与创业逻辑

精益创业目前受到大量创业者的推崇，精益创业的核心思想就是：利用最小化可行产品（minimal viable product，MVP），从每次实验的结果中学习，快速迭代，在资源耗尽之前从迷雾中找到通往成功的道路。精益创业的方法论，非常像实验室里做实验的方法。

第一步，确定待验证的假设

所谓待验证的假设，就是那些认为理所当然的、一厢情愿的需求。不要自欺欺人，要把这些不确定的主观臆断全部罗列出来，按照优先性有针对地去解决。

第二步，制作 MVP

用最低的成本制作一个用于检验假设的产品，可以是经过开发的产品原型，也可以是一段故事描述。只要能够让待测的用户感受到这个产品所能带来的价值就可以。

第三步，确定衡量指标，检验假设

分析哪些客观指标可以表示之前规划的需求确实存在于用户内心之中。召集目标用户，向他们展示 MVP，测量衡量指标，用以验证之前的假设。

第四步，坚持或转型

根据收集到的结果，决定是坚持最早的规划，还是转变方向。

精益创业的核心思想可用图 1-8 表示。精益创业所引申出的创业逻辑如下。

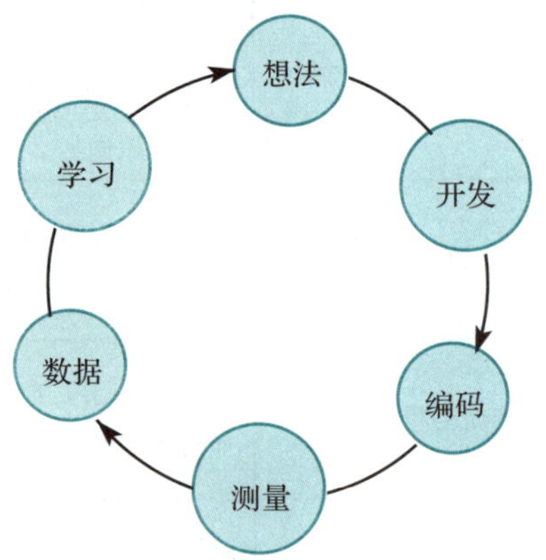

图 1-8 精益创业的核心思想

（1）创业者必须承认在创业初期只有一系列未经检验的假设，也就是一些不错的“猜测”。一定要总结其假设，而不是花几个月来做计划和研究，并写出一份完备的商业计划书。

（2）创业者必须积极走出办公室测试他们的假设，即所谓的客户开发。要邀请潜在的使用者、购买者和合作伙伴提供反馈，这些反馈应涉及各个方面的假设，包括产品功能、定价、分销渠道以及可行的客户获取战略。关键在于敏捷性和速度，新创企业要快速生产出最简化且可实行的产品，并立即获取客户的反馈，然后根据消费者的反馈对假设进行改进。创业者要不断重复这个循环，对重新设计的产品进行测试，并进一步做出迭代，或者对行不通的想法进行转型。

（3）创业者要采取敏捷开发的方式。敏捷开发最早源于软件行业，是一种以用户为本，强调迭代、循序渐进的产品开发模式。传统的开发方式是假设消费者面临的问题和需求，周期常常在一年以上。敏捷开发则完全不同，通过迭代和渐进的方式，预先避开无关紧要的功能，杜绝了资源和时间浪费。

1.4.3　创业思维

在面对高度不确定性时，不可能构思出一条通向未来的道路，唯一可采取的举措就是开展行动，通过行动不断发现有关未来的现实。那么，如何行动呢？大踏步前行肯定是不可取的，因为很可能会落入陷阱之中。

所谓**创业思维**，是指如何利用不确定的环境创造商机的思考方式。效果逻辑和精益创业衍生出来的创业思维是一种行动导向的方法，体现了实用主义的哲学思想，对创业者具有重要指导作用。

创业思维 1：利用手头资源快速行动

创业并非起始于对机会的识别和发现，或者预先设定目标，而是首先分析你是谁（你的身份）、你知道什么（你的知识）以及你知道谁（你的社会网络），即了解你自己目前手中拥有的手段有哪些。创业行动应该是手段驱动，而不是目标驱动；创业者应该运用各种已有手段或手头资源来创造新企业，而不是在既定目标下寻找新手段。创业不同于厨师做菜，不能等到所有配料都准备齐了才开始干，更像是手里只有三根残弦乐器的弹奏者，你能利用三根残弦弹奏出什么样的音乐呢？

创业思维 2：根据可承受损失而不是预期收益采取行动

创业者必须首先确定自己可以承受的损失以及愿意承担的损失有多大，然后才投入相应的资源，而不是根据创业项目的预期回报来投入资源。毕竟，任何的预期收益都是不确定的，但你失败后可能造成的最大损失是确定的。在采取每步行动之前，创业者都应该只付出自己能够承担并且愿意负担的投入，否则就跟赌徒差不多了。在考虑投入时，应该综合权衡各种成本，包括金钱、时间、职业和个人声誉、心理成本和机会成本等。

创业思维 3：小步快走，多次尝试

果敢的大步行动可能会让你获得很大的好处。不过，除非第一步就迈对了，否则你就不会得到这个好处。第一次就迈对步子的概率微乎其微，因为一个想法或计划的成功率和投入的资源数量无关，所以小步行动通常是有道理的。小步行动可以有机会多次试错，而较大的步伐将提高我们碰上无法预测事物的概率。通常，如果你尝试某种新方法后成功了，你很快就会被称为这种方法的专家。其实，今天我们之所以说马云是个天才，真正的原因是他在第一次行动失败后又尝试了一次，而且在第二次尝试成功了。所以，成功的关键驱动因素是不断尝试。

创业思维 4：在行动中不断吸引更多的人加入进来

寻找愿意为创业项目实际投入资源的利益相关者，通过谈判、磋商来缔结创业联盟，建立一个自我选定的利益相关者网络，而不是把精力花在机会成本分析上，更不要做大量竞争分析。联盟的构成决定创业目标，随着联盟网络的扩大，创业目标也会不断发生变化。

创业思维 5：把行动中的意外事件看成好事

西方有一句谚语："如果生活给了你柠檬，就把它榨成柠檬汁。"这实际上是要求创业者以积极的心态主动接纳和巧妙利用各种意外事件与偶发事件，它们在创业途中无法避免，不应消极规避或应付。在创业过程中，你采取的行动很可能不会带来你期望的结果，这时需要友好对待，否则将会错失某些重要的东西。很多时候，意外同时意味着新的机会。当然，意外也可能意味着问题。如果可能，解决这个问题，你的解决方案就会变成你的资产。假如这个问题会永久存在并且你无法排除，那么它将成为你采取下一步行动的已知事实基础。

创业思维 6：把激情当成行动的动力

如果你不断尝试，却总是遭遇挫折，长期下来，我们可能就会彷徨，不知道自己究竟要尝试多少次、犯错多少次才会成功。所以，我们需要一个强大的动机来渡过这些磨难，即激情。研究早已证实，“激情是驱动创造力的关键要素”。如果驱动你的动力是诸如激情等内在动机，而非外部因素，那么产生创造性成功的概率就会比较高。激情也是驱散不确定性的另一个关键。激情和我们追求成功时的心态有关，也就是实际执行各种想法时的心态。一个人对创业想法的激情可能是衡量这个想法潜力的最佳标准，它让我们了解一个人有多愿意为了成功而坚持到底。

创业者应该树立什么样的思维方式或者说什么样的思维方式有助于创业成功？当然不存在唯一的答案，可以从创业活动的特点和本质分析。创业的本质是创新，敢于挑战、逆向思考等创新性的思维就会变得重要和必需；创业要应对不确定性，执着与灵活性并重就很有必要；创业要借助资源整合应对资源高度约束，合作共赢、欲取先予、取舍有度自然成为决策的依据。

如何培养和强化创业思维，锻炼创造性思维（creative thinking）、批判性思维（critical thinking）、系统性思维（systematic thinking）的方式很重要。创造性思维强调把看似无关的事物联系起来，容易产生新的发现。关于批判性思维，李开复在其微博中这样解释：多问“How”——不要只学知识，要知道如何实践应用；多问“Why”——突破死背的知识，理解“为什么是这样”之后才认为学会了；多问“Why Not”——试着去反驳任何一个想法，无论你真正如何认为；多和别人交流讨论，理解不同的思维和观点。把创新性思维与经济管理等相关知识结合起来，有助于提升创业能力。当然，创业能力的真正提升还需实践。

1.5 创业情境

创业者是一个特殊的群体，创业活动具有特殊性，存在不同的行动逻辑，也需要相应的思维和心智模式。这些方面相互关联、相互影响，如创业活动的特殊性会影响行动逻辑和思维模式，思维和心智模式的不同也会强化创业者的独特性。但是，我们不能断定是创业者的特殊性导致了不同的行动逻辑和思维模式，造成一系列独特性的重要原因是创业情境。观察和研究创业活动，一定不能忽视创业情境，洞察创业情境有助于理解创业，也有助于识别创业的一般规律。

情境是指在一定时间内各种情况的相对的或结合的境况。情境比环境具体，不单纯是外部影响，许多情境因素本身就是行动的起源。在英文中，情境多用 context，环境则用 environment。**创业情境**是创业活动的内生属性，而非单纯的环境因素。说到环境，多数人都会想到政治、经济、技术、社会、文化等，具体一些会想到哈佛大学迈克尔·波特教授所提出的五力分析框架中的顾客、供应商、替代品、潜在进入者、行业内竞争对手等。说到创业情境，强调最多的是不确定性和资源约束，这不是客观存在，不少也是创业活动的性质造成的，所以具有内生性。

吉林大学李雪灵教授把创业情境与创业理论进行了组合，梳理出高度不确定性情境下的效果（effectuation）逻辑、高资源稀缺情境下的创业拼凑（bricolage）、高时间压力情境下的即兴而作（improvisation）三组关系，形象易懂，有助于更好地理解创业。

Baker 和 Nelson 在 2005 年基于“资源建构”视角提出的创业拼凑理论㊀，描述了创业者如何通过组合手头资源将就着解决新问题和发现新机会的过程，强调创业者创造性地运用手头资源对抗受制的稀缺资源环境，构建新资源环境的过程。创业拼凑理论解释了创业者如何“无中生有”，突破既有规则束缚，将看似无用的资源通过创造性地改变资源的属性和用途产生异质性价值的创业行为。创业是有时效性的，为了抓住机会之窗的短暂开启时间，创业者常常不得不偏离理性创业逻辑“计划先于执行”的框架，在有限的时间内迅速采取行动，或为紧急问题提供创造性解决方案，或为抓住转瞬的机会而展开行动，此即“即兴而作”行为。

延伸阅读

创业是一种机制

创业是在资源高度约束、高度不确定性情境下的假设验证性、试错性、创新性的快速行动机制。这是我们给创业下的定义。这个机制支撑的是改变、挑战和超越，创建企业只是创业的一种载体或手段。

创业者是一群不安分的人，这和他们的出身以及在社会中所处的地位没有什么必然的联系，他们可以是社会边缘群体，也可以是衣食无忧的中产阶级，还可以是政府官员，他们的共同特点是不安于现状，谋求改变，改变现状，实现抱负，改变日复一日的重复，改变各自想改变的一切，也有人想改变世界。改变首先就意味着不确定性，创业不是为了消灭不确定性，反而是在利用不确定性，利用不确定性所孕育的机会，利用不确定性所带来的各种可能。

改变需要有机会，机会不可能永远甚至长期存在，所以需要快速行动。不确定

㊀ BAKER T, NELSON R E. Creating Something from Nothing: Resource Construction through Entrepreneurial Bricolage[J]. Administrative Science Quarterly, 2005, 50(3): 329-366.

情境下的快速行动又是一个巨大的挑战，试想在一个伸手不见五指的黑夜如何能做到快速行动？只能不断试探，小步快走。试错是创业的重要工作，这和“摸着石头过河”没什么区别，试错不见得能找到正确的路径，但能够知道哪些路行不通。快速迭代是近年来总结出的，本质是快速反馈与改进，不断摸索前行。创业者会想尽一切办法朝前走。没有人能够保证创业成功，但降低创业失败的风险和成本是有可能的，这是理性，也是进步。试错与迭代也使得学习成为创业者的刚需。

不确定性的客观存在使得创业难以被计划，容易被感知到的是未来越来越难以预测，难以预测也就难以计划。创业会有愿景，甚至有创新的手段和具体的一些谋划，但这些都是假设，是如果怎么样就可能会怎么样的推理，假设是否正确，愿望能否实现，都需要验证，而且需要快速、准确、低成本地验证，这些都需要创新。创意阶段还可以是以创业者为主的想象和规划，产品和服务投放市场后，就必须与顾客和其他利益相关者互动，生存、竞争等压力使得创业者无法“一意孤行”。未出茅庐而知三分天下的诸葛亮在辅助刘备取西川的路途中也是一波三折，不断修正。

创业还会和资源约束紧密相连。不是说没有资源才适合创业，而是从事高度不确定性的事业难以吸收到资源。锦上添花人人喜，雪中送炭少人为。谁愿意往“不靠谱”的事上投钱呢？不管是市场还是政府配置，绝对闲置的资源并不存在，创业要把资源用于新的用途，困难很大。白手起家也就成为创业的常态。当然，任何事情都需要资源，白手起家的创业者能够生存与发展，一定是能整合到资源，这也是创业者不同甚至高于常人之处。资源约束经常是一个相对的概念，相对于创业目标和事业的需求所形成的资源匮乏。

创业的本质是创新。创业不可能做到事事、时时都创新，但绝不可把创新固定于一时一事。创新特别是被验证的创新是应对不确定性和克服资源约束的重要手段，不可替代。创新也不局限于技术创新或商业模式创新，是创业行为中的创新性，如创造性地整合资源。熊彼特认为创业者从内部改变经济结构，不断地摧枯拉朽，不断地创造新的结构，从而催生出新的组合。这种观点一直被大家接受。

创业有狭义和广义之分，推崇接受广义的定义，不是为了使其含义广泛，而是提炼出普遍和普适的一般规律。创业这样一种机制可以应用于资源约束和不确定性情境的各种实际状态，也就有了公司创业、社会创业、学术创业等专业领域。把握一般的规律才有助于发现创业所具有的一些独特问题，进而推动研究与教学工作。

改变和超越有好有坏，总体来说，好的多。创业能推动社会的进步，有助于人类生活更美好，这是创业的价值和贡献。

本章要点

- 创业是长期且普遍存在的社会现象。
- 创业是不拘泥于当前资源条件的限制而对机会的追寻，组合不同的资源以利用和开发机会并创造价值的过程。
- 与创新相比，创业更加明确地强调顾客导向，强调创造价值和财富。
- 创业活动实质上就是识别机会，开发和利用机会，实现机会价值的过程。
- 创业是富有创业精神的创业者与机会结合并创造价值的活动，是创造。
- 关注创业过程中的活动和行为，有助于揭示创业活动的规律，从中可以识别到创业者的创业精神和技能。

- 对创业活动进行分类有助于了解创业活动的特殊性，总结和提炼关键要素，把握创业的本质。
- 创业思维，是指如何利用不确定的环境创造商机的思考方式。
- 在面对高度不确定性时，你是不可能构思出一条通向未来的道路的，唯一可采取的举措就是开展行动，通过行动不断发现有关未来的现实。
- 造成一系列创业独特性的重要原因是创业情境。

重要概念

创业　创业过程　创业活动　因果逻辑　效果逻辑　精益创业
机会型创业　生存型创业　创业精神　创业思维　创业情境

复习思考题

1. 为什么要研究和学习创业？
2. 创业与创新的关系是什么？
3. 创业过程包括哪些活动？
4. 创业过程包括不少具体的活动，但创业者从识别创业机会到创建新企业的时间一般都很短，这是为什么？
5. 试述基于互联网技术形成的网络平台对创业活动可能产生的影响。
6. 为什么要对创业活动进行分类？
7. 结合本章介绍的创业分类，你还可以说出哪些创业类型？在众多的创业活动中，你喜欢哪种或哪些类型的创业，为什么？
8. 创业研究从关注创业者特质转向创业活动和行为，这种转变有什么意义？
9. 阅读完本章，你理解大多数创业管理教材都从创业过程展开的原因了吗？
10. 你如何理解因果逻辑和效果逻辑？这两种逻辑的适用情境分别是什么？
11. 如何培养自己的创业思维？
12. 创业者、创业情境、创业思维、创业行动之间的内在关系是怎样的？

实践练习

实践练习1-1　拼图和做被子

进行《如何教创业》一书中所讲的体验式练习——“拼图和做被子”，体验管理思维与创业思维之间的差异，深入理解不确定环境下的思维和行动方式。

实践练习1-2　访谈身边的创业者

结合本章的内容，设计一份访谈提纲，找一位你身边的创业者访谈。要求如下：

（1）将访谈时间设计在1小时，不要超过1.5小时，因为创业者很忙。时间也不要太短，太短你了解不到什么。

（2）认真准备和设计访谈提纲，问题可以来自本章的主要知识点，也可以是你对创业、创业活动以及创业思维的理解，还可以是你不清楚的问题甚至是疑问。设计访谈提纲时预想可能的答案。

（3）自己找创业者，创业者类型不限。

（4）访谈时要做好记录，如果对方允许，最好录音。

（5）访谈时一定要注意创业者的表情、思考、停顿等细节。

（6）访谈结束后一定要仔细整理，对照访谈前你预想的答案，看你发现了什么。

（7）你觉得从自己访谈的创业者身上学到了什么？哪些是你根本无法学习到的？

（8）回头来看一看你设计的访谈提纲，你觉得有哪些地方值得修改，重新修改和完善你的访谈提纲。

> 做榜样很难，但你真正需要做的，是展示一个不完美的人仍然可以成功。
>
> ——数学家卡伦·乌伦贝克

第2章 成为创业者

【核心问题】

☑ 创业者是一个特殊群体吗？

☑ 创业者与商人有什么区别？

☑ 人们通常出于何种原因要成为创业者？

☑ 决定成为创业者要考虑哪些核心问题？

☑ 创业者需要具备什么能力和素质？

☑ 成功的创业者有哪些显著特征？

☑ 选择成为创业者要应对哪些负面因素？

☑ 创业者会面对哪些社会伦理和社会责任问题？

【学习目标】

☑ 了解创业者所具备的个人特质

☑ 分析创业者的创业动机及其对创业活动的影响

☑ 理解创业者需要具备的独特技能和素质

☑ 了解创业者的社会责任和创业伦理

☑ 了解创业者可能面临的风险、压力等负面影响

引例 VIPKID 创始人米雯娟：我的早期故事

我是在河北张家口出生的。14 岁那年，我们家从河北张家口搬到哈尔滨市。

我从 15 岁就开始兼职当家教，教小朋友英语。从那时候到现在，教学一直都是我的兴趣所在，学习也因此成了我的动力。比如教小朋友的过程让我知道，每个小朋友其实都是充满好奇心的。我们理应把他们跟世界上最优秀的教师、最好的课程内容联系起来，给他们创造一个可以想象和探索的学习体验。而当英语家教的过程也教会我，学习对于老师自己也很重要。只有你学得更多，把“终身学习”作为自己的信念，才能教得更好，才能更好地帮助孩子学习。

17 岁那年，我和舅舅搬到北京开办英语培训学校。那真的是很“简陋”的创业。我们在北京特别郊区的地方租了一间教室，前不着村后不着店。学生放学后，我们到学校门口给家长发传单，跟他们说：“你们可以来学，这是免费课程，送给你们的。如果你喜欢的话，再留下来继续学。”

那时候我学到的东西对后来的创业非常重要，它让我真正开始理解学生和家长这两个人群。还有创业，创业时你需要做对很多事情。比如，如何招到对的人？如何树立最好的企业文化？如何一个一个地积攒起用户群体？如何确保每个用户对我们的服务都感到愉快，并获得理想中的成功？

我那时真的就是首席“什么事儿都做”官。比如在通州，我会从 20 公里以外开车接各个老师，等所有人都睡了我还要继续准备明天的工作，学习更多的内容。我觉得自己获益最大的是当时零距离跟我们的用户（也就是学生和家长）交流。

我开始越来越明晰学生要什么、家长要什么，这些认知到后来基本塑造了我对于学习和教育的理解。然后，我有了第二次创业的机会，也就是 VIPKID。这次让我深刻理解了从零开始的难度、不能犯什么错误，以及如何能做得更好。

资料来源：节选自“新浪专栏”创世纪 . 陆奇对话米雯娟：深度剖析 VIPKID 成长故事 . 2020-02-05, https://tech.sina.com.cn/csj/2019-02-13/doc-ihqfskcp4740017.shtml。

米雯娟在 2014 年放弃年营收 2 亿元的作为联合创始人的线下教育机构，创办了线上英语教育机构 VIPKID。起初几个月，她一共只招收到 4 个学生，其中 3 个还是关系户。如今，VIPKID 的营收早已达到几十亿元。毫无疑问，米雯娟是一名优秀的创业者。第一次创业时，米雯娟高中都没毕业，但创办的新企业是很成功的。创业一段时间后，米雯娟感到了知识的匮乏，打算去长江商学院就读。但入学长江商学院需要本科学历，为此米雯娟疯狂地学习，自考专科、自考本科，最终成为长江商学院的一员，并通过竞选成为班长、学生会主席、校友会秘书长，还到美国康奈尔大学做了一个学期的交换生，并进入一家投资银行与百度投资部学习。之后，她另起炉灶创建了 VIPKID。

根据这个案例，你认为成为创业者的条件是什么？具备什么学历、资源或经历才能去创业？创业者和一般管理者有什么区别？如何才能成为像米雯娟一样成功的创业者？要回答这些问题，我们需要清楚谁是创业者、创业者与非创业者以及创业者与职业经理人等的区别是什么。

2.1 创业者：一个相对独特的社会群体

说起创业者，人们会如数家珍般地列出一份长长的名单：海尔的张瑞敏、联想的柳传志、华为的任正非、娃哈哈的宗庆后、新东方的俞敏洪、阿里巴巴的马云、腾讯的马化腾，等等。人们自然会关注他们独特的品质特征，比如强烈的成功欲望、敢于承担风险、超强的意志力，并总感觉创业与自己无关，是遥不可及的事情，那些成功的创业者所完成的事业，是常人所难以模仿、无法学习的。

创业成功与否取决于创业者的天赋，这样的观点在今天仍然很有市场，由此引发的观点是创业者无法培养，创业者是天生的。我们能培养出来马云吗？乔布斯、盖茨、戴尔、扎克伯格不都大学没上完吗？如果他们继续学习，能造就苹果、微软、戴尔、Facebook这些伟大的公司吗？米雯娟如果不去长江商学院读书就不会创建VIPKID吗？毕竟，她在高中没毕业的时候创建的第一家企业就很成功。这些例子似乎的确难以辩驳，甚至可以引发对教育的思考。大多数有影响力的创业者在其以往的经历中，总有某方面或某些方面的过人之处，比如他们的胆识、他们的毅力、他们的眼光，等等，这就更加重了关于创业者与非创业者之间的差异、创业者是否天生的等问题的争论。针对这种争论，萨阿斯·萨阿斯瓦斯指出，更正确的方式是抛弃将人们分成创业者和非创业者这种简单的两分法，而应该看成一个概率分布。在这个概率分布中，有一些人，只要不存在严格的限制条件就会成为创业者（天生的创业者），而有一些人，即使在有利的条件下也不会踏上创业的征途（天生的非创业者）；至于大部分人，在某种条件下，他们可能会成为创业者，而在其他条件下，他们可能不会成为创业者。我们所应思考的问题是“应该创造什么条件，帮助这大部分中间分子克服障碍，成为创业者”。事实上，天生的创业者和天生的非创业者所占的比例都很小，就像“二八定律”一样，我们应该承认创业者特质在创业活动中的作用，但不能过分放大少数天生创业者的特质影响。

美国西北大学谢洛德（Lloyd E. Shefsky）教授抱着实证研究的心态，历时6年，在采访了全世界200多位最具成就的创业者后指出，所有的人天生就具备创业素质，连婴儿也有创业素质，“如果你见过婴儿爬到不该爬的地方，你就会知道他们是毫不畏惧的”。针对许多偏见和误区，谢洛德都以例子给予反驳。例如，很多人认为，“创业者天生拥有预见性的眼光”，如果你这样恭维苹果公司的创始人史蒂夫·乔布斯，他肯定会反对的。乔布斯可不是在创业以前就想到了要开发一种从小学生到商业人士都能使用的微型电脑，从而改变人们的生活。不是所有的创业者天生都具有预见性的眼光，包括乔布斯在内的很多人都是在了解公司的现状和未来以后才慢慢形成这种洞察力的。

2.1.1 创业者素描

从广义的创业概念理解，大多数人都可以成为创业者；从狭义的创业概念理解，当然不可能人人都成为创业者。创业者一词来自英文单词“entrepreneur”，由三个部分——entre、pre、neur 构成。在拉丁语词根中，entre 的意思是“从事”，pre 的意思是“在……之前”，而 neur 的意思是“神经中枢”。因此，按照字面意思，创业者是这样一种人：他们从事了一项事业（任何一项事业）并且及时形成或者从根本上改变了那项事业的神经中枢。[㊀] 人们敬佩创业者，尊重企业家，那么什么样的人可以成为创业者就成为人们想解答的一个重要问题。

对创业者的研究首先是从人口统计特征入手的，有些研究成果发现的确有些群体更有可能投身创业活动。例如，安纳利·萨克森宁（Annalee Saxenian）的研究成果表明，移民具有更高的创业倾向。还有研究表明，头胎出生的孩子最有可能成为创业者，创业经常发生在人们会感到焦躁不安的里程碑年龄阶段（如 30 岁、40 岁和 50 岁）。上述研究听起来很有趣，但这些事实并不能让我们更进一步地了解创业者的真实特征。人口统计学特征并不能真正决定创业行为，它们只是与真正影响创业行为的特征呈现相关性。例如，移民的事实本身可能并不会激励创业行为，在一定程度上，移民更容易开展创业活动可能是因为他们有克服困境的经历，或者可能是因为成为一名移民首先应该具有创业的自选择性。[㊁]

调查研究

2009 年，在卡夫曼基金会的支持下，哈佛大学法学院高级研究员、杜克大学研究中心主任维韦克·瓦德瓦（Vivek Wadhwa）等人针对 549 个成功的高成长创业企业的创始人做了一次普查，得到了一些非常有趣的发现。

- 90% 的成功创业者来自中产或低产中偏上阶层家庭。

这与刻板印象中成功创业者来自贫穷家庭有很大的不同，原因可能是媒体更喜欢渲染贫苦出身创业者的背景，中产出身者的家庭就比较没有新闻性。

- 95% 的人大学毕业，47% 的人有硕士以上学历。

这与辍学创业的成功者印象相违背，即使在学制开放的美国，95% 的创业者还是完成了大学学业。

- 75% 的人说他们的高中在校成绩位

㊀ 谢洛德 . 企业家不是天生的：一种了解企业家的简单方法 [J]. 中外企业家，2007(1): 23.

㊁ 亚瑟·布鲁克斯 . 社会创业 [M]. 李华晶，译 . 北京：机械工业出版社，2009: 13.

居前 30%，52% 的人则是位居前 10%。

- 67% 的人说他们的大学在校成绩位居前 30%，37% 的人则是位居前 10%。

多数创业者非常聪明，喜欢读书。他们的功课也不是真的很差，有 2/3 的人，他们的大学成绩可以挤进前 30%。

- 他们第一次创业的平均年龄是 40 岁，70% 的人创业时已经结婚，60% 的人已经有小孩。

这又与刻板印象中那些 20 岁出头的年轻小伙子有很大的不同。鉴于很多创业者是要颠覆一个产业，所以产业洞察与成功还是有很强的正相关。另外，结婚可以让创业者比较专注在事业之上，而小孩更会让创业者关心他长大后的社会，想要留给他一个更好的生活环境，这些都是很重要的动力来源。

资料来源：WADHWA V, AGGARWAL R, HOLLY K, SALKEVER A. The Anatomy of an Entrepreneur: Family Background and Motivation[R]. The Ewing Marion Kauffman Foundation, July, 2009.

除人口统计特征外，学术界还研究创业者的心理特征，而且发现创业者的心理特征比天生特质重要得多，心理特征或素质在一定程度上可以改变和培养。创业者区别于一般人的特征表现为以下 6 个方面。㊀

（1）**创新**。既然创新是创业精神的本质所在，创业者趋向于那些具有创新精神的人就不足为奇了。换句话说，他们创造新的方法迎接不同的挑战。

（2）**成就导向**。创业者几乎无一例外都是目标导向型的，他们很自然地设定个人目标并且确保成长以完成这些目标。

（3）**独立**。创业者是出了名的独立自主。他们大多数都高度地自我依赖，并且他们中的许多人都很自然地偏向于独立工作来完成他们的目标。

（4）**掌控命运的意识**。创业者很少把他们自己看成是环境的受害者，而是自己掌控自己的命运。这可能是由于他们具有把消极的环境看作机会而不是威胁的趋向。

（5）**低风险厌恶**。虽然没有证据证明任何理性人（包括创业者）为了风险带来的利益而去寻找风险，但是有证据表明创业者对风险有更多的包容性，并且在找到方法减轻风险方面更具有创造性。

（6）**对不确定性的包容**。创业者总是比其他人对动态变化且不是特别明确的情况更加适应。

近年来，关于创业者特征的研究更进了一步。20 世纪 90 年代以来，对创业者在创业之前的经验（简称“先前经验”）的研究进入创业学者的视野，识别到有影响的先前经验主要有：行业经验，即曾经在新企业同一行业工作过的经验；创业经验，即创建并管理新企业的经验；管理经验，即从事领导及管理岗位的经验；与新产品开发、特定的技术研发及与某类顾客打交道的独特经验；其他职能经验，如从事研发、市场营销、财务等工作的经验。先前经验对机会发现及所发现机会的创新

㊀ 亚瑟·布鲁克斯. 社会创业 [M]. 李华晶，译. 北京：机械工业出版社，2009: 13.

性、资源获取、战略选择、新企业生存和成长绩效有影响作用。有的研究发现，行业经验、管理经验比创业经验对新企业绩效的正向影响程度更显著。这些经验可以通过后天获取，可以有意识地积累。关于创业者的另一类研究是人力资本、社会资本，以及所处的社会阶层等因素。这些研究成果的应用价值广泛。例如，对刚毕业的大学生，可以给出较明确的职业发展建议，为了今后的创业，甚至可以建议什么类型的组织积累什么样的经验。

⊙ 专栏 2-1

创业者的神话与现实

一些特定类型的创业者可能具有人们所称的“定律”，然而，现实中多样性的创业者却向这些“定律”提出了挑战。以下揭示了几个历来被奉行的创业神话以及经过研究总结的现实情况。①

创业者神话1：创业者是天生的，并非后天培养

创业者现实：大量有关创业者心理和社会构成要素的研究得出一致结论，即创业者在遗传上并非异于其他人。没有人天生就是创业者，每个人都有成为创业者的潜力。某个人是否成为创业者，是环境、生活经历和个人选择的结果。即使创业者天生就具备了特定的才智、创造力和充沛的精力，这些品质本身也不过是未被塑形的泥巴和未经涂抹的画布。创业者是通过多年积累相关技术、技能、经历和关系网才被塑造出来的，这当中包含着许多自我发展历程。

创业者神话2：创业者是赌徒

创业者现实：其实创业者和大多数人一样通常是适度风险承担者。成功的创业者会精确计算自己的预期风险。在有选择的情况下，他们通过让别人一起分担风险、规避风险或将风险最小化来影响成功的概率。他们不会故意承担更多的风险，不会承担不必要的风险，当风险不可避免时，也不会胆小地退缩。

创业者神话3：创业者主要受金钱激励

创业者现实：虽然认为创业者不寻求财务回报的想法是天真的，但是，金钱很少是创业者创建新企业的根本原因。有些创业者甚至警告说，追求金钱可能会令人精神涣散。传媒业巨子泰德·特纳（Ted Turner）说：“如果你认为金钱是真正重要的事情……你将因过于害怕失去金钱而难以得到它。”

创业者神话4：创业者喜欢单枪匹马

创业者现实：事实表明，如果哪个创业者想完全拥有整个企业的所有权和控制权，那就只会限制企业的成长。单个创业者通常最多只能维持企业生存，单枪匹马地发展一家高潜力的企业是极其困难的。聪明的创业者会组建起自己的团队。②

创业者神话5：创业者喜欢公众的注意

创业者现实：虽然有些创业者很喜欢炫耀，但绝大多数创业者避免公众的关注。大多数人会提到微软的比尔·盖茨等人，不管他们是否寻求公众注意，这些人都常出现在新闻中。但我们很少有人能叫出谷歌（Google）、诺基亚或盖普公司（GAP）创建者的姓名，尽管我们经常使用这些企业的产品和服务。这些创业者如大多数人一样，或避开公众注意，或被大众传媒所忽略。

创业者神话 6：创业者承受巨大的压力，付出高昂代价

创业者现实：做一个创业者是有压力的、辛苦的，这一点毫无疑问。但是没有证据表明，创业者比其他无数高要求的专业职位承受更大的压力，而且创业者往往对他们的工作很满意。他们有很高的成就感，据说认为自己“永远也不想退休”的创业者是公司中职业经理的 3 倍。

创业者神话 7：钱是创立企业最重要的要素

创业者现实：如果有了其他的资源和才能，钱自然而来，但是如果创业者有了足够的钱，成功则不一定会随之而来。钱是新企业成功因素中最不重要的一项。钱对创业者而言就像是颜料和画笔对于画家那样，它是没有生命的工具，只有被适当的手所掌握，才能创造奇迹。

①杰弗里·蒂蒙斯，小斯蒂芬·斯皮内利.创业学[M].周伟民，吕长春，译.北京：人民邮电出版社，2005: 155-173.

② CHELL, E.Entrepreneurship: Globalization, Innovation and Development[M]. London: Thomson Learning, 2001: 39-96.

2.1.2 创业者、职业经理人与商人的区别

作为一个商业领域，创业致力于理解创造新事物（新产品或服务、新市场、新生产过程或原材料、组织现有技术的新方法）的机会是如何出现并被特定个体所发现或创造的，这些人如何运用各种方法去利用或开发机会，然后产生各种结果。[⊖]这群人就是创业者。职业经理人则被雇用来控制、组织、指导整个业务活动或整个组织，或者部分业务活动或组织的某一部分。

现实中，人们往往记住了创业者的名字，而对职业经理人是谁却不怎么关心。例如，我们知道罗红是好利来的创始人，而为他运作企业的职业经理人多数人却并不知晓；我们知道万科创始人王石的很多故事，但并不清楚哪些人在他的背后运营整个万科集团。创业者与职业经理人有什么区别呢？

创业聚焦　　生意里的三种人

在中国的生意圈里，存在着三种人——创始人、职业人和买卖人。

创始人就是公司的创立者，他们习惯长期关注公司的发展，习惯从根本上解决公司的问题。职业人存在于公司的各个层面，从 CEO 到基层，他们主要的价值取向是业绩和报表，用数字来说话。在这个群体里，如何在短期内解决公司乱象，让报表平滑、没那么难看，显得更为重要。买卖人则更为广泛地存在于商业社会中，他们分散在三四线城市，甚至四五线城市，用自己的钱开门店、办渠道，不求有多高的企业文化，只是简单地卖产品赚取利益。很多时候，他们遁迹于公众视野之外。

⊖ SHANE S, VENKATARAMAN S. The Promise of Entrepreneurship as a Field of Research[J].Academy of Management Review, 2000(25): 217-226.

在中国，商业上的问题往往体现在这三种人的博弈之中。举个例子，2012 年运动服饰这个产业整体陷入泥沼，很多大企业的创始人开始反思，中国动向的教训很能说明问题。

中国动向上市以后，陈义红作为创始人，在国际咨询公司的建议下，脱离对公司的实际控制，引入国际大牌的职业经理人、阿迪达斯大中华区前总裁桑德琳。桑德琳进入公司后，带来她认为适合的一套经理人团队。在公司高速成长的过程中，这没有任何问题，而在整个行业走向衰落的过程中，问题就凸显出来了。

销售不景气时，职业经理人没有看到问题的根本，而是为了促进销售，将更多压力转移给渠道。这就让他们面对生意中的第三种人——买卖人。买卖人说，我帮你消化一部分产品，帮你把报表变得平滑、好看，但你要给我更优厚的条件。于是，职业人得到了平滑的报表，买卖人得到了实惠。但产品并没有完成实际的销售，没有到达消费者手里，只是被压在渠道中。长期积累下来，渠道危机渐渐无法再被掩盖。这时创始人回来，被迫花了约 15 亿元将渠道中积压的产品收回。

资料来源：牛文文．生意里的三种人 [J]. 创业家，2012(12): 12.

在上述创业聚焦中，创始人即创业者，职业人即职业经理人，买卖人即商人。通过观察，可以很容易地识别出创业者与职业经理人的区别：创业者为自己打工，职业经理人是为他人打工；创业者很自然地将公司当作自己真正的家，职业经理人加班再晚还是会将公司与家严格区分开来；对于创业者来讲，赚到一分钱都是自己的，职业经理人不会认为一分钱的利润对公司有多重要；创业者养成的习惯是凡事亲力亲为，职业经理人的习惯就是尽量把工作布置给下属。

中山大学毛蕴诗教授专门研究了企业家与职业经理人的特征，二者的区别如表 2-1 所示。㊀

表 2-1　创业者与职业经理人的区别

特征变量	创业者	职业经理人
雇用关系①	雇用者	被雇用者
创业与否②	创业者（与所控制资源无关）	企业内创业
出资与否①	出资或继承出资	不出资
承担企业风险①	承担企业风险	与本人雇用契约有关的风险
所有权与控制权①	同时拥有	无所有权，有一定控制权
担任企业主管与否①	担任	不一定担任
创新功能②	更强调	强调

①表示可以直接识别。
②表示需要进一步识别。

㊀ 毛蕴诗．企业家与职业经理人特征识别模型 [J]. 学术研究，2003(4): 1-7.

创业者和职业经理人最重要的区别在于，首先，创业者从事的是开拓性的工作，通过他们的创业活动，实现了从 0 到 1 的变化；职业经理人则侧重于经营性活动，按照程序、制度开展工作，他们将 1 变成 10，将 10 变成 100。创业者发现机会，创造新事物，而经理人在维持现状的基础上，保持事物的持续和演进。其次，创业者承担财务风险，而经理人则不会也不可能承担此类风险。按照 1 号店创始人于刚的说法，职业经理人“相对是一个大螺丝钉，拧在那个地方让大机器可以高效运转”，而创业者“是发动机，要用愿景、领导力和经验，去驱动企业的成长，要想各种方法，不断去创造价值”。

至于创业者和商人，他们在创新、冒险、谋利这三个问题上没有太大区别，区别在于社会责任与担当，也就是创业者在谋利之外还有更高的价值诉求。大家想想任正非做华为，显然不是为了个人谋利，因为他在华为只有不到 2% 的股份。柳传志做联想，追求的显然也不在个人财富的多寡，他在联想控股大概只有 3% 的股份。创造基业长青的百年老店，在企业深层商业伦理上，只有对利润的追逐无法支持企业大厦。中国富豪排行榜上从来没有出现过柳传志和任正非的名字，但柳传志和任正非在中国商业界的影响力是一般富豪难以匹敌的。

创业者和商人的第二个显著区别，体现在企业组织建设和管理规范化上。商人习惯于在生产要素控制、市场牌照获取、交易等短线环节获利，他很少考虑通过组织成长、通过培养人才、通过管理规范化来获得企业的长远发展，而创业者更注重技术创新、企业管理规范化、组织建设、人才培养和企业文化建设。华为的“虚拟持股制度”、联想的“建设没有家族的家族企业”的文化理念，都是支持企业长远发展的基石。这些境界，都不是一般的富豪和商人能达到的。

当然，也有很多知名创业者从商人或生意人开始积累资金和经验，然后上升到创业者高度开始关注整个社会的需求。从这个角度来说，创业者必然也是一个商人，而商人则不一定是创业者。

2.1.3 构建个人创业策略

构建个人创业策略，即制订个人创业计划，这是学习创业知识和技能的第一步。制订计划可以从许多方面给创业者提供帮助，为此，创业者需要事先对个人创业计划进行评估。

一是自我评价。根据创业的要求，现实、客观地评价自己的创业态度与行为是十分有用的，同时自我评价也是对管理能力、经验、技术以及需要建立的网络关系的评价。自我评价首先要从观察分析自我思想行为以及他人评价中获取信息，其目的在于了解创业者及其团队存在的认知盲点，加强自我认识，强化既有的特长，改变自身弱点。一旦获取所需信息，自我评价的后续步骤就是分析所获取的信息、得出相应结论，建立学习目标以获得创业的知识和经验，确定最终目标及要抓住的机遇。

二是获取信息。第一步，历史分析。每个人的经历都会深远地影响其价值观、动机、态度和行为。创业者的价值观和动机会直接影响创业态度与行为。分析个人的某些经历能够有效地理解以前的创业倾向，也能以此准确地预见以后的创业潜力。第二步，现状描述。一些创业态度及行为同其成功创业有关。这些态度和行为包括创业承诺、决心与坚持、主动性和责任感等。另外，对机会的追求导致各种各样的个人创业定位。第三步，获取有效反馈。从熟悉和值得信任的人那里搜集反馈信息等对提高创业业绩和成功概率有重要意义。

三是综合分析。任何创业者都存在优点和缺陷，重要的是首先要认识自我的优点和缺陷，可以通过信息的收集来加强自我认识。创业者需要把自我素质和创业机会结合在一起进行综合分析。图 2-1 反映了在一定的相关创业态度、行为、技能、经验、技术和人际关系，以及一定的创业机会的要求下，创业机会与创业者素质之间的对应关系所引起的创业潜力和创业成功的可能性。

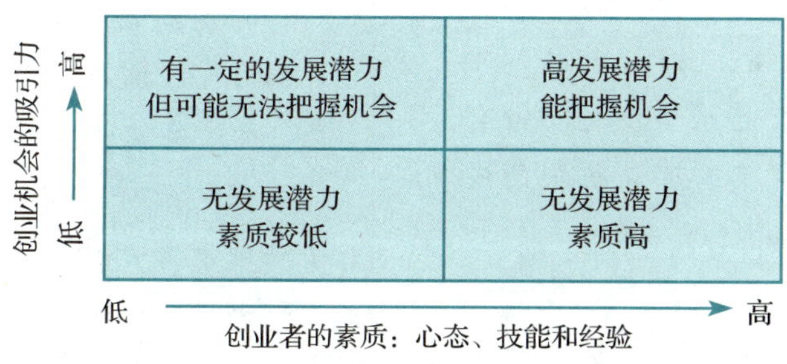

图 2-1　创业机会与创业者素质的平衡

资料来源：TIMMONS, J A, SPINELLI, S J. New Venture Creation: Entrepreneurship for the 21st Century[M]. 6th edition. New York: McGraw-Hill Education, 2004: 646.

四是确立目标。目标的确立是一个过程，也是处理现实问题的一种方法。有效地确立目标需要时间、自律、承诺、奉献以及实践。确立目标需要明确而具体，使之具有可计量性、阶段性和可行性；优先确定矛盾并提出解决方案；确定阻碍目标实现的潜在问题和障碍；具体说明实现目标的行为步骤；确定如何评估结果；制定进度表；确定实现目标的风险、所需资源和帮助；阶段性审核并及时修正目标。

⊙ 专栏 2-2

成为创业者的收益与风险

即使你确实有一个强大的梦想，而且你相信这个梦想能够帮助你度过创业过程中的跌宕起伏，但在决定成为一个创业者之前，你还是需要认真审视成为创业者的收益和成本。

收益

- 独立：企业所有者不必听从其他人下达的命令或者服从其他人制定的工作时间，时间自由。
- 工作条件自定：作为创业者，你可以创造一个反映自身价值观的工作环境，没人有权解雇你。
- 满足：做你想做的，将技能、爱好和兴趣注入你自己的企业可以带来高度满足感。
- 财务回报：员工的潜在收入是有限的，但是创业者的收入只会受自身想象力和坚忍不拔的精神的限制。通过创造性努力创造财富，报酬自主。
- 自尊：知道自己从事的是一份有价值的工作可以为你带来更强的成就感，可以让自己感觉良好。

成本

- 企业失败：创业者面对的风险不仅包括自己的资金损失，而且包括其他投资者的资金损失。
- 困难：你可能会陷入困境而不得不自己动手解决，你的家人和朋友可能阻碍或者不支持你的理想。
- 孤独：对你的企业的成功或者失败承担全部责任可能会让你感到孤独，甚至有点惶恐不安。
- 财务风险：你难以确保稳定的工资和收益。你可能总是难以得到足够的报酬，特别是在新企业成立的初期。
- 长期艰苦工作：你必须长时间地工作以推动你的企业不断发展，许多创业者每周工作6天甚至全周不休，而且每天的工作时间也很长。
- 机会成本：不要忘记思考那些你可能为之放弃创业的机会，尽管那些对你来说是“次优机会”。次优机会的收益就是你创业的机会成本。

并不是所有人都能够成为创业者。相对于那些有稳定工作的人而言，创业者必须容忍更高程度的风险和不确定性。通常，风险越高，收益相应越大。

资料来源：Steve Mariotti, Caroline Glackin. 创业管理：创立并运营小企业 [M]. 彭代武，等译. 北京：电子工业出版社，2012: 5-8.

2.2 创业能力

根据全球创业观察中国报告的研究[㊀]，创业能力包括创业动机与创业技能两方面。

2.2.1 创业动机

人们为什么要创办企业以及他们与非创业者（或创业失败的人）有什么不同，这一问题与创业者的动机密不可分。虽然对创业者心理特征的研究还没能得出一致结果，但认识心理因素在创业过程中的作用还是很重要的。

人们选择创业的动机多种多样，调查发现，创业者最基本的创业动机有以下

㊀ 姜彦福，高建，等. 全球创业观察 2002 中国报告 [M]. 北京：清华大学出版社，2003.

三个。[⊖]

一是自己当老板。这是最常见的原因，然而这并不意味着创业者与他人难以共同工作，或他们难以接受领导权威。实际上，许多创业者想自己当老板，或是因为他们怀有要拥有一家自己的企业的恒久梦想，或是因为他们在传统工作中变得很沮丧。自己当老板的动机本质上是追求自由。

二是追求自己的创意。有些人天生机敏，当他们认识到新产品或新服务的创意时，他们就渴望看到这些创意得到实现。在现存企业环境下进行创新的公司创业者，常常具有使创意变为现实的意念。然而，现存企业经常阻碍创新。当这种情况发生时，由于员工对创意的激情和承诺，他们常会决定带着未实现的创意离开雇用他们的企业，开创他们自己的企业并将其作为开发自己创意的途径。这类事件的发展过程也可发生在企业以外的背景条件下，例如，有些人通过爱好、休闲活动或日常生活，认识到市场中有未被满足的产品或服务需求。如果创意非常可行且能够支撑一家企业，他们就会付出大量时间和精力去将创意转变为一家兼职经营或全职经营的企业。

三是获得财务回报。这种动机与前两种动机相比明显是次要的，它也常常不能达到所宣称的那种目的。平均来看，与传统职业中承担同样责任的人相比，创业者并没有赚取更多的金钱。创业的财务诱惑在于它的上升潜力。很多功成名就的创业者从创建企业中获得了数以亿计的美元收入。但这些人坚持认为，金钱并非他们创业的主要动机。

行动指引

创业的理由

Facebook 联合创始人达斯汀·莫斯科维茨（Dustin Moskovitz）总结了三个最常见的创业原因，并且一一提供了基于现实情况的反驳。

（1）自己做老板，对现在老板做的事情和方法看不过去。但事实是，创业之后，每个人都是你的老板。你要讨好你的员工，因为初创企业难以承受核心员工的离开；你要讨好你的顾客，因为你的身家性命和未来可能都在他们手里了；你要讨好你的合伙人，小心翼翼地处理各种矛盾和分歧；你要讨好你的投资者（当然最近说资本市场泡沫的文章比较火，如果你真的靠谱，也可能是投资者要来讨好你了）。

（2）希望工作有灵活性，可以有很大的自主支配权。但事实是，创业的灵活性指的是你可以灵活地把生命中的所有时间和精力都放在你的项目上。一个真正的创业者是 24 小时都在工作的，就连做梦都会想该如何做好这份事业。再加上你要随时待命，要做所有员工的榜样，所以创业其实不只是监督手下人干活，或像参加会议、发表演说那么简单。

（3）赚更多的钱、有更大的影响力当

⊖ 布鲁斯·巴林格，杜安·爱尔兰．创业管理：成功创建新企业 [M]. 张玉利，等译．北京：机械工业出版社，2006: 2-24.

然是一个比较实际的理由。但是，在企业内部，或至少在初创企业内一样可以实现这些目的，而不只是自己去成立一家公司。而且，靠创业来赚钱是不靠谱的，因为创业就是要把所有赚来的钱都再投进去，除非你能把企业做到万人皆知，不然你自己的工资肯定还不如去大公司当个领导来得多。

所以，到底什么才是创业的最好和最理想的理由呢？最好的理由就是你不能忍受自己不去做这件事。你意识到一个问题，并且觉得自己必须要去解决它，只有这样你才会有归属感，才会有激情去面对前途的困难，才能够坚持5年、10年、15年熬出一家伟大的企业。

由此可见，尽管存在各种原因驱使我们去创业，但要想在变幻莫测、意外不断的漫漫创业征程中坚持下来，必须依从内心选择自己真正感兴趣的事情。

2.2.2 创业动机的影响因素

从短期看，创业者的需求层次及其影响因素的共同作用形成了创业者不同的创业动机，不同的创业动机导致创业者创业行为过程与行为结果的差异；同时，创业者的创业活动使创业者的现实需求得到满足。而从长期看，由于需求在时间上的连续性，已有需求的满足又会导致新需求的产生，从而形成一个循环，最终表现为创业精神对经济增长的贡献与经济的繁荣。由此可见，决定创业者行为差异的深层次原因是创业者的需求层次及其影响因素。[⊖]

成为创业者的决定是各种因素共同作用的结果。一方面，这些因素包括创业者的个性特征、个人背景、商业环境、个人目标和可行的商业计划。另一方面，创业者将预期的结果同自己的心理期望相比较。此外，创业者还关心在创业中付出的努力与可能的收获之间的关系。图2-2是一个反映和分析创业动机形成过程及其影响要素的模型。

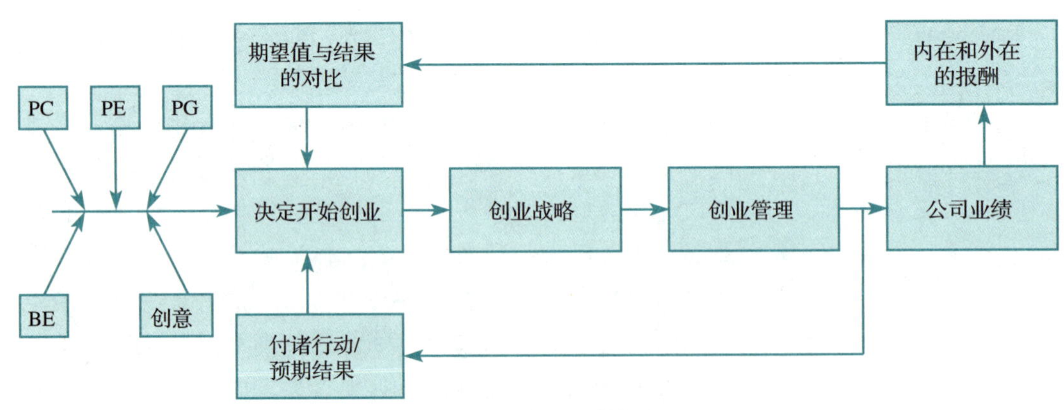

图2-2 创业动机模型

注：PC——个性特征，PE——个人背景，PG——个人目标，BE——商业环境。

资料来源：NAFFZIGER D W, HORNSBY J S, KURATKO D F. A Proposed Research Model of Entrepreneurship Motivation[J]. Entrepreneurship Theory and Practice, 1994, 18(3): 33.

⊖ NAFFZIGER D W, HORNSBY J S, KURATKO D F. A Proposed Research Model of Entrepreneurship Motivation[J]. Entrepreneurship Theory and Practice, 1994, 18(3): 33.

创业者最初的期望和最终的结果会极大地影响到他们创立和维持一家企业的动力。当企业的经营业绩达到或超出期望时，创业行为就会被正面加强，创业者将有动力继续创业。而到底是留在现在的企业还是创建另一家新企业就依他们的创业目标而定。当实际结果难以达到预期时，创业者的动力就会下降并相应地影响是否继续创业的决定。这些对未来的预期同样会影响到后面的公司战略、战略的实施和公司的管理。

从直接影响创业动机形成的原因看，依据马斯洛的需求层次理论，当人的某一层次需求得到相对的满足后，较高一层次的需求才会成为主导需求，并最终形成优势动机，成为推动行为的主要动力。创业者的需求层次不同，由此产生的创业动机也存在差异。机会拉动型创业者的需求层次比生存推动型创业者高，机会拉动型创业者的创业动机受自我实现需求的推动，因为机会拉动型创业者大多没有生活压力，具备一定的知识、经验和能力，敢于承担风险，并相信能通过创业活动来实现自己的价值；生存推动型创业者则处于生理需求或安全需求等较低的需求层次，生活压力是生存推动型创业者处于生理或安全需求的根本原因。由此可见，不同的需求层次决定了不同的创业动机，从而影响了创业者的行为过程与行为结果。

从间接影响创业动机形成的原因看，创业者的需求层次还受诸多具有长远意义的宏观因素的影响。一是社会保障。高水平的社会保障可以提高人们的需求层次，由于需求层次决定创业动机，从而可以得出：社会保障越高，机会拉动型的创业精神指数就越高；社会保障越低，生存推动型的创业者精神指数就越高。二是收入水平。创业者作为理性个体，短期内的收入变化不会对创业者需求层次产生显著作用，长期内的收入变化必然导致创业者需求层次的变化，长期内的收入水平提高有利于创业者需求层次的提升，反之下降。三是人口统计特征。人口统计特征是创业者自身特点的整体体现，主要表现为创业者群体的受教育水平、经验和经历等因素。由于人口统计特征的差异，相同的外部要素对创业者个体的作用产生不同的结果，从而形成了同一国家或同一地区创业者需求层次的多样性和创业者创业动机的差异性。

调查研究

大学生创业意愿

2018 年年初发布的《2017 中国大学生创业报告》指出，中国大学生的创业意愿持续高涨，30% 的在校大学生创业意愿强烈。此外，有一定创业意愿的学生占 57.9%，从未想过创业的只占 12.1%。该报告由中国人民大学牵头，上海交通大学、浙江大学、厦门大学、武汉大学、中山大学等 30 余家高校、企业和社会组织联合发布，调查范围覆盖全国 52 所高校。

报告显示，大学生创业主要是出于追求自由的生活方式，在受访者中占 31%；其次是赚钱，占 26%；实现个人理想排在第三位，占 18%。

排在创业领域前五位的是消费电商、教育、信息科技、餐饮住宿和体育文化。在大学生创业的切入点中，发现某种技术的商业潜质占 58%，发现某个市场的痛点占 42%。

调查还发现，创业正呈现低龄化趋势，很多大学生从本科之前就对创业产生了兴趣，七成创业者在本科期间开始创业。大学生普遍认同创造力（24.5%）、风险承担（16.5%）和警觉性（13%）是创业者极为重要的素质。

大学生最希望高校提供的创业扶持政策包括“创业算学分”（24%）、“实验设备向学生开放”（17%）和“学校科研成果优先向创业学生转让”（16%）。而高校提供的主要扶持政策为“休学创业”“实验设备向学生开放”以及“创业算学分”。

超过 50% 的受访者认为资金短缺是创业最大障碍。

资料来源：苏培．中国人民大学发布《2017 中国大学生创业报告》，中国社会科学网 [2018-01-06]. http://www.cssn.cn/zx/201801/t20180106_3806409.shtml.

2.2.3 创业技能

毕海德将创业者的品质特征归为三大类：一是创业倾向，二是适应性调整的能力，三是获取资源的能力。[㊀] 这些品质特征，实际包括了创业者的心理特征和技能两大类。我们将创业技能部分从中分离出来，主要有以下几个方面。

一是控制内心冲突的能力。创业者不允许先前所犯的错误损害自己的自信，必须设法控制无时不在的内心冲突：是做一个客观怀疑论者而有所保留，还是做一个忠实信徒而完全信赖。他们必须对自己的理论和假设有极大的信心，并将这种信心转达给其他人，同时又愿意随时抛弃这些理论和假设。

二是发现因果关系的能力。创业者必须具有非同寻常的发现意外事件真正原因的能力。创业者可能面对多种问题，比如定价不合理，产品功能失效，推销软弱无力，目标市场定位错误，或者运气太差找不到合适的顾客。诸多因素使得创业者难以找到真正的原因并从失败中吸取教训。这就需要创业者具有从有限而混乱的数据中发现因果关系的能力。

三是应变能力。从克服顾客、供应商、资源这些方面困难的一些细节中，我们可以发现创业者拥有极高的应变能力。创业者在应对资源的短缺时，会掂量每一分钱，“将一分钱掰成两半花”；国外有些创业者在分类广告里尽量不使用元音字母，例如用 O 会占较大地方，而使用 I 和 L，可以多写几个字。

四是洞察力。有洞察力的创业者采取“全方位”定位，他们从别人的角度看世界，在获取信息时讲求技巧，具有识别应聘者表面上的资格或缺少什么的能力等。

《精益创业》一书把创业者所应具备的必要条件概括为：拥有合适的团队架构

㊀ 阿玛尔·毕海德．新企业的起源与演进 [M]. 魏如山，等译．北京：中国人民大学出版社，2004: 100-124.

和优秀的员工、对未来强烈的愿景以及甘冒风险的勇气。㊀ 这本书还强调说，如果创业的根本目的是在极不确定的环境中建立组织机构，那么创业者最重要的能力是学习能力。

全球创业观察（GEM）报告将创业能力归纳为创办企业的经验、对机会的捕捉能力，以及整合资源的能力。研究显示，相对于众多的创业机会，人们却缺乏有效的把握能力。总体上看，中国的创业能力低于 GEM 的均值水平，说明我国的创业能力属于低水平。大多数人都认为创办新公司不容易，而且人们缺乏创办新公司的经验，未能组织创办公司所需的各种资源，也不知道如何管理这样一家新成立的小公司，对于创办新公司的机会很难做出快速的反应。研究表明，我国首先欠缺的是创业能力以及管理创业企业的经验和知识，其次是机会识别和资源组织上的能力不足（见表 2-2）。

表 2-2　创业技能 GEM 专家调查表

问题	内容
问题 1	在我国，许多人不知道如何创办及管理高成长型公司
问题 2	在我国，许多人不知道如何创办及管理一家小公司
问题 3	在我国，许多人没有创办新公司的经验
问题 4	在我国，许多人不能对创办新公司的好机会迅速做出反应
问题 5	在我国，许多人没有能力组织创办新公司所需的资源

2.2.4　创业能力的训练与培养

大量事实表明，创业者具有先天素质，并可以在后天被塑造得更好，某些态度和行为可以通过经验和学习学到，被开发、实践或提炼出来。蒂蒙斯教授总结出通过训练强化的态度和行为包括以下几种。㊁

责任感与决心。承担责任和决心是创业者具备的第一要素。有了责任承诺（承诺指对过去所做努力的坚持）和决心，创业者可以克服难以想象的障碍，并且可以弥补其他缺点。责任感与决策力通常意味着个人牺牲。衡量创业者的责任承诺有以下三个方面：是否把自己净资产的一大部分投资于企业；是否愿意接受较少的薪水；在生活方式和家庭上是否做出较大牺牲。

领导力。成功的创业者不需要凭借正式权力（多为组织授予的权力）就能向别人施加影响，这是领导力。他们善于化解冲突，懂得什么时候以理服人，什么时候以情感人，什么时候该做出妥协，什么时候寸步不让。成功经营企业，创业者必须学会与许多角色（包括客户、供应商、资金援助者、债权人、合伙人以及内部员工

㊀ 埃里克·莱斯. 精益创业：新创企业的成长思维 [M]. 吴彤，译. 北京：中信出版社，2012.

㊁ 杰弗里·蒂蒙斯，小斯蒂芬·斯皮内利. 创业学案例 [M]. 周伟民，吕长春，译. 北京：人民邮电出版社，2005: 159-165.

等）相处。不同的角色在目标上常会有冲突，因此创业者要成为一个调停者、磋商者，而非独裁者。

执着于创业机会。成功的创业者都会为创业机会而殚精竭虑。他们的目标是寻求并抓住商机，并将其变成有价值的东西。他们受到的困扰往往是陷在商机里不能自拔，他们总能发现机会。这就要求创业者区分各种创意和机会的价值，抓住重点。

对风险、模糊和不确定性的容忍度。创业总伴随着高风险、模糊和不确定性，成功的创业者需要容忍风险、模糊和不确定性。他们能乐观而清晰地看到公司的未来，从而保持了勇气。通过仔细定义目标、战略，控制和监督他们的行动方式，并按照他们预见的未来加以调整，可以减少创业风险。成功的创业者把压力化为好的结果，将绩效最大化，并把负面影响、精疲力竭和沮丧情绪最小化。

创造、自我依赖和适应能力。成功的创业者不满足也不会停留于现状，是持续的革新者。真正的创业者会积极寻找主动权并采取主动。他们喜欢主动解决问题，通过创新和创造实现生存与发展。成功创业者有很强的适应力和恢复力，从错误和挫折中学习经验，能在将来避免类似的问题发生。创业者总是优秀的听众和快速的学习者。

超越别人的动机。成功创业者受到内心强烈愿望的驱动，希望和自己定下的标准竞争，追寻并达到富有挑战性的目标。创业者对地位和权力需求很低，他们从创建企业的挑战和兴奋中产生个人动机。他们受渴望获取的成就驱动，而不是地位和权力的驱动。

延伸阅读

古怪的亚马逊创始人杰夫·贝佐斯

按理来说，杰夫·贝佐斯一手缔造了声名显赫的亚马逊帝国，视野和格局应当相当宏大。但实际上，贝佐斯是一个不折不扣的微观管理者。例如：他不断地有新的想法涌现，但对不能严格执行公司标准的做法不留情面；他总是想尽一切办法，用最低的价格为亚马逊的用户提供优质的商品和服务，但对本公司的员工非常小气，如要求员工缴纳停车费，为员工提供的股票也少得可怜；他生气的时候则喜欢说，“稍等5分钟”，然后他的怒气就会像热带风暴般快速消失。另外，他也经常为了公司经营中细枝末节的事情向亚马逊的高管大发雷霆。

除了管理特别抠细节之外，贝佐斯还经常发出招牌式的大笑。他的笑异常突兀，往后仰脖时发出摄人心魄的长鸣。他双目闭合，喉咙里发出的声音像是海象交配时的惬意嘶吼和电动工具轰鸣的交响曲。这种笑声往往来得很突然，但其实根本没什么好笑的。他的笑声能够中断谈话，有时会让人忘记找他谈话的目的。因此，贝佐斯的笑声多少带有一丝神秘感，他身边的人为此感到费解。几乎没有人愿意听到如此全身心投入的刺耳笑声，甚至连贝佐斯的家人都受不了。

或许，贝佐斯今日的成就在青少年时期便已注定。高中毕业时，他就有着奇异的远大抱负。在亲手起草的毕业典礼演讲词中，贝佐斯引用了《星际迷航》的片头语："宇宙是最终的边界。"他还在其中谈到了如何通过在轨道空间站上创建永恒的人类居住地来拯救人类，同时把星球变成一个浩瀚无边的自然保护区的梦想。如此来看，或许商业太空公司"蓝色起源"才是贝佐斯真正想要建立的事业。

贝佐斯高中时的女友厄休拉·维尔纳曾在 20 世纪 90 年代接受采访时说："无论贝佐斯的未来前途如何，他都会坐拥巨额财富，如果没有梦想就不可能实现他的目标。"当记者追问贝佐斯究竟想要什么时，维尔纳回答："他赚这么多钱就是为了探索太空。"

资料来源：赵宇 . 走进狂人贝佐斯：亚马逊是怎样炼成的？微信公众号"深响"，2019-12-21.

如何提升创业者（包括潜在创业者）的创业能力，是创业教育需要回答的问题。伴随着工业社会向信息社会的转型，创业教育受到前所未有的重视并迅速普及。20 世纪 80 年代初期，创业教育的重点在于新创企业管理与大公司专业化管理的区别（见表 2-3）。创业教育的重点首先是培养学生对新机会的识别、评估和捕捉能力。能够看到或者想到做事情的新方法是创业精神的根本所在，对机会的评估是一种重要的技能。其次是培养学生掌握和运用管理知识与技能创建并管理新企业、新事业，使机会转化为商业利润和社会价值。最后是培养学生应对不确定性环境的能力。㊀

表 2-3　创业教育的目标

创业教育的目标	重要性排序
增加对新创事业创建与管理过程的认知和了解	1
增加学生职业生涯发展中的创业选项	2
了解创业活动与职能管理活动间的关系	3
了解创业所需的特殊技能	4
了解新创企业在经济与社会发展中的作用和功能	5

资料来源：GERALD E H.Variations in University Entrepreneurship Education: An Empirical Study of an Evolving Field[J]. Journal of Business Venturing, 1988, 3(2): 109-122.

随着环境的变化和创业研究的深入，创业教育不仅强调工商企业经营管理知识与新创企业管理独特性的结合，更加重视有关应对不确定性的创业思维和行为方式以及学习能力的训练，邀请成功的创业者授课、加强实习和实践基地建设、营造学生与创业者共同学习的环境等也成为大学开展创业教育的重要举措。从国外引进的 KAB（Know About Business）、SYB（Start Your Business）课程在我国的普及速度加快，越来越多的管理学院把创业管理作为专业基础课程并面向其他专业的学生，部分学校开展了创业训练营，一些大学把创业教育纳入素质教育体系，旨在加强大学生的创新创业意识和能力并增强社会责任感，负责就业的部门把创业教育与

㊀ 张玉利，李新春 . 创业管理 [M]. 北京：清华大学出版社，2006: 30-34.

职业发展规划结合起来，采取多种渠道探索提升创业能力的途径。同时，社会力量参与创业培训的力度也在加大，中央电视台及各地媒体纷纷推出各种项目激发创业热情，普及创业知识，比如中央电视台开展的“赢在中国”节目。企业和政府部门也在积极开展创业孵化和培育工作，如创新工场、上海大学生科技创业基金会，以及众多的创业园区等。在这样的大环境下，美国百森商学院进一步提出构建创业教育生态系统的理念，把创业教育作为一项系统工程来抓。

创业聚焦　对创业者有帮助的创业教育项目

由学校老师传授创业教育课程这样的体系有天然缺陷。更明显的缺陷还在于，学校传授的是创业精神范畴下的知识，大部分本科层面的课程只是关注创业者群体的研究。而那些提供实用技巧的课程很少关注业务开拓和运营企业——这些创业者真正应该学习的知识。

正是基于上述原因，当我发现两个对创业者真正有帮助的项目时备感兴奋。一个项目叫“启动周末”（Startup Weekend）。它由西雅图一家非营利机构开发并迅速得以推广。通过参与该项目，渴望创业的人仅在54小时内，就能借助受训的导师和快速的建模进行多次尝试，并最终达成可行的商业模式。“启动周末”项目至今已经催生了数百家新企业。

另一个项目叫“发射台”（The Launch Pad）。该项目4年前由美国迈阿密大学创建，当时全球金融危机让大学毕业生很难找工作。鉴于此，迈阿密大学重新思考了学校的课程设置。迈阿密大学为那些对创业有浓厚兴趣的本科生开设了一个密集培训项目。于是，在迈阿密大学中心区一个玻璃外观的办公大楼内，有志创业的大三和大四学生可以从一些成功人士（其中一些人是迈阿密大学的校友）那里获得建议。截至目前，“发射台”项目已经促成65家新公司的创立并为当地创造200个新职位。

资料来源：卡尔·施拉姆. 创业教育可以更好[J]. 哈佛商业评论（中文版），2012-07.

对创业教育而言，首先要改变创业就是创建新企业的狭隘观念，创业是一种理念、一种精神，一种不满足于现状、敢于创新并承担风险的精神，是一种在不考虑资源约束情况下把握机会创造价值的认识，是一种做人的态度，给人以积极向上的感觉。创业教育首要是培养学生树立用创业精神开展工作的意识。创业教育容易激发学生的激情，进而促使他们采取行动。一位学习过“创业管理”课程的学生谈到学习感受时说道：“本来以为，依我的性格，创业这样果敢刺激的行为是不会属于我的了。但在学习了一个学期的课程以后我发现，这门课程燃起了我的创业冲动。这门课程教了我很多知识和技能，但是，给我留下印象最深刻的，当属机会的识别了。走在路上，看到什么我都在想，这是不是一个创业机会？”因此，创业教育是在促使学生强化终身学习的意识和习惯。创业行为普遍存在于各种组织和各种经营活动中，运用创业精神开展工作是取得成绩和进步的前提。创业教育培养和强化学生的创业技能，但绝对不能产生功利观，需要放眼长远。[1]

行动指引

创业品质塑造

- 善于思考、勇于探索的创新精神；
- 敢于承担风险、挑战自我的进取意识；
- 面对困难和挫折不轻言放弃的执着态度；
- 识别机会、快速行动和善于解决问题的实践能力；
- 善于合作、诚实守信、懂得感恩的道德素养；
- 创造价值、回报社会的责任感和服务国家、服务人民的理想抱负。

2.3　创业者的社会责任与创业伦理

2.3.1　创业者改变世界

我国的改革开放给创业者提供了创业机会，创业者又借助创业活动推动了经济成长。在我国改革开放之初，创业者一般表现为胆大、冒险，只要敢于突破“禁区”，有胆量、敢于尝试别人不曾涉足的领域，一般就能成功，因为那时不缺少创业机遇，缺的是把握机遇敢于冒风险的人，冒险家就是企业家的代名词。随着改革开放的深入发展，越来越多的人认识到创业成功带来的满足和喜悦，新创业者的复制、模仿、跟随接踵而来，然后是暴利机会的减少和平均利润率的下降。这时创业者更趋于理性，资本和实力开始占有重要地位。今天，单纯靠胆量、冒险和资本实力已很难再取得成功，还需要靠知识、协作精神等。因此，过去单打独斗的精神需要由团结协作、奋发向上、积极进取、不断学习的新创业精神所替代。创业对中国经济的影响力日益增强。

再看看美国的情况，我们从中可以深深地感受到，创新与创业精神一直是支撑美国经济繁荣的重要力量。在美国，每年新创建的企业大约有 350 万家；在 5%～8% 的家庭里，至少有一位家庭成员不是在想而是正在着手创建新的企业，他们在采取行动，比如向律师咨询，与银行家探讨贷款事宜，与土地所有者讨论厂址。在这些新企业的创办者中，1/4 的人表示想把他们创办的企业发展成为高速成长的企业；不低于 40% 的美国家庭中至少有一位家庭成员在职业生涯的某个时段创建或经营过小企业，有更多的家庭成员在小企业就职。在 24% 的家庭中，至少有一位家庭成员正在参与企业创建或拥有自己的企业，或是处于创建阶段企业的天使投资人。在美国，这种天使投资人到处存在，尽管他们的规模较小，但是在美国

[1] 张玉利，李政 . 创新时代的创业教育研究与实践 [M]. 北京：现代教育出版社，2006: 15-21.

社会所涉猎的范围远远超出了大多数人的想象。小企业在美国经济中占据十分重要的地位：雇员少于或等于 7 人的企业占到企业总数的 80%，小企业提供 50% 的就业机会；2 000 万家小企业为美国提供了大约一半的就业，创造了 1/3 的国内生产总值（GDP）。如果美国的小企业群体是一个独立的“国家”，按照 GDP 排名，这个“国家”将在全世界排第三，第一是美国大企业构成的群体，第二是日本。㊀

创业者改变了我们的世界，如果你在沃尔玛购物，这是萨姆·沃尔顿实现了自己创业远见的一部分；你的计算机里的软件和微处理器也许就和比尔·盖茨、安迪·格鲁夫（英特尔公司的前 CEO）有密切关系；像雷·克洛克（麦当劳公司创始人）和沃尔特·迪斯尼这样的幻想家在去世多年后，仍对我们的生活持续产生影响。著名管理学家彼得·德鲁克曾经强调指出，顾客不是“上帝”创造的，而是企业创造的。关于企业，唯一正确的定义，是创造顾客的组织。企业又是谁创造的呢？是创业者。

创业者具备改变世界的能力，是创新以及经济与社会发展的重要力量。因此，创业者在创业过程中一定要成为遵守道德伦理并积极承担社会责任的典范，这是创业成功的重要保证，也是成功创业者的基本素质要求。

2.3.2 社会责任

加拿大不列颠哥伦比亚大学尚德商学院院长、创业学教授莫佐克非常强调社会责任对创业者的重要性：“没有人能脱离社会、脱离社区而取得成功。但不幸的是，现在有相当数量的年轻企业家，他们认为自己的责任只是使股东权益最大化，除此之外别无他物。但这真是大错特错了。”“每个人都对环境负有不可推卸的责任，有孩子的人可能更有体会，谁希望让自己的孩子生活在一个污染日益严重的环境之中呢？环境问题是公司需要关注的，此外，像世界上最穷困的人们的生活，像整个世界的发展趋势，等等，这些都是不容忽视的。”

“承担社会责任不是一家企业做出的选择——这不是什么可做可不做的事情，这是任何一家企业必须要负起的责任。”莫佐克说：“企业，只有担当起社会责任，才能和世界一起前进、发展。”㊁清华大学经济管理学院仝允桓教授在他的微博中写道：开设社会责任课程想告诉学生什么？是企业主动承担社会责任有利可图，还是为博得个好名声然后有利可图，或是为了躲开危机不被谴责？其实，趋利避害不是承担社会责任的唯一逻辑，承担社会责任本身就是企业价值所在。让世界更加美好应该是创业者为之奋斗的目标，也应该成为新创企业的愿景。

企业社会责任问题日益受到各国政府和民众的广泛关注。新的《中华人民共和

㊀ BYGRAVE W D. Building an Entrepreneurial Economy: Lessons from the United States[J].Business Strategy Review, 1998, 9(2):11-18.

㊁ 陈雪频，穆一凡. 丹尼尔·莫佐克：商学院也能培养创业精神 [N]. 第一财经日报，2006-11-27(C06).

国公司法》（简称《公司法》）第五条明确要求，公司从事经营活动必须“承担社会责任”，公司理应对其劳动者、债权人、供货商、消费者、公司所在地的居民、自然环境和资源、国家安全和社会的全面发展承担一定责任。本法不仅将强化公司社会责任理念列入总则条款，而且在分则中设计了一套充分强化公司社会责任的具体制度。可见，企业社会责任在我国具有了法律地位。

企业社会责任的概念已经广被接受，但目前还没有一个统一的定义。从国际组织给企业社会责任的定义中可以看出，其基本内涵和外延是一致的，它是指企业在创造利润、对股东利益负责的同时，还要承担起对企业利益相关者的责任，保护其权益，以获得在经济、社会、环境等多个领域中的可持续发展能力。利益相关者是指企业的员工、消费者、供应商、社区和政府等。企业得以可持续经营，仅仅考虑经济因素对股东负责是远远不够的，必须同时考虑环境和社会因素，承担起相应的环境责任和社会责任。

重要概念

企业社会责任四层次框架

社会学家卡罗尔在 20 世纪 70 年代后期提出了企业社会责任四层次框架。企业首要的第一层责任是经济责任，包括获利并给股东提供投资回报，为员工创造工作机会并提供合理报酬，进行技术创新，扩大销售，等等。企业的经营活动应当在法律要求的框架下进行，应遵守法律法规，法律责任是企业应承担的第二层责任。虽然经济责任和法律责任都包含了伦理规范要求，但社会还是期望企业遵守法律明文规定要求之外的伦理规范，包括尊重他人、维护员工权益、避免对社会造成伤害、做正确的事情等，伦理责任是企业应承担的第三层责任。第四层（最高层）责任是企业自行裁判的责任，这完全是一种自愿履行的责任，社会期望、法律规范甚至伦理规范并没有对企业提出明确的要求，企业拥有自主判断和选择权来决定具体的企业活动，例如慈善捐助、支持当地社区发展、帮助妇女儿童和残疾人等弱势群体。

资料来源：CARROLL A B. A Three-Dimensional Conceptual Model of Corporate Performance[J]. Academy of Management Review, 1979(4): 497-505.

在欧美发达国家，企业承担社会责任已经从当初以处理劳工冲突和环保问题为主要追求，上升到实施企业社会责任战略以提升企业国际竞争力的阶段。在实践上，随着企业社会责任运动的发展，越来越多的企业通过设立企业社会责任委员会或类似机构来专门处理企业社会责任事项，越来越多的企业公开发布社会责任报告。对于西方国家的创业者及其企业来说，承担企业社会责任就是要积极参与企业社会责任运动，贯彻执行由此衍生的 SA 8000 等各种企业社会责任国际标准。

在我国，强化企业的社会责任是一个紧迫的现实问题，是入世后中国企业提高国际竞争力面临的一项新的挑战。我国新企业在创建伊始就应清楚地认识到推行企业社会责任是人类文明进步的标志，劳工权益保护不仅是西方国家的要求，也是现代企业的历史使命，符合《中华人民共和国劳动法》等许多现行法规的要求。创业者应该在积极参与和关注企业社会责任运动的同时，从以下几个方面着手提高承担企业社会责任的意识和能力：第一，制定实施体现企业社会责任的竞争战略。突破传统的企业竞争战略，在勇于承担企业社会责任的同时，打造企业新的竞争优势，是我国新一代创业者的必然选择。第二，把企业社会责任建设融入企业文化建设中。企业文化建设其实是企业发展战略的一部分，企业文化建设既可以提高企业竞争能力，也可以使人在工作中体会生命的价值。把企业社会责任作为新时期企业文化整合和再造的重要内容，已成为国际企业文化发展的大趋势。第三，把社会责任的理念付诸实实在在的行动。在企业的日常经营管理过程中，不仅要对股东负责、对员工负责，还要对客户、供应商负责，对自然环境负责，对社会经济的可持续发展负责。

2.3.3 创业伦理

创业者的任务是创富，“君子爱财，取之有道”。创业者在创业过程中一定要遵守伦理道德，这是创业能够成功并持续发展的关键。管理学意义上的“伦理”一般也被称为“商业伦理”，它是指组织处理与外界关系，处理内部成员之间权利和义务的规则，以及在决策过程中所体现的人与人之间的关系和所应用的价值观念。

创业者作为创新实践者，通过创造新产品或服务和提供就业机会，极大地推动了社会进步和发展；另外，创业者又常常被批评片面追求商业成功，甚至在必要时牺牲道德价值观。例如有的创业者延迟偿付厂商和其他债权人的账款，有时候对雇员也采取同样的方法，延迟工资的发放。创业者使用这种方法，有的是因为陷入困境，有的则不是。有些创业者常常在未经他人允许和同意的情况下，使用他人的资源来弥补自身资源的不足。这些行为会因为违背相关法律规定和市场经济原则而受到惩罚，如果创业者有意这样做，首先是不道德，而且有悖商业伦理。时间长了，人们会认为这样的创业者的诚信有问题，吃亏的还是创业者自身。

与企业社会责任相比，强调伦理规范是更高层次的素质要求。伦理主要应对和处理国家法律、政策和企业制度等明文规定与约束所无法覆盖的一些问题。事实上，法律再健全的国家，也不可能对人类的一切行为都予以明确的规范，“天理、国法、人情”的顺序本身就说明了这一点。有些行为本身并不违法违规，但对健康的商业环境和优秀的组织文化不利，仍然要求创业者能够自我约束，这不仅是一种境界，也有利于企业健康可持续发展。

Solymossy 和 Masters 根据道德行为决定因素模型，分析了创业者在道德问题识别、道德判断、道德认知发展水平和道德行为方面可能存在一些特殊性。[⊖] 首先，

⊖ SOLYMOSSY E, MASTERS J K. Ethics through an Entrepreneurial Lens:Theory and Observation[J]. Journal of Business Ethics, 2002(38): 227-241.

在道德问题识别上，小企业主可能面临与大企业经理人员不同的道德问题，涉及创业活动性质本身（如信息不对称）、利益相关者优先排序、个人与组织利益冲突（将自己与企业分开）和人格问题。其次，在道德判断上，朗格内克等人调查发现，个别创业者比大公司经理更计较个人财务收益最大化，哪怕这种收益损害了他人利益或违背了公平原则，对偷税漏税、串通竞标、内部交易、盗版软件等问题却表现了更高的容忍度。[一]

相对拥有资源分配权力但不承担对等风险的大公司经理而言，创业者承担了较高的财务和社会风险，这种相对偏高的风险承担可能在一定程度上影响了创业者的伦理倾向。[二]研究发现，创业者风险倾向与打破规则之间有一定关系。打破规则应把握好“度”，适度的破坏规则行为有利于创业活动，但严重的破坏规则行为可能阻碍个人的职业成就，甚至给社会带来不利的影响。创业活动不仅对产品和服务，而且也可能对道德标准带来创造性破坏。另外，创业者强烈的成功动机和自我意识决定了他们会想尽办法避免失败，当公司陷入经营困境或生存危机时，来自员工、供应商、银行和家庭的巨大压力，可能导致原本诚实的创业者牺牲伦理标准，选择权宜之计。

新企业在资源不足的情况下，可以适当迎合资源持有者的偏好和期望，通过宣传新企业构建竞争优势的属性、能力和资源，有意识地向外部资源持有者传递有利于自身的积极信息，以具有吸引力的故事沟通来确立创业身份和合法地位。例如，惠普公司创始人比尔和戴维把他们研制的第一台产品命名为“200A”，因为这个编号看上去像一家拥有许多产品的成熟企业推出的新产品编号。他俩一致认为，应该让阅读产品手册的潜在客户相信自己是在和一家发展成熟的公司做生意，而不是购买两个 25 岁的年轻人在车库鼓捣出的新鲜玩意儿。Rutherford 等（2009）提出“合法性谎言”（legitimacy lie）的概念[三]，即创业者有意识地对利益相关者歪曲事实，以赢取合法身份。他们按照对利益相关者的积极或消极影响，以及是否有意识地歪曲事实两个维度，分析了合法性谎言的伦理问题。有意识地传递虚假信息毫无疑问是错误的，无意识的谎言虽然不一定违背了伦理标准，但也是不值得提倡的。考虑创业伦理问题，关键要看给利益相关者带来的消极影响，如果没有带来消极影响（比如惠普公司创业人产品编号问题），则在伦理上就是可以接受的。

下面提供了一些保证创业符合伦理规范的忠告和建议。[四]

一是做正确的事。创办企业能将人置于为获取竞争优势而言过其实的境地，它可能以多种方式出现。创业者可能宣称自己很强大或者是一家成立已久的公司来吸

㊀ 朗格内克，等 . 小企业管理：创业之门 [M]. 郭武文，等译 . 北京：人民邮电出版社，2007.

㊁ 尹珏林，薛红志，张玉利 . 创业伦理研究：现状评价与未来趋势 [J]. 科学管理研究，2010(1): 1-5, 9.

㊂ RUTHERFORD M W, BULLER P F, STEBBINS J M.Ethical Considerations of the Legitimacy Lie[J]. Entrepreneurship: Theory and Practice, 2009, July, DOI:10.1111/j.1540-6520.2009.00310.x.

㊃ 杰弗里・康沃尔 . 步步为营 [M]. 陈寒松，等译 . 北京：机械工业出版社，2009: 14.

引投资者或顾客。他们用夸大未来前景的故事吸引雇员或消费者。他们可能在刚去说服关键人物时，就声称已经拥有了某些关键要素。这种虚构故事的方式往往仅仅是为了使公司有倍增效应而吸引他人。创业者可能会辩解他们的极端行为全是为了公司，也就是为企业而非为个人，然而对某些人来说是为个人利益。

二是说到做到。一个开诚布公的文化会带来同样多的公开和诚实，而对谎言的默许和认可将不可避免地产生更多的谎言。

2.4 创业的负面影响

大量媒体都在宣扬创业的回报、成功以及伟大成就，但你必须意识到选择成为创业者必然也要应对负面因素，这些因素困扰创业者并可能影响他们的行为。了解存在不利的一面对创业者非常重要。[㊀]

2.4.1 风险与创业者

任何形式的创业都会涉及风险，因为创业者的显著特征之一就是有较高的冒险倾向。创业者要求的回报越高，风险就越大。这是他们非常仔细地进行风险评估的原因。创业者面临着各种风险，主要可以划分为以下四种基本类型。

财务风险。大多数创业者会将自己的积蓄或资产的较大比例作为投入，这将导致财务风险。这些投入的积蓄或资产极有可能全部损失，甚至创业者还有可能被要求承担超出其个人净资产的连带责任，从而导致彻底破产。很多人是不愿冒着失去积蓄、房产、财产以及工资的风险来创业的。

职业风险。创业者在开始时不断地问自己：一旦创业失败，自己能否再找到新工作？能否再回到原来的岗位？拥有稳定职位与较高薪资福利的高管主要考虑的是他们的职业风险。

家庭与社交风险。创业需要人们投入大量的精力和时间，其中蕴含着家庭与社交风险，为了创业，他们无法尽到其他的责任，从而影响与周围人的关系。已婚的特别是有孩子的创业者，他们的家庭成员将不能时常享受到完整的家庭生活，甚至可能带来无法弥补的情感挫伤。此外，因为经常在聚会时缺席，可能会令他们失去好友。

心理风险。心理风险可能是影响创业者幸福的最大风险。失去的资金可以再次赢回，房屋可以重新购买，配偶、孩子、朋友可以慢慢适应，而那些财务上遭受巨大损失的创业者，精神上的打击对他们来说才是致命的，容易从此一蹶不振，至少不能马上恢复原来的状况。

㊀ 唐纳德·库拉特科．创业学 [M]．薛红志，等译．北京：中国人民大学出版社，2014.

2.4.2　压力与创业者

研究表明，即便创业者实现了目标，通常也为之付出了很多。受调查的创业者大都有颈椎病、消化不良、失眠或者头痛等症状。然而为了达到自己的目标，这些创业者必须承受压力，取得的回报只是在一定程度上弥补其付出的代价。

一般来说，压力源自个人期望与现有能力之间的差距，以及期望与个性间的差距。如果一个人没有做到他应该做的，便会感觉有压力。当工作要求及个人期望超出创业者的能力范围时，就可能经受压力。创业这种职业本身及其所处的环境可导致很多压力。创办和管理一家企业都需要承担相当大的风险，正如前面提到过财务、职业、家庭与社交以及心理风险。此外，创业者需要不断地与外界沟通，如客户、供应商、监管部门、律师、会计师等，这些也会带来压力。

由于资源匮乏，创业者必须同时担任多种角色，例如销售员、招聘者、发言人以及谈判者，超负荷的工作，出现失误在所难免，他们又将为此付出代价。创办并运作一家企业需要投入大量的时间与精力，时常以家庭和社交活动作为牺牲。最终，创业者只好单枪匹马或是与仅剩的几名员工一起奋斗着，也因此缺少了像大公司管理者所能得到的团队支持。

调查研究

创业者每天工作时间超过 12 小时，压力极大

《重庆商报》记者在 2018 年 2 月设计了一份创业者压力调查问卷，对重庆部分创客进行了调查。在受访创业者中，常常感到有压力的占 65.38%，处于极度压力的达到 23.08%，偶尔有压力的占 11.54%。其中，来自心理上的压力占比最大，达到 42.31%，经济方面的压力有 34.62%，环境造成的压力有 19.23%，还有 3.85% 的创业者认为，家人和朋友的不支持会造成压力。在创业具体环节中，73.08% 的创业者在市场开拓方面遇到了很大压力，65.38% 的人资金周转出过问题，此外，人事变动、技术瓶颈和产品研发都给创业者带来过压力。

参与调查的创业者中，五成以上亚健康，还有 3.85% 的人被查出严重疾病。26.92% 的创业者经常心情压抑，还有人患有严重的精神抑郁。创业者在面临压力时，也会找合适的方式排解，选择与大自然亲近和运动的人最多。有四成人会找生意合伙人商量，有两成人会找朋友或家人倾诉，也有 30.77% 的创业者什么都不做，默默承受这一切。采取这些排解压力的方式以后，近九成创业者认为有用。

资料来源：谈书，韦玥．创客，你们好吗？压力来自哪里？[N]．重庆商报，2018-02-09.

当压力过重且无法缓解时，身心将受到严重影响。若将压力控制得合理，它是可以帮助我们提高效率改善业绩的。下面是创业者应对压力的一些方法。

建立人际网络。经营企业会产生孤独感，排解的方式之一是与其他企业家一起分享自己的经历，通过倾听他人的成功与失败有助于缓解自身的压力。

彻底放松。 很多创业者一致认为，使自己完全从工作中摆脱出来的最好方式便是给自己一个假期。倘若几天或几周的假期无法实现，那么短暂的休息还是容易找到的，这段放松的时间可以用来自我调整，缓解压力。

与员工交流。 创业者与员工保持密切的关系，很容易了解他们的想法。比如全公司集体出游、灵活的工作时间、借钱给员工以使他们在发工资前渡过难关等，这些在大公司难以实现的灵活沟通方式，在创业型公司中是比较容易的。在这种情况下，员工往往比大公司的那些人更有效率，也会感觉压力不那么大。

在工作之外寻求满足感。 想让创业者不去一味地追求业绩是不太可能的，他们已经将自己融入企业，但是他们需要偶尔从企业事务中脱离，而对生活投入更多的激情，让生活更加丰富多彩一些。

授权。 找到应对压力的正确处理方法需要创业者投入时间，为了获得这部分时间，创业者必须懂得授权。通常授权难以实现的原因是他们认为自己必须时时刻刻、事无巨细地处理各项工作，而创业者要想缓解压力，必须进行适当的授权。

加强锻炼。 对创业者的研究显示，体育锻炼的频率与企业的销售额和创业者个人目标之间都存在一定的关系。以跑步和举重与销量、外部收益以及内部收益的关系为例，跑步与这三项产出正相关，而举重只与内外部收益正相关，这揭示出在缓解压力方面体育锻炼的价值。

2.4.3 自我主义与创业者

除了要经历风险与压力，创业者还将承受自我膨胀所带来的负面效应。也就是说，那些有助于成功的特质往往会使他们走向另一个极端。我们来看看可能会对创业者产生不利影响的四种特质。

极强的控制欲。 创业者对企业以及他们自己的命运有着很强的控制欲，这种内在的控制欲难以抑制地使他们想要控制一切。过度的自主和控制会使他们只愿在按自己意愿安排的环境下工作，这严重影响创业团队的沟通与合作。创业者将其他人的控制欲视为一种威胁、一种意愿的侵犯，因此，可促成创业成功的特质也包含了不好的一面。

缺乏信任。 为了及时了解竞争对手、客户以及政府监管的情况，创业者始终关注着周围的环境，他们试图赶在别人之前预知信息、采取行动。这种不轻易信任的状态导致他们对琐碎细节的关注，失去对事实的完整把握，偏离理性与逻辑，从而采取错误的方案。缺乏信任真的具有两面性。

极强的成功欲。 创业者的自我主义与成功的欲望分不开，今天很多创业者认为自己处于生存的边缘，即使在逆境中，他们内心仍不断涌动着对成功的渴望。他们以挑战者的姿态，通过出人意料的行为否定所有微不足道的感受。他们追求成功，为成功而感到骄傲。也许这样就埋下了危险的伏笔。如果创业者通过为自己树碑立传来证明成功（比如修建雄伟的办公大楼、规模壮观的工厂或者豪华的办公室），这时危险便产生了。因为他们个人的成就感可能已经超出企业本身，意识不到这一点的话，对成功的追求将会背道而驰。

不切实际的乐观。创业者身上那股永远乐观的精神（即使处于艰难时期）是走向成功的关键因素。洋溢在他们身上的高涨的激情通过乐观的方式表现出来，这种乐观即使在不顺利阶段也能博得别人的信任。当然，若走向极端，乐观将使企业陷入不切实际的幻想中，产生一种自欺欺人的状态。在这种状态下，创业者无视发展趋势、客观事实、分析报告，盲目地相信一切终会好起来。这将使他们丧失把握现实的能力。

调查研究

乐观的得与失

在美国，小型企业能够生存 5 年以上的概率约为 35%。不过，创立此类企业的创办人大多不认为该数据适用于自身。为什么？有统计指出，美国企业家容易相信自己的事业处于上升期，他们对“任何类似我的企业”的成功概率的评估均值高达 60%——几乎是正确数值的 1 倍。当评估自己的企业时，乐观偏见就愈发明显了：81% 的小型企业创办人认为自己的胜率能够达到 70% 甚至更高，而在 33% 的人心目中，自己失败的概率为 0。

性情乐观的好处在于它使我们在困难面前坚持不懈，当然，这种坚持可能意味着高昂的代价。加拿大非政府组织“发明家援助计划”，其主要工作是对发明家的点子的商业前景予以评估。在该机构给出的评级中，七成以上的发明都被归入代表“必然失败”的 D 或 E。有趣的是，收到意味着失败的评级结果时，依然有高达四成七的人选择继续努力；一般而言，这部分坚持下去（或者说固执）的人的平均损失，大约相当于急流勇退者所遭受损失的两倍。

话虽如此，即使大多数风险承担者最终收获的是失望，那些因乐观而勇于承担的企业家，毫无疑问在为激发资本主义社会的经济活力贡献力量。诚如伦敦经济学院的马尔塔·科埃略教授所指出，小型企业的创办人要求政府在决策方面支持自己时，往往带来令人挠头的问题——政府应该向这些几年后就会大部分破产的企业提供贷款吗？政府是否应该支持小型企业？如果应该，又该怎样支持小型企业？与此相关的问题至今没有令各方皆大欢喜的答案。

资料来源：丹尼尔·卡尼曼．思考，快与慢 [M]．胡晓姣，李爱民，何梦莹，译．北京：中信出版社，2012.

以上举例既不代表着所有创业者都会出现这些问题，也并不是每种特质都会走向其极端的一面。不管怎样，所有创业者都应意识到这种创业阴暗面是真实存在的。

本章要点

- 创业者改变世界，创业者与职业经理人和商人之间存在诸多不同。
- 不存在所谓“定律”的创业神话，现实的创业者多种多样。
- 成功创业者在心理特质和个人技能方面存在共性。
- 人们选择成为创业者并开创自己的企业一般有三个基本原因。
- 创业动机的形成受诸多直接和间接因素的影响。
- 构建个人创业策略有四个基本步骤。
- 创业者可以通过创业教育培养和提升自身的创业素质。
- 创业者要履行社会责任。
- 创业者要遵守社会伦理和道德规范。
- 选择成为创业者会自然带来很多负面影响。

重要概念

创业者　创业动机　创业技能　创业能力　社会责任　创业伦理

复习思考题

1. 创业者是天生的吗？
2. 现实中与神话中关于创业者的说法，为什么差距如此之大？
3. 为什么要成为创业者？
4. 影响创业动机的因素有哪些？
5. 创业是可以学习和教育的吗？
6. 创业者创业应当遵循哪些创业伦理和社会责任？
7. 成为创业者的基本素质包括哪些？能力和素质是不是一回事？二者的关系是什么？
8. 你可否列举并比较一些创业者创业的不同动机？
9. 你想成为一名创业者吗？为什么？
10. 你如何理解创业者面临的各种压力？有处理这些压力的好办法吗？

实践练习

实践练习　检验创业者心理素质的测试题㊀

下面有24道题，回答后对照答案，看你是否做好了创业的准备。

1. 你在哪一种条件下，会决定创业？
   a. 等有了一定工作经验以后
   b. 等有了一定经济实力以后
   c. 等找到天使或VC投资以后
   d. 现在就创业，尽管自己口袋里没有几个钱
   e. 一边工作一边琢磨，等想法成熟了就创业
2. 你认为创业成功的关键是：
   a. 资金实力
   b. 好的创意
   c. 优秀团队
   d. 政府资源和社会关系
   e. 专利技术
3. 以下哪项是创业公司生存的必要因素？
   a. 高度的灵活性
   b. 严格的成本控制
   c. 可复制性
   d. 可扩展性
   e. 健康的现金流
4. 开始创业后你立刻做的第一件事情是：
   a. 找钱、找VC
   b. 撰写商业计划书
   c. 物色创业伙伴
   d. 着手研发产品
   e. 选择办公地点
5. 创业公司应该：
   a. 低调埋头苦干
   b. 努力到处自我宣传

㊀ 查立. 给你一个亿，你能干什么[M]. 北京：电子工业出版社，2020：82-84.

c. 看情况顺其自然
d. 借别人的势进行联合推广

6. 招聘员工时最重要的是：
a. 学历高低　　b. 朋友推荐
c. 成本高低　　d. 工作经验

7. 产品进入市场的最佳策略是：
a. 价格低廉　　b. 广告投入
c. 口碑营销　　d. 品质过硬

8. 和投资者交流最有效的方式是：
a. 出色的现场 PPT 演示
b. 详细的商业计划书和财务预测
c. 样品当场测试
d. 有朋友的介绍和引荐
e. 通过财务顾问的代理

9. 选择投资者的关键因素是：
a. 对方是一个知名投资机构
b. 投资方和团队不设对赌条款
c. 谁估值高就拿谁的钱
d. 谁出钱快就拿谁的钱
e. 只要能融到钱，谁都一样

10. 你认为以下哪一项是 VC 投资决策中最重要的因素？
a. 商业模式　　b. 定位
c. 团队　　d. 现金流
e. 销售合约

11. 从哪句话里可以知道 VC 其实对你的公司并没有实际兴趣？
a. “我们有兴趣，但是最近太忙，做不了此项目。”
b. “你们的项目还偏早一些，我们还要观察一段时间。”
c. “你们如果找到领投的 VC，我们可以考虑跟投一些。”
d. “我们对这个行业不熟悉，不敢投。”
e. 上面任何一句话

12. 创业团队拥有 51% 的股份就绝对控制了公司吗？
a. 正确　　b. 错误

13. 创业公司的 CEO，首要的工作责任是：
a. 制定公司的远景规划
b. 销售、销售、销售
c. 人性化的管理
d. 领导研发团队
e. 让投资者投资

14. 凝聚创业团队的最好办法是：
a. 期权
b. 公司文化
c. CEO 的魅力
d. 工资和福利
e. 团队的激情

15. 在创业公司的财务预测中最重要的是：
a. 销售增长
b. 毛利率
c. 成本分析
d. 资产负债表

16. 在创业公司的日常运营中，以下哪项工作是最重要的？
a. 会议记录的及时存档
b. 业绩指标的合理安排和及时跟踪
c. 团队的经常性培训
d. 奖惩制度
e. 管理流程的 ISO 9000 认证

17. 在创业公司的日常运营中，最棘手的问题是：
a. 人的管理　　b. 销售增长
c. 研发的速度　　d. 资金到位情况
e. 扩张力度

18. 创业公司产品市场推广效果的衡量标准是：
a. 广告投入量和覆盖面
b. 营销推广的精准程度
c. 产品出色的品质保证
d. 广告投入和产出比例
e. 产品价格的打折力度
f. 品牌的市场渗透率

19. 防止竞争的最有效手段是：
a. 专利
b. 产品包装
c. 质量检查
d. 不断研发新产品
e. 比竞争对手更快地占领市场

20. 创业公司的第一个大客户竟然是个土财主，你会：
a. 一视同仁地对他提供你公司的标准服务
b. 指导他如何来积极配合你的工作
c. 修理他，给他些颜色看看是为了他的提高
d. 提供全面服务 + 免费成长辅导

21. 你认为创业公司中的最大风险是：

a. 市场的变化
b. 融资的成败
c. 产品研发的速度
d. CEO 的个人能力和素质
e. 决策机制的合理性

22. 当创业公司账上的现金低于三个月的时候，应该采取哪项措施？
   a. 立刻启动股权融资
   b. 通知现有公司股东追加投资
   c. 立刻大幅削减运营成本，包括裁员
   d. 打电话给银行请求贷款
   e. 把自己的存折和密码交给公司会计
23. 创始人之间发生矛盾时，你会：
   a. 坚持原则，据理力争
   b. 决定离开，另起炉灶
   c. 委曲求全，弃异求同
   d. 引入新人，控制局势
24. 投资创业公司的理想退出方式是：
   a. 上市
   b. 被收购
   c. 团队回购
   d. 高额分红
   e. 以上都是

参考答案

1.d	2.c	3.e	4.d	5.b	6.d
7.d	8.c	9.a	10.c	11.e	12.b
13.b	14.b	15.a	16.b	17.a	18.d
19.e	20.d	21.d	22.c	23.c	24.e

（1）如果你的得分是 1～8 分：你还不具备创业的基本知识，不要贸然创业；
（2）如果你的得分是 9～16 分：你游走在创业的梦想和现实之间，继续打磨打磨；
（3）如果你的得分是 17～24 分：你已经做好了创业的基本准备，大胆创业。

很多创业者认为他们错过了很多创业机会，但其实那不是他们的机会。

——美团创始人王兴

第3章 洞察创业机会

【核心问题】

☑ 什么是创业机会？

☑ 创业机会来自哪里？

☑ 如何识别创业机会？

☑ 如何判断创业机会的价值？

☑ 创业机会是被发现还是被建构的？

☑ 创业机会与信息加工有什么联系？

【学习目标】

☑ 掌握机会识别和判断的基本方法

☑ 把握与判断适合个体创业者的机会特性

☑ 了解创业机会评价的目的和方法

☑ 熟悉提升机会识别能力的途径

☑ 熟悉机会识别的发现和建构过程

☑ 理解信息加工对创业机会建构的意义

引例 王兴简史：连续创业

在创业之前，王兴一直是一个标准的好学生典范。1997年，他从福建省龙岩一中毕业，被保送到清华大学电子工程系无线电专业，2001年他从清华大学毕业，获得奖学金前往美国读书。

2003年冬天，在美国特拉华大学电子与计算机工程系攻读博士的王兴，感受到社交网站在美国的兴起，并敏锐地预见到中国互联网社交领域同样存在创业机会，于是他选择放弃博士学业，回国创业。

2004年年初，王兴联系他的大学舍友王慧文和中学同学赖斌强，在清华大学旁边的海丰园租了一套130平方米的居民楼房，开启了颇多曲折但又波澜壮阔的创业之路。

在近两年的摸索之后，2005年秋天，受Facebook在美国崛起的启发，王兴与团队选择聚焦大学校园市场，开发出了校内网。校内网上线后，用户增长迅速，但由于当时校内网还没有成熟的商业变现模式，缺乏资金增加支撑用户增长所需要的服务器与带宽，迫不得已，2006年王兴咬牙以200万美元的价格将校内网卖给陈一舟。

2007年5月，离开校内网的王兴创办轻博客网站饭否网，饭否网与Twitter类似，被视为中国微博的“鼻祖”，一经上线就受到广大年轻用户的追捧。

在互联网社交领域屡屡受挫后，受美国团购网站Groupon启发，王兴萌发了创建一个团购网站的想法。2010年3月4日，王兴与团队正式上线美团网。但从2010年年初国内第一家团购网站出现到2011年8月，中国相继出现了超过5 000家团购网站，这段时间，各大团购网站都在进行疯狂融资、巨额补贴与大肆扩张，开始了极为混乱的千团大战。而王兴这时却表现出一个成熟创业者的冷静，他没有带领美团急于扩张，而是囤积粮草，积蓄实力。当2011年年底，各团购网站都将资源消耗殆尽时，王兴开始率领美团大举反攻，在2012年年底最终从千团大战中胜出。

在以团购切入本地电商之后，美团开始尝试其他新产品探索。王兴在2013年上半年尝试了很多种新业务之后，于2013年11月上线美团外卖，决定专注外卖业务。2015年10月8日，美团与大众点评合并为美团点评。2015～2017年，美团点评分别实现了40亿元、130亿元与339亿元的营业收入。

在美团点评的业务布局中，餐饮外卖业务超越到店服务成为第一业务，2017年度交易金额达到1 710亿元，占美团点评年度总交易金额的47.9%，营收占美团点评总营收的62%。2017年度的到店、酒店及旅游业务交易金额为1 580亿元，占美团点评年度总交易金额的44.26%，营收占美团点评总营收的32%。

2017年2月14日，美团点评率先在南京推出“美团打车”服务，进军网约车领域。2018 年 3 月 21 日，美团打车正式登陆上海，在之后三天时间里，美团打车很快就拿到当地网约车市场 1/3 的份额。2018 年 4 月，美团点评收购中国著名共享单车企业摩拜单车。

资料来源：王兴"简史"：从饭否到美团，他如何走到今天 [J]. 砺石商业评论，https://tech.sina.com.cn/csj/2018-06-29/doc-iheqpwqy8554809.shtml，2020-01-13.

大部分创业机会并不是独一无二的。正如引例所示，校内网受 Facebook 启发，饭否网与 Twitter 类似，美团网受 Groupon 启发，甚至美团外卖也在借鉴饿了么。王兴的创业史波澜壮阔，不断识别创业机会并迅速采取行动，最终取得了超常成功。在这个创业故事中，机会识别似乎瞬间完成，这是一种错觉和误导。机会是创业的核心要素，创业离不开机会，但并不是所有的想法和创意都能适合创业而成为创业机会，不同的创业机会价值也不同。机会是一种隐性的状态或情形，同样的机会，不同的人看到的会不同，让不同的创业者来开发，效果也会差异巨大。创业的实质是具有创业精神的个体对具有价值的机会的认知过程，包括机会的识别、评价和建构等环节。

3.1 创业机会的内涵

任何重要的行动都来自某种想法，创业活动更不例外。虽然机会与创意等概念常被混在一起使用，但创业机会是一个具有独特内涵的概念体系，在创业过程中具有重要的地位和作用。

3.1.1 创意与商业概念

对机会的识别源自创意的产生。**创意**（idea）是具有创业指向同时具有创新性甚至原创性的想法，是将问题或需求转化成逻辑性的架构，让概念物像化或程序化，而不是单纯的奇思妙想。创意的形成是一个过程，尽管时间可能很短。创意与点子的不同之处在于，创意具有创业指向。在创意没有产生之前，机会的存在与否意义并不大。

创意很难说存在绝对意义上的好与坏，但具有价值潜力的创意一般会有三个基本特征：一是新颖性。这意味着新的技术和新的解决方案，可以是差异化的解决办法，也可以是更好的措施。同时，还意味着一定程度的领先性，具有模仿的难度。二是真实性。有价值的创意绝对不会是空想，而要有现实意义，具有实用价值，能够开发出可以把握机会的产品或服务，而且市场上存在对产品或服务的真实需求，或可以找到让潜在的消费者接受产品或服务的方法。三是价值性。创意的价值特征是根本，好的创意要能给消费者带来真正的价值。创意的价值要靠市场检验，好的创意需要进行市场测试。

产生创意后，创业者会把创意发展为可以在市场上进行检验的商业概念。商业概念（business concept）既体现了顾客正在经历的也是创业者试图解决的种种问题，又体现了解决问题所带来的顾客利益和获取利益所采取的手段。这种利益是顾客认可并愿意为此支付的价值。商业概念的核心是产品，广义的产品定义包含了把普通人变成顾客的所有价值来源。顾客在与企业的互动中体验到的任何事与物，都应该被认定为公司的产品，无论是杂货店、电子商务咨询网站、咨询顾问服务，还是非营利社会服务机构，都概莫能外。当然，产品本身并不是目的，关键是学会如何解决顾客的问题。

产生创意并发展成清晰的商业概念，意味着创业者找到解决问题的手段，是启动创业活动所需具备的基本前提。至于发展出的商业概念是否值得投入资源开发，是否能成为有价值的创业机会，还需要认真地论证。随着论证工作的深入，商业概念可能会变得丰富，甚至接近后面介绍的商业模式，但商业概念一定要简洁，要能吸引人，要能有助于创业者整合资源。电梯间行销（elevator pitch）是商业概念描述的方式之一，要求创业者对创业构思、商业模式、公司组织方案、市场战略、投资者要求等进行简短的概括说明，它起源于利用投资者乘电梯期间扼要地跟他说明自己的项目情况，并在电梯到达前引起对方的兴趣。

创业聚焦　停车服务

在市区或者是参加热门球赛和音乐会时找到合适的停车位是一个难题，几乎所有的驾驶人都有这种经历。找不到停车位也是造成交通拥挤的一个主要原因。专家估计大约30%的城市交通阻塞归因于正在寻找停车位的司机。同时，商业停车位和车库通常有未充分利用的停车位，这是因为人们找不到这些车位或者是错误地以为这些车位已满。在大多数情况下，当人们在寻找停车位时，离他们很近的住宅或公司就有停车位，而且这些停车位大部分时间都是空闲的。

共享停车位公司（纯属虚构）针对这个难题提出了解决措施。它通过网站和App，将寻找停车位的司机与想要出租自己空闲车位的公司和个人联系起来。下面介绍它的运行机制。在可以使用共享停车服务的地区，已经在路上的司机可以输入他们的目的地，共享停车位公司就会向他们展示离目的地最近的可用的停车位。如果你提前准备，就可以根据价格和位置浏览到许多停车位，并从中预约一个。你可以通过以下关键词进行搜索：附近、餐厅、旅馆、音乐厅或体育场。当你到达目的地时，你所预定的车位一定是可用的，即使其他车位都已卖光。通过向服务人员展示手机里的预约凭证，你就可以顺利停车。如果该车位有锁或者没有服务人员，你可以通过使用共享停车位App扫描入口的密码来开锁。当你离开车位时，也是通过同样的方式。停车位可以预定使用一次，也可以预定长期使用。当预定生效后，共享停车位公司会向用户收取费用，之后再给予停车位业主一定的报酬。

共享停车位公司通过抽取已租停车位的佣金来挣钱。它直接与商业停车位或车库谈判，有空闲停车位的个人或公司只需要上传其车位照片并设置价格。共享停车位公司会让业主知道停车位被租的时间，同时处理付款。共享停车位公司也为CBA和中超等体育联赛安排解决停车问题。

提示问题：这个情境案例中，创意和商业概念分别是什么？创意转变为商业概念一般要做什么？

资料来源：布鲁斯·巴林格，杜安·爱尔兰．创业管理：成功创建新企业[M]．薛红志，张帆，等译．北京：机械工业出版社，2017：53.

3.1.2 机会与创业机会

创业因机会而存在。机会是具有时效性的有利情况，是未明确的市场需求或未充分使用的资源或能力。创业者识别创业机会是要敏锐地注意到有利情况，捕捉甚至创造出创业机会。创业机会的目标是满足顾客的需求，解决顾客意识到和没有意识到的实际问题，让人们生活得更好，这是价值来源的根本；手段是价值实现的途径，在机会识别阶段至少需要有价值的创意和较为清晰的商业概念。

重要概念

创业机会

创业机会是预期能够产生价值的清晰的“目的－手段”组合。

创业机会的来源主要在于以下四种情境的变化。其一，技术变革。它可以使人们去做以前不可能做到的事情，或者更有效地去做以前只能用不太有效的方法去做的事情。新技术的出现也改变了企业之间竞争的模式，使得创办新企业的机会大大提高。其二，政治和制度变革。它意味着革除过去的禁区和障碍，或者将价值从经济因素的一部分转移到另一部分，或者创造了更大的新价值。比如环境保护和治理政策出台，会将那些污染严重、对环境破坏厉害的企业的资源，转移到保护人类环境的创业机会上来。其三，社会和人口结构变革。通过改变人们的偏好和创造以前并不存在的需求来创造机会，经常表现为市场需求的变化，新兴国家的兴起、消费结构和消费者结构变化、对物质产品的非物质需求的关注等，都值得关注。其四，产业结构变革。它指因其他企业或者为顾客提供产品或服务的关键企业的消亡，或者企业吞并或互相合并，行业结构发生变化，从而改变了行业中的竞争状态，形成或终止了创业机会。不难看出，没有变化，就没有创业机会，创业者更善于创造性地利用变化。

⊙ 专栏 3-1

德鲁克提出的机会的七种来源

意外之事。一是意外的成功，没有哪一种来源比意外的成功能提供更多的成功创新的机遇，而且，它所提供的创新机遇风险最小，求索的过程也最不艰辛。但是，意外的成功几乎完全受到忽视，更糟糕的是，管理人员往往积极地将其拒之门外。二是意外的失败。与成功不同的是，失败不能够被拒绝，而且几乎不可能不受注意，但是它们很少被看作机遇的征兆。当然，许多失败都是失误，是贪婪、愚昧、盲目追求或是设计或执行不得力的结果。但是，如果经过精心设计、规划及小心执行后仍然失败，那么这种失败常常反映了隐藏的变化，以及随变化而来的机遇。

不协调。所谓“不协调”(incongruity)，指事物的状态与事物“应该”的状态之间，或者事物的状态与人们假想的状态之间的不一致、不合拍。也许我们并不了解其中的原因，事实上，我们经常说不出个所以然来。但是，不协调是创新机遇的一个征兆。引用地质学的术语来说，它表示下面有一个“断层”，这样的断层提供了创新的机遇。它产生了一种不稳定性，四两可拨千斤，稍做努力即可促成经济或社会形态的重构。

程序需要。与意外事件或不协调一样，它也存在于一家企业、一个产业或一个服务领域的程序之中。程序需要与其他创新来源不同，它并不始于环境中（无论内部还是外部）的某一件事，而是始于需要完成的某项工作。它以任务为中心，而不是以状况为中心。它是完善一个业已存在的程序，替换薄弱的环节，用新知识重新设计一个旧程序，等等。

产业和市场结构。产业和市场结构有时可持续很多年，从表面上看非常稳定。实际上，产业和市场结构相当脆弱，受到一点点冲击，它们就会瓦解，而且速度很快。产业和市场结构的变化同样也是一个重要的创新机遇。

人口变化。在所有外部变化中，人口变化被定义为人口、人口规模、年龄结构、人口组合、就业情况、教育情况以及收入的变化等，最为一目了然。它们毫不含混，并且能够得出最可预测的结果。

认知、意义和情绪上的变化。从数学上说，“杯子是半满的”和“杯子是半空的”没有任何区别，但是这两句话的意义在商业上完全不同，造成的结果也不一样，如果一般的认知从看见杯子是“半满”的改变为看见杯子是“半空”的，那么这里就可能存在着重大的创新机遇。

新知识。基于知识的创新是企业家精神的“超级巨星”。它可以得到关注，获得钱财，它是人们通常所指的创新。当然，并不是所有基于知识的创新都非常重要。有些的确微不足道。但是在创造历史的创新中，基于知识的创新占有很重要的分量。然而，知识并不一定是科技方面的，基于知识的社会创新甚至更重要。

资料来源：彼得·德鲁克.创新与企业家精神[M].蔡文燕，译.北京：机械工业出版社，2007.

3.1.3 创业机会的类型

我们可以依据“目的 – 手段”关系对创业机会进行划分。

1. 依据“目的 – 手段”关系中的明确程度划分

依据“目的 – 手段”关系中的明确程度，创业机会可以分为识别型、发现型和创造型三种（见表 3-1）。

表 3-1　依据“目的 – 手段”关系明确程度的创业机会分类

“目的 – 手段”关系	目的明确	目的不明确
手段明确	识别型机会	发现型机会
手段不明确	发现型机会	创造型机会

识别型机会是指市场中的“目的 – 手段”关系十分明显时，创业者可通过“目的 – 手段”关系的连接来辨识机会。例如，当供求之间出现矛盾或冲突时，不能有效地满足需求，或者根本无法实现这一要求时辨别出新的机会。常见的问题型机会大都属于这一类型。

发现型机会则指当目的或手段任意一方的状况未知时，等待创业者去发掘机会。比如，一项技术被开发出来，但尚未有具体的商业化产品出现，因此需要通过不断尝试来挖掘出市场机会。激光技术出现后数十年才真正为人们所用。

创造型机会指的是，目的和手段都不明确，因此创业者要比他人更具先见之明，才能创造出有价值的市场机会。在目的和手段都不明确的状况下，创业者想要建立起连接关系的难度非常高。但这种机会通常可以创造出新的“目的 – 手段”关系，将带来巨大的回报。

在商业实践中，识别型、发现型和创造型三种类型创业机会可能同时存在。一般来说，识别型机会多半处于供需尚未均衡的市场，创新程度较低，这类机会并不需要太繁杂的辨别过程，反而强调拥有较多的资源，就可以较快进入市场获利。把握创造型机会就非常困难，它依赖于新的“目的 – 手段”关系，而创业者往往拥有的专业技术、信息、资源规模都相当有限，更需要创业者的创造性资源整合与敏锐的洞察力，同时还必须承担巨大的风险。而发现型机会则最为常见，也是目前大多数创业研究的对象。

2. 依据“目的 – 手段”关系中的目的性质划分

依据“目的 – 手段”关系中的目的性质，创业机会可以分为问题型、趋势型和组合型三种类型。

问题型机会，指的是由现实中存在的未被解决的问题所产生的一类机会。问题型机会在人们的日常生活和企业实践中大量存在。比如，消费者的不便、顾客的抱怨、大量的退货、无法买到称心如意的商品、服务质量差等，在这些问题的解决中，会存在着价值或大或小的创业机会，需要用心发掘。好利来投资有限公司董事长罗红先生就是因为当年买不到表达自己对母亲挚爱的生日蛋糕，而创建了自己的糕点店。一般人看到的是问题，而创业者看到的是机会。

趋势型机会，就是在变化中看到未来的发展方向，预测到将来的潜力和机会。这种机会一般容易产生在时代变迁、环境动荡的时期。在这种环境下，各种新的变革不断出现，但往往不被多数人所认可和接受，一般处于萌发阶段。一旦能够及早地发现并把握，就有可能成为未来趋势的先行者和领导者。趋势型机会一般出现在经济变革、政治变革、人口变化、社会制度变革、文化习俗变革等多个方面，一旦被人们所认可，它产生的影响将是持久的，带来的利益也是巨大的。

组合型机会，就是将现有的两项以上的技术、产品、服务等因素组合起来，实现新的用途和价值而获得的创业机会。这种机会类型好比“嫁接”，对已经存在的多种因素重新组合，往往能形成与过去功能大不相同，或者效果倍增的局面（1+1＞2）。比如芭比娃娃就是将婴幼儿喜欢的娃娃与少男少女形象结合起来，形成了一个新组合，满足了脱离儿童期但还未成年的人群的需求，最终获得了创业上的巨大成功。

3. 依据“目的－手段”关系中的手段方式划分

依据“目的－手段”关系中的手段方式，创业机会可以划分为复制型、改进型、突破型三种类型，分别是指创业机会所运用的手段是对现有手段的模仿性创新、渐进性创新和突破性创新。不少生存型的创业活动采取的是复制行为，模仿他人、他地的成功模式，满足当地的需求；“山寨”创业活动多数来自改进型创业机会；数码相机相对于胶卷成像、电子手表相对于机械手表等则属于突破性创新，甚至可以说是“创造性的破坏”。研究表明，创业者更擅长“创造性的破坏”，他们能抓住某些重大变革所带来的机会，创造出新的经营模式，给现存企业带来巨大的冲击。

3.1.4 适合创业的机会

有的创业机会让现存企业开发更合适，而有的创业机会则对新企业有利。在成功创建新企业的过程中面临的困难之一是，经营现存企业的人也想从机会开发中获益。因此，创业者不仅必须识别和开发有价值的创业机会以创建新企业，还必须运用创业机会来应对现存企业面临的竞争挑战。

表 3-2 列示了分别对现存企业和新企业具有积极作用的创业机会。尽管现存企业的创建者和管理者也想从机会中获益，但创业者还是能够识别和开发机会的，主要原因是某些机会有利于现存企业，而其他机会却有利于新企业。

表 3-2　创业机会对现存企业和新企业的不同作用

有利于谁	机会的特点	理由	例子
现存企业	非常依赖于信誉	人们更愿意从他们了解和信任的企业那里购买产品	珠宝商店
现存企业	具有很强的学习曲线效应	现存企业能够沿着学习曲线移动，更善于生产和销售产品	汽车制造商
现存企业	需要大量资本	现存企业可以使用已有现金流来生产新产品或服务	喷气式飞机制造商
现存企业	要求规模经济	当规模经济存在时，随着生产数量的增加，生产产品或服务的平均成本下降	钢厂
现存企业	在市场营销和分销方面需要互补性资产	满足顾客需求的能力经常要求获得零售分销渠道	跑鞋生产商
现存企业	依赖于对产品的逐步改进	同复制其产品或服务的新企业相比，现存企业能够更容易和更便宜地对产品进行逐步改进	DVD 播放器制造商
新企业	利用能力破坏型创新	现存企业的经验、资产和流程受到威胁	以生物技术为基础的计算机生产商
新企业	不满足现存企业的主流顾客需求	现存企业关注于服务它们的主流顾客，而不愿意引入不能满足那些顾客需求的产品或服务	计算机软驱制造商
新企业	建立在独立创新的基础上	新企业能够开发独立创新而不必复制现存企业的整个系统	药品生产商
新企业	存在于人力资本当中	拥有知识的人能够生产出满足顾客需求的产品或服务	厨师

资料来源：罗伯特·巴隆，斯科特·谢恩．创业管理：基于过程的观点 [M]. 张玉利，等译．北京：机械工业出版社，2005.

事实上，大部分机会都有利于现存企业，或者说现存企业更容易发现机会。因为现存企业在生产经营过程中具有学习曲线效应。学习曲线效应指的是随着从事某项工作时间的延长，成本会降低、质量会提高，熟能生巧就是这个道理。有调查显示，大部分创业机会来自创业以前工作中想法的复制或完善。另外，现存企业能够拿出一部分利润投入研究与开发工作，有更多的资源支持机会的开发，还会因为已经建立起声誉容易获得顾客的信任。

创业者需要开发适合个人和新企业的机会，而且这种优势必须足够大以抵消现存企业所拥有的优势。创业者经常关注现存企业特别是大企业不愿意做或做不好的事情，关注缝隙市场就是创业者经常采取的策略。缝隙市场容量有限，利润相对微薄，大企业人多成本高，效率也经常会因规模大而降低，开发缝隙市场不仅没有优势反而会造成局部亏损。当然，创业者并不仅仅等待大企业留下的空间创业，也可以积极开发那些对自己有利的机会。

还有一些机会可以运用人力资本而非主要靠实物资本来开发，所以也比较适合创业者。服务业有大量的例子。本书其中一位作者的某个朋友从东北到天津闯荡，在一家销售烟酒的商店帮忙，在工作中他发现销售烟酒的利润丰厚，于是产生了自己单干的想法。他知道干这一行的关键是货源，所以在工作中特别注意与供应商加强友谊。半年后，他开始自己卖烟酒，一年后用积累的资金开了一家东北菜馆，烟酒自己供应，利润更高。

3.2 创业机会的识别

3.2.1 创业机会识别的影响因素

先前经验。在特定产业中的先前经验有助于创业者识别机会。例如，1989 年对美国 *Inc*.500 企业创建者的调查报告显示，43% 的被调查者是在为同一产业内企业工作期间，获得他们的新企业创意的。这个发现与美国独立工商企业联合会（National Federation of Independent Business）的研究相一致。在某个产业工作，个体可能识别出未被满足的利基市场。另外，创业经验也非常重要，一旦有过创业经验，创业者就能很容易发现新的创业机会，这被称为“走廊原理”，指创业者一旦创建企业，他就开始了一段旅程，在这段旅程中，通向创业机会的“走廊”将变得清晰可见。这个原理提供的见解是，某个人一旦投身于某个产业创业，将比那些从产业外观察的人，更容易看到产业内的新机会。调查发现，创业者创业前所担任过的管理职位的多样性越高，行业经验相关性越强，往往越能收获更好的企业绩效。相对于创新性较低的机会而言，创新性较强的机会更多地被经验多样性高的创业者所识别和开发。[㊀]

认知因素。有些人认为，创业者的“第六感”使他们能看到别人错过的机会。多数创业者以这种观点看待自己，认为他们比别人更“警觉”。警觉在很大程度上是一种习得性的技能；拥有某个领域更多知识的人，倾向于比其他人对该领域内的机会更警觉。例如，计算机工程师就比律师对计算机产业内的机会和需求更警觉。有些研究人员认定，警觉不仅是敏锐地观察周边事物，还包括个体头脑中的意识行为。研究发现，发现机会者（创业者）与未发现机会者之间最重要的差别，在于他们对市场的相对评价，换句话说，创业者可能比其他人更擅长估计市场规模并推断可能的含义。目前不少学者利用认知心理学乃至社会心理学的理论知识研究创业行为，值得关注。

社会关系网络。个人社会关系网络的深度和广度影响着机会识别，建立了大量社会与专家联系网络的人，比那些拥有少量网络的人容易得到更多的机会和创意。按照关系的亲疏远近，社会网络关系可以划分为强关系与弱关系。强关系以频繁相互作用为特点，形成于亲戚、密友和配偶之间；弱关系以不频繁相互作用为特点，形成于同事、同学和一般朋友之间。研究显示，创业者通过弱关系比通过强关系更

㊀ 杨俊，薛红志，牛芳．先前工作经验、创业机会与新技术企业绩效——一个交互效应模型及启示 [J]. 管理学报，2011(1): 116-125.

可能获得新的商业创意，因为强关系主要形成于具有相似意识的个人之间，从而倾向于强化个人已有的见识与观念。另外，在弱关系中，个人之间的意识往往存在着较大差异，因此某个人可能会对其他人说一些能激发全新创意的事情。

⊙ 专栏 3-2

布局：抢占“结构洞”

创业者就是要成为“结构洞”的发现者和抢占者，在社会网络中占据有利位置，最终成为控制者甚至垄断者。

围棋初学者拿到棋子时，并不知道该把棋子放在哪里合适。他可能会随便地把棋子放在棋盘中间，或者放在最旁边，但稍微有点经验的下棋者就会知道，一开始，棋子放在靠近“星位”（围棋术语，即围棋上 9 个特别标注出来的点）的三线、四线、五线比较有利于抢占先机。当然，这也只能算是中规中矩。围棋高手，尚未开局，胸中已有千百个棋谱；一开局，便已经着手布局。高手落子看似随意应景，漫不经心间却占据了许多关键位置，不知不觉中就掌握了大势。

布局思维更能指引创业者利用社会网络结构获取创业路径。社会网络学派认为，人们可以在社会网络结构中获益。美国芝加哥大学商学院社会和战略学教授罗纳德·博特在《结构洞：竞争的社会结构》一书中提出了“结构洞理论”，简而言之就是社会网络中的空隙。在社会网络中，个体与个体之间有的存在直接联系，有的没有直接联系。这种个体与个体之间的间断，看上去好像网络结构中出现了一个个洞穴。将没有直接联系的两者联系起来的第三者，就拥有了信息优势和控制优势。

就像《商人计》里所唱的，“商人就是买东西，把东边的买卖到西边去”。对创业者而言，关键就是要发现存在相互需求的“东边”和“西边”，并努力成为桥梁。从这个角度看，创业者就是要成为“结构洞”的发现者和抢占者，在社会网络中占据有利位置，最终成为控制者甚至垄断者。就像棋手要发现棋局中的一些关键点，然后迅速抢占，并有效控制一样。在中国古代，一般人与皇帝之间的联系是间断的。这时候，某些贴身的大臣就成为这种结构洞的关键节点，他们垄断了皇帝与外界的联系，获得了巨大的政治效益，一如历史上的张居正、魏忠贤，独揽朝纲数十年。

社会网络理论有其独特的意义，但也存在不足之处。因为机会的发现和获得不是一次性的，无法毕其功于一役。就像在围棋棋局当中，即便抢占了某个关键点，也并不意味着这个点能够一直被你占据，更不意味着这个点一直是关键的。社会网络会不断发生变化或者重构，个体之间的联系在时刻变化着，机会此刻存在，下一刻可能就消失。这对创业者提出了严峻的挑战，创业者必须不断地构筑新关系，同时统筹好不同关系间的亲疏远近，甚至切断某些关系。就像在围棋中，有些事关大局的关键位置需要棋手不惜用大量的棋子去抢占，有些位置又不得不放弃。

资料来源：罗家德，贾本土．创业，布局重于战略 [J]. 发现，2015(5).

创造性。创造性是产生新奇或有用创意的过程。从某种程度上讲，机会识别是一个创造过程，是不断反复的创造性思维过程。在听到更多奇闻轶事的基础上，你会很容易地看到创造性包含在许多产品、服务和业务的形成过程中。创造性思维很难找准定位，但有时它又非常具体，几乎每家创业企业都希望能尝试一些创新。不难发现，在不同的现实背景下，那些具有前瞻性思维的创业者，不仅自身就具备了一些高效的创造性思维习惯，而且早已经把培养创造性思维的文化潜移默化地融入自己的企业之中。

3.2.2 创业机会识别的过程

1. 创业机会识别的总体框架

图 3-1 勾勒出了创业机会识别过程的轮廓。从图 3-1 中可见，机会识别是创业者与外部环境（机会来源）互动的过程，在这个过程中，创业者利用各种渠道和各种方式掌握并获取到有关环境变化的信息，从而发现现实世界中在产品、服务、原材料和组织方式等方面存在的差距或缺陷，找出改进或创造“目的 – 手段”关系的可能性，最终识别出可能带来新产品、新服务、新原料和新组织方式的创业机会。

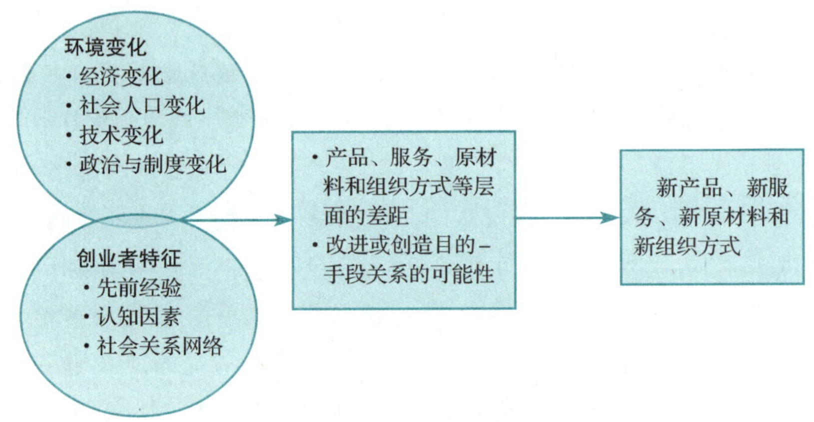

图 3-1 创业者与环境互动的机会识别过程

2. 创业机会识别的阶段

对创业者个体而言，创业机会识别过程可分为以下五个阶段。[⊖] 如果在某个阶段，某个人停顿下来或没有足够信息使识别过程继续下去，他的最佳选择就是返回到准备阶段，以便在继续前进之前获得更多知识和经验。

一是准备阶段。这主要指创业者带入机会识别过程中的背景、经验和知识。正如运动员必须练习才能变得优秀一样，创业者需要经验以识别机会。研究发现，

⊖ 布鲁斯·巴林格，杜安·爱尔兰，等. 创业管理：成功创建新企业 [M]. 张玉利，等译. 北京：机械工业出版社，2006.

50%～90% 的初创企业创意，来自个人的先前工作经验。

二是孵化阶段。这是个人仔细考虑创意或思考问题的阶段，也是对事情进行深思熟虑的时期。有时，孵化是有意识的行为；有时，它是无意识的行为并出现在人们从事其他活动的时候。

三是洞察阶段。此时，问题的解决办法被发现或创意得以产生。有时，它被称为“灵感”体验，是创业者识别出机会的时刻；有时，这种经验推动过程向前发展；有时，它促使个人返回到准备阶段。例如，创业者可能意识到机会的潜力，但认为在追求机会之前需要更多的知识和考虑。

四是评价阶段。这是创业机会识别过程中仔细审查创意并分析其可行性的阶段。许多创业者错误地跳过这个阶段，他们在确定创意可行之前就去设法实现它。评价是创业机会识别过程中特别具有挑战性的阶段，因为它要求创业者对创意的可行性采取一种公正的看法。

五是阐述阶段。这是创造性创意变为最终形式的过程，详细情节已构思出来，并且创意变为有价值的东西，诸如新产品、新服务或新商业概念，甚至已经形成了能够实现价值的商业模式。

3.2.3　创业机会识别的方法

创业机会识别的方法较为常用的有以下五种，其中，有的来自启发或者经验，另一些则很复杂，需要市场研究专家等外部力量的支持。

1. 新眼光调查

当阅读某人的发现和出版的作品时，实际上就是在进行调查。利用互联网搜索数据，寻找包含你所需要信息的报纸文章等都是调查的形式。大量获取信息对发现问题以及更加快速地切入问题有帮助。在调查中要学会问问题，同时，通过不断地获取信息，建立自己的直觉，“新眼光”也将不断发展，提供很多看问题的新方法。

2. 系统分析

实际上，多数机会都可以通过系统分析得到发现。人们可以从企业的宏观环境（政治、法律、技术、人口等）和微观环境（顾客、竞争对手、供应商等）的变化中发现机会。借助市场调研，从环境变化中发现机会，这是机会发现的一般规律。

3. 问题分析

问题分析从一开始就要找出个人或组织的需求和他们面临的问题，这些需求和问题可能很明确，也可能很含蓄。创业者可能识别它们，也可能忽略它们。问题分析可以首先问“什么才是最好的”，一个有效并有回报的解决方法对创业者来说是识别机会的基础。这个分析需要全面了解顾客的需求，以及可能用来满足这些需求的手段。

4. 顾客建议

一个新的机会可能会由顾客识别出来。顾客建议多种多样，最简单地，他们会提出一些诸如“如果那样的话不是会很棒吗”这样的非正式建议。还有，他们可以有选择地采取非常详尽和正式的短文形式。一些组织在将它们的需求“反向推销”给潜在供应商的过程中非常积极。无论使用什么样的手段，一个讲究实效的创业者总是渴望从顾客那里征求想法。

5. 创造需求

这种方法在新技术行业中最为常见，它可能始于明确拟满足的市场需求，从而积极探索相应的新技术和新知识，也可能始于一项新技术发明，进而积极探索新技术的商业价值。通过创造获得机会比其他任何方式的难度都大，风险也更高。同时，如果能够成功，其回报也更大。这种情况下所产生的创新在人类具有重大影响的创新中，居于压倒性的主导地位。

⊙ 专栏 3-3

有迹可循地寻找机会

要想发现创业机会，思维方式的转变是第一关，在摒弃传统思维的同时，更要以一种融合、动态、关联的视角看待整个市场。

下面我们以这种视角，从四大方面来讲讲，如果你想创业，机会能去哪里找？

（1）成为他择品：谁说满足相似需求的产品就没市场了？

他择品就是通过不同形式满足用户相似需求的产品。比如，爱大厨（一款厨师上门 App）能满足用户足不出户就能吃到美食的需求。那么，它就可以被称作饿了么等外卖平台的他择品。也就是说，如果一款产品能以不同的形式满足用户的相似需求，我们就把它叫作原有产品的他择品。

那为什么他择品是一大创业方向呢？我认为最重要的原因是过去已经有一大批产品验证了市场需求和市场潜力。所以，如果市场需求足够强烈、潜力够大，作为他择品（满足的需求类似），再加以提供新奇且有趣的形式，就相当于走上了创业的快车道——你再也不用担心用户是否有需求的问题了，前辈都已经帮你探好路了。总之，如果你的产品能以不同的形式帮助消费者完成类似的任务、满足类似的需求，那么这个产品就是以他择品的身份而出现的，从而提高成功的概率。

因此，如果你想通过成为他择品作为创业方向，就需要问自己：消费者普遍使用什么产品完成什么任务、满足什么需求？我的产品，能否以不同的形式，也能帮他们完成这个任务？

（2）整合市场：谁说一个产业中就只能有高端和低端？

当某个行业的产品出现了两个极端（要么高端，消费者不得不为了高性能而迁就其高价格；要么低端，消费者不得不为了低价而将就其低性能）时，能整合两者优势（高性能低价格）的破坏性产品，往往能开拓新的市场机会。

2011年前的手机产业，出现了两个极端：以苹果、三星为主导的高端机市场（高性能高价格）和以OPPO、华为、魅族等国产手机引领的低端机市场（低价格低性能）。当时的消费者要么迁就着高端机的高价格，要么将就着低端机的低性能。这时小米作为“救世主”，推出售价仅1999元，但性能堪比三星的小米1S，跨越了低端和高端市场，迅速引爆市场，一发不可收拾。

因此，如果你的创业方向是“整合高低端市场”，那你就需要问自己：我所在行业的产品，是不是都处于两个极端——要么高端，要么低端？消费者在选择时，是不是存在“不是向上迁就，就是向下将就”的情况？我的产品能否整合两者的优势，拯救这些忍受已久的消费者？

（3）切换买方群体：谁说所有的买方都是消费者？

通常，我们所说的“消费者”其实并不准确，我们普遍用“消费者”一词来代表整个买方群体。实际上，很多产业中的买方往往被分割成至少几类群体。比如，在处方药市场中：使用者（我们常说的消费者）是患者，而影响者是能左右消费选择的医生。因此，如果在你的行业中，买方被分割为不同的群体，而你又发现整个产业只把关注点放在了某一群体的身上，这时你的机会就来了，你可以把关注点转移到另一方群体上，从而发现创造新价值的机会。

所以，如果你想通过“转换买方群体”作为创业方向，就要经常问自己：你所在的行业，买方链都由哪几部分组成？这个行业通常把关注点放在哪个买方群体上？当你把目光从行业惯常关注的群体转移到另一方群体时，如何开启新价值？

（4）成为互补品：谁说竞争一定发生在既定产业？

不可否认的是，任何产品都很少在“真空”下使用，多数情况下，它们的价值会受到其他产品或服务的影响。

比如当年匈牙利的客车产业，几乎所有客车公司都在以“低价战术”取悦公交公司这样的采购方。公交公司当然很乐意了，谁不想降低采购成本呢？但因为低价带来的生产成本的降低，使得市场上的客车普遍质量低下，频繁出故障。这就导致公交公司虽然节省了买车的费用，却要支付后期高昂的保养成本。它们很头疼。北客看到了这个“保养”互补市场：既然一辆客车要运营10多年，为什么一定要纠结于客车的售价呢？为什么不提高价格、提高质量、降低保养费用呢？后来北客采用玻璃纤维材料研发了一款新型客车，虽然价格提高了不少，却因为大大降低了保养成本，获得了市场的一致认可，成功从同质化市场中突围。

所以，如果你想以“成为互补品”作为创业方向，就要经常问自己：顾客在使用产品的前前后后都会做什么？在这些过程中，他们都有哪些烦恼？我如何设计一款互补性产品，消除这个痛点？

资料来源：节选自“有迹可循地寻找机会：为什么确定一个创业方向这么难？”，微信公众号“小欧言商”（ID：sijiuchengdewo）。

3.3 创业机会的评价

3.3.1 基于创业者的评价

1. 创业者与创业机会的匹配

不管创业机会是创业者自己识别到的还是他人建议的，也不管创业机会是偶然发现的还是系统调查发现的，兴奋之余，首先应该问自己的问题是：这个机会适合我吗？为什么应该是我而不是别人开发这个机会？

并非所有机会都适合每个人，一位资深律师可能因为参与一场官司而发现了一个高科技行业内的机会，但是，他不太可能放弃律师职业而进入高科技行业创业，因为他缺乏必需的技术知识和在高科技行业内的关系网络。换句话说，即使看到了有价值的创业机会，个体也可能因没有相应的技能、知识、关系等而放弃创业活动，或者把机会信息传递给其他更合适的人，或者是进一步提炼加工机会从而将其出售给其他高科技企业。当然，创业活动往往不会拘泥于当前的资源约束，创业者可以整合外部的资源开发机会，但这需要具备资源整合能力。

并非所有的机会都有足够大的价值潜力来填补为把握机会所付出的成本，包括市场调查、产品测试、营销和促销、雇用员工、购买设备和原材料等一系列与机会开发活动相关的成本，还包括为创业所付出的时间、精力，以及放弃更好的工作机会而产生的机会成本。研究发现，创业者的创业机会成本越高，所把握的创业机会的价值创造潜力也就越大，所创办的新企业的成长潜力也更高。

总体而言，创业活动是创业者与创业机会的结合，一方面创业者识别并开发创业机会，另一方面创业机会也在选择创业者，只有当创业者和创业机会之间存在着恰当的匹配关系时，创业活动才最可能发生，也更可能取得成功。

2. 创业者对创业机会的初始判断

认定创业机会适合自己，还要对创业机会进行评价。创业者对机会的评价来自他们的初始判断，而初始判断简单地说，就是假设加上简单计算。蒂蒙斯教授认为机会应该具有吸引力、持久性和及时性，是具有如下四项特征的构想：对消费者具有吸引力，能够在创业者的商业环境中实施，能够在现存的机会窗口中执行，创业者拥有创立企业的资源和技能，或者知道谁拥有这些资源与技能并且愿意与创业者共同创业。

> **重要概念**
>
> **机会窗口**
>
> 机会窗口是指将创意市场化的时间。你可能有许多创意，但是如果其他竞争者也存在类似的创意并且已经将其市场化了，机会窗口就关闭了。

创业者对创业机会的初始判断，有时看似简单得不可信，但也经常奏效。机会瞬间即逝，如果都要进行周密的市场调查，有时会难以把握机会，或者有时会在调研中发现很多困难，最后反而失去了创业的激情。假设加上简单计算只是创业者对机会的初始判断，进一步的创业行动还需依靠调查研究，对机会价值做进一步的评价。

创业聚焦 里德·哈斯廷斯与 Netflix 早期创业

里德·哈斯廷斯在1960年10月8日出生于马萨诸塞州波士顿的一个美国中产阶级家庭，在加利福尼亚州长大。他家境优越，从小就接受着中产阶级的精英教育，整个青少年时期都是在美国顶尖的贵族私立中学度过的。1983年，里德·哈斯廷斯毕业于鲍登大学，这是一所位于美国缅因州的顶尖文理学院，在美国文理学院排名第四至第六（2014年在U. S. News中排名第四）。

里德·哈斯廷斯毕业后加入美国和平护卫队，这是一个由美国政府发起，将年轻人作为志愿者送往发展中国家的组织。他在非洲担任了两年数学教师志愿者，并且在口袋里只有10美元的时候，靠搭便车跨越了整个欧洲。里德·哈斯廷斯在后来接受采访时谈到，这段经历给了他创业的勇气。回国后，他考入斯坦福大学计算机科学专业攻读硕士学位，并于1988年顺利毕业，毕业后供职于一家叫ADAPTIVE的科技公司，在那里他发明了一个用于调适软件的工具，这个工具成为他后来创业的产品。

1991年，他创办了Pure Software，开始了自己的创业生涯。由于创业初期缺乏商业管理经验，1996年公司和Atria合并，次年便被Rational Software收购。

首次创业失败并没有让里德·哈斯廷斯气馁。1998年，他在加利福尼亚州创办了Netflix，通过互联网提供统一费率的电影DVD租赁服务，并邮寄给全美国的客户。当时的电影行业巨头是百事达和好莱坞，里德·哈斯廷斯要想赢得市场，就必须创造出一种新的经营模式。Netflix的租赁模式是用户在注册、交费成为会员后，就可以无限期地观看DVD，而不必缴纳高昂的滞纳金。消费者不仅能够列出想看的电影清单，而且计算机能精准定位消费者的喜好，进行电影推荐。为了拓宽市场，2000年他打算与自己强大的对手百事达合作，但并没有被接受。加上受到网络经济泡沫破灭和“9·11”事件的影响，Netflix公司一度面临破产。所幸后来DVD播放机价格大幅下跌，公司租赁业务重新复苏，并于2002年成功上市，在同沃尔玛、百事通的DVD租赁价格战中也大举获胜，形成了稳固的市场地位。

2007年，美国大部分家庭都连接上了宽带网络，里德·哈斯廷斯看准了互联网发展的良好态势，决定将DVD邮递业务升级为流媒体服务，并建立了网络视频互联互通的生态系统。同时扩充了大量视频内容，使消费者能够通过网络随时随地在电视、计算机和移动设备上收看电视节目和电影，此举立即取得巨大成功。同年，里德·哈斯廷斯被选入微软董事会。

里德·哈斯廷斯被美国《财富》杂志评为2010年“年度商业人物”；在美国《时代周刊》评出的“2011年全球最具影响力人物100强”中名列第三；在《名利场》（*Vanity*

Fair）公布的“2013年度最具影响力的50人”榜单上排名第12位；入选Business Insider网站2015年评出的“全球科技行业最有影响力的20位人物”。

资料来源：节选自美国《财富》杂志2014年11月“40位40岁以下商业精英内部网络”（Fortune 40 Under 40 Insider Network）专栏中Airbnb联合创始人兼CEO布莱恩·切斯基撰写的文章。

3.3.2　基于系统分析的评价

系统评价类似于大公司开展的可行性论证分析。在系统评价创业机会时，一定要注意创业活动不确定性高的特点，创业者不太可能按照框架中的指标对创业机会做出一一评价，而仅会选择其中若干要素来判断创业机会的价值，从而使得创业者机会评价表现为主观感觉而非客观分析的过程。不能事事都强调依据，不确定环境本身就难以预测，需要在行动中不断地检验创业者的假设。过分强调证据，容易把困难放大，弱化创业者承担风险的勇气。

1. 蒂蒙斯创业机会评价指标体系

蒂蒙斯教授提出了比较完善的创业机会评价指标体系，认为创业者应该从行业和市场、经济因素、收获条件、竞争优势、管理团队、致命缺陷问题、个人标准、理想与现实的战略差异8个方面评价创业机会的价值潜力，并围绕这8个方面形成了53项指标（见表3-3）。

表3-3　蒂蒙斯创业机会评价指标体系

评价方面	评价指标
行业和市场	1. 市场容易识别，可以带来持续收入 2. 顾客可以接受产品或服务，愿意为此付费 3. 产品的附加价值高 4. 产品对市场的影响力大 5. 将要开发的产品生命长久 6. 项目所在的行业是新兴行业，竞争不完善 7. 市场规模大，销售潜力达到1 000万元～10亿元 8. 市场成长率在30%～50%甚至更高 9. 现有厂商的生产能力几乎完全饱和 10. 在5年内能占据市场的领导地位，达到20%以上 11. 拥有低成本的供货商，具有成本优势
经济因素	12. 达到盈亏平衡点所需要的时间在两年以下 13. 盈亏平衡点不会逐渐提高 14. 投资回报率在25%以上 15. 项目对资金的要求不是很大，能够获得融资 16. 销售额的年增长率高于15% 17. 有良好的现金流量，能占到销售额的20%以上 18. 能获得持久的毛利，毛利率要达到40%以上 19. 能获得持久的税后利润，税后利润率要超过10% 20. 资产集中程度低 21. 运营资金不多，需求量是逐渐增加的 22. 研究开发工作对资金的要求不高

（续）

评价方面	评价指标
收获条件	23. 项目带来附加价值，具有较高的战略意义 24. 存在现有的或可预料的退出方式 25. 资本市场环境有利，可以实现资本的流动
竞争优势	26. 固定成本和可变成本低 27. 对成本、价格和销售的控制较高 28. 已经获得或可以获得对专利所有权的保护 29. 竞争对手尚未觉醒，竞争较弱 30. 拥有专利或具有某种独占性 31. 拥有发展良好的网络关系，容易获得合同 32. 拥有杰出的关键人员和管理团队
管理团队	33. 创业者团队是一个优秀管理者的组合 34. 行业和技术经验达到了本行业内的最高水平 35. 管理团队的正直廉洁程度能达到最高水准 36. 管理团队知道自己缺乏哪方面的知识
致命缺陷问题	37. 不存在任何致命缺陷问题
个人标准	38. 个人目标与创业活动相符合 39. 创业家可以做到在有限的风险下实现成功 40. 创业家能接受薪水减少等损失 41. 创业家渴望创业这种生活方式，而不只是为了赚大钱 42. 创业家可以承受适当的风险 43. 创业家在压力下状态依然良好
理想与现实的战略差异	44. 理想与现实情况相吻合 45. 管理团队已经是最好的 46. 在客户服务管理方面有很好的服务理念 47. 所创办的事业顺应时代潮流 48. 所采取的技术具有突破性，不存在许多替代品或竞争对手 49. 具备灵活的适应能力，能快速地进行取舍 50. 始终在寻找新的机会 51. 定价与市场领先者几乎持平 52. 能够获得销售渠道，或已经拥有现成的网络 53. 能够允许失败

资料来源：杰弗里·蒂蒙斯，小斯蒂芬·斯皮内利．创业学案例 [M]. 周伟民，吕长春，译．北京：人民邮电出版社，2005：84-87.

2. 通过市场测试评价创业机会

市场测试类似于实验，不同于市场调研。一般市场调研关心的是顾客认为他们想要什么，市场测试却能获得更精确的顾客需求数据。因为测试是站在一个和真实顾客互动交流的位置上了解顾客的要求，能观察到真实的顾客行为，而不是通过提出假设性问题来估计；测试还可以意外发现一些突如其来的顾客行为，以及一些以前可能没有想到的问题。

市场测试是指评估消费者对创意和商业概念的反馈。产品开发的早期阶段需要对创意进行检测，以确定后续是否有必要继续进行探索。对概念和产品的检测，有助于了解消费者对创业想法和原型的反应，获取有关用户的满意度、购买意愿以及下一步创意开发可行性的信息。由于测试是一项处于产品和服务开发早期阶段的工作，通常需要较少的资源，所以项目的早期阶段往往高度关注测试和假设验证工作。测试的结果包括获知完善产品和服务特性的信息，进一步明确产品或服务的定位，明确开发的经济成本，以及其他关键决策信息。

在产品开发领域，为了给资源配置和产品选择提供信息并推动开发阶段顺利度过“模糊前端”（fuzzy front end），需要针对新产品开发设计一套概念生成、检测和选择的流程。通过对各种产品属性的重要性、消费者价格敏感度和其他问题的定量分析，概念测试有助于降低不确定性，帮助设计者权衡和优化产品特性水平。在实践中，概念测试的目的是在打算对产品进行大幅投资之前，预测消费者对这个产品创意的反应。

为此，创业者需要遵循“创建—测试—学习”的步骤，步步为营来检测创业机会的愿景，目的是快速获取重要的顾客信息，通过迭代性的进程推动商业概念以及最终的商业模式得以奏效实施。循环必须通过小批量的快速原型制作来完成，这会促进学习并鼓励假设的检验，从而做出改变或者调整商业模式的决定。

3. 创业机会评价的定性原则

创业机会定性评价，需要回答五个基础问题：①机会的大小、存在的时间跨度和随时间成长的速度；②潜在的利润是否足够弥补投入的资本、时间和机会成本，继而带来令人满意的收益；③机会是否开辟了额外的扩张、多样化或综合的商业机会选择；④在可能的障碍面前，收益是否会持久；⑤产品或服务是否真正满足了真实的需求。

创业机会定性评价，通常依据以下五项基本标准。第一，机会对产品有明确界定的市场需求，推出的时机也是恰当的。第二，投资的项目必须能够维持持久的竞争优势。第三，投资必须具有一定程度的高回报，从而允许一些投资中的失误。第四，创业者和机会之间必须互相适合。第五，机会中不存在致命的缺陷。

创业机会定性评价，通常分为以下五个环节：其一，判断新产品或服务将如何为购买者创造价值，判断新产品或服务使用的潜在障碍，如何克服这些障碍，根据对产品和市场认可度的分析，得出新产品的潜在需求、早期使用者的行为特征、产品达到创造收益的预期时间。其二，分析产品在目标市场投放的技术风险、财务风险和竞争风险，进行机会窗口分析。其三，在产品的制造过程中是否能保证足够的生产批量和可以接受的产品质量。其四，估算新产品项目的初始投资额，使用何种融资渠道。其五，在更大的范围内考虑风险的程度，以及如何控制和管理那些风险因素。

行动指引

朱啸虎：如何判断机会有没有价值

判断一个机会值不值得创业、投资，非常简单，就三个标准：①市场规模是否足够大；②是否可以高速扩张；③是否可防御。但很多人理解得不够透彻。

首先，市场规模。我碰到一个创业者，他做停车 App，在上海一天可能就有 100 万停车次数，他觉得自己的市场规模挺大，但为什么我们不愿意投资？因为这 100 万停车次数，就算数字正确，但其中 90% 都有固定地点停车，根本不需要停车 App。大部分人只看到市场很大，但要想清楚跟你有关系的部分有多少。

其次，高速扩张。互联网公司打赢传统企业最大的优势是非线性扩张。房地产是典型的线性扩张，造第一幢房子要 1 000 万元，造第二幢房子还要 1 000 万元。而互联网是非线性的，建一个平台开始的投入非常大，可能需要几千万元甚至上亿元，但建完这个平台再赚第二个 1 000 万元就很容易。

最后，很重要的一点就是可防御。互联网公司往往看不到对手在哪儿，但对方可能用半年就能把你“灭掉”，所以一定要想清楚这个战场是不是可防御的。怎么考量是否可防御呢？可以从几个方面来看：一是依赖度，如果你需要依赖一个大平台去获取用户，那基本上很难守住，所有人都可以花钱从百度买流量，拼钱你拼不过大公司；二是你有没有控制力，对比家政服务和打车服务，家政服务的消费者和阿姨非常容易达成长期关系，那么这个平台就没有价值了，但一个司机不可能长期服务于一个消费者，那这个平台就有价值；三是管理难度，如果你的管理难度很高，同样有防御力。

资料来源：节选自“2016 年金沙江创投董事总经理朱啸虎为黑马成长营第 13 期学员的演讲发言”。

3.4　创业机会的建构

3.4.1　创业机会的发现与建构

1. 创业机会的发现

创业机会的发现观认为，市场信息分布不均衡，创业机会是客观存在的，持这一主张的代表学派是奥地利学派。但是，在认知心理学视角下，创业机会研究则强调创业者个体的认知图式对于识别和发现机会的重要作用，并且认为创业者的一些主观因素（如认知）会决定机会的形成。因为创业机会来源不同，所以，发现创业机会的方式也不尽相同。

现实中有两种不同的创业机会发现方式。一是系统搜寻，即通过有意识的系统搜寻来发现创业机会。二是意外发现，即创业者不是通过系统搜寻，而是凭借自己在创业前积累的知识（即所谓的“先前知识”和“创业警觉”）来“意外”发现创业机会，这就意味着创业者的个体异质性是机会发现的决定因素。

图 3-2 是创业机会发现的二维框架。这个框架超越了创业机会的发现观与建构观之间的争论，融合了不同学科理论对创业机会的本质界定，弥补了主动搜寻或意外发现无法充分解释创业现象的不足，同时还有效区分了不同的机会形成机制，为创业机会研究提供了更加贴近现实的概念框架，不仅可以用来解释不同行业和不同类型的创业现象，而且可用来解释并预测在创业过程的不同阶段采取何种方式能更有效地发现机会。㊀

高主动搜寻特征

- 高度渴望发现机会
- 开展系统搜寻活动
- 积累新的信息
- 预先计划

低主动搜寻特征

- 渴望发现机会
- 最低限度开展搜寻活动
- 储存已有信息
- 预先不做计划

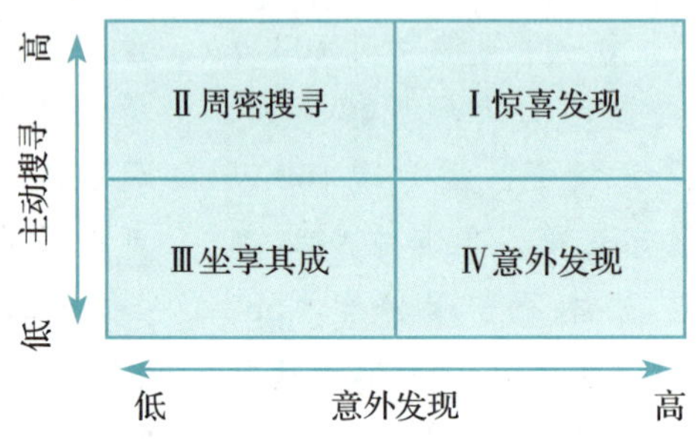

低意外发现特征

- 渴望创建新企业
- 发现机会而不惊喜
- 需要创造性解决方案
- 发现没有出乎预期

高意外发现特征

- 高度渴望创建新企业
- 为发现机会而惊喜
- 高度需要创造性解决方案
- 发现出乎预期

图 3-2 创业机会发现的二维框架

资料来源：MURPHY P J. A 2×2 Conceptual Foundation for Entrepreneurial Discovery Theory[J]. Entrepreneurship Theory and Practice, 2010, 35(2): 359-374.

2. 创业机会的建构

目前，运用信息加工理论来解释创业机会识别问题，已经成为创业机会研究的一种新趋势。创业机会的建构意味着，创业是创业者从赖以生存的环境中获取信息并建构自认为可靠的机会的认知过程，即使机会是被发现的，它们仍需要被感知。在创业机会的建构过程中，创业者的启发式思维和系统思维对认知加工非常重要。在高度复杂、不确定的创业情境下，创业者更倾向于采用启发式思维进行创业决策，不过，成功的创业者往往更善于酌情灵活运用这两种思维方式来识别创业机会。

在建构主义视角下，创业机会开发是一个信息加工的过程，创业者应该采用试错或探索模式，通过诠释法来加工信息，并且利用他们从周围环境中捕捉到的信息来建构他们心目中的现实。为了共享信息、创造新知识、实施创新和建构机会，创业者必须证明自己基于已加工信息形成的信念。因此，信息加工是创新和发现新商机的关键。图 3-3 是创业机会建构的概念框架。

㊀ 杨静，王重鸣. 创业机会研究前沿探析 [J]. 外国经济与管理，2012, 34(5):9-20.

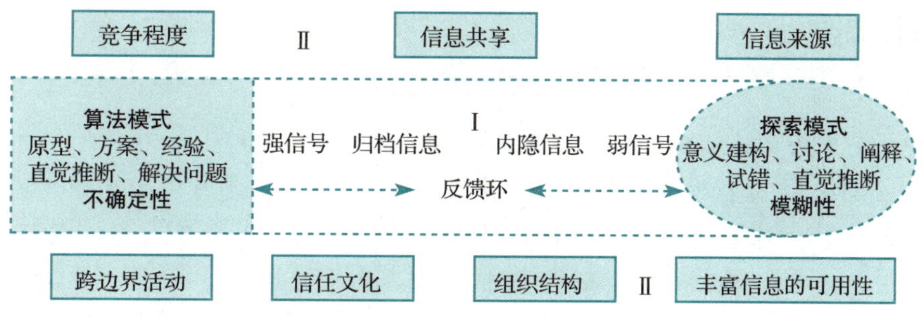

图 3-3　基于信息的创业机会建构框架

资料来源：VAGHELY I P, JULIEN P A. Are Opportunities Recognized or Constructed? An Information Perspective on Entrepreneurial Opportunity Identification[J]. Journal of Business Venturing, 2010(25): 73-86.

这个框架综合运用了信息加工与建构主义分析思路，提出了一个以组织为分析层次的创业信息加工模型。图中第Ⅰ部分由七个信息加工环节构成，具体包括：算法模式端的信息加工是一种“原型识别”的过程，探索模式端的信息加工侧重于建构主义的试错过程，直觉推断在两种模式中都是重要组成部分；两端之间的中间环节用来表示典型的算法模式或探索模式信息加工行为，包括从已归档的信息中获取强信号，从内隐信息中搜寻弱信号；位于中间的反馈环表示创业者检查信息质量的机制。模型的第Ⅱ部分位于第Ⅰ部分的上下两端，表示在算法模式端影响创业者信息加工脚本以及在探索模式端影响创业者阐释环境的情境因素或环境因素，具体包括行业竞争程度、跨边界活动、创业者信息网络中的内外部信息来源、丰富信息的可用性、信息共享水平以及组织的信任文化和组织结构等。

概括来说，创业机会的建构过程包括三个方面。第一，创业者是具有主动性、目的性和创造性的能动者。第二，创业者在建构创业机会和创业企业的过程中伴随着与他人的互动和交流。第三，创业者在社会性地建构创业机会和企业的过程中受到嵌入特定情境的规则与资源的影响。创业学界把建构主义范式用于创业机会研究和实践指导，为社会世界和自然世界划界，注重现实的建构过程，而不是客观给定的实在和状态；注重主体间性，而不是主客二分；注重互动和共同的社会建构，而不是单个创业者的行为；注重“机会关系”和“关系的创业者”，而不是客观的机会和“本质的创业者”；注重创业过程中的机会生成性以及创业者的自我成长和自我超越，而不是客观给定的机会和创业者。㊀

㊀ 方世建，孙累累，方文丽．建构主义视角下的创业机会研究经典模型评介 [J]. 外国经济与管理，2013, 35(5):2-14.

延伸阅读

创业是创业者的“想象”

披头士乐队主唱约翰·列侬的*Imagine*，是苹果公司创始人史蒂夫·乔布斯最钟爱的歌曲之一。乔布斯是披头士乐队的“发烧友”，这首*Imagine*一直珍藏在乔布斯的iPod和iPad中。歌曲开篇唱道：“想象这个世界没有天堂，只要你想象这事很轻松。想象这个世界没有地狱，在我们的头顶只有天空。想象世间所有的人，只为今天而活着。想象这个世界没有国家，只要你去做，这事并不难。”结尾处，更加契合乔布斯身上的创业特质：“你也许会说，我是个梦想者，但我不是唯一的一个。我希望有一天你会加入我们，那世界将会合一。”创业者是创业的起点，乔布斯的传奇和他钟爱的这首歌，也为我们开启了一幅浩瀚的创业画面。场景中心是王者般的创业者，他们在“想象”的引领下前行。

创业者是创业过程的起点要素，更是最富生命力、最具能动性的要素。美国哈佛大学在20世纪60年代创办了创业历史研究中心，时任中心主任阿瑟·科尔教授曾感叹：“十余年时间，我们执着于定义‘谁是创业者’，但是一直没有成功，因为我们每个人都有着各自的定义，而且我坚信，其他学者也都在对创业者进行着不同的界定。”这种创业特质研究的前提就是，创业者是天生而非后天塑造的，可是，学者至今没有找到那套基于先天人口统计特征的创业基因“密码”。不过，心理特征视角已经为创业者研究打开了大门，而心理特征或素质在一定程度上是可以改变和培养的，是可以通过后天实践习得并提高的。*Imagine*这首歌唱出的那股无形却能震撼人心的“想象”力，不就是在创业者的心理世界中能够创造奇迹的无限潜能吗？最重要的，歌中还唱道，“如果你愿意，这个奇迹会实现”。

资料来源：李华晶.创业大佬们的“演唱会”[J].中欧商业评论，2015（7）.

3.4.2 创业机会的信息加工

机会的存在是由于像技术、行业结构、社会和人口趋势以及政治和制度等方面的信息发生了改变。这说明，获取信息以及相应的信息处理能力是识别创业机会的关键所在。例如，有些人最早知道某项技术发明，可能是因为他们在产生这项发明的研究实验室里工作的缘故。在他人了解这项技术之前先行获得这些信息可以使人们在提供和销售新产品方面比其他人做出更优的决策。为此，获取别人难以接触到的有价值信息与具备优越的信息处理能力，共同构成了创业者发现创业机会的前提条件。

1. 获取别人难以接触到的有价值信息

有些人比其他人更善于获取关于那些提供创业机会的变革信息。其中，有几个因素非常重要，成功的创业者往往正是利用这些因素来识别有价值的机会。

首先，有些人在社会网络中处于更佳的位置。由于信息总是通过人们的社会关系纽带进行传播，所以，在社会网络中占据有利位置能使某人获得他人无法获得的信息。另外，强有力的社会纽带使人们更愿意相信在不确定条件下传输的信息，这加快了信息从一个人到另一个人的传播速度。对于能提供创业机会的那些关键变革的信息源，拥有强有力的社会纽带的人们通常能够获得他人无法获得的信息。

其次，个体的工作或生活圈子使自己比他人更接近于能提供创业机会的变革信息。例如，研究开发工作提供了关于新技术的信息，而这种新技术能为新企业的创立提供机会；市场营销工作能提供关于顾客偏好或者未被满足的顾客需求方面的信息。在某些特殊情况下，有些人可能是因为他们注意搜索这些信息，但是为了找到技术或者市场问题的解决方案而做出的有目的的努力可以为机会源提供有价值的信息。

最后，有些人可能因为具有创业警觉，从而使其获取别人看到了却没有引起注意或者注意到了却没有引起触动的信息。最早使用警觉这一术语来解释创业机会识别的是奥地利经济学家柯兹纳，他认为任何一个被创业者所甄别的机会都来源于创业者对环境中有关客体、事件和行为方式等信息的高度敏感性与关注倾向。创业警觉不仅仅是一种先天禀赋，也是个体在多年实践中学习积累和沉淀下来的认知特质，是一种复合的有机能力。

重要概念

创业警觉

创业警觉意味着高度敏感性和关注倾向，本质上是一种个体的禀赋，是对信息的敏锐把握和解读能力，它受到个体创造力、先前知识与经验、社会网络关系等因素的影响。

2. 具备优越的信息处理能力

获取别人难以接触或忽视的信息是发现创业机会的必要条件，在此基础上，创业者还必须具备相应的信息处理能力，能够看到信息背后的商业价值和含义，从而发现创业机会。优越的信息处理能力依赖于良好的智力结构、乐观的心态和敏锐的洞察力。

智力结构来自经验的反复提炼，使人们具有组织和利用信息的能力。个体智力结构可能影响其信息处理能力，并帮助他们识别创业机会。研究显示，无论是对于顾客还是供应商，关于市场的领先知识以及如何为这些市场提供服务的领先知识有助于发现创业机会的智力结构的重要来源。例如，如果你了解汽车行业中关于顾客问题的知识，那么当你获知一种新发明的新材料信息的时候，你就比其他那些不熟悉汽车市场的人更有可能看到创办一家新的汽车企业的机会。

保持乐观的心态能帮助个体锤炼信息处理能力，因为它使个体首先看到的是信息中蕴含的机会，而不是风险。因为个体不能确定新的产品是否能被创造出来，人们是否愿意购买这种产品，或者竞争对手是否会通过模仿创业者的新产品或新服务来争夺收益，所以蕴含新产品和新服务的机会具有高度的不确定性。这意味着，识别创业机会要求创业者要愿意看到充满着不确定性的机会中的潜力，而不是因仅看到不确定性和风险而止步不前。而且，乐观的心态还是创造力的源泉。

创业聚焦　采访：关于个人、生活和过去

《财经》：你如何看待自己的弱点？

王兴：如果我更加 aggressive 或许会更好。

《财经》：大部分时候，从美团的历次决策中，人们感觉你是保守型的。

王兴：我愿意接受风险，但是我不想做无谓的冒险。

《财经》：你曾多次创业，为什么非要成功不可呢？

王兴：我真的没把追求所谓成功作为目的。

《财经》：你的动力来源于什么？

王兴：我非常喜欢甘地的一句话：Be the change that you want to see in the world。我认为世界应该是这个样子的，它应该发生，你别等待希望别人让这个改变发生，你可以积极地去促成这个改变发生。

《财经》：你每天花多长时间想问题，真正思考一个事情？

王兴：真正高质量思考问题的时间并不多。

《财经》：用 2～4 个字定位一下你自己。

王兴：好奇，我对什么东西都很好奇。MMORPG 里有 4 个玩家分类，分别是探索型、成就型、毁灭型、社交型，我是探索型。

《财经》：你是否觉得别人看不到的事情你看到了？

王兴：我很难讲别人看不到的事情我看到了，相反我担心很多我该看到的事情却还没有看到。

《财经》：你认为别人对你最大的误解是什么？

王兴：I don't know and I don't really care. 一流的事是做事，二流的事是评价别人或别人做的事，三流的事是评价别人的评价。

《财经》：是否有很多人说你始终没有做出一些颠覆性的东西？

王兴：我同意。并不是我做的事情都是百分之百原创的，那也不是我所追求的。大家可能对发明和创新、创造的理解有点偏颇，原创是一回事，你做选择判断是另一回事。举个最夸张的例子，你写一篇文章，里面每一个字都是汉字编码里面的，你所做的事情是通过重新排列组合展示一个不一样的想法，虽然你不创造任何一个汉字，但你的创造是在排列组合层面上的，这其实也体现了你的判断。用户本质上关心谁更能满足他的需求，而不是谁用了完全不一样的想法。

《财经》：有人认为美团过于平庸、缺乏创新，这似乎和你的极客身份不太相符。

王兴："君子不器"，我不认为我一定就要做这件事或者一定要符合某些期望值。

《财经》：你如何看待过去？

王兴：我分享一个故事。一个韩国裔的美国棒球手，在他职业生涯中有非常辉煌的成绩，但体育是一个竞争非常激烈的领域，大家觉得他会走下坡路，别人说他过去的职业生涯一直是向上的，可能到了一定年龄段体力会下降，问他怎么看待这个事情。他给了一个非常简洁的回答，他说对他来讲重要的事情不是一定向上或是向下的，关键是他在持续向前。

《财经》：回头来看，你过去几次创业为什么没能坚持？

王兴：不是所有事情坚持就 OK 了。人生最重要的事情除了能够坚持到底，就是知道应该何时放弃，其实只是绕了一个弯。大多数人在一件事情坚持不下去的时候并不是觉得这件事他应该坚持但坚持不下去了，而是他突然恍然为什么需要坚持。大多数放弃的情况都是这样。

《财经》：你觉得现在的你相较之前有什么改变？

王兴：比原来更有耐心一些。总体我比较喜欢新东西，如果我跟别人讨论的时候有了新的信息输入或者让我激发了新的想法的话，我会比较兴奋。如果只是把我想的东西告诉别人，我会希望尽可能高效、迅速地结束这个事情。

《财经》：你做过什么努力来改变自己？

王兴：加强沟通频率。我觉得人的改变一方面是外界的输入，另一方面是当你意识到这个输入并接受这个输入时。

《财经》：这看起来是很常规的方法。

王兴：有不是非常规的方法吗？

资料来源：节选自《财经》杂志对王兴的采访录，"王兴：多数人为了逃避真正的思考愿意做任何事情"。

敏锐的洞察力是提高信息处理能力的催化剂。所谓洞察力，就是深层次分析、解决问题及把握大局和未来发展趋势的能力。在当今信息泛滥的时代，缺乏的往往不是信息，而是见解和洞察力。拥有洞察力，创业者就可以在别人看不到的地方看到无形事物和事物的无形价值，就可以看见现状是微不足道的趋势性东西，就能根据事情的一点苗头，感知事物的发展趋势，预测和把握企业发展的方向。

本章要点

- 机会是未明确的市场需求或未充分使用　　的资源或能力。

- 创业机会并不是一般意义上的商业机会，是对目的 - 手段关系的全盘甚至是颠覆性变化，是一种独特的商业机会。
- 创意是具有创业指向同时具有创新性甚至原创性的想法，而不是单纯的奇思妙想。有价值的创意至少要具备新颖性、真实性、价值性。
- 变化是机会的重要来源，没有变化，就没有创业机会。先前经验、社会关系网络、认知因素和创造性等影响着个体识别创业机会的可能性。
- 识别创业机会本质上是获取、加工并处理信息的过程，关键在于获取别人难以接触到的有价值信息，并利用优越的信息处理能力去挖掘信息背后的商业价值和含义，从而发现创业机会。
- 识别创业机会只是创业活动的起点，如果要理性创业，就必须进行创业机会评价，这种评价过程的结果是做出是否创业的决策。
- 创业者可以发现创业机会，也能够建构创业机会。
- 在建构主义视角下，创业机会开发是一个信息加工的过程，创业者应该采用试错或探索模式，通过诠释法来捕捉和加工信息，从而建构他们心目中的现实。

重要概念

创意	商业概念	创业机会	创业警觉	机会识别	机会评价
机会窗口	机会发现	机会建构			

复习思考题

1. 机会、创意、商业概念、创业机会之间存在着什么样的区别和联系？
2. 大多数研究创业的学者都会关注创业者对创业机会的认知，这是为什么？
3. 识别机会是一个过程吗？为什么？
4. 识别创业机会受到哪些因素影响？
5. 有价值创业机会的特征有哪些？
6. 哪些机会适合用创业者？有哪些机会适合于现存企业？
7. 为什么有的人看到创业机会，而另一些人则看不到？
8. 如何评价创业机会？
9. 如何理解创业机会的发现和建构？
10. 你认为创业机会的认知，是艺术还是科学？如果是艺术，它体现在哪些方面？如果是科学，它又体现在哪些方面？

实践练习

实践练习　创意评价

请结合本章内容，评价这个创意：在高尔夫球内安置一个电子小标签，以使它们丢失后容易被找到。你觉得这可以称得上是一个好创意吗？你觉得值得投资吗？分析结束后，请浏览这个网站：http://www.radargolf.com。

创意描述：在高尔夫球比赛期间，还有什么比丢球更令人沮丧的呢？丢球不仅使球手付出两杆惩罚的代价，而且找球也减缓了高尔夫球赛进程。开发一种电子小标签，在制造过程中将其置入高尔夫球内，不就可以解决问题了吗？带有电子标签的球看上去、摸起来以及使用时与普通高尔夫球一样。当高尔夫球手打出一个难以定位的球时，他可以拿出一个手持装置，打开按钮，将其指向高尔夫球可能在的方向，然后开始向球走过去，也许很快就能找到球。

如果我们要盖楼，季琦有激情、能疏通关系，他就是去拿批文的人；沈南鹏精于融资，他是去找投资的人；梁建章懂 IT、能发掘业务模式，他就去定出整体框架。而我来自旅游业，善于搅拌水泥和黄沙，可以制成混凝土去填充这个框架。楼就是这样造出来的。

——范敏，携程网创始团队四位成员之一

第 4 章 组建创业团队

【核心问题】

- 团队和群体有什么不同？
- 为什么风险投资家特别重视创业团队？
- 组建创业团队只是为了找到志同道合的人？
- 组建创业团队应该注意哪些问题？
- 创业团队的创业精神如何传承？
- 创业团队的领导者发挥什么作用？

【学习目标】

- 了解创业团队对创业成功的重要性
- 了解团队组建要考虑的主要问题
- 了解创业团队演变的一般规律
- 掌握优秀创业团队的主要特征
- 理解团队的创业型领导的特点

引例 雷军组建小米创业团队

2010年，从金山出来休息了几年的雷军，准备“出山”干件大事——用互联网电商模式卖手机。一手一脚做过金山这样一家上市公司的雷军很清楚，创业无非三要素：人、事、钱。

人是最关键的。于是，他拿着小本本去搭班子，第一个找的是林斌。作为“李开复的左臂右膀”，林斌那时候在谷歌（中国）负责安卓的研发，他因为谷歌与UC的业务来往从而认识了在UC担任董事长的雷军。

有一天，两人如常约在咖啡馆里见面，雷军还没开口，林斌已告诉他正准备出来创业，方向是互联网音乐。雷军听完大喜，赶紧搭话：“不如跟我一起做安卓手机吧！”

俗话说，打铁要趁热，雷军随即摊开一张餐巾纸，在上面画出小米的商业模式：先从开源的安卓操作系统切入，做好用户体验，等操作系统被用户接受了，再做手机，然后通过电商模式卖产品，最终靠软件和互联网服务来盈利。

最后雷军还把小本本掏出给林斌看，里面是潜在的合伙人名单。

亲眼看见过谷歌电商失败的林斌没有急于表态，电商模式能否做成、创业资金从哪里来这些都是他所担忧的。显然，雷军是有备而来的，他以做过卓越的过来人身份力证电商能成功：“斌，你就相信我吧，我一定能把电商做起来。”

随后，他搬出自己在金山的股票并抛出一句热血的话：“你拿着谷歌和微软的股票无非是为了投资，但最好的投资是投资自己。”如此诚意十足，林斌自然敢押上一切，于是他卖掉大部分谷歌和微软的股票，全部投入到小米中。

合伙计划一经敲定，两人便分头找人，雷军找来金山的老下属黎万强。黎万强毕业于西安工程大学设计专业，从2000年开始加入金山，10年间，从底层员工做到金山软件设计中心设计总监，再到金山词霸总经理，长于用户界面和人机交互。

黎万强私底下与雷军十分要好。有一天，黎万强找雷军聊辞职的事，雷军问他辞职后有什么打算，他扬言要开个摄影棚。雷军一听就笑了，说“跟着我干吧”。就这样，黎万强成为小米的第三位联合创始人。

特别有意思的是，林斌以同样的方式“俘获”了微软的旧同事黄江吉。那时候，黄江吉所在的微软研发团队正在重组，苦闷的黄江吉去找林斌诉苦。原本黄江吉只是打算跟老友吐槽一下目前的苦恼而已，谁知道林斌突然来了一句：“别在微软干了，出来跟我们一起创业吧！”林斌单刀直入，力劝黄江吉出来和他以及雷军一起创办一家中国人自己的公司。这让本来在微软碰壁又有了改换门庭心思的黄江吉异常动心。

看到黄江吉的反应，林斌趁热打铁，随即把他介绍给了雷军，双方很快约好了面谈。在北京知春路上的一家咖啡馆里，雷军、林斌和黄江吉三个人坐在一起聊天。初次见面，雷军很识趣，对于创业的事儿只字不提，只是和他们一起聊各种电子产品，从手机到计算机，从 iPod 到电子书。就这样，三个人一聊就是几个小时，雷军毫无保留地展示了自己作为一个超级产品“发烧友”的素质。

在那场长达几个小时的面谈中，黄江吉当场断定，对面坐着的两个人是要做点什么事情的，虽然他彼时还不知道他们具体要做什么，但是在临走之时，他放下了一句话：“我先走了，反正你们要做的事情，算上我一份！”

除了黄江吉，林斌还挖来了自己在谷歌的下属洪锋。跟雷军一样，洪锋是一个不折不扣的宅男极客，只要能用手解决的，绝不动口，但一出口言语必精炼，常常一击即中，全在点上。

2010 年，春寒料峭的 4 月，13 个人，一锅小米粥，一场携风裹雨的创业在中关村的银谷大厦里就此开始，启动的第一个项目是小米司机。

打从谋划创业开始，雷军就设定每一个创始人都是某一方面的专才，且独立运作，互不干涉。创业的蓝图已经摊开，但人才还是迟迟未能集齐，向来沉稳的雷军这时也不免有点着急。

好在只是好事多磨。在洪峰的推荐下，长于工业设计的刘德加入。刘德在工业设计界赫赫有名，曾创办了北京科技大学工业设计系，是美国艺术中心设计学院建校 80 多年来招收的 20 多位中国毕业生之一。

这年 5 月，刘德在北京出差，洪锋邀请他去小米跟雷军等人见一下，在那场长达 6 小时的见面会上，雷军说他要做手机，“这是个非常好的机会”，并邀请刘德加入。

一个从未在主场打过仗的人，突然被自家兄弟喊上场干一仗，刘德的热血一下子澎湃起来，一个月后，刘德彻底加入进来：“雷总给大家‘忽悠’的这个愿景足够好，那就干呗！”

雷军盘算着，工业设计、用户界面和人机交互、软件工程、移动互联网应用研发和产品设计等人才已经聚齐，但唯独差了做硬件的，这可万万不行啊。

随后三个月的时间里，他足足面试了上百人，还是没有找到合心意的。直到周光平的出现，才打破了这个局面。周光平从 1995 年开始就在摩托罗拉工作，他是做手机方面的专家，已经 55 岁。刚开始有人推荐他的时候，雷军觉得应该没戏。但事已至此，也只好试一下。双方接连见面约谈好了几次，有一天，正在出差的雷军突然接到林斌的电话，林斌说：“周博士同意了！”

至此，6 位联合创始人全部到位。

资料来源：李迎．雷军组建小米团队的那些事 [J]. 电商报 [2018-10-23]. https://baijiahao.baidu.com/s? id=1615019787448129445&wfr=spider&for=pc.

为了将创业想法付诸行动并有效实现创业机会背后隐藏的商业价值，创业者往往需要借助团队的力量。进入 21 世纪以来，企业所面临的外部市场竞争环境风云变幻，不但初创期的小企业越来越倾向于采用团队创业模式，就是大公司为了提高自身应对风险的能力，也不断地在导入团队管理方式。美国一家著名风险投资公司的合伙人曾说过，当今的世界充斥着丰富的技术、大量的创业者和充裕的风险资本，而真正缺乏的是出色的团队，如何创建一个优秀的团队将会是你面临的最大挑战。那么，创业团队与一般意义上的团队有什么区别？如何有效地组建创业团队？如何有效地通过加强创业团队管理来提高决策质量？如何使团队创业精神能够随着新创企业成长不断得到强化，防止出现团队创业精神退化甚至泯灭呢？

4.1 创业团队的内涵

4.1.1 群体与团队

团队并不等同于一般意义的“群体”。二者的根本差别在于，团队中成员的作用是互补的，而群体中成员之间的工作在很大程度上是互换的。简单地说，在团队中离开谁都不行，在群体中离开谁都无所谓。具体表现在，团队的成员对是否完成团队目标一起承担成败责任并同时承担个人责任，而群体的成员则只承担个人成败责任；团队的绩效评估以团队整体表现为依据，而群体的绩效评估则以个人表现为依据；团队的目标实现需要成员间彼此协调且相互依存，而群体的目标实现却不需要成员间的相互依存性。此外，团队较之群体在信息共享、角色定位、参与决策等方面也更进了一步。

重要概念

团队

团队是群体的特殊形态，是一种为了实现某一目标而由相互协作依赖并共同承担责任的个体所组成的正式群体。

团队是群体的特殊形态，是一种为了实现某一目标而由相互协作依赖并共同承担责任的个体所组成的正式群体。具体而言，团队由两个或两个以上拥有不同技能、知识和经验的人所组成，具有特定的工作目标，成员间相处愉快并乐于在一起工作，互相依赖、技能互补、成果共享、责任共担，通过成员的共同协调、支援、合作和努力完成共同目标。真正的团队不只是徒有其名的一群人，而是总能超过同样的一组以非团队模式工作的个体集合，尤其是当绩效由多样的技能、经验和判断所决定时更是如此。[1]

在一个团队中，每位成员往往具有不同的优势和劣势，在团队中发挥的作用也不尽相同。一般而言，成员在团队中扮演的角色有 9 种定位，如表 4-1 所示。把具有某些特性的成员安排在最能够发挥其个人潜能的位置上，则有利于实现团队功能的最大化。[2]

[1] 伊丽莎白・切尔．企业家精神：全球化、创新与发展 [M]. 李裕晓，赵琛微，译．北京：中信出版社，2004: 56-78.

[2] BELBIN M. Team Roles at Work[M]. Oxford: Uterworth-Heinemann, 1996: 58.

表 4-1　9 种团队角色描述

角色	角色描述	可允许的缺点	不可允许的缺点
栽培者	解决难题，富有创造力和想象力，不墨守成规	过度专注思想而忽略现实	当与别人合作会有更佳结果时，不愿与他人交流思想
资源探索者	外向，热情，健谈，发掘机会，增进联系	热情很快冷却	不遵循安排，令顾客失望
协调者	成熟，自信，称职的主事人，阐明目标，促使决策的制定，分工合理	如果发现其他人可完成工作，则不愿亲力亲为	完全信赖团队的努力
塑形者	善于激励，充满活力，在压力下成长，有克服困难的动力和勇气	易沮丧与动怒	无法以幽默或礼貌的方式平息局面
监控者	冷静，有战略眼光与识别力，对选择进行比较并做出正确选择	有理性的怀疑	失去理性，讽刺一切
团队工作者	协作的，温和的，感觉敏锐的，老练的，建设性的，善于倾听，防止摩擦，平息争端	面对重大事项优柔寡断	逃避承担责任
贯彻者	纪律性强，值得信赖，有保守倾向，办事高效利索，把想法变为实际行动	坚守教条，相信经验	阻止变化
完成者	勤勤恳恳，尽职尽责，积极投入，找出差错与遗漏，准时完成任务	完美主义	过于执着的行为
专家	目标专一，自我鞭策，甘于奉献，提供专门的知识与经验	为了学而学	忽略本领域以外的技能

资料来源：BELBIN M. Team Roles at Work[M]. Oxford: Butterworth-Heinemann, 1996: 58.

4.1.2　一般团队与创业团队

从团队基本特征、功能作用及管理模式三大方面，一般团队与创业团队的比较如表 4-2 所示。

表 4-2　一般团队与创业团队的区别

比较项目	一般团队	创业团队
目的	解决某类或者某个具体问题	开创新企业或者拓展新事业
职位层级	成员并不局限于高层管理者职位	成员处在高层管理者职位
权益分享	并不必然拥有股份	一般情况下在企业中拥有股份
组织依据	基于解决特定问题而临时组建在一起	基于工作原因而经常性地共事
影响范围	只是影响局部性的、任务性问题	影响组织决策的各个层面，涉及范围较宽
关注视角	战术性的、执行性的问题	战略性的决策问题
领导方式	受公司最高层的直接领导和指挥	以高管层的自主管理为主
成员对团队的组织承诺	较低	高
成员与团队间的心理契约	心理契约关系不正式，且影响力小	心理契约关系特别重要，直接影响到公司决策

资料来源：陈忠卫．创业团队企业家精神的动态性研究 [M]. 北京：人民出版社，2007: 83-85.

初创时期的创业团队组建的目的在于成功地创办新企业，随着企业成长，创业团队可能会发生成员的进进出出变化，新组建的高管团队是创业团队的延续，其目的在于发展原来的企业或者开拓新的事业领域；创业团队成员往往处在企业高层管理者位置，他们会对企业的重大问题决策产生影响，甚至会关系到企业的存亡；创业团队成员往往拥有公司股份，以便团队成员拥有更高的责任感来参与决策、关心企业成长；创业团队所关心的往往是公司全局性的、战略性的决策问题；创业团队成员对公司有一种浓厚的感情，其连续性承诺（由于员工对组织投入而产生的一种机会成本，足以让成员不离开组织的倾向）、情感性承诺（个体对组织的认同感）和规范性承诺（个人受社会规范影响而不离开组织的倾向）都较高。

然而，一般团队的组建只是为了解决某个或者某类特定问题；一般团队成员往往由一群解决特定问题的专家所组成，绝大多数成员并不处于企业高层位置，只是为了解决某问题而临时组建形成；一般团队成员未必拥有股份；一般团队只是关注战术性或者执行层面的问题；在一般团队中，成员对公司的连续性承诺、情感性承诺和规范性承诺并不高。

4.1.3 创业团队的特征

创业团队是一种特殊群体。创业团队首先是一种群体，创业团队成员在创业初期把创建新企业作为他们共同努力的目标。他们在集体创新、分享认知、共担风险、协作进取的过程中，形成了特殊的情感，创造出了高效的工作流程。

创业团队工作绩效大于所有个体成员独立工作时的绩效之和。虽然创业团队的个体成员可能具有不同的特质，但他们相互配合、相互帮助，通过坦诚的意见沟通形成了团队协作的行为风格，能够共同地对拟创建的新企业负责，具有一定的凝聚力。曾有研究得出这样的结论：工作群体绩效主要依赖于成员的个人贡献，而团队绩效则基于每个团队成员的不同角色和能力而尽力产生的乘数效应。

创业团队是高层管理团队的基础和最初组织形式。创业团队处在创建新企业的初期或企业成长早期，现实中往往被人们称之为“元老”，而高层管理团队则是创业团队组织形式的继续。虽然在高层管理团队中既可能还存在着部分创业时期的元老，也可能所有的创业元老都不再存在，但高层管理团队的管理风格在很长一个时期内是很难彻底改变的。

创业聚焦　“阿里铁军”是如何炼成的

21世纪初，阿里巴巴的主要业务还是向中小企业销售不低于4万元的网站服务。但在当时，人均月收入不到800元，99%的中国人还不懂互联网甚至没有计算机。在这段最艰难的岁月里，阿里巴巴凭借着一支执行力极强的销售队伍，快速获取用户并抢占市场，创下了50亿元的销售奇迹。这支销售团队就是著名的“阿里铁军”。马云曾公开评价：“阿里铁军”是阿里巴巴旗下最彪悍、最具战斗力的销售团队。“阿里铁军”究竟是一支什么样的队伍？如此彪悍、极具执行力的队伍，又是如何被塑造出来的？

以下是阿里巴巴销售人员的一天。清晨伊始，阿里巴巴的销售团队即开始了充满挑战和机遇的一天。以北京为例，早晨 8 点，销售人员按照规定准时赶到公司，首先熟知当天的销售目标与客户信息等任务。半小时后，每个销售人员都已调整好状态，开始踏上各种交通工具，群情激昂地散布到北京各个角落。阿里巴巴对销售人员有一个硬性规定："每位销售人员每天必须要完成 8 个拜访，且至少有 2～3 个有效拜访"，即销售人员必须要见到老板或其他高层，能够将有效商机很好地往前推进。此外，销售人员走进一座大厦或者一个办公楼园区完成有效拜访后，还要在当前区域，尝试挖掘潜在客户进行陌生拜访，努力获取客户的潜在信息，如相关负责人的联系方式、产品情况等。下午 6 点，每位销售人员按要求回到公司，进行 1 小时的销售夕会，分享当天的成果、得失和挑战。为提升团队的销售技巧，团队会对一些销售难点进行演练。夕会结束时，销售人员则要把 8 个拜访录入阿里巴巴的客户关系管理系统（CRM），并标明客户访问状态，是有效拜访还是潜在客户。为了保证销售录入的信息真实性，阿里巴巴还会有专门的品控团队进行抽查，因为诚信是阿里巴巴的红线。做完这些工作后，已经是深夜 10 点，但销售人员并不能回家，还要搜索潜在客户资料，为第二天的拜访做好准备。

企业文化、价值观第一。"阿里铁军"成立于 2000 年 10 月，起初只是 30 人的直销团队，后来扩充到 80 人。正是依靠这支销售团队，帮助阿里巴巴走出低谷，熬过了世纪之交的互联网寒冬，并在中国开辟了电子商务这一全新的领域。阿里巴巴曾宣称，招募直销员的原则是：企业文化第一，价值观第一，然后才是能力。按照常理，直销团队招人应该优选那些有销售经验和手中掌握客户的人，但是马云认为，价值观比销售经验重要："你可以带来客户，也可以带走客户，如果你不能接受阿里巴巴的价值观，不能和阿里巴巴的团队配合，即便你能带来 100 万元的销售收入，阿里巴巴也不要。"

资料来源：福盈资产管理有限公司 . 阿里巴巴成功的背后：一支销售铁军是如何炼成的？ [2018-08-23]. http://mini.eastday.com/mobile/180823165221616.html.

4.1.4　创业团队的构成

狭义的创业团队是有着共同目的、共享创业收益、共担创业风险的一群创建新企业的人，即初始合伙人团队；广义的创业团队则不仅包括狭义的创业团队，还包括与创业过程有关的各种利益相关者，如风险投资家、专家顾问等。

初始合伙人团队。它由在创业初期就投资并参与创业行动的多个个体组成。初始合伙人团队的知识、技术和经验往往是企业所具有的最有价值的资源。正是由于这个原因，人们经常通过评估初始合伙人团队的素质来预期企业未来发展的前景，这些素质特征包括受教育程度、前期创业经历、相关产业经验、社会关系网络等。

董事会。如果创业者计划创建一家公司制企业，就需要按规定成立董事会——由公司股东选举产生以监督企业管理的个人小组。董事会一般由内部和外部董事构成。如果处理得当，公司董事会能够成为新创企业团队的重要组成部分，可以通过提供指导和增加资信两种方式帮助新企业有一个良好的开端并形成持久的竞争优势。

专业顾问。 在许多情况下，创建者还需要依靠一些专家顾问，通过与他们的互动交流获取重要的建议和意见。这些专家顾问通常都成为创业团队的重要组成部分，在外围发挥着重要作用。例如，顾问委员会是对企业经营提出建议的专家小组，贷款方和投资者会为企业提供有用的指导与资信，咨询师可以对专利、缴税计划和安全规章等复杂问题提供建议。

⊙ 专栏 4-1

有效董事会的指标

高目标。 董事特征：曾经成功经营过公司，具有新创企业所需的能力，在其领域具有较高知名度和地位。

组成。 董事会特征：多样性，熟悉新企业拟参与的技术和市场，由内外部董事构成。

建立相关决策程序。 例行决策由企业管理者处理，重要的人员、经营和财务决策的批准由董事会制定。

信息共享。 根据企业活动相应地更新董事会，不向董事会隐瞒坏消息。

利用委员会。 认识到董事会在委员会中尽全力工作，建立法定的委员会（如审计、薪酬和任命委员会），根据需要追加委员会。

激励董事会成员。 采取经济激励手段（如公司股票或优先认股权），让其成为一项鼓舞人心新项目的成员。

明确权责问题。 提醒董事会成员要对新企业股东担负信用责任，证实董事会成员意识到他们可能的责任和义务，配备法律和财务专家为董事会成员提供有效的顾问和建议。

资料来源：布鲁斯·巴林格，杜安·爱尔兰．创业管理：成功创建新企业 [M]. 张玉利，等译．北京：机械工业出版社，2006: 129-130.

4.2 创业团队的组建

4.2.1 创业者自我评估

在任何情况下，选择合适的创业伙伴的过程，都应当开始于创业者所做的仔细的自我评估。这是因为，从非常现实的角度看，除非创业者知道他们已经拥有什么，否则，他们不可能知道他们需要从别人那里得到什么。为了选择与自己在知识、技能和特性方面具有互补性的合作者，创业者首先必须对自己的人力资本进行认真的自我评估。这是一件非常困难的事情，因为人们通常意识不到自身的行为，而且在许多情况下，只能根据其他人对自己的反应来理解自己的特征。

创业者的自我评估主要考虑以下五个方面：一是知识基础。创业者所接受的教育以及经验可以表明创业者知道什么和不知道什么，以及需要从其他人（包括潜在合作者）那里获得什么。二是专门技能。每个人都有一系列独特的完成某些任务的能力，创业者应当去理解并列举出自身技能，并将其作为创建新企业的初始步骤。三是动机。思考创业动机有利于评判创业者和那些潜在合作者之间的动机差异，防止未来发生隐患。四是承诺。承诺是指完成事情（即使逆境中也继续前进）以及实现与新企业相关的个人目标的意愿。五是个人特质。创业者要了解自身在责任感、外倾性、友好性、情绪稳定性、经历开放性这五大关键维度上处于什么位置。

4.2.2　团队成员的互补性与相似性

选择优秀的创业伙伴并发展与他们的良好工作关系是一项复杂的工作，需要很多努力，因为新企业的成功在很大程度上取决于它所获取的人力资源，以及最初的、早期的员工所带来的人力资源。其中一个需要考虑的首要问题是，在角色安排上，创业者应当选择那些在各个方面都与自己相似的，还是以互补的方式选择那些有差异的人，以便提供他们自己所缺少的知识、技术和能力？

延伸阅读

真格基金判断团队的三个角度

团队吸引力：团队成员之间是否有那种互相爱慕仰慕的情感，觉得能跟这个人一起工作很棒？

团队互补力：团队成员间互补，但也不单纯的是指能力，也包括性格。

团队协调力：一堆人一起做事，一定会有冲突，团队从冲突走到妥协的能力非常重要。

人们往往愿意同在许多方面与自己具有相似性的人交往，觉得相互之间更加了解，而且更容易自信地对彼此未来的反应和行为加以预测，从而更容易选择他们作为自己的合作伙伴。由于创业者也会遵循“相似性导致喜欢”的规则，多数人倾向于选择那些在背景、教育、经验上与他们非常相似的人，许多新企业就是由来自同一领域或同一职业的创业者所组成的团队创建的。但是，创业者选择那些具有与自己相似背景和教育的人作为合作伙伴的趋向存在的最重要的缺点就是冗余问题：相似的人越多，他们的知识、培训、技能和欲望重叠的程度就越大。例如，当所有人都是技术专家时，这在设计一个现实中可行的新产品时十分有用，但对市场营销、法律事务或者有关员工健康与安全等方面的规定知之甚少。这通常不利于企业获取必要的财务资源以及有效运营，而且如果所有人都在同一领域，他们往往具有相互重叠的社会网络，因而他们所接触的能够从对方获取财务支持等资源的人就很有限。

创业团队中宽泛的知识、技术和经验有利于新企业，因此，在互补性而不是相似性的基础上选择合作创业者通常是一种更有用的策略。创业团队为获得成功，必须掌握非常宽泛的信息、技能、才能和能力，当创业团队中的所有成员在各重要方面都具有高度的相似性时，这种成功就不太可能出现。理想的状况是，如果一个团队成员所缺少的东西可以由另一个或者更多的其他成员提供，那么，整体的确大于各部分之和，因为团队能够整合人们的知识和专长。[⊖]

因此，创业者在组建创业团队时的第一规则是：不要屈从于只和那些背景、教育、经历状况与自己相似的人一起工作的诱惑。这样做将在许多方面显得容易和令人愉悦，但它不能提供新企业所需的丰富的人力资源基础。而在许多情况下，强调互补性在一定程度上可能是更好的策略，因为它可以提供给新企业一种强有力的和多样化的人力资源基础。

应当考虑相似性还是互补性的团队成员最终取决于创业者所考虑的维度。在知识、技术和经验方面的互补性是非常重要的。为了取得成功，新企业必须获得丰富的和有价值的人力资源。另外，相似性也是有利的：它增加了沟通的便利性并有助于形成良好的人际关系，动机方面的相似性也非常重要。因此，一种平衡的方法是，在知识、技能和经验方面主要关注互补性，而在个人特征和动机方面则考虑相似性。

⊙ 专栏 4-2

让团队步调一致

除了鼓励团队朝着美好的愿景共同努力之外，最大的挑战恐怕是带领整个团队齐心协力共同实现这一愿景。因此，首先是愿景不能轻易更改。如果不得不进行变更，则必须以文件的形式正式通知全体成员。所以，透明化与共享化非常重要。

如何确保团队对愿景充满希望与热情，而且始终如一，甚至可以随着时间的推移不断上涨，要做到这一点实属不易。宝格丽旗下有 5 000 多名员工，他们从事不同的岗位，身处不同的地区与环境。在某个国家，品牌发展得很好，而在另一个国家，却因为种种原因苦苦挣扎。公司高层所面临的最大挑战就是如何确保每名员工朝着共同的愿景齐头并进。但前进的动力并非源于公司高层的动员，而是基于员工对个中缘由了解之后，认为这么做有意义，有利于个人自身发展，而管理层需要做的是让他们体会到他们不是在孤身作战，而是身后还有很多志同道合的朋友。

另外是一致性，这一点有些像管弦乐队。在整个乐队中，你不需要拉小提琴，也无须演奏其他乐器，因为有比你更优秀的人选。你需要做的是打好每个节拍，确保每件乐器保持节奏一致，在相互作用下，共同演绎优美的曲调，仿若出自同一件乐器。从这个方面而言，这种节奏是令人沉迷的。所以，我认为这是一个角色问题，公司有了好的节拍，才能在步调上保持卓越的一致性。

资料来源：节选自《哈佛商业评论》（中文版）在北京对让 – 克里斯托夫 · 巴宾（Jean-Christophe Babin）的采访，https://www.hbrchina.org/2018-04-10/5957.html。

⊖ CARPENTER M A, GELETKANYCZ M A, SANDERS W G. Upper Echelons Research Revisited: Antecedents, Elements, and Consequences of Top Management Team Composition[J]. Journal of Management, 2004, 30(6): 749-778.

4.2.3　团队成员的评估

知识评估。随着科学技术的进步和产品更新换代速度的加快，知识成为最为重要的生产力要素。初始合伙人团队的受教育水平在一定程度上可以反映其知识掌握的程度，具有较高受教育程度的初始合伙人团队往往具备与创业有关的重要技能，可能在研究能力、洞察力、创造力和计算机技术应用等方面表现得略胜一筹，而这些素质是创业成功的关键性因素。如果新创企业所从事的行业领域具有较强专业特征，那么，接受过高等教育的初始合伙人团队就会从工程技术、计算机科技、管理科学、物理、化学、生物等专业教育中获得显著优势。

经历评估。具有创业经历的初始合伙人团队，无论曾经取得成功还是遭遇失败，都可以成为新创企业成功经营的有利因素，甚至成为一种独一无二的优势。因为，这种人要比初次接触创业过程的创业者更熟悉创业过程，并可以在新创企业中复制以前的成功创业模式，或者有效规避导致巨大失败的错误。

经验评估。初始合伙人团队所拥有的相关产业经验，有利于更为敏锐地理解相关产业发展趋势，可以更加迅速地开拓市场和开发新产品。例如，对创建一家生物制药企业来说，初始合伙人团队是否具有相关领域的生物制药技术经验就特别重要，如果他采取边学习边创业的方式，那么想成功地创建并经营好一家生物制药企业则十分困难。

关系评估。具有广泛社会关系网络的初始合伙人团队往往更容易获得额外的技能、资金和消费者认同。初创企业应当善于开发和利用网络化关系，构建并维持与兴趣类似者或能够给企业带来竞争优势者的良好人际关系，这种网络化关系也是创业者社会资本的具体体现。初始合伙人团队打电话给业务上的熟人或朋友，请他们介绍投资者、商业伙伴或潜在消费者，在新企业创建过程中是经常采取并行之有效的方法。

能力评估。虽然董事会具有正式的治理职责，但是，董事会所发挥的最大作用还是为企业管理者提供指导和支持。实现这一点的关键是企业挑选的董事会成员要有能力、有经验，愿意给予建议并能够提出具有洞察力和深入性的问题。因为管理者需要依靠董事会成员的忠告和建议，所以一定要有目的地选择外部董事，要让他们填补企业管理者和其他董事在经验与背景方面的空缺。

资质评估。董事会是由股东大会选举产生的，负责处理公司诸种重大经营管理事项。具有较高知名度和地位的董事会成员能为企业带来即时的资信。没有可信资质，潜在消费者、投资者或员工很难认同新创企业的高质量。一般认为，高素质的人不会愿意在低水平的企业董事会任职，因为这对他们的名誉和声望而言是有风险的。所以，当高素质的人同意在企业董事会任职时，他们本质上是在发出某种质量信号，即这家公司很有可能取得成功。

创业聚焦 **创业者谈创业团队**

苹果公司创始人乔布斯。打造梦幻创业团队的三条建议：明确你的人员需求，但不要僵化死板，当发现候选人特殊优点时可以适当放宽标准；拓展人才搜索渠道，参与演讲、交流时也可能找到适合的人才；学会利用身边的资源，询问团队成员有关雇用意见，优秀的人会推荐其他人才。

联想创始人柳传志。团队需要解决几个问题：怎样才能让员工热爱企业？怎样才能让士兵爱打仗、会打仗？用什么样的组织形式才最为有效？怎样选好领导人，从而达到“令旗一举，三军能动，该怎么打就怎么打”？同时，带队伍需要分得清团队中的五类人：人员、人手、人才、人物和人渣。

阿里巴巴创始人马云。世界上最好的团队：唐僧是领导，知道“获取真经”才是最后的目的，孙悟空脾气暴躁却有通天的本领，猪八戒好吃懒做但情趣多多，沙和尚平平庸庸但是任劳任怨挑着担子，这样的团队无疑比“一个唐僧三个孙悟空”的团队更能够精诚合作、同舟共济。这就是团队的精神，少了谁也不可以，互补，相互支撑，关键时也会吵架，但价值观不变。

4.2.4 创业团队的行动原则

创业机会为线索。如果创业机会所蕴含的不确定性较高，价值创造潜力较大，往往意味着创业过程中面临的任务也就越复杂，越具有挑战性，此时，理性地组建创业团队可能会更好地应对创业过程中的复杂任务，有助于创业成功。例如，在高技术领域，大部分创业者都在依据理性逻辑来组建创业团队，强调团队成员之间在技术、营销、财务等职能经验领域的互补性。而如果创业机会所蕴含的不确定性较低，价值创造潜力一般，在这样的条件下，创业团队成员之间的齐心协力和信任感更加关键。

凝聚力为核心。创业团队中每个成员都是紧密相关、不可分割的，企业的成功既是每位成员共同努力的目标，也能使成员从中获取精神和物质上的收益。优秀创业团队中的每位成员都会认为单纯依靠个人的力量不可能单独成功，任何个人离开企业的整体利益都不能单独获益。同样，任何个人的损失也将损害整个企业的利益，从而影响每个成员的利益。

合作精神为纽带。具有成长潜力的企业最显著的特点就是创业团队的整体协同合作能力，而不仅仅是培养一两个杰出人物的场所。优秀的创业团队注重相互配合以减轻他人的工作负担从而提高整体的效率。他们注重在创业团队的成员中树立榜样模范，并通过奖励制度激励员工。

完整性为基础。任务的完成必须建立在保证工作质量、员工健康或其他相关利益不被侵犯的前提下。因此，艰难的选择和利弊权衡应综合考虑顾客、公司利益以及价值创造，而不能以纯粹的功利主义为依据，或是狭隘地从个人或部门需求的角度来衡量。

长远目标为导向。和大多数组织结构一样，新企业的兴衰存亡取决于其团队的敬业精神，一支敬业的团队，其成员会朝着企业的长远目标而努力，而不会指望一夜暴富。他们将在长远目标的指引下不断奋斗直到取得最后的胜利。没有一家企业能够靠今天进入明天退出（或经营发生困难之际退出）而在短期内获得意外横财。

价值创造为动力。创业团队成员都致力于价值创造，即努力把蛋糕做大，从而使所有的人都能获利，包括为客户提供更多的价值，帮助供应商也能从团队的成功中获取相应收益，以及使团队的赞助商和持股人获得更大的盈利。对于创业团队的成员而言，企业最终获得的收益才是衡量成功程度的标准，而非他们个人的薪水、办公室条件或生活待遇等。

公正性为准绳。尽管法律或道德都没有规定创业者在企业收获期要公平、公正地分配所获利益，但越来越多的成功创业者都关注共同分享收获。对关键员工的奖酬以及职工股权计划的设计应与个人在一段时期内的贡献、工作业绩和工作成果相挂钩。意外和不公平的情况往往在所难免，因此必须随时做相应的增减调整。

4.3 创业团队的冲突与治理

4.3.1 认知冲突与情感冲突

冲突的发生是企业内外部某些关系不协调的结果，表现为冲突行为主体之间的矛盾激化和行为对抗。有些学者把团队内的冲突分为两大类，即认知冲突与情感冲突。有效的团队知道如何进行冲突管理，从而使冲突对组织绩效的改善产生积极贡献。在无效或低效的创业团队中，团队成员在一起总是极力避免冲突的形成，默认或者允许冲突对团队有效性和组织绩效的提高形成的消极影响。

1. 认知冲突

认知冲突是指团队成员对有关企业生产经营管理过程中出现的与问题相关的意见、观点和看法所形成的不一致性。通俗地讲，认知冲突是论事不论人。从本质上说，只要是有效的团队，这种团队成员之间就生产经营管理过程的相关问题存在分歧是一种正常现象，而且，在一般情况下，这种认知冲突将有助于改善团队决策质量和提高组织绩效。

当团队成员分析、比较和协调所有不同的意见或看法时，认知冲突就会发生。这一过程对于团队形成高质量的方案起着关键性作用，而且，关于认知冲突的团队方案也容易被团队成员所理解和接受。正因如此，认知冲突有助于改善团队有效性。

认知冲突是有益的。因为它与影响团队有效性的最基本的活动相关，集中于经常被忽视的问题背后的假设。通过推动不同选择方案的坦率沟通和开放式的交流，认知冲突鼓励创造性的思维，促进创造性的方案。作为冲突管理的一种结果，认知冲突将有助于决策质量的提高。事实上，没有认知冲突，团队决策不过是一个团队里最能自由表达的或者是最有影响力的个别成员决策。

除提高决策质量以外，认知冲突能够促进决策本身在团队成员中的接受程度。通过鼓励开放和坦率的沟通，以及把团队成员的不同技术和能力加以整合，认知冲突必定会推动对团队目标和决策方案的理解，增强对团队的责任感，从而也有助于执行团队所形成的创业决策方案。

2. 情感冲突

冲突有时候也是极其有害的。当创业团队内的冲突引发团队成员间产生个人仇恨时，冲突将极大地降低决策质量，并影响到创业团队成员在履行义务时的投入程度，影响对决策成功执行的必要性的理解。与那些基于问题导向的不一致性相关的认知冲突不同，基于人格化、关系到个人导向的不一致性往往会破坏团队绩效，冲突理论研究者把这类不一致性称为“情感冲突”。通俗地讲，情感冲突是论人不论事。

由于情感冲突会在成员间挑起敌对、不信任、冷嘲热讽、冷漠等表现，所以，它会极大地降低团队有效性。这是因为情感冲突会阻止人们参与到影响团队有效性的关键性活动中，团队成员普遍地不愿意就问题背后的假设进行探讨，从而降低了团队绩效。情感冲突引起了冷嘲热讽、不信任和回避，因此，将会阻碍开放的沟通和联合。当它发生时，不只是方案质量在下降，包括团队本身的义务也在不断地受到侵蚀，因为团队成员不再把他们与团队活动相联系起来。

有效的团队能够把团队成员的多种技能结合起来。相反，那些彼此不信任或者冷嘲热讽的团队成员，就不会愿意参与到那些必须整合不同观点的讨论中，结果势必会造成在集体创新、分享认知、共担风险、协作进取等创业团队企业家精神方面的压制，从而创业团队逐渐变得保守起来，创业决策质量也大受损失。

同样，那些敌对的或者是冷漠的团队成员不可能理解，也很少对那些他们并没有参与的决策履行相关的义务。因此，在多数情况下，团队成员也不会很好地执行决策，因为他们没有很好地理解决策。在最坏的情况下，由于这些团队成员甚至不愿意按照创业团队所设计的思路去执行决策，从而降低团队在未来有效运作的能力。

调查研究

团队不和谐？没关系，90% 的创新都来自于想法不一致

美国口香糖大亨小威廉·瑞格利（William Wrigley Jr.）曾指出，商机是由提出不同意见的人发现的，“当两个人总是意见一致时，其中一个的存在就没有必要了”，成功的伙伴关系，其创造动力同样来自关系紧张或不和谐。

创造力和创新可以通过减少团队和谐而得到加强。例如，最近针对 100 个产品开发团队的研究发现，破坏团队和谐的两个常见因素——多样性和任务不确定性，对创造性表现有着正面的影响。同样，回顾基于理论和定量的结果表明，当团队拥有更少而不是更多的资源（例如时间、金钱和人）时，他们往往更有创造力。此外，能够参与生产任务冲突的团队（更倾向于表达不同意见，在不同观点之间进行谈判讨论，并在一定程度的紧张状态下工作）往往都更具创新性。

相反，当团队和组织享受太多的和谐时，他们会倾向于不作为和自满，正如克莱顿·克里斯坦森 20 多年前在《创新者的困境》中指出的那样，这将导致衰退和灭亡。从柯达（Kodak）到黑莓（Blackberry），再到百视达（Blockbuster），以这些例子来说，参与者的自满情绪使得他们在市场中的主导地位逐渐消失。对企业来说，成功和幸福比不适会产生更大的威胁。对现状感到满意是逃避创造力一种形式。文明史上的任何重大创新都是不满思想的产物：成为对当前的事物秩序不满意并试图破坏现有和谐的人。

资料来源：节选自《哈佛商业评论》：团队不和谐？没关系，90% 的创新都来自于想法不一致 [2018-08-14]. https://www.hbrchina.org/2018-08-14/6357.html。

综合上述分析，对团队绩效来说，冲突既可能是有益的，也可能是有害的，主要取决于它是认知冲突还是情感冲突。认知冲突可以通过改善决策质量和提高成功执行决策的概率，进而提高团队绩效。然而，情感冲突却降低了决策质量，破坏了对成功执行决策的理解，甚至不愿意履行作为团队成员的义务，进而导致团队绩效下降。

4.3.2 创业团队的所有权分配

在确定好创业团队成员之后，创业者面临的一个关键问题就是决策成员之间的工作分工与所有权分配方案。工作分工是对成员之间所承担任务以及协调方式的规划，而所有权分配则是对创业利益分配方式的约定，是维系创业团队凝聚力的基础。工作分工有助于在短期内维持创业过程以及新企业早期运营的有序性，而所有权分配则有助于在长期内维持团队稳定和新企业的稳定成长。

在现实中，创业者经常问的一个问题就是，谁给谁分配多少股权？在所有权分配问题上，创业者要在公平和激励之间做出良好的权衡。一方面，所有权分配要

在团队成员内部体现出公平性，符合贡献决定权利的标准，但另一方面又要让所有权分配对团队成员有一定的激励作用，让每个成员都感到所分配的股权比例超出了自己的预期。要做到这一点，并不是一件容易的事情，首先要挑战的就是创业者自己的心胸和气度。在这里，有一个重要的原则就是，要与帮助你创造价值和财富的人一起分享财富。一旦过了这一关，创业者就不会在持股百分比的问题上斤斤计较了。毕竟，0 的 51% 结果还是 0，关键在于如何把蛋糕做大。

如果创业者太贪婪，过分强调控制权，把公司大部分所有权都揽在自己手里，而不是与其他创业伙伴共同创造并分享一块大蛋糕，那一切都可能会成为泡影。蒙牛的牛根生就深谙此道，在多个场合反复强调过“财聚人散，财散人聚”的道理，在公司经营过程中，他也始终注重与初始创业团队共分利益，甚至到了公司的快速成长阶段，将利益分享从核心创业团队拓展到了高层管理团队，乃至普通员工。但在现实中，仍有不少反例可鉴。

在确定所有权分配时，创业者遵循三个重要原则，可能会避免后续纠纷和冲突。第一，重视契约精神，在创业之初，就要把确定的所有权分配方案以公司章程形式写入法律文件，以契约形式明确创业团队成员的利益分配机制，这有助于在长期内保障创业团队的稳定。第二，遵循贡献决定权利原则分配所有权比例，团队的目的是把创业蛋糕做大，而不是在蛋糕没有做大之前就吵着在未来怎么分家。在现实操作中，依据出资额来确定所有权分配是常见的做法，但对于没有投入资金但持有关键技术的团队成员，则需要谨慎考虑技术的商业价值，在资金和技术之间做出合理的权衡。第三，控制权与决策权统一原则，所有权分配本质上是对公司控制权的分配方案。在实践中，股份比例最大的团队成员在不拥有公司控制权的条件下，在创业初期非常危险，因为他在心理上会比其他成员更看重创业和新企业，更容易去挑其他成员的决策错误，甚至挑战决策者的决策权威，进而容易引发团队矛盾和冲突。在创业初期，更需要集权和统一指挥，控制权和决策权统一至关重要。

⊙ 专栏 4-3

合理的股权分配制度

合理的股权分配有助于在长期内维持团队稳定和新企业的稳定成长。腾讯五兄弟长期默契合作的原因很大程度上在于腾讯在发展壮大过程中，一直保持着权责的合理组合。同样，小米同股不同权的制度也促使企业的创始人保持绝对控制权地位。

腾讯的创立离不开五个人，现在大家都称他们为腾讯五兄弟，即马化腾、张志东、许晨晔、陈一丹、曾李青。1998 年，马化腾和同学张志东注册了深圳市腾讯计算机系统有限公司（简称“腾讯”），之后许晨晔、陈一丹、曾李青相继加入。成立之初，他们个性鲜明，各有所长，各管一摊，马化腾任 CEO（首席执行官），张志东任 CTO（首席技术官），曾李青任 COO（首席运营官），许晨晔任 CIO（首席信息官），陈一丹任 CAO（首席行政官）。都说一山不容二虎，为避免内部的争权夺利，在腾讯发展壮大的过程中，他们一直保持着权责的合理组合，而马化腾自愿将自己的股份降到一半以下（47.5%），这样就不会形成垄断、独裁的局面。目前的腾讯，五兄弟中的四个还在公司一线工作，只有 COO 曾李青挂着终身顾问的虚职而退休。腾讯五兄弟能一直团结合作到现在，他们性格各异、能力各有所长，这样的团队在发展壮大后还能保持这样长期默契的合作关系也是很少见的。其中成功的一点就在于，马化腾从一开始就很好地确定了团队的责、权、力。

雷军用了 8 年的时间终将小米带上上市之路。小米招股书显示，公司的上市主体是"小米集团"，也就是全部整体上市，包括小米科技、小米金融等按业务划分的子公司，以及小米新加坡、小米印度等按地域划分的子公司。小米此次上市将公司股本分为 A 类以及 B 类，对于提呈股东大会的任何决议，A 类股份持有人每人可投 10 票，而 B 类股份持有人则每股可投 1 票，唯有极少数保留有关的决议投票除外，在此情况下，每股股份有 1 票投票权。其中保留事项包括：①修订大纲或细则，包括修改任何类别股票所附的权利；②委任、选取或罢免任何独立非执行董事；③委托或撤换公司审计师；④公司主动清盘或解散，不同权受益人为雷军和林斌。其中小米公司创始人、董事长兼 CEO 雷军持股 31.41%，联合创始人、总裁林斌持股 13.33%。因此，根据雷军持有 A 类和 B 类股票的情况，雷军的表决权比例超过 50%。此外，招股说明书中披露：小米集团自 2010 年 9 月至 2014 年 12 月经历了 9 轮融资，合计融资 15.8 亿美元。尽管经历多轮融资，雷军依然可以拥有 55.7% 的投票权，可见"同股不同权"的架构对于"独角兽"企业的创始人保持绝对控制权地位具有重大意义。

资料来源：本专栏根据两篇文章节选整合得到：我爱团队．腾讯创始人团队——团队五兄弟 [2017-09-12]. http://www.52tuandui.com/you/11.html；证券市场周刊．从小米上市看"同股不同权"制度 [2018-05-15]. http://stock.10jqka.com.cn/20180515/c604461302.shtml。

4.3.3　团队内部的冲突管理

在一定范围内，冲突有助于团队成员激发和分享不同的观点，进而形成更好的决策，但如果冲突超越了认知的范畴，就可能会导致创业团队的决策失效，甚至会引发团队分裂和解散，因此，管理团队冲突是核心创业者必须具备的才干之一。

创业团队结构优势在很大程度上可能转化为更具有创新性的进入战略选择，但这种优势的发挥则依赖于恰当的冲突方式与之匹配。具体而言，产业工作经验差异更大、注重营造合作式冲突氛围的创业团队更容易开发出面向顾客需求的创新性产品或服务，而职能背景差异更大、注重营造对抗式冲突氛围的创业

团队，则往往能设计出不同于产业内在位企业的市场交易结构，将产品或服务推向市场。[⊖]

在冲突管理中，核心创业者首先要注意利用激励手段来鼓励正面冲突，让团队成员感受到在通过知识分享实现创业成功后，能获得相应的收益和价值。在制订激励方案时，创业者需要注意以下几个方面。

差异化。虽然民主方案可能行得通，但是与根据个人贡献价值不同而实行的差异化方案相比，它包含的风险更大，缺陷也更多。一般情况下，不同的团队成员很少会对企业做出同样大小的贡献，因此，合理的薪酬制度应该反映出这种差异。

关注业绩。报酬应该与业绩（而不是努力程度）挂钩，而且该业绩指的是每个人在企业早期生命的整个过程中所表现出来的业绩，而不仅仅是此过程中某个阶段的业绩。有许多企业，它们的团队成员在企业成立后几年内所做出的贡献程度变化很大，但报酬没有多大变化，这种不合理的薪酬制度使企业很快就土崩瓦解了。

灵活性。无论哪个团队成员在哪个既定时间段的贡献多大或多小，这种情况都很可能随着时间的改变而发生变化，而且团队成员的业绩也会和预期的有很大出入。另外，团队成员很可能会由于种种原因而必须被替换，这样的话就需要再另外招聘新成员并填补到现有团队中去。灵活的薪酬制度包括年金补助，提取一定份额的股票以备日后调整等，这些机制有助于让人们产生一种公平感。

除了规划科学的激励机制，创业者还要保持开放的心态，要塑造创业团队是一个整体而不是特意突出某个人的集体印象，这样，有助于把团队成员之间的观点争论控制在可管理的范畴之内，而不是演化为团队成员之间的矛盾。一旦发生情感冲突，创业者就应该理性地判断团队存续的可能性，通过替换新成员来及时化解情感冲突，比维持旧成员处理情感冲突往往会更加有效。

行动指引

李善友谈团队冲突管理

99% 的创业团队分裂源于冲突，所以创业者一定要学会如何管理冲突，“和而不同”可能是最好的态度。首先，冲突是不可避免的，也不是坏事，创业者要创造人人敢说真话的大环境。其次，发生了冲突不要回避，各方务必充分表达观点，在尊重各方利益的基础上，去追求双赢，或者妥协，但绝对不要逃避或者强求。

资料来源：李善友．创业不仅是致富手段 凡事过犹不及．中国企业家网 [2011-11-18]. http://www.iceo.com.cn/renwu/35/2011/1118/235011.shtml.

⊖ 杨俊，田莉，张玉利，王伟毅．创新还是模仿：创业团队经验异质性与冲突特征的角色 [J]. 管理世界，2010(3): 84-97.

4.4　创业团队的领导

4.4.1　高度平衡的领导艺术

创业与战略管理的融合，使得创业团队的领导成为高度平衡的管理艺术。创业最终是关于创新的行为，而战略管理主要研究如何通过竞争优势实现超过平均水平的绩效。因此，创业团队领导者不可能只考虑创新，而不考虑创新所产生的结果，不管这种结果是财富的创造、利润的增加还是销售收入的增长，这些结果都是以绩效为测量标准的。因此，创业团队领导者要从在什么层次进行领导的纠缠中解脱出来，要发挥高度平衡的领导艺术，以平台的观点来看待创业和战略管理共同的边界问题。图 4-1 描述了创业团队领导者所面对的创业 – 战略管理融合平台，不同类型组织中高层管理者所面对的领导问题如图中 A 至 D 四个区域所示。

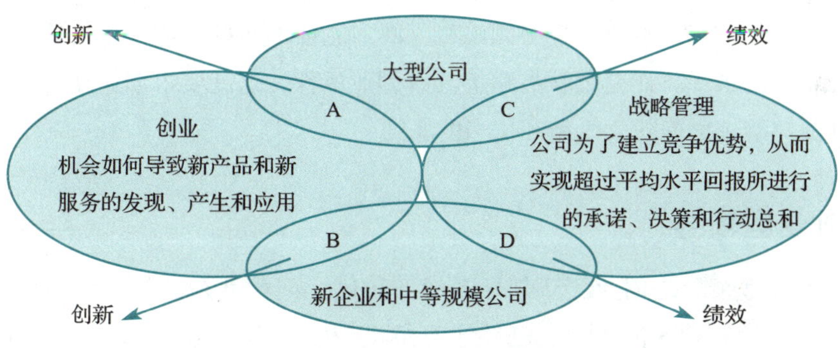

图 4-1　创业与战略管理的融合

资料来源：MEYER G D, NECK H M, MEEKS M D. The Entrepreneurial-strategic Management Interface[M]. Oxford: Blackwell Publishers Ltd, 2002:19-44.

由此可见，创业和战略管理不是简单的交叉，而是由其各自的研究焦点（创新 / 绩效）为这两个领域的交流创造了融合空间，无论什么类型的企业，都可以从创业和战略管理中获取收益，这与那些鼓励创业应该被所有组织高层管理者采纳的思路吻合。表 4-3 列示了基于创业与战略管理融合的领导主题。从中能够看出，创业团队领导者的思考、推理和行动方法，不仅受机会的影响，还要求有完整缜密的实施方法和讲求高度平衡技巧的领导艺术。要获得创业成功，除了要具有创业型领导者的素质外，通常还需要建立起一支拥有互补技能和才能，具有团队合作精神的团队。同时，这支团队要对商机有敏锐的嗅觉，当别人看到是一片矛盾、混乱和疑惑时，他们要敏锐地发现其中隐藏的商机。还有，这支团队要有发现和控制资源（这些资源常常为他人所有）的技巧和智谋，这也是捕捉商机所不可缺少的。

表 4-3 创业与战略管理融合下的领导主题

交界面	领导主题
创业 – 大型公司	在大型公司中进行的革新；大型公司进行的新产品开发
创业 – 新企业 / 中等规模公司	新企业的创建；小企业革新和新产品开发
战略管理 – 大型公司	战略过程和内容，战略的形成、实施；多元化，兼并与收购，控制和薪酬体系；技术管理，联盟战略，公司绩效
战略管理 – 新企业 / 中等规模公司	新企业的绩效和战略；小企业的绩效、战略和成长；小企业的战略要素和资源

创业团队的领导者会面临交响乐团指挥或教练所面临的类似挑战。他们必须协调好拥有不同技能、天才和个性的一大群人，使之成为一个优秀的团体。在许多情况下，他们还需要具备类似杂技人员那样的才能和敏捷度，必须在承受很大压力的情况下，让许多球同时保持置空状态，并且必须做到，当球落下来的时候，正好落在另一个人的位置上。总之，创业团队的领导者将其想象力、动机、承诺、激情、执着、正直、团队合作与洞察力注入企业。在面临两难抉择时，即使有一些不确定因素，即使有相反意见，也必须当机立断。企业的目标不应只是简单地成为富有企业家精神的组织，而是要从战略上具有创业属性，这就要求创业团队的领导者在创业和战略管理之间建立平衡和恰当的联结。

4.4.2 创业型领导

创业型领导是创业团队领导者的新角色。创业型领导是一种影响他人对资源进行战略性管理的能力，它既关注寻求机会的行为，也关注寻求优势的行为。这种领导方式努力创造一个愿景，以此号召、动员下属，并使下属承诺对战略价值创造进行探索。这个定义强调创业型领导面临挑战的有关价值创造的资源获取、下属承诺这两个问题，它包括创造愿景以及拥有一个有能力实现愿景的支持者群体。同时，它也强调对创业采取战略性思路，以便创业主动性能够提高公司持续创造价值的能力，因此创业型领导能够为公司构建一个竞争优势和技术增长的基础。㊀

创业型领导的理论框架，包括两个挑战维度、5 个创业型领导角色及 20 个特征（见表 4-4）。两个挑战维度是情境扮演和任务扮演。**情境扮演**（scenario enactment）是指在当前的资源约束条件下，预想和创造那些一旦被抓住就可以对当前的处理方法进行彻底变革的机会。**任务扮演**（task enactment）是指使潜在的追随者和公司的股东确信在这个情境下，通过整合资源，转变当前的处理方法是可以成功实现预期目标的。

㊀ 王重鸣，阳浙江．创业型领导理论研究及发展趋势 [J]. 心理科学，2006，29(4):774-777.

表 4-4　创业型领导的理论架构

维度	角色	特征	解释
情境扮演	构建挑战（描述一个具有挑战性但可以实现的结果）	• 绩效 • 导向 • 雄心勃勃 • 消息灵通 • 拥有特殊的洞察力	• 设置一个高标准 • 提供努力的方向 • 设置高目标，工作努力 • 有知识的，对信息敏感 • 直觉
	不确定性吸收（承担未来失败的责任）	• 愿景 • 远见 • 自信建立技能	• 拥有愿景并对未来富有想象力 • 预测未来可能发生的事件 • 逐步灌输别人以自信
	路径清晰（与反对者进行谈判，并澄清情境实现的路径）	• 富有策略 • 有效的谈判技巧 • 令人信服 • 鼓励	• 熟练的人际技巧 • 能有效地与人谈判 • 具有说服别人的非凡能力 • 通过消除疑虑，给予别人自信和希望
任务扮演	建立承诺（建立一个令人鼓舞的目标）	• 有鼓舞力 • 热忱 • 团队建立能力 • 持续改进导向	• 鼓舞他人的情绪、信仰、价值观、行为，鼓舞他人努力工作 • 呈现强烈、积极的工作情绪 • 使组织成员一起高效工作 • 寻求绩效的持续改进
	阐明约束（明确什么事能做，什么事不能做）	• 整合能力 • 促进思考 • 积极 • 果断	• 使人和事有机地结合起来 • 鼓励他人思考 • 乐观并且自信 • 迅速、坚定地做出决策

资料来源：GUPTA V, MACMILLAN C, SURIE G. Entrepreneurial Leadership: Developing and Measuring a Crossculture Construct[J]. Journal of Business Venturing, 2004(19): 241-260.

创业型领导是一套与其他领导理论存在密切联系的领导理论。从相似之处分析，创业型领导理论与变革型领导理论的共同之处在于领导者都是通过号召下属拥有更高的自我实现需要来产生最优的绩效；与魅力型领导理论的共同之处在于都具有远见、鼓励、积极、建立自信、果断这些特征；与团队导向领导理论的相似之处在于领导者都需要提高团队成员的参与度和投入水平，还需要有效的谈判技能、团队建立技能；与以价值为本的领导理论的相似之处在于领导者都需要建立一个高期望的愿景，强调直觉的重要性，并对下属实现愿景的能力表现出信心。

同时，创业型领导理论还具有自身独特的属性。首先，创业型领导理论与变革型领导理论的不同之处在于创业型领导者号召下属实现最优绩效的能力是建立在公司对不确定性环境的适应性之上的。其次，与强调英雄式和非凡的个人特性的魅力型领导理论不同，创业型领导者需要拥有雄心勃勃的远见能力和模式认知能力来构建挑战和吸收不确定性，在这里创业型领导者被看作是反英雄主义者，他们更强调通过可控制的行动来取得成功，而不是依靠崇高的理想取得成功。再次，在不确定性环境下，创业型领导者必须不断地精心设计角色定义，而不像团队导向领导理论那样在静态的环境下协调相对稳定的角色交换。而且，团队导向领导理论强调有效地合作交流、双赢、成功地解决问题以及组织内的相互关系，创业型领导则强调通过路径清晰来进行机会探索和价值创造。最后，与以价值为本的领导理论的差异之处在于，以价值为本的领导者更多地通过思想意识领域来振奋人心，依靠下属对领导者价值观的坚定共享和强烈认同。而创业型领导者强调利用积极的、创造性的发现导向掌控环境所带来的机会，并且关注顾客、产品、取得预期的结果以及价值创造。

⊙ 专栏 4-4

你凭什么领导别人

领导者除了需要开阔的视野、充沛的精力和把握战略方向等能力之外，还需要具备以下四种特质，才能成为富有感召力的领导者。

第一，选择性暴露弱点。通过故意暴露自己的部分弱点，领导者展现出他们作为普通人的一面，体现亲和力。你可以营造一些与追随者合作的机会，显示你的平易近人之处。但需要注意的是，不要暴露被他人认为是致命的弱点（比如，新上任的财务总监绝不能表现出自己不懂现金流贴现法），要选择不那么重要的弱点；或者展现一种可能被视为个人优势的弱点，例如对工作的狂热。

第二，感应情境。领导者需要磨炼自己收集和解读软性数据的能力，学会读懂“言外之意”，敏锐地捕捉事态变化的信号，以帮助自己判断何时行动以及如何行动。富有感召力的领导会经常依赖直觉，他们能利用直觉决定何时暴露弱点或是展现过人之处，成为出色的“情境感应器”。

第三，有“强势同理心”。强势同理心意味着给员工所需要的，而非他们自己想要的东西。这要求领导者既充满热情又现实理性，能够设身处地关心员工的工作情况。强势同理心既可以显示出尊重每个人，又可以保证任务的顺利完成。然而，兼顾两者并非易事，当企业在困境中求生存时更是如此。在艰难时刻，领导者必须给身边人无私的关怀，但也要做到适可而止。

第四，展现独特之处。富有感召力的领导者善于运用自己的独特之处，把自己同平庸之辈区分开来，并以此激励团队。此外，领导者如果与员工保持一定距离，追随者就会加倍努力鞭策自己，但这并不意味着领导者在玩弄权谋。具有代表性的做法是展现个人的想象力、专业知识或冒险精神。不过，领导者需要牢记切勿过分差异化，那样可能因此而失去追随者。一旦距离过远，领导者也无法发挥出好的感知力，失去认同与关怀他人的能力。

资料来源：罗伯特·戈费，加雷斯·琼斯．你凭什么领导别人？[J]. 哈佛商业评论 [2016-01-18]. https://www.hbrchina.org/2016-01-18/3774.html.

4.4.3　创业团队的创业精神延续

依据团队成员对创业决策的行为方式和影响能力，创业团队的创业精神通常由四个基本维度构成。

集体创新。一般地说，创业团队并不是一群散兵游勇式成员的简单集合体。它与群体的最大区别在于团队内成员间具有相互依赖和密不可分的联系，而群体则没有这种特征。但是，作为具有创业精神的创业团队组织还应当具备更高的标准，一是要求创业团队内部能够正确对待个体成员之间所发生的冲突，二是要求团队内部个体成员与组织之间能够在相互信任关系的基础上形成有利于企业成长的心理契约关系。在此基础上，创业团队可以凝聚全体团队成员的力量，并通过这种团队成员对团队组织的向心力来推动创新方案的形成和创业决策方案的执行。

分享认知。创业机会可以视为企业家精神的逻辑起点。这种创业机会可以理解为通过创业者对资源的创造性组合来满足市场需求，并为自己获得超利润的一种可能性。相比较于个体创业来说，采用团队方式可以极大地提高对创业机会的认知水平。这是因为：首先，不同的个体成员具有不同的先前知识和多种个性特征，从而可以通过集体意义上的综合“警觉性”，更为有效地保持对外部客观存在的创业机会的认知；其次，团队内具有异质性的成员可以选择不同的角度对创业风险和创业收益进行更为科学的评价，从而获得更为理想的创业租金（表现为组织建立、配利行为、企业成长等多种方式）；最后，通过不同个体创业者所具有的社会关系间的整合，将有助于形成复杂的社会网络系统，从而为团队接近于创业机会和获得所需创业资源奠定基础。

共担风险。作为一支富有企业家精神的创业团队，在共担风险维度上至少具备这样的特征：一是具有异质性的创业团队成员可能具有不同的风险偏好，创业团队中既可能有极端的风险爱好者，也有可能存在极端的风险厌恶者，更多的创业团队成员可能处在风险连续统一体中的某一点。如果不同的团队成员能够就同一事件发生的风险偏好最终达成共识，那么，冒险成功的可能性就会加大；二是利用团队成员的异质性，不同的团队成员可以从自身的知识视野认知、分析和评价风险，如果就不同的风险感知能够得到有效整合，那么，对风险正确感知的可能性就会得到提高，进而可以做出更为有利可图的冒险行为。总体上说，团队创业精神要求具有异质性的创业团队成员能够以一种积极的姿态共同判断事件发生的可能性风险，并采取共同承担风险的方式以减缓由个体成员独自承担风险所带来的巨大精神压力和经济损失的压力。

协作进取。传统的观点往往把自治（autonomy）作为创业导向的重要维度。它在分析个体企业家精神时特别合适，但盲目地套用“自治”的维度来研究创业精神是不合适的。创业团队的创业精神的进取力量则建立在协作基础上，这种“协作进取”的创业团队的创业精神维度体现在三个方面：一是团队成员在知识、能力、角色等方面的互补性。具有异质性特点的团队可能会形成仁者见仁、智者见智的观点分歧，但协作进取的愿望能够使大家通过有效的观点争辩来达成共识，最大限度地避免在不确定环境下的创业决策失误。二是团队内充满学习型氛围，个体成员之间愿意就创业决策过程的不同观点进行深度会谈，进而在团队功能最大化的过程中达到个体团队成员的价值实现。三是团队内具有创业型的组织文化。不会因为团队规模的扩大或者团队成员的进进出出而影响到团体协作进取的愿望和行为。

延续创业团队的创业精神，是创业型领导的重要使命。创业团队也是一个有生命的组织，伴随团队出生、成长、成熟甚至衰退的发展阶段，创业团队的创业精神有可能出现退化现象。表 4-5 是对创业团队的创业精神强化和创业精神退化两种情况进行的比较分析。

为此，创业型领导要注重愿景和领导力并重。愿景是企业前景和发展方向的凝练表述，是企业存在的意义和价值所在。明确的愿景有助于应对不确定性的环境，确保创业企业在大方向上不会有太大偏差。应对不确定性环境，个人单枪匹马不行，需要一个团队，需要一支志同道合而又具有高度互补性的队伍。在资源高度约束、发展前景并不清晰的情况下，能够整合到团队，只靠物质性激励或者股权显然做不到，对创业者来说也难以支撑，此时愿景就变得非常重要。

表 4-5 创业团队的创业精神强化与退化的比较

项目	创业团队的创业精神强化	创业团队的创业精神退化
对待风险的态度	创业团队的成功源于风险承担	创业团队的成功源于对风险的回避
预期与成效的关系	创业预期超过创业成效	创业成效超过创业预期
功能与形式的关系	团队功能重于团队形式	团队形式胜于团队功能
对待问题的态度	视问题为机会	视机会为问题
创业关注的重点	创业行为的原因和内容	做事的方式和过去是由谁完成的
团队与企业的关系	创业团队驱使企业发展	企业驱使创业团队发展
创业团队作用方式	团队协作和积极的组织承诺	由群体思维陷阱所引发的组织惯性，心理契约关系破裂所引发的违背性行为
对创新的支持	支持创业团队的价值创造	政治上的小动作左右创业决策

与大公司和资源丰富的组织机构不同，创业团队的创业型领导力不能主要来自权力。现实中权力更多地表现为依赖关系，是对资源的依赖。领导者往往掌握资源的配置权力，下属能否获得资源、能够得到晋升，在较大程度上取决于领导者，进而对领导者产生依赖，依赖程度越大，领导者的权力也就越大。创业受到资源的高度约束，创业者所掌控的资源不会让团队成员产生很强的依赖，甚至需要大家共同创造资源谋求发展，应该更多地依靠自身的魅力、高度的事业心以及优良的品质带领团队在不确定的环境中发展壮大，创业者更需要具备领导力，从而让创业精神在团队中延续和强化。

本章要点

- 团队中成员所做的贡献是互补的，而群体中成员的工作在很大程度上是互换的。
- 创业团队是由两个或两个以上具有一定利益关系、彼此间通过分享认知和合作行动以共同承担创建新企业责任，处在新创企业高管位置的人共同组建形成的有效工作群体。
- 创业团队对创业成功起着举足轻重的作用，是新企业通向成功的桥梁。
- 创业团队的组建过程应当妥善地处理互补性与相似性的统一以及认知冲突与情感冲突的关系。
- 创业团队的管理要突出四个重要任务：核心创业者的领导才能、核心成员所有权分配机制、团队内部的冲突管理、实现团队创业精神的传承。
- 创业型领导的理论框架，包括两个挑战维度、5 个创业型领导角色及 20 个特征。
- 创业团队的创业精神的评价包括四个基本维度：集体创新、分享认知、共担风险、协作进取。

重要概念

群体　团队　创业团队　互补性与相似性　情感冲突与认知冲突　创业型领导

复习思考题

1. 团队和群体的关系是什么？
2. 什么是创业团队？
3. 创业团队的优势是什么？
4. 创业团队经常包括哪些成员？
5. 组建创业团队应该注意什么？
6. 中国创业团队有哪些特殊性？
7. 为什么中国高技术创业总是长不大，在创业团队组建方面有哪些原因？
8. 你觉得创业团队领导者应该具备哪些素质？
9. 请你通过实地访谈或者网络途径，搜集关于一两家公司创业团队的案例，并注意比较和分析高管团队成员变化对企业不同成长阶段策略选择与具体方案的影响。

实践练习

实践练习 4-1　古典名著中的创业团队

《水浒传》《三国演义》《西游记》等古典名著都详细地刻画了创业团队，请选择其中的几个团队，从团队的组建、角色扮演、冲突解决、团队演化等多个方面，认真剖析比较，总结团队运营所涉及的关键要素和一般规律。

实践练习 4-2　BAT、TMD、PKQ 这三类企业的创业团队

以小组为单位，搜集 BAT（百度、阿里、腾讯）、TMD（头条、美团、滴滴）、PKQ（拼多多、快手、趣头条）这三类企业创业团队的资料，通过比较这些团队的异同之处，提炼创业团队组建和管理的规律，分析未来创业团队领导者面临的机遇和挑战。

创业者在企业成长的各个阶段都会努力争取用尽量少的资源来推进企业的发展，他们需要的不是拥有资源，而是要控制这些资源。

——霍华德·史蒂文森

第5章 整合创业资源

【核心问题】

☑ 创业者为什么难以获取资源？
☑ 创业者如何利用好有限的自有资源？
☑ 创业者资源整合绩效差异的原因是什么？
☑ 创业者有哪些进行资源管理的方法？
☑ 创业者可以从何处获得资源？
☑ 如何确定资源的需求量？

【学习目标】

☑ 了解创业者资源整合的独特性
☑ 熟悉创业者资源整合的机制和技能
☑ 运用资源基础理论解释创业活动
☑ 理解创业资源整合难的本质原因
☑ 掌握资源整合的一般原则与过程

引例　京东的成功是一步步走出来的

2001 年年初，刘强东迷上了逛商场、逛国美。

他跑遍了北京国美的各个连锁店，北太平庄的那个旗舰店去了无数次，他有时会买点电器，有时只是在店里转悠，和销售人员讨价还价，问各种问题，比如进货渠道、配送等。当时国美在北京已经有 20 多家店，5 月，国美在全国范围内一下子开了 13 家店，连锁店的扩张速度让刘强东印象深刻。

其时，创业 3 年的刘强东正处在一个选择未来方向的关键点上，他从海开市场的一个小柜台做起，最早代理雅马哈、理光等品牌的刻录机，2000 年前刻录机是一个利润率很高的产品，但 2000 年当单价跌到 800 元以下时，毛利之低已经形同“搬砖”，刘强东将产品调整为刻录光盘这样的耗材，并很快成为全国最大的刻录盘代理商，这种对市场和产品的敏感让他在 3 年中赚到了人生中的第一个 1 000 万元。

代理商的生意其实很简单，只要能拿到好产品的代理权，“快进快出，赚钱很容易”，刘强东的日子过得也很滋润，但光磁耗材毕竟是一个很小的领域，有明显的规模瓶颈，即便做到全国最大，2001 年的销售收入也只有 6 000 万元，利润 300 多万元，利润率不过 5%，比 3 年前刚做代理业务时已经下跌了 7%，并且这种趋势仍在持续。刘强东意识到“代理商是一个没有价值的流通环节，早晚要‘死掉’，因为品牌厂商或分销商可以跨过代理商，直接到达零售商”，所以“如果不转型，再等 3 年，我们会很‘死’得很惨”。

2001 年，刘强东的第一家零售店在中关村苏州街上的银丰大厦开张，取名为“京东多媒体”，最初只有两个人，主要销售高端声卡、键盘、鼠标等毛利较高的计算机外设产品。从代理到零售最大的转变是销售模式上的变化，代理是“走量”，从业人员考虑的是 20 台采用什么价格策略、50 台有多少返点这样的问题，而零售则是一个苦活儿，需要一台一台去卖，如何吸引每一个客户到你这里来买东西，如何提高专业化程度和服务附加值，是做零售需要考虑的问题，两者的商业文化可谓大相径庭。

刘强东用了 5 个月才让自己和员工从做代理的思路转到做零售，然后开始开设自己的第二、第三家店，到开设第六家店之后，速度就加快了，最快时 1 个月开了 3 家店。他后来甚至把店开到了沈阳，他曾和当地的合作伙伴说：“京东要做全国性的连锁店，像国美一样，在全国开 1 000 家 IT Small Shop，让中关村电脑城消失。”这样的豪言当然有自壮声色的意味，但他当时已经确信电脑城这种集贸市场式的渠道必然会走向衰落。

2003 年 4 月 19 日，刘强东在中国人民大学西门的城乡超市买了两金杯车方便面、火腿肠和矿泉水，发给京东多媒体的 60 多名员工，让他们不用出门就可以在家生活一个月，以躲避“非典”疫情。对于 1 个月之前还在谋划 2003 年将连锁店从 12 家增加到 18 家的刘强东来说，这无疑是个不小的打击，但“我们认为员工的生命安全大于公司的生存权，公司可以倒闭，但是不能有任何员工因为工作而感染‘非典’，这是不可容忍的，如果有这种事发生，我觉得我一辈子都不会存在成功的可能”。

在安排完所有的员工之后，刘强东和公司的几位负责人需要面对几百万的库存产品，为了提高毛利，京东一向采取现货现结而不是“扎账”的方式，也就是说，这些库存都是京东用自己的钱买下来的，如果不卖出去，所有亏损都会由京东自己承担。“非典”造成IT产品跌价很快，最严重的时候一个月价格跌去30%，刘强东计算，如果“非典”迟迟不结束，京东最多只能坚持半年，必须要把这些货卖出，互联网似乎是唯一可能的渠道了。

“非典”几乎是以一种强迫的方式让刘强东开始接触互联网，他和他的团队开始在硬件论坛上发帖、疯狂加QQ好友，推销自己的产品，这种原始的方式注定只能是事倍功半，折腾十几天也就做成十几单生意，所幸“京东多媒体”在硬件“发烧友”中还颇有知名度，通过在CDBEST等网站上做团购，京东逐步打开了一些局面，很快还开设了自己的论坛网站。

6月底，“非典”得到控制，京东的线下业务恢复正常，但心有余悸的刘强东不敢再贸然扩张，维持了12个店面的规模，而网上团购的那些用户仍然不时有需求，并要求京东开设自己的网站，“最初只有36个客户，数量很少，但这些人要么是论坛版主，要么是资深玩家，在网上很有影响力，他们给我很多蜜糖吃，说会推荐京东的网站”，得知一个小型网站租带宽一年不过1 000多元时，刘强东决定成立京东自己的论坛，并安排一位叫李梅的员工处理这些网络买家的需求。

也许是这最早36个客户的口碑效应太大，在没有开设网上商城、只有一个简单的BBS论坛、没打过任何广告的情况下，京东来自网上的订单在持续不断地增加，2003年6月到2003年年底，网上订单一共超过了1 000单，最多的一天有35个订单，甚至比一家线下连锁店都要多，后来被戏称为“京东电子商务第一人”的李梅已经处理不过来了，刘强东感觉到了这个速度的可怕，9月，他招聘了技术人员开发商城程序，2004年1月1日，“京东多媒体网”电子商务网站上线。

资料来源：节选自i黑马“刘强东创业史：曾偷师国美做IT连锁店　做电商后知后觉”。

从引例中可以看到，刘强东创建京东电子商务平台并非有意而为之，似乎更多的是“逼”出来的一种选择。创业者能否成功地开发机会，进而创建新企业或开拓新事业，在很大程度上取决于他们掌握和能整合到的资源以及对资源的利用情况。创业活动的显著特点之一是在资源高度约束的情况下开展商业活动，大多数创业者在启动创业活动之初资源都相当匮乏，因此，资源整合能力必然成为创业者开展创业活动的必修课程。在现实生活中，优秀的创业者在创业过程中所展现出的卓越的创业技能之一便是创造性地整合资源。那么，创业者该如何整合资源，如何培养与提升其资源整合能力呢？

5.1　相关资源理论与创业资源

5.1.1　资源基础理论

资源基础理论（resource-based theory，RBT）的基本观点是将企业概念化为一系列资源的集合体。该观点可较早地追溯到英国管理学家伊迪丝·彭罗斯（Edith Penrose）1959 年出版的《企业成长理论》（*The Theory of the Growth of the Firm*）。[⊖] 该书把企业看成由一系列具有不同用途的资源相联结的集合，关注企业内部的资源对实现企业成长的重要性，以及企业在其成长战略中如何利用不同的资源。在前人研究的基础上，Barney 对形成企业持续竞争优势的战略性资源属性进行了分类，为资源基础理论的实际应用提出了一个分析框架，如图 5-1 所示。企业有不同的资源起点（被称为“资源的异质性”），而这些资源是其他企业难以仿效的（被称为“资源的固定性”），创业者在创业过程中形成的有特色的创意、创业精神、愿景目标、创业动力、创业初始情境等，就是属于这类具有异质性和固定性的资源。持续竞争优势是指某企业目前的潜在竞争对手不仅无法同步执行该企业现在所执行的价值创造战略，同时也无法复制并取得该企业在此项战略中所获得的利益；竞争优势之所以能持久，是因为在企业拥有的异质性和不可流动性资源中，有部分资源具有价值性、稀缺性、不可模仿性与不可替代等特性。

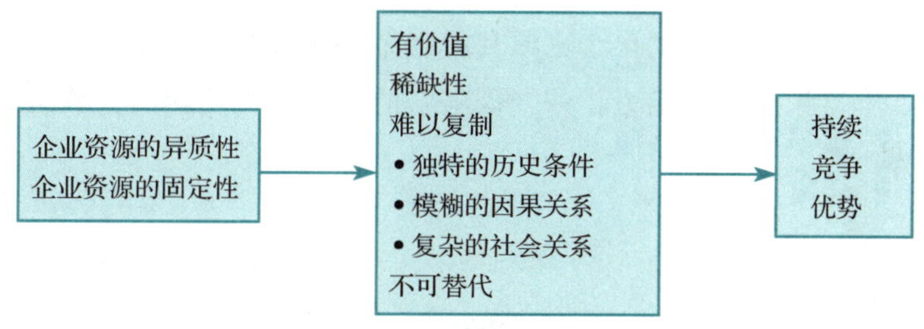

图 5-1　资源特性和竞争优势

资料来源：根据 BARNEY J B. Firm Resources and Sustained Competitive Advantage[J]. Journal of Management, 1991, 17(1): 99-112 整理而成。

资源基础理论从企业的内部寻找企业成长的动因，用资源与能力来解释企业差异的原因。其基本假设是，企业具有不同的有形和无形资源，这些资源可转变成独特的能力；资源在企业间是不可流动的且难以复制；企业内部能力、资源和知识的积累是企业获得超额利润和保持企业竞争优势的关键。

对新创企业来说，一般都不具有资源优势。然而，在实践中，初始资源相同的企业，其发展结果却大相径庭。根据资源基础理论的观点，说明在新创企业里一定存在异质性的资源。Sharon A. Alvarez 和 Lowell W. Busenitz 两位教授于 2001 年在

⊖ 伊迪丝 . 企业成长理论 [M]. 赵晓，译 . 上海：上海三联书店，上海人民出版社，2007.

《管理学研究》杂志上刊发的题为“基于创业的资源基础理论”一文，认为创业者认知能力是新创企业获取竞争优势的异质性资源，这种能力包括如何获取价值被低估资源，以及配置和开发这些资源的一种抽象的概念思考能力。[一]

5.1.2 资源编排理论

资源基础理论认为竞争优势源于企业的异质性资源，但拥有异质性资源本身并不能保证企业一定能够获取持续的竞争优势，创业者需要协调其资源以实现资源的充分开发与利用，发挥任何潜在优势。因此，仅从静态角度分析，并不能解释拥有相似资源的企业，为什么其绩效存在较大差异的问题。在资源基础理论和动态能力理论基础上，Sirmon 等提出了**资源编排理论**（resource orchestration theory），该理论强调对资源进行协调和组合的竞争优势，并将资源重新配置出的竞争优势转化为创新产出。[二]

资源编排理论认为，企业竞争优势的来源除了自身拥有资源的异质性有关外，更依赖于企业对自身资源的编排组合，即通过科学合理的资源编排，发挥资源的最大价值。

从过程角度看，资源编排主要包括资源结构化、资源捆绑和资源利用三部分。[三] 资源结构化是指通过获取外部资源、内部积累资源、剥离非生产性资源等行为实现资源的重整；资源捆绑包括对组合后的资源开展稳定化、丰富化、开拓等活动，实现资源优化；资源利用则是将通过对现有资源的开发和能力转换，改进、丰富扩展现有能力，并开创出新的能力，构建新的资源组合，提升企业竞争优势。

调查研究

企业生命周期与资源编排

资源编排在企业成长的不同阶段具有不同特征。南开大学许晖教授等根据艾默生与奥的斯的纵向案例研究，从资源编排视角探讨了制造企业如何通过资源动态编排构建服务创新能力及其演化路径。其中发现之一就是，制造企业资源编排的三个过程，在企业不同的发展阶段，呈现不同的表现形式。例如，艾默生公司资源编排在不同成长阶段的特征如下。

[一] ALVAREZ S A, BUSENITZ L W. The Entrepreneurship of Resource-based Theory[J]. Journal of Management, 2001, Vol. 27, Issue 6: 755-775.

[二] SIRMON D G, HITT M A, IRELAND R D. Managing Firm Resources in Dynamic Environments to Create Value: Looking inside the Black Box[J]. Academy of Management Review, 2007, 32, 273-292.

[三] SIRMON D G, HITT M A, IRELAND R D. Managing Firm Resources in Dynamic Environments to Create Value: Looking inside the Black Box[J]. Academy of Management Review, 2007, 32, 273-292.

1. 构建资源组合（资源结构化）

- 探索阶段：通过外部招聘和兼并重组，公司储备了不少本土化技术人才；
- 成长阶段：我们与上下游核心产业链成员联盟、增强关系承诺、获取互补性资源；
- 深化阶段：与 Facebook 合作，深入了解其需求，在此基础上通过团队合作开发出了一体化、具有成本效益的定制化解决方案。

2. 资源归拢整合（资源捆绑）

- 探索阶段：成立独立的服务部门，还设计矩阵式组织结构来做服务创新；
- 成长阶段：组建 CMU 客户服务中心，服务部门成为公司的两个基本核心部门，给予更多资源和技术支持；
- 深化阶段：将客户分成五大类，提供针对性的五大类解决方案，客户可选择最适合、经济的服务产品解决方案。

3. 资源转化利用（资源利用）

- 探索阶段：我们产品的专业性强，利用技术优势和当地渠道网络可以为客户提供交钥匙服务；
- 成长阶段：公司组织员工参加创新大会、大学进修、标杆企业参观积累市场信息，开展精益服务，提高服务质量；
- 深化阶段：依托全球化的研发平台和先进技术打造一体化解决方案，满足行业用户的一体化需求。

资料来源：许晖，张海军．制造业企业服务创新能力构建机制与演化路径研究 [J]. 科学学研究，2016, 34(2): 298-311.

5.1.3 创业资源的类型

对创业资源的分类有很多种。结合多方面的研究成果，根据资源性质可将创业资源分为六种，即物质资源、声誉资源、组织资源、财务资源、智力和人力资源及技术资源。[⊖]

1. 物质资源

物质资源指创业和经营活动所需要的有形资产，如厂房、土地、设备等。有时也包括一些自然资源，如矿山、森林等。

2. 声誉资源

声誉资源是一种无形资产，包括真诚、信任、尊严、同情和尊重等。在商业关系中，声誉资源已成为商业运营成功的决定性因素，比任何有形资产更为重要。

3. 组织资源

组织资源包括组织结构、作业流程、工作规范、质量系统。组织资源通常指组

⊖ GREENE P G, BRUSH C G, HART M M. The Corporate Venture Champion: A Resource Based Approach to Role and Process [J].Entrepreneurship:Theory and Practice.1999, 23: 103-122. Dollinger 在其出版的教材中对创业资源也做了很好的划分和阐述，参见 DOLLINGER M C. Entrepreneurship: Strategies and Resources[M]. 3rd ed. Upper Saddle River: Prentice Hall，2003。

织内部的正式管理系统，包括信息沟通、决策系统以及组织内正式和非正式的计划活动等。一般来说，人力资源需要在组织资源的支持下才能更好地发挥作用，企业文化也需要在良好的组织环境中培养。

4. 财务资源

财务资源包括资金、资产、股票等。对创业者来说，财务资源主要来自个人、家庭成员和朋友。由于缺乏抵押物等多方面原因，创业者从外部获取大量财务资源比较困难。

5. 智力和人力资源

智力和人力资源包括创业者与创业团队的知识、训练、经验，也包括组织及其成员的专业智慧、判断力、视野、愿景，甚至是创业者本身的人际关系网络。创业者是新创企业中最重要的人力资源，因为创业者能从混乱中看到市场机会。创业者的价值观和信念，更是新创企业的基石。

人力资源中包含社会资源，主要指由于人际和社会关系网络而形成的关系资源。社会资源对创业活动非常重要，因为能使创业者有机会接触到大量的外部资源，有助于透过网络关系降低潜在的风险，加强合作者之间的信任和声誉。

6. 技术资源

技术资源有关键技术、制造流程、作业系统、专用生产设备等。技术资源与智慧等人力资源的区别在于，后者主要存在于个人身上，随着人员的流动会流失，技术资源大多与物质资源结合，可以通过法律手段予以保护，形成组织的无形资产。

5.1.4 创业者的可承受损失

相对于客观损失来说，创建不确定的新企业更需要创业者对模糊性表现出较低的厌恶感。创业者可能把承担风险等同于一种超乎寻常的意愿，即愿意面对不确定性，愿意忍受失败带来的社会与心理上的压力。

《卓有成效的创业》一书中提出了创业者需要仔细思考哪些损失可承受，哪些是“禁区”的方法。㊀

时间。人们为创业投入的时间通常被认为是“汗水资本”，绝大多数创业者长期以来都为创业孜孜不倦地付出心血。然而，这对他们来说合乎情理，因为时间是不同于钱的另外一种“货币”，因此他们为创业投入多少时间，这笔预算是比较模糊的。并且，因为时间是易逝的，所以人们对投入时间的感觉不同，毕竟无论如何他们都有可能浪费时间。因此，在创业中，损失时间比损失金钱更能让人接受。

㊀ 斯图尔特・瑞德，萨阿斯・萨阿斯瓦斯，等．卓有成效的创业 [M]. 新华都商学院，译．北京：北京师范大学出版社，2015.

意外之财。联邦快递（FedEx）得以成功，是因为一个不同寻常的因素。在弗里德·史密斯构思自己的创业计划的时候，他的父亲去世了，联邦快递的创业资金就来自弗里德和她姐姐各 400 万美元的遗产。在这个例子中，史密斯的可承受损失由于遗产的出现而瞬间发生很大改变，这可能是因为人们将遗产和自己赚来的钱放入了不同的心理账户，因此在使用这两笔钱创业时，对其风险也会有不同的感觉。意外之财还包括彩票中奖和资产价格（如股份和股票价格）的大幅上涨，二者都对个人的可承受损失有重要的影响。

长期积蓄。一些研究表明，多数人的经验法则都是预支或者花掉他们心理账户中自己生活的其他方面资源，例如，为自己退休或者为家属（孩子和父母）攒的钱。

家庭住宅 / 房屋净值。用房屋抵押贷款创业的大有人在，但也有很多人不愿意用自己的房子冒险，这就说明，在不同的国家，人们将房子放在了不同的心理账户中。

信用卡账户。有好几个创业者用信用卡创业的著名例子。美国电子数据系统公司（EDS）就是由罗斯·佩罗（Ross Perot）利用信用卡创办的。同样，美国大型家居装饰商“家得宝”公司（Home Depot）也是这么成立的。有证据表明，人们对于信用卡消费和其他消费的心理账户是不同的，因为使用信用卡时开销和支付的联系没有那么明显。

向亲友借钱。开销和支付联系较弱的例子还包括从亲戚那里借来的、没有明确的还款日期或还款日期比较宽松的钱。举例来说，在家族企业中，亲戚的钱被称为“耐心资本”。这些资金似乎比那些严格要求还款日期的资金更能用得起、输得起。

一旦决定了能够承担的损失，接下来创业者就要考虑愿意为这家公司承受什么样的损失。这个问题主要取决于创业者的创业动机和强烈程度，因为这决定了愿意损失的数目。另外，接受损失的程度还取决于创业者所设定的心理门槛，因为无论创业损失低于还是高于这个预设门槛，都会对创业行动有着决定性的影响。最后，还要问自己：“是不是就算投资尽失也要创业？”

5.2 步步为营与资源拼凑

5.2.1 步步为营，节省使用

哈佛大学史蒂文森教授致力于研究成功创业者利用资源的独特方法，他指出创业者在企业成长的各个阶段都会努力争取用尽量少的资源来推进企业的发展，他们需要的不是拥有资源，而是要利用这些资源。在实践中，关于人才的吸引和利用，有这样的观念转变，“不求所用，但求所有”，这是早期落后的观念，之后逐渐演变为“不求所有，但求所在”“不求所在，但求所用”。观念的变化与时代发展相契合，值得认真思考。

行动指引

缺乏资源是一种优势

专门研究创业与成长型中小企业的 *Inc.* 杂志在 2002 年 2 月刊上发表了题为“零起步”（Start with Nothing）的报道性文章，介绍了一位名为格雷格·简福蒂（Greg Gianforte）的创业者结合自身创业经历对创业的观点。简福蒂认为，缺少资金、设备、雇员甚至缺少产品，实际上是一个巨大的优势，因为这会迫使创业者依靠自有资源精力集中于销售，进而为企业带来现金。为了让公司坚持下去，创业者在每个阶段都要问自己，他们怎样才能用更少的资源获得更多的利益？

资料来源：EMILY B. Start with Nothing[J]. Inc. February 1, 2002.

缺乏资源是多数创业者面临的初始条件，缺乏经营业绩、未来发展不确定等一系列因素都使得新创企业与现存企业、大公司相比，在资源获得方面处于劣势。创业者可以创造条件积极争取获得资源，但可行的逻辑是充分利用好已有的资源、身边的资源、别人不予重视的资源，发挥资源的杠杆撬动作用。

多数创业者由于受到可用资源的限制而寻找创造性的方式开发机会、创建企业，并促使企业成长。学术界用“bootstrapping”描述这一过程中创业者利用资源的方法，主要指在缺乏资源的情况下，创业者分多个阶段投入资源并且在每个阶段或决策点投入最少的资源，也被称为“**步步为营**”。字面上，bootstrap 是“靴子的鞋带”的意思，而一条鞋带之所以会延伸到创业，主要是因为作家 Rudolf Erich Raspe 写于 1781 年的小说《吹牛大王历险记》。故事中，主角用一条鞋带把自己从沼泽的烂泥中拉了出来，这个过程完全没有依赖其他人的帮助。这个典故经过后人的传用，bootstrapping 渐渐变成了“自助、不求人”的意思。

美国学者杰弗里·康沃尔（Jeffrey Cornwall）在他的《步步为营：白手起家之道》(*Bootstrapping*) ㊀ 一书中指出，步步为营不仅是一种做事最经济的方法，还是在有限资源的约束下获取满意收益的方法；不仅适合小企业，同样适用于高成长企业、高潜力企业。步步为营活动包括：创业者在资源受限的情况下寻找实现企业理想目的和目标的途径；最大限度地降低对外部融资的需要；最大限度地发挥创业者投在企业内部资金的作用；实现现金流的最佳使用。其启动和发展创业企业的基本逻辑，如图 5-2 所示。

㊀ 杰弗里·康沃尔 . 步步为营：白手起家之道 [M]. 陈寒松，等译 . 北京：机械工业出版社，2009.

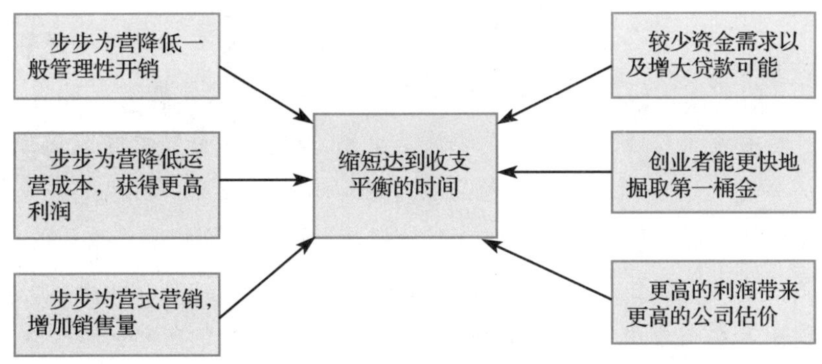

图 5-2　步步为营与收支平衡

创业聚焦　创业者为什么选择步步为营的方法

至于创业者为什么选择步步为营的方法，杰弗里·康沃尔总结出 9 条理由，这些理由有助于读者更好地理解步步为营。

（1）企业不可能获得来自银行家或投资者的资金。创业者特别是年轻的创业者没有足够长的工作经历积攒开办企业所需要的资金。没有足够的信用史，没有贵重的个人资产，所以难以从银行家或投资者那里筹措资金。

（2）新创建企业所需外部资金来源受到限制。大量有关初创资金来源的研究报告显示，创业者的初创资金主要来自创业者个人，或家庭成员、朋友。传统的外部资金来源，如银行贷款，都不可能成为多数创业者的选择。即使风险投资，也只是青睐少数的成长潜力大的企业。

（3）创业者推迟使用外部资金的要求。多数创业者特别关注对企业的控制权，他们不愿意别人来分享创业的收益，他们希望通过自己的努力创造和占有价值。随着实力的增强，在获取外部资金和谈判等能力上也会增强。另外，在创业初期，从外部筹集资金也会耗费创业者大量的时间和精力，创业者感觉不如把这些时间和精力投入到销售等活动中。

（4）创业者自己掌控企业全部所有权的愿望。许多创业者不想去处理由于外部投资者期望，以及银行施加的要求而给企业增加的复杂问题。外部融资有可能降低了创业者对企业所有权的份额，从而减少了他们分享企业所创造的财富和利润。而且新的合伙人加入也容易带来人际关系的变化，许多创业者说他们的合作伙伴之间的关系甚至比婚姻还要复杂。

（5）使可承受风险最小化的一种方式。很多创业者因为偿还贷款的压力而尽可能不使用银行贷款，减轻债务负担。他们用自己的现金储备保持盈利。创业会面临大量的不确定性，创业者有创业激情，但抗风险能力低，自己对未来发展也不是很清晰，所以希望承受的风险小一些。

（6）创造一个更高效的企业。在有些情况下，拥有很多资源并不是好事情，可能带来浪费和不必要的开支。相反，资源少会迫使企业更柔性，更能随机应变。

（7）使自己看起来“强大”以便争夺顾客。创业者常常会发现他们是在同那些大型的、已存在的公司争夺顾客，这要求他们看起来在产品和服务方面跟那些比他们大得多的竞争对手有同样的能力。太太口服液一开始就请海外专业机构制作精美的广告。为此，创业者就需要在其他的费用方面设法降低成本。

（8）为创业者在企业中增加收入和财富。通过步步为营的策略，创业者可以降低成本，尽量做到用最经济的办法做事，当然也就等于在增加企业和个人的收入与财富。

（9）审慎控制和管理的价值理念。习惯于步步为营的创业者会形成一种审慎控制和管理的价值理念。在好的方面，这意味着责任心，对投资者负责，让所占用的资源发挥更大的效益。这种价值理念也可能演变成不好的结果，不少创业者在事业做大之后，仍然习惯于财物“一支笔”控制，事无巨细，谨小慎微，反而制约了发展。

资料来源：杰弗里·康沃尔．步步为营：白手起家之道 [M]. 陈寒松，等译．北京：机械工业出版社，2009.

步步为营的策略首先表现为节俭，设法降低资源的使用量，降低管理成本，这和后面陈述的拼凑策略有很多相似之处。但过分强调降低成本，会影响产品和服务质量，甚至会制约企业发展。为了求生存和发展，有的创业者不注重环境保护，盗用别人的知识产权，甚至以次充好，在消费者中形成很差的印象。这样的创业活动尽管短期可能赚取利润，但显然没有长期发展的潜力。所以，“保持节俭，但要有目标”的原则很重要，节俭重要，但更重要的是实现目标。

本着“保持节俭，但要有目标”的原则，创业者在实施步步为营策略时所采取的措施多种多样。为了降低运营成本，创业者采取外包的策略，让其他人承担运营和库存的开支，减少固定成本的投资，防止沉没成本过高，降低自身的灵活性，利用外包伙伴已形成的规模效益和剩余能力为自己降低成本，有时甚至可以利用外国的低成本优势。前面介绍的 PPG 公司就因为采取外包策略才使自身具备了“轻”公司的特色。牛根生在创建蒙牛之初也采取几乎同样的策略。这些策略与单纯的节俭显然不同。

为了降低管理费用，创业者来到孵化器或创业服务中心，享受那里提供的廉价办公场所，与别的创业者共享传真和复印设备，同时结交更多的创业者。创业者雇用临时工甚至租借员工，使用实习学生。为了实现创业目标，创业者可以想出各种有效的办法。

步步为营策略还表现为自力更生，减少对外部资源的依赖，目的是降低经营风险，加强对所创事业的控制，这和经常说的内涵式发展接近。步步为营是一种进取而非消极策略，较少的资金需求反而有助于提高获得贷款的可能性。

5.2.2 资源拼凑

拼凑（bricolage）一词最早于 1967 年由人类学家克洛德·列维 – 斯特劳斯（Claude Lévi-Strauss）提出，说明早期人类对现实世界的理解是一个递进的过程，在已有的神话元素基础上，不断替换其中的一些要素，形成新的认识。这样的思维方式被称为“修补术”或“打零活”，中文翻译成“修修补补”。拼凑自提出后，被广泛运用于众多学科，比如文化人类学、法律、教育学、社会学、生物学、计算机软件科学等方面，描述在各个领域中创新概念或行为的实现过程。例如，生物学家认为，基因的形成就是拼凑的结果。生物进化就是“从腿上长出翅膀，或者从下颚生出耳朵”。长期存在的普通的基因组或者基因片段，作为拼凑的基础材料，在进化过程中产生了新的功能和物种。进化经常利用同样的元素，或者有所调整，在这儿或那儿改变，把不同的组件整合成新的对象，或者增加复杂度。

调查研究

“修补术”的来源

在我们的生活中仍然存在着一种活动，它可以使我们在技术的平面上很好地理解那种我们宁愿称作“最初的”而非“原始的”科学在理论思辨的平面上的情况。这就是通常所称作的“拼凑”或“修补术”一词所表示的活动。

动词 bricole 原指球戏和玩台球、狩猎和骑马，然而它总是在涉及某种附带的运动时使用：球的弹跳、狗的游荡或马的绕避障碍。在当代，“修补匠”（bricoleur）仍然是指用手干活的人，与掌握专门技艺的人相比，他们总运用一些拐弯抹角的手段。神话思想的特征是，它借助一套参差不齐的元素表列来表达自己，这套元素表列即使包罗广泛也是有限的；然而不管面对着什么任务，它都必须使用这套元素（或成分），因为它没有任何其他可供支配的东西。所以我们可以说，神话思想就是一种理智的“修补术”，它说明了人们可以在两个平面之间观察到的那种关系。

正像技术平面上的“修补术”一样，神话思考可以在理智平面上获得出色的结果。反过来说，所谓“粗糙的”或“朴实的”艺术平面上的“修补术”所具有的神话诗意性，常常引起人们的注意，如在谢瓦尔修建的那种离奇的建筑物里或在乔治·米里埃的装饰里，又或者在狄更斯的《远大前程》的不朽的描绘中，但无疑这种描绘最初是由下述观察激起的：文米克先生的郊区“城堡”有小型吊桥，每天 9 点的炮鸣，以及成堆的生菜与黄瓜，这些东西可使城堡的占有者在必要时抵御围攻……

我们应当加深这种比较，因为这可以使我们看清加以区别的两类科学知识之间的真正关系。“修补匠”善于完成大批的、各种各样的工作，但是与工程师不同，他并不使每种工作都依赖于获得按设计方案去设想和提供的原料与工具：他的工具世界是封闭的，他的操作规则总是就手边现有之物来进行的，这就是在每一个有限时刻里的一套参差不齐的工具和材料，因为这套东西所包含的内容与眼前的计划无关，另外与任何特殊的计划都没有关系，但它是以往出现的一切情况的偶然结果，这些情况连同先前的构造与分解过程的剩余内容，更新或丰富着工具的储备，或使其维持不变。因此，“修补匠”的这套工具就不能按一种设计来任意确定其内容（此外，像工程师的例子所表明的，有多少不同种类的设计就有多少套不同的工具和材料组合，至少在理论上说是如此）。它只应按其工具性确定，换言之，用“修补匠”的语言说，因为诸“零件”（即元素或成分之意）是根据“它们总归会有用”的原则被收集或保存的。这些零件都没有什么太专门的性能，对于并不需要一切行业的设备和知识的“修补匠”来说，是足以敷用的，但对每一种专用目的来说，零件却不齐全。每一种“零件”都表示一套实际的和可能的关系，它们是一些“算子”，但可用于同一类型题目中的任何运算。

资料来源：列维－斯特劳斯．野性的思维 [M]. 李幼蒸，译．北京：商务印书馆，1997：22-24.

拼凑还包含了以下几层意思：一是通过加入一些新元素，实现有效组合，结构会因此改变。二是新加入的元素往往是手边已有的东西，也许不是最好的，但可以通过一些技巧或窍门组合在一起。三是这种行为是一种创新行为，会带来意想不到的惊喜。

特德·贝克（Ted Baker）和里德·纳尔逊（Reed Nelson）拜访及记录了 40 家独立的中小企业，进行了 757 小时的田野调查和 167 次访谈，发现总有一些企业能够在很少的资源下运营并获得成长。于是他们挑选出 20 家特别的企业和 9 家对照企业进行了为期两年的跟踪研究，发现拼凑能够很好地描述创业者资源利用方面的独特行为。[㊀] 学者发现，创造性拼凑有三个关键要素，分别如下。

1. 手边的已有资源

善于进行创造性拼凑的人常常拥有一批“零碎”，它们可以是物质，也可以是一门技术，甚至是一种理念。这些资源常常是免费的或廉价处理品。手边的已有资源经常是通过日积月累慢慢积攒下来的。当时创业者也许并不十分清楚它们的用途，只是基于一种习惯，或是“也许以后用得着”的想法。而那些根据当前项目的需要，经过仔细调研而获得的资源，不属于手边资源的范畴。很多创业者都是拼凑高手，将手边“破铜烂铁”妙手回春，改造为早期的设备。

⊙ 专栏 5-1

巧用身边的资源：收旧挂历的故事

1998 年的一个下午，还在山东大学法律系读二年级的朱涛，当时担任班长，带领同学们举办了一个旧挂历收集活动。缘由是他恰巧看到《济南时报》刊登了一则新闻，说是济南盲校的学生缺少学习用纸，盲文纸非常厚，也很贵。

㊀ BAKER T, NELSON R. Creating Something from Nothing: Resource Construction through Entrepreneurial Bricolage[J]. Administrative Science Quarterly, 2005, 50(9):329-366. 南开大学创业管理研究中心对国外有关拼凑方面的研究成果进行了研究，并撰写了多篇文章进行介绍，本书这一部分的内容主要来自团队成员发表的文章：田新，等．资源束缚下的成功之道：创造性拼凑 [J]. 企业管理，2009(5): 4-11。

他便心生想法，旧挂历是不是可以做盲文纸？得到肯定答复后，他又问同学家里是否有旧挂历，大部分同学都说有，但谁也不会仅仅因为一两个旧挂历而专门跑腿送到玉函小区南区的盲校。于是他办此活动，让家住济南的同学回家取挂历，其他同学跟着朱涛一起去教工宿舍收挂历。忙忙碌碌一下午，免费回收的挂历数量足够盲校全校的学生用半年之久。

事后，朱涛感悟道，很多看似无用的资源，经过合理配置后能产生极大的价值和效益。旧挂历在很多地方毫无用处，但对盲校的孩子有很大的价值，而且成本极低，事半功倍，只需一下午，回收的旧挂历数量之多。集中送到盲校，全校孩子半年的学习用纸就有了保障，省了很多钱。盲校领导十分感谢他们，说他们帮了大忙，学校等了几年也没能等来学习用纸，而朱涛他们一下送去这么多，师生们非常高兴。

资料来源：陈寒松、贾竣云和田震根据对政和科技股份有限公司创始人朱涛总经理的访谈整理而成。

很多高新技术企业的创业者并不是科班出身，他们出于兴趣或其他原因，对技术略知一二，但后来往往就是凭借这个“一二”敏锐发现机会，并将这一手边资源迅速转化成生产力。中国计算机行业的佼佼者联想的掌门人柳传志毕业于军校，所学专业是和计算机没有丝毫关系的雷达系统，但在中国科学院计算机研究所工作期间耳濡目染的一些相关知识，成为他今后掌舵联想的重要基石。

2. 整合资源用于新目的

拼凑的另一个重要特点是为了其他目的重新整合已有资源。市场环境日新月异，对企业是一个挑战也是机遇，环境的变化使得一些闻所未闻的问题层出不穷，但同时机会也接踵而来。机会稍纵即逝，任何企业的资源结构不可能适合于所有情况，也没有企业总是能够在第一时间找到合适的新资源。于是，整合手边已有的资源，快速应对新情况，成为创业的利器。拼凑者有一双善于发现的眼睛，洞悉手边资源的各种属性，将它们创造性地整合起来，开发新机会，解决新问题。这种整合大多不是事前仔细计划好的，往往是具体情况具体分析、“摸着石头过河”的产物。

3. 将就使用

出于成本和时间的考虑，拼凑的载体常常是手边的一些资源。这种先天不足从一开始就注定了拼凑出的东西品质有限。特德·贝克和里德·纳尔逊在他们的文章中使用英文“Making Do”指代将就使用，意味着经常利用手边的资源将就。拼凑者需要突破固有观念，忽视在正常情况下人们对资源和产品的常规理解，坚持尝试突破。这种办法在资源使用上经常和次优方案联系在一起，也许是不合适的、不完整的、低效率的、不全面的、缓慢的，但是在某种程度上是我们能够唯一理性选择的。这种方案的产出是混杂的、不完美的半成品，也许看上去不精致，有很多缺陷、阻碍和无用的成分，但是，它们已经尽到职责，并且还可以改进。拼凑的东西会事故频发，需要一次次尝试，然后才能满足企业的基本需求。拼凑有时就是在一个个不完美中逐渐蜕变出辉煌。

5.2.3 全面拼凑和选择性拼凑

创业聚焦 **修理厂老板的拼凑之术**

刘刚是市郊一家摩托车修理厂的老板。走进他的维修间，你会发现一个很大的库房，里面堆满了各种各样的工具、零件、废轮胎、二手引擎、汽化器、燃油泵、传动器等杂七杂八的东西。有趣的是，老刘总是能够从一堆乱七八糟的杂物中找到他想要的东西。

有一次，一个老顾客来找他，老刘放下手中的活儿就去检查，从他那堆零碎宝贝中找了个零件给客户换上，就打发顾客走了，也没要钱。老刘解释说，客户的排气管出了问题，他帮客人解决了问题，“正常情况下要花100多块”。我们问他为什么不收钱，“这点小毛病反正也收不了多少钱，”老刘又补充，“出了大问题他还是会来找我。”这种凑合有没有麻烦呢？当然有，首先坚持不了多长时间，其次增加了尾气排放。“不合标准，但是没人管。”

我们在老刘的店铺待了半小时，看到他和各种各样来来往往的人打招呼。“都是朋友”，老刘解释。我们注意到，他的雇工都是老乡，一个村里出来的。问及他的员工有没有培训，老刘说：“有啊，我做的时候他们都在看，都是我手把手教出来的。”

很多新企业在创办之初都在不自觉地采取了拼凑策略，但是我们很容易就能判断，刘刚这样的小店很难成长为一个有前途的企业。刘刚的行为可以视为全面拼凑。

所谓**全面拼凑**，是指创业者在物质资源、人力资源、技术资源、制度规范和顾客市场等诸多方面长期使用拼凑方法，在企业现金流步入稳定后依然没有停止拼凑的行为。这种行为导致企业在内部经营管理上难以形成公正有力、符合标准的规则章程，在外部拓展市场上也会因为采用低标准资源遇到阻力，使企业无法走上正轨。

此外，全面拼凑的企业还表现出如下特点：往往过分重视“零碎”，经常收集储存各种工具、材料、二手旧货等；偏重个人技术、能力和经验；不太遵守工艺标准、行业规范、规章制度；不遵守在社会网络中的传统角色，顾客、供应商、雇员、亲戚、朋友等角色都是可以互换的，并且形成了一种“互动强化模式”。创业者在每个领域都采用拼凑手段，久而久之容易被大众认定成标准低、质量次的“拼凑型企业”，一旦拼凑型企业定位形成，企业往往在同一群人际关系圈中打转，很难拓展新的市场，因而也丧失了更有利润的顾客群，阻碍了企业进一步成长。在刘刚的例子中我们发现，他的修理店在物质资源（各种二手零件）、人力资源（员工都是亲戚朋友）、技术资源（维修技师几乎都是不规范的、自学的技术）、制度规范（很明显不遵循标准行业规范）、顾客市场（客户和朋友混淆不清）等方面都大量长期进行拼凑。

与全面拼凑的表现和效果大不相同的是另一种方式：选择性拼凑。顾名思义，**选择性拼凑**是指创业者在拼凑行为上有一定的选择性，即有所为、有所不为。在应用领域上，他们往往只选择在一两个领域内进行拼凑，以避免全面拼凑的那种自我加强循环；在应用时间上，他们只在早期创业资源紧缺的情况下采用拼凑，随着企业的发展逐渐减少拼凑，甚至到最后完全放弃。由此使得企业摆脱拼凑型企业的阴影，逐步走向正规化，满足更广泛的市场需求。

5.2.4 拼凑策略

受到资源限制的创业者一般有三个选择。首先，应对环境的限制，企业可以从外部寻找并获得符合标准的外部资源，以满足新挑战的需求。其次，另一些企业（包括那些尝试资源搜寻但失败了的企业）转而逃避新挑战，例如，拒绝新挑战，或者某些极端的例子，缩减规模或者解散。最后，就是采用拼凑，通过整合手头的资源将就去应对新的问题或者开发新的机会。之后，创业者又面临了两种选择，即全面拼凑和选择性拼凑。

⊙ 专栏 5-2

毕克畏巧卖八爪鱼

这是2008年7月11日中国中央电视台《致富经》栏目中的一则创业故事。

2004年，30岁的毕克畏接管了父母创办的企业，主营鱼、贝和虾等产品的加工出口，年销售额2 000多万元。随着原料及生产成本不断上涨，公司利润越来越少。于是毕克畏在大连的公交车上打出招商广告，寻找更多机会。

2006年9月，某日本企业代表于洋找到毕克畏，以成品章鱼每吨6 000美元的价格，签订了一个50万美元的订单，因为毕克畏有一条位于单独车间的闲置生产线符合日方生产要求，但毕克畏没有接下这个生意，因为大连本地的章鱼8条腿长短不均、肉质厚，不是客商需要的品种。如果从福建和浙江购进符合要求的原料，则增加了企业的风险。10月，于洋送上一张50万美元的信用证，催促他尽快寻找原料。11月，毕克畏南下福建，找到曾炳东收购章鱼。

章鱼含水量大，一斤鲜章鱼加工出4两以上的成品才有利润。为了防止收购商做手脚，需要对原料做出成率试验。毕克畏之前没做过，他假装自己懂行，过来就直接做试验，但使用的盐分比例和时间都不对。曾炳东担心毕克畏的外行会失去这笔生意，无奈之下，亲自帮助毕克畏做出成率试验。于是毕克畏顺利在福建收购了150吨的章鱼原料，按照日本客户的要求进行加工。这单生意，毕克畏赚到4万多美元。更重要的是，以后每月他都有20万美元的订单。其他的海产品加工还照常生产，一下子工厂产值就翻了一倍。

出口到日本的是章鱼头和章鱼爪，剩下的脖子和爪尖成了规格外的产品，丢了可惜又卖不出去，只好积压在仓库里。2007年4月，毕克畏在逛街时发现当地有人卖章鱼丸子。他买了两盒品尝，发现是用鱿鱼爪子做的。代理商称，章鱼原料难找，只好用鱿鱼替代。于是毕克畏将规格外的产品卖给销售商，每年增加了20万元利润。同时，毕克畏了解到章鱼丸子一盒卖3元，成本不到3毛，这给他很大触动。毕克畏希望摆脱单纯靠加工产品挣加工费的经营方式，想做自己的产品，直接销售。

2008年春节，针对市民春节采购的需要，毕克畏把鱼虾类产品装进礼品盒子组合销售，在推销礼品盒时他认识了大连的海参经销商王振东。经过协商，毕克畏以40%销售利润作为回报，进入王振东的10家海参专卖店。王振东卖高档海参、鲍鱼，毕克畏销售低端海鲜休闲食品，一小袋卖2元，利润率为20%，与海参产品互相弥补，丰富店里的产品。不到一个月，毕克畏的销售额突破10万元。

资料来源：田新，王晓文．如何实施拼凑策略[J]．企业管理，2009(5).

毕克畏在创业的过程中，不断利用手边的各种资源寻找新的机会。目前毕克畏的三大主营业务为：传统鱼虾出口加工、章鱼出口加工、国内海鲜休闲食品，都可以看到拼凑策略的影子。

突破习惯思维方式。毕克畏试图开辟新的市场和机会，但他并没有天马行空，而是利用现有的基础寻求突破。在传统概念中，出口加工企业一般两头在外，只是专注控制成本，很少去考虑市场和销售的问题；考虑产品组合、渠道，是内销企业的事情。毕克畏却突破了这一观念，一脚伸进了另一个行当。而利用出口章鱼的下脚料卖给章鱼丸子经销商的过程，刺激了毕克畏开发国内市场的想法。

手边资源的再利用。为日本客商出口章鱼，利用的是剩余的生产加工能力；卖给章鱼丸子经销商的产品，用的是堆放在库房无用的下脚料。也许换其他人，去除章鱼头、章鱼爪之后的废料早就丢弃了。但毕克畏硬是在日常生活中寻找到机会，变废为宝，而且，也正是这次机会让他看到国内市场的广阔天地。

将就。将就不是凑合，而是在一个并不十分完美的情形下积极行动，并随着事情的进展不断改进。在开始探索国内市场初期，毕克畏并不知道利用海参专卖店的可能性，所以最早的产品是礼盒包装。只是在推销海鲜礼盒的过程中结识了王振东，形成销售海鲜休闲食品的概念，才变成最后2元一小袋的产品形态。最终确定的产品、包装、渠道、定价，都是尝试和改进的结果。

资源整合。毕克畏和王振东合作的过程，就是典型的整合双方资源实现“1+1>2”

的效益的过程。毕克畏缺乏的渠道对王振东来说是现成的，他提供的产品和王振东原有的品种形成良好的互补，吸引更多顾客。双方都没有损失，但收获更多。

不是所有的领域都在拼凑。通常，创业企业能够在多个领域拼凑，比如利用种种现成的物质资源；通过自学获得技巧和能力；利用现成的人际关系网混淆员工、朋友和顾客的界限以获得更多订单和市场；突破标准制度和规范的限制等。但是，我们在前面提到，全方位的拼凑往往形成互动强化模式，使得企业不断陷入新项目中，不利于建立稳定和标准化的日常程序，企业难以成长。在这个例子中，我们发现毕克畏在所有的新市场中，对新客户都没有采用拼凑策略，而是通过正常的商业交往建立合作关系。这种关系更利于建立纯粹的、稳定的商业关系，合作的双方不会因为所谓的“人情”降低对产品品质的要求，在此基础上，也容易让企业建立基于需求的规范和流程，使得这种合作是长期的。

5.3　整合外部资源的机制

受资源约束的限制，创业者要依靠自有资源，分阶段投入资源，用拼凑的策略用好资源，探索最经济的方式开展工作，自力更生，这些必要也有效。但优秀的创业者绝不会停留在这样的水平上，他们会关注外部资源。创造性地整合外部资源是优秀的创业者所具有的关键技能之一。

创业聚焦　**借力修天桥背后的资源整合逻辑**

在天津生活的人都知道国际商场——天津市第一家上市公司。国际商场邻南京路，这是一条十分繁忙的主干道，道路对面就是滨江道繁华的商业街，在国际商场刚开业时，门口并没有过街天桥，行人穿越南京路很不方便也不安全。应该修建天桥，这是很正常的事情，估计经过那里的人都会很自然地想到这一问题。但是，绝大多数有这种认识的人会觉得天桥应该由政府来修建，所以想想、发发牢骚也就过去了。有一天，一位年轻人同样也产生了这样的想法，他没有认为这是政府该干的事情，而是立即找政府商量，提出自己出钱修建过街天桥，希望政府批准，前提是在修建好的天桥上挂广告牌。不花钱还让老百姓高兴，而且天桥也不注明是由谁出资修建的，政府觉得不错，就同意了。这个年轻人拿到政府的批文，从政府出来后立即找可口可乐这些著名的大公司洽谈广告业务，在这么繁华的街道上立广告牌，当然是件好事情。就这样，这位年轻人从大公司那里拿到了广告的定金，用这笔钱修建了天桥之后还略有剩余。天桥修建好了，广告牌也挂上了，年轻人从大公司那里拿到余款，这就是他的第一桶金。

为了解释创造性地整合外部资源，不妨再来回顾和分析上面这个真实的故事。这是一个无中生有的故事，也是一个近似于“空手套白狼”的故事。故事中的主角——一位年轻人，看到了修天桥防止行人横穿马路的客观需求，但这位年轻人没有钱，也没花自己的一分钱，就把天桥修起来了。修建天桥的钱是大公司出的，为什么大公司愿意出钱？因为它们要做广告。这位年轻人是怎么把各方资源撬动起来的呢？

5.3.1 识别利益相关者及其利益

美孚石油公司（标准石油）创办人、超级资本家约翰·D. 洛克菲勒曾经有句名言：“建立在商业基础上的友谊永远比建立在友谊基础上的商业更重要。”资源是创造价值的重要基础，资源交换与整合显然要建立在利益的基础上，要整合外部资源，特别是对缺乏资源的创业者来说，更需要资源整合背后的利益机制。利益相关者及其相关理论也许有助于我们分析资源整合背后的利益机制。

重要概念

利益相关者

1984年，弗里曼出版了《战略管理：利益相关者方法》一书，明确提出了利益相关者管理理论。利益相关者管理理论指企业的经营管理者为综合平衡各个利益相关者的利益要求而进行的管理活动。与传统的股东至上主义相比较，该理论认为任何一家公司的发展都离不开各利益相关者的投入或参与，企业追求的是利益相关者的整体利益，而不仅仅是某些主体的利益。这些利益相关者包括企业的股东、债权人、雇员、消费者、供应商等交易伙伴，也包括政府部门、本地居民、本地社区、媒体、环保组织等方面的压力集团，甚至包括自然环境、人类后代等受到企业经营活动直接或间接影响的客体。这些利益相关者与企业的生存和发展密切相关，他们有的分担了企业的经营风险，有的为企业的经营活动付出了代价，有的对企业进行监督和制约，企业的经营决策必须要考虑他们的利益或接受他们的约束。从这个意义上讲，企业是一种智力和管理专业化投资的制度安排，企业的生存和发展依赖于企业对各利益相关者利益要求的回应的质量，而不仅仅取决于股东。这一企业管理思想从理论上阐述了企业绩效评价和管理的中心，为其后的绩效评价理论奠定了基础。

资料来源：爱德华·弗里曼. 战略管理：利益相关者方法 [M]. 王彦华，等译. 上海：上海译文出版社，2006.

既然资源与利益相关，要整合外部资源显然要关注有利益关系的组织或个人。利益相关者是组织外部环境中受组织决策和行动影响的任何相关者。要更多地整合到外部资源，首先要尽可能多地找到利益相关者，同时这些组织或个体和自己以及想要做的事情有利益关系，利益关系越强、越直接，整合到资源的可能性就越大，这是资源整合的基本前提。创业者之所以能够从家庭成员那里获得支持，就是因为家庭成员之间不仅是利益相关者，更是利益整体。

资源整合原则一：尽可能多地搜寻出利益相关者。

在修天桥的故事中，年轻人利用的利益相关者有政府部门、可口可乐等著名的大公司、行人。这个故事中的利益相关者可能还会有许多，如附近的商场、公交车辆等，多个利益相关者的参与更需要有效的利益机制设计。

利益关系者之间的利益关系有时是直接的，有时是间接的；有时是明显的，有时是隐含的；有时还需要创造出来。这与机会识别有很多相似之处。在修天桥故事中，年轻人和政府、大公司之间的利益关系显然没有那么强，否则天桥可能早就被修建起来了。把相对弱的利益关系变强在多数情况下会有利于资源整合。

利益相关者是有利益关系的组织和个体，有利益关系并不意味着能够实现资源整合，还需要有共同的利益或者说利益共同点。为此，识别到利益相关者后，逐一认真分析每一个利益相关者所关注的利益非常重要。在修天桥的故事中，年轻人和公司关注的是经济利益，政府部门关心的是百姓的安全、方便和政绩，修建天桥成为实现各方面利益的共同载体。

资源整合原则二：识别利益相关者的利益所在，寻找共同利益。

5.3.2　构建共赢的机制

有了共同的利益或利益共同点并不意味着就可以合作，只是意味着具备了前提条件。资源整合是多方面的合作，切实的合作需要各方面的利益能够真正实现作为保证，这就必须能够寻找和设计出使大家共赢的机制。

对于在长期合作中获益、彼此建立起信任关系的合作，双赢和共赢的机制已经形成，进一步的合作并不很难。但对于首次合作，特别是对受到资源约束的创业者来说，建立共赢机制需要智慧。

让我们还是先看看前面的例子。在修天桥的故事中，年轻人打算修天桥的主要目的当然是挣钱，他的技巧是把挣钱的目的隐藏起来，而是从满足对方的利益入手，修天桥不让政府出钱还说是政府做的，拿着政府的批文找企业，增强了可信度，让大公司享受在黄金地段做广告的好处。

资源整合原则三：共同利益的实现需要共赢的利益机制做保证，共赢多数情况下难以同时赢，更多是先后赢，创业者要设计出让利益相关者感觉到赢而且是优先赢的机制。

让对方看到潜在的收益，为了获取收益需要投入资源，这是基本规律。创业者在设计共赢机制时，既要帮助对方扩大收益，也要帮助对方降低风险，降低风险本身也是扩大收益。

5.3.3 维持信任长期合作

共赢机制的背后其实也是博弈问题。说到博弈，我们很容易想到最经典的案例——囚徒困境问题。

囚徒困境描述的是甲、乙两个犯罪嫌疑人作案后被警察抓住，分别关在不同的屋子里接受审讯。警察知道两个人有罪，但缺乏足够的证据。警察告诉每个人：如果两个人都抵赖，各判刑 1 年，因为警察拿不到证据；如果两个人都坦白，警察拿到证据后各判 8 年；如果两个人中一个坦白而另一个抵赖，坦白的放出去，抵赖的判 10 年。在这种情况下，甲乙二人的不同行为带来的结果如图 5-3 所示。

犯罪嫌疑人乙 / 犯罪嫌疑人甲	抵赖（合作）	坦白（背叛）
抵赖（合作）	甲乙双赢	甲输；乙赢
坦白（背叛）	甲赢；乙输	甲乙双输

图 5-3 囚徒困境博弈模型

于是，每个犯罪嫌疑人都面临两种选择：坦白或抵赖，他们各自会如何选择呢？在没有其他信息的情况下，从理性的角度分析，最容易出现的结果是不管同伙选择什么，每个囚徒的最优选择是坦白。这显然是双输而不是双赢。

如果两个犯罪嫌疑人是长期合伙作案，彼此之间建立了牢固的信任关系，情况会怎么样？尽管没有牢固的信任关系，如果不把甲乙单独关在不同的房间，让两个人可以交流的话，情况又会怎样？他们的行为结果还一定是双输吗？

资源整合也是这样，资源整合的机制首先要有利益基础，同时还要有沟通和信任来维持。沟通往往是产生信任的前提，信任成为社会资本的一个重要因素。

卢曼（Luhmann）将信任区分为人际信任和制度信任，认为人际信任建立在熟悉度及人与人之间的感情联系的基础之上；制度信任是用外在的，利用诸如法律一类的惩戒式或预防式的机制来降低社会交往的复杂性。福山等学者进一步认为人际信任是存在于人际关系中的保障性的信任，而制度信任是由对外的社会机制的信任而产生的一种对人的基本信任，这两种信任共同构成了社会的信任结构。

过去，很多西方学者都认为中国社会的信任度比较低或相当有限。韦伯在关于中国宗教的研究中涉及信任问题时就明确指出，儒家文化强调表面的“自制”，对他人普遍不信任，这种不信任阻碍了中国信贷和商业活动的发展，中国人的信任不是建立在信仰共同体的基础之上，而是建立在血缘共同体的基础之上，即建立在家族亲戚关系或准亲戚关系之上，是一种难以普遍化的特殊信任。福山认为诸如中国、意大利和法国这样的国家，很多社会组织都建立在以血缘关系维系的家族基础之上，因而对家族之外的其他人缺乏信任，通常阻碍了公司的制度化，家族企业一般不会让专业经理人担当管理重任，宁愿勉强让公司分裂成几家新公司，甚至是完全瓦解。

而近期研究，尤其是国内学者展开的调查结果都显示中国人际间的信任水平并不低下，如张建新等的调查表明中国大学生对熟人和陌生人的信任程度高于美国大学生。彭泗清从根本上挑战了华人信任缺失的观点，他认为“对外人不信任”有两种情形，一是起点上的不信任，即由于对外人缺乏了解而产生的不信任；二是永远的不信任，即对外人不信任状态的不可改变，即使已充分了解并认识外人。从逻辑上讲，只有第二种才会导致低信任度社会的产生，而由于对外人的信息了解不多而产生的不信任是合乎情理的，西方社会也是普遍如此，因此，起点上的不信任可以通过交往互动中的关系运作达到了解，从而建立信任关系。

儒家文化和农耕文化的交互作用，决定了中国社会关系网络的亲疏有序，形成所谓的差序格局特征，在这样的关系网络特征背后，隐藏的就是华人对外信任预期的差序格局，即对血缘关系为纽带的家族成员形成了“起点上的信任”，即个体对其家族成员的信任预期是与生俱来的，尽管这种信任水平可能随着时间的推移，相互作用次数的增加而发生改变，但毫无疑问，这是以情感认同为出发点的信任，正因为此，才决定了华人家族企业创立成长初期运营的高效率，储小平把它叫作家族信任。然而，对家族成员以外的其他人，华人在交往互动过程中不断地将与其有着地缘（如老乡）、业缘（如同事）、学缘（如同学）等联系的外人予以“家人化”，变成“一家人不说两家话”，信任边界在不断扩展着，储小平称其为泛家族信任。这种信任的产生主要来自两个方面，一是双方过去交往的经验，如你来我往，礼尚往来，通过长期交往来形成对他人行为的主观预期，从而产生信任；二是由于社会相似性而产生的信任，因为相似的社会背景往往意味着相近的行为规范，容易相互理解，在交往或交流中容易达成共识，从而形成信任关系。

创业者要区分不同的信任关系，充分认识信任的重要性。作为创业者，要尽快从早期的家族信任，过渡到泛家族信任，进而建立起更宽广范围的信任关系，获取更大规模的社会资本。

资源整合原则四：沟通是创业者与利益相关者之间相互了解的重要手段，信任关系的建立有助于资源整合，降低风险，扩大收益。

5.4　外部资源整合的过程

5.4.1　资源整合前的准备

在现实生活中，有些人有很好的创意，但整合不到实现创意所需的资源。有些人虽然自己没有资源，但凭借自己的专业、信息和技术优势，凭借自己的个人信任和人脉关系，总能一次次幸运地找到资源实现自己的企业梦想，成就自己的财富人生。“机会总是眷顾有准备的人”，创业资源整合不只是技术问题，还是社会问题。在创业前或资源整合前做好以下工作，有助于创业资源整合的成功。

（1）建立个人信用。市场经济是一种信用经济，信用对国家、企业和个人来说都是一种珍贵的资源。在整合创业资源时，信用有很重要的作用。人都生活在一定的社群中，创业者也不例外。创业者因为具有创业精神、创新意识，在思维方法和行为方式上会有不同之处，显示异质型人才资本的特征，但信任是一种市场规则，谁违背了，信息会在社群内通过口碑传播，而创业最初的资源往往来自自己的亲人、朋友和同事，如果口碑太差、信任度太低，资源整合难度就会加大。

（2）积累人脉资源。创业者的关系网络形成了新企业的社会资本。边燕杰等认为，企业社会资本是指企业通过社会关系采取稀缺资源并由此获益的能力。许多研究表明，创业者的人脉关系对创业融资和创业绩效有直接的促进作用。我们不应该把人脉关系等同于所谓的“拉关系”“走关系”等寻租行为，而是基于正常的社会经历建立的诸如师生、同学、朋友、同事等的人际关系，这些关系在创业过程中会带来有用的信息、资源。因此，在校大学生要善于建立良好的同学关系和师生关系，勤于参加社团活动和社会实践，建立健康、有益的人脉关系，创造和积累基于同事关系、师生关系与亲友关系的社会资本，为创富人生、实现自我奠定好基础。

5.4.2 测算资源需求量

每个创业者在整合资源前都需要明确资源需求量，换言之，资源需求量的测算是整合资源的基础。

（1）估算启动资金。企业要开始运营，首先要有启动资金，启动资金用于购买企业运营所需的资产及支付日常开支。对启动资金进行估算，需要具备足够的企业经营的经验，以及对市场行情的充分了解。

创业者在估算启动资金时，既要保证启动资金足够企业运营，也要想方设法节省开支，以减少启动资金的花费。在满足经营要求的情况下，可以采用租赁厂房、采购二手设备等方法节约资金。

（2）测算营业收入、营业成本、利润。对新创企业来说，预估营业收入是制订财务计划与财务报表的第一步。为此，企业需要立足于市场研究、行业营业状况以及试销经验，利用购买动机调查、推销人员意见综合、专家咨询、时间序列分析等多种预测技巧，估计每年的营业收入。之后，要对营业成本、营业费用以及一般费用和管理费用等进行估计。由于新创企业起步阶段在市场上默默无闻，市场推广成本相当大，所以营业收入不可能与推动营业收入增长所付出的成本成比例增加，因此，对于第一年的全部经营费用都要按月估计，每一笔支出都不可遗漏。在预估第二年及第三年的经营成本时，首先，应该关注那些长期保持稳定的支出，如果第二年、第三年销量的预估是比较明确的话，则可以根据销售百分比法，即根据预估销售额按固定百分比计算折旧、库存、租金、保险费、利息等项目的数值。

在完成上述项目的预估后，就可以按月估算出税前利润、税后利润、净利润以及第一年利润表的内容，然后就进入预计财务报表过程。

（3）编制预计财务报表。新创企业可以采用销售百分比法预估财务报表。这一方法的优点是，能够比较便捷地预测出相关项目在销售额中所占的比率，预测出相关项目的资本需求量。但是，由于相关项目在销售额中所占比率往往会随着市场状况、企业管理等因素发生变化，所以，必须根据实际情况及时调整有关比率，否则会对企业经营造成负面影响。

预计利润表是应用销售百分比法的原理预测可留用利润的一种报表。通过提供预计利润表，可预测留用利润这种内部筹资方式的数额，也可以预计资产负债表为预测外部筹资额提供依据。

预计资产负债表是应用销售百分比法的原则预测外部融资额的一种报表。通过提供预计资产负债表，可预测资产和负债表及留用利润有关项目的数额，进而预测企业需要外部融资的数额。

预计现金流量表。大量的事实证明，现金流量是新创企业面临的主要问题之一。一家可以盈利的企业也会因为现金的短缺而破产，因此，对于新创企业来说，逐月预估现金流量是非常重要的。与预估利润表一样，如何精确地算出现金流量表中的项目是一个难题。为此，在预计财务报表时需要据点设各种情境，比如最乐观的估计、最悲观的估计以及现实情况估计。这样的预测既有助于潜在投资者更好地了解创业者如何应对不同的环境，也能使创业者熟悉经营的各种因素，防止企业陷入可能的灾难。

（4）结合企业发展规划预测资源需求量。上述财务指标及报表的预估是创业者必须了解的财务知识，即使企业有专门的财务人员，创业者也应该大致掌握这些方法。需要指出的是，融资需求量的确定不是一个简单的财务测算问题，而是一个将现实与未来综合考虑的决策过程，需要在财务数据的基础上，全面考察企业经营环境、市场状况、创业计划以及内外部资源条件等因素。

5.4.3 编写商业计划

证据表明，无论企业的规模大小，有计划的企业比没有计划的企业表现得要好。商业计划是融资的重要工具，这在前面已经论述过了。当代青年创业家，如张朝阳（搜狐）、陈天桥（盛大网络）、沈南鹏（携程）、李彦宏（百度），他们的致富和成功，都得到了创业资本的支持，而提供一份有说服力的、体现创业前景的创业计划书，都曾是他们及其团队的重要工作。

5.4.4 确定资源来源

测算完资源的需求量之后，接下来的工作就是确定资源的来源，即资源的渠道和对象。此时，创业者需要对自己的人脉关系进行一次详尽的排查，初步确定可以成为资源来源的各种关系。同时，需要搜集各方面的信息，以获得银行、政府、担保机构、行业协会、旧货市场、拍卖行等各种能够提供资源支持的对象的资料。现在政府出台了很多的政策，其中有一些好的政策，但是由于一些创业者不了解，而失去了获得有关支持的机会。同时，创业者也应对企业股权和债权的比例安排进行考虑。

5.4.5 资源整合谈判

无论商业计划写得有多好，在与资源提供者谈判时表现糟糕的创业者都很难完成交易。因此要做好充分准备，事先想想对方可能提到的问题；要表现出信心；陈述时抓住重点，条理清楚；记住资源提供者关心的是让他们投资有什么好处。这些原则对资源整合至关重要。

延伸阅读

波迪商店的资源整合

"为了取得进一步的发展，我必须获得一部分资金。戈登和我计算过，要创办一家企业，需要 4 000 英镑。我想，将我们的旅馆作为抵押是没有什么问题的。遗憾的是，我采用了错误的方式。在约见银行的经理时，我穿了一件 Bob Dylan 牌的 T 恤以及 Justine 牌的牛仔裤。我没有意识到我应该穿得更正式一点。我充满热情地阐述着我的很多伟大的想法，述说着我如何在旅行中发现了这些自然成分，并为之起了一个很伟大的名字：波迪商店，但我需要 4 000 英镑来创办这家企业……当我说完的时候，这名银行经理往椅子上靠了靠，说他不会借给我任何钱，因为我们已经有了很多的债务了……"

"我已经准备放弃了，但是戈登比我更为顽强。他说他能够得到这笔钱，但是我们要按照他们的游戏规则与其进行周旋。他让我先出去买一套工作礼服，然后再找一个懂会计的朋友，做一份好看的、吸引人的商业计划，包括各项预计的损益数字以及各种各样的文字说明。最后，把这些东西都放在一个塑料袋里。"

"一个星期后，我们回到同一家银行，并约见了同一名经理。我们都穿着礼服。戈登递上了我们的资料。这位经理翻看了几分钟，就批准了我们的贷款计划，而且，正如我所预计的，以我们的旅馆作为抵押。我如释重负，同时也为我第一次被拒绝而感到愤懑。毕竟，我还是我，还有着同样的想法。显然，这位银行经理不愿意与婆婆妈妈的人打交道。"

资料来源：伊丽莎白·切尔.企业家精神：全球化、创新与发展 [M]. 李欲晓，赵琛徽，译.北京：中信出版社，2005.

此外，找有谈判经验的人士进行咨询，翻阅一下关于谈判技巧的书籍，对于谈判的成功都有帮助。

本章要点

- 创业活动是在资源高度约束的情况下开展的商业活动，大多数创业者在启动创业活动之初资源都相当匮乏，因此，资源整合和管理能力就必然要成为创业者开展创业活动的必修课程。
- 优秀的创业者在创业过程中所展现出的卓越的创业技能之一就是创造性地整合资源。
- 学术界用“bootstrapping”这一词描述这一过程中创业者利用资源的方法，主要指在缺乏资源的情况下，创业者分多个阶段投入资源并且在每个阶段或决策点投入最少的资源，所以也可以称为“步步为营”。
- 拼凑能够很好地描述创业者资源利用方面的独特行为。
- 建立在商业基础上的友谊永远比建立在友谊基础上的商业更重要。
- 创造性地整合资源需要设计出共赢的利益机制，利益机制在各类资源整合中的作用是相近的。
- 创业资源整合不只是技术问题，还是社会问题，不可能一蹴而就，创业者至少应从四个方面做好准备：建立个人信任，积累人脉资源，写好创业计划，测算好不同阶段的资源需求量。

重要概念

资源基础理论　资源编排理论　步步为营　拼凑　信任　资源整合
利益相关者　双赢　博弈

复习思考题

1. 在本章引例中，刘强东在开创京东电子商务平台时有哪些资源？他所拥有的资源能够支撑对电子商务机会的开发吗？如果不能，你觉得他应该如何整合这些资源？
2. 毕海德的研究显示，许多“有前途的”新企业，如 *Inc.* 500 强，其创办者在创业时并没有什么新奇的想法或稀有资产。然而，他们获得的回报却非常诱人：绝大多数创业者都宣称，在创办数月内他们的企业就产生了正现金流。为什么资源局限并没有限制创业者的绩效？
3. 创业者一般会拥有哪些资源？创业者为什么经常受到资源匮乏的约束？
4. 创业者需要仔细思考哪些损失可承受，哪些是“禁区”？
5. 有人说创业者是赌徒，而实际上创业者将风险控制在可承受范围内。分析其原因。
6. 依赖自有资源与拼凑之间存在什么异同？
7. 比较资源基础理论与资源编排理论的差异。
8. 本章在讨论整合外部资源时强调共赢机制的设计，而且提醒创业者要优先考虑利益相关者的收益。你同意这样的观点吗？为什么？
9. 人们常说创业是白手起家、无中生有，对此你怎么看？
10. 互联网对创业者整合资源带来了哪些影响？

实践练习

实践练习 5-1 资源整合谈判

开展《如何教创业》（机械工业出版社，2015 年 5 月，120-124 页）一书中的体验式练习“资源整合谈判”，体验资源谈判过程，掌握如何在谈判中超越纯粹的财务资源目标，寻找创造性方案获得对早期阶段创业者至关重要但并不明显的非财务资源。

实践练习 5-2 寻找身边的闲置资源合

寻找身边的闲置资源，以小组为单位，讨论资源整合的方式、方法。在讨论的基础上，总结资源整合的原理、措施，甚至可以是技巧。

商业模式是企业如何开展业务的方略，它是一个由各种活动构成的体系。

——拉菲·阿密特

第6章
设计商业模式

【核心问题】

☑ 为什么商业模式非常重要?
☑ 商业模式的基本问题是什么?
☑ 商业模式的核心逻辑是什么?
☑ 商业模式包括哪些关键要素?
☑ 如何在模仿中设计商业模式?
☑ 如何在竞争中设计商业模式?
☑ 如何根据实际调整商业模式?

【学习目标】

☑ 了解商业模式的内涵与逻辑
☑ 熟悉商业模式的核心构成要素
☑ 掌握商业模式的设计方法
☑ 了解商业模式的设计过程
☑ 理解商业模式设计中的关键假设

引例 地产中介颠覆者爱屋吉屋5年就失败了

2014年，互联网浪潮席卷全国，深刻影响了各个行业。在此背景下，曾被称为二手房行业颠覆者与革命者的爱屋吉屋，于2014年在上海成立。爱屋吉屋最初的设想是，打破传统中介被线下门店“绑定”的重资产模式，用互联网模式搭建中介平台，降低成本，以1%的低佣金和更高效的服务流程，快速促成交易。它宣称找到了行业的“痛点”：收费高、服务差、信息不透明。这样的模式在当时的资本市场里得到呼应，从A轮到E轮，爱屋吉屋只花了一年零三个月，累计融资3.5亿美元。

爱屋吉屋开始了一系列大动作。它一方面投入大量补贴，“烧钱”换市场。2014年年底，依靠“上海租客佣金全免”的补贴策略，快速拿下上海整租市场28%的市场份额，跃居第一。随后爱屋吉屋在上海和北京上线了二手房业务，并进入广州、深圳、天津和杭州等地。另一方面，它采取广告轰炸。2015年春节，由著名喜剧演员代言的爱屋吉屋租房佣金减半广告高密度播出。

但这样的场景只维持了一年，从2016年开始，爱屋吉屋在北京和上海的市场占有率均开始下滑。爱屋吉屋调整经纪人薪酬水平，并宣布放弃低佣金模式：二手房交易佣金增加0.5%交易保障服务费，并停止租客租房佣金免费政策。

与此同时，2016年上半年起，爱屋吉屋开始线下开店。2016年下半年，它在上海陆续开出了近50家门店。

然而爱屋吉屋的命运并没有扭转。据云房数据研究中心统计，2016年，爱屋吉屋在上海的成交量只有7 109套，同比下降了近50%，排名也从2015年的第三位滑落至2016年的第八位。2017年，爱屋吉屋在上海的成交量只有1 017套，同比下滑85.69%。

爱屋吉屋用一年的时间即达到成立13年的链家地产2014年1 200亿元成交总额（GMV）的25%，而2014年在纳斯达克上市的聚美优品的GMV也不过30亿元人民币。如此亮丽的数据，让曾经对二手房行业嗤之以鼻的风投看到了一个巨大的颠覆模式的潜力，也让还没搞明白背后逻辑的知名机构纷纷“砸钱”，据某轮跟投者称，“找了好多关系才抢投到1 500万的份额”。成立18个月估值超过10亿美元的史上最快独角兽就此诞生。

2019年年初，爱屋吉屋的网站及App停止运营。曾红遍中国的爱屋吉屋彻底失败。

资料来源：张晓兰．号称地产中介颠覆者的爱屋吉屋，为何5年就死了？[N]．新京报，2019-02-26.

你觉得爱屋吉屋这样的例子有代表性吗？它的失败是因为创业者执行力不够，还是识别到的机会不是好机会？其实，根本原因在于商业模式根本不成立。类似的例子还有共享单车 ofo。在现实中，很多看起来引人入胜或逻辑严谨的创意并不一定会实现经济上的成功。创业的目的不是要开发某种产品或服务，而是要发展一项可持续成长的业务，关于产品或服务的创意只是创业的起点，将其展开为一项业务才是关键所在，而驱使创业者做出此类思考的重要工具就是商业模式。

按照精益创业的观点，创业企业是一个暂时性的组织，必须找到可重复、可升级的商业模式才能开始蜕变，逐渐化身为一个生生不息的伟大事业体。创业者意图开发的创新产品或服务能否为顾客、合作伙伴、企业创造价值，更多取决于他对商业模式关键变量的选择取舍，而不仅取决于产品或服务本身的内在特征。许多创业企业的成功，并不是因为产品创新性有多强，而是因为开发出了一套切实可行的商业模式。商业模式不仅能使初始创业资源得到最好的利用并让机会背后的价值得到最好的开发，还有助于潜在的投资者充分理解初创企业的商业逻辑并对是否投资做出快速决策。此外，围绕产品或服务开发商业模式的过程也迫使创业者更为深入地思考产品或服务本身能否真正满足用户需要及具有经济上的可行性。因此，认真设计并深入了解自己商业模式中的每个环节，并且不断去分析、精进，必然是身为一个创业者需要掌握的最基础的功课。

6.1 商业模式

6.1.1 商业模式的重要性

我们在现实中会发现，尽管大量创业者识别到了绝佳的市场机会，形成了新颖的创业思路并组建了才干超群的创业团队，但仍会很难获得投资者的认可，成长乏力或快速失败。其中，一个可能的重要原因便是没有建立起驱动健康成长的正确的商业模式。因此，创业者的一个主要任务就是探索并建立与机会相适配的商业模式。

需要说明的是，尽管商业模式创新目前已成为创业者或既有企业高管都极为重视的一种创新类型，但如果缺乏有真实顾客需求的机会、创造性的解决方案以及相关配套资源的支撑，商业模式创新所带来的高速增长也只能是昙花一现。商业模式不是一种简单易得的配方，而是由相互依存的各种活动构成的一个系统。

为了实现创业成功，创业者必须围绕机会或创意设计商业模式，充分整合资源并高效利用资源，与利益相关者建立合作伙伴关系并且与顾客进行有效的交流互动。在此过程中，一个深思熟虑、缜密设计的商业模式是至关重要的，原因如下：

- 商业模式迫使创业者进一步从业务系统视角思考创意或机会的可行性；
- 商业模式将创业者的注意力聚焦于业务系统的构成要素及各要素之间的适配机制；

- 商业模式解释了利益相关者愿意参与创业者的机会开发活动的动因；
- 商业模式向所有的利益相关者明晰诠释了业务运转的内在逻辑。

很多创业失败是因为商业模式先天有缺陷，典型如共享单车企业 ofo，这更加说明在创业早期思考和设计商业模式的重要性。创业者需要不断构思自己的商业模式并将其记录下来，时时对自己进行追问：顾客愿意购买我们的产品吗？如果顾客乐意购买，我们能生产出这样的产品吗？如果凭我们的能力无法生产出这样的产品，应该寻求谁的帮助？我们的商业模式是否能真的吸引利益相关者？如果合作伙伴的参与动力不足，如何激励他们？我们的利益相互一致，还是相互背离？我是否能吸引足够数量的合作伙伴？收入能弥补成本吗……如果针对部分问题的回答令自己不满意或者信心不足，那么就该修改甚至放弃目前的商业模式。

6.1.2 商业模式的内涵

究竟什么是商业模式呢？有关商业模式的讨论很多，却没有一个严格的定义，对商业模式的理解也存在着一定偏差。近年来，一些学者尝试对这一概念做出定义或解释，表 6-1 列出了一些代表性的观点。

表 6-1 商业模式的定义

学者（时间）	定义或解释
Timmers（1998）	商业模式是产品、服务和信息流的一个体系架构，包括说明各种不同的参与者以及他们的角色、各种参与者的潜在利益，以及企业收入的来源
Amit & Zott（2001）	商业模式描述了交易的内容、结构和规制，用以通过开发商业机会创造价值
Joan Magretta（2002）	商业模式用以说明企业如何运营，它必须回答管理者关心的一些基本问题：谁是顾客，顾客价值何在，如何在这个领域获得收入，以及如何以合适的成本为顾客提供价值
S. C. Voelpel et al.（2004）	商业模式表现为一定业务领域中的顾客核心价值主张和价值网络配置，包括企业的战略能力等，以及对这些能力的领导和管理，以持续不断地改造自己来满足包括股东在内的各种利益相关者的多重目的
Seddon & Lewis（2004）	商业模式是对一组活动在组织单位中的配置，这些单位通过在企业内部和外部的活动在特定的产品—市场上创造价值
Osterwalder et al.（2005）	商业模式是一个概念性工具，它借助一组要素以及要素之间的联系，用以说明一家企业的商业逻辑；它描述了企业向一个或多个顾客群提供的价值，企业为产生持续的盈利性收入所建立的架构以及移交价值所运用的合作网络与关系资本

资料来源：王迎军，韩炜．新创企业成长过程中商业模式的构建研究[J]. 科学学与科学技术管理，2011，32（9）：53.

需要指出的是，以上观点主要产生于对现存企业或电子商务企业的研究，大部分研究对象或是大型企业，或是经营内容复杂的企业。创业企业只具有简单的组织结构和经营内容，当商业模式的界定过于复杂时，反而不易透析出创业企业的特征。鉴于此，我们可以从商业模式要解决的问题的视角来理解商业模式。商业模式涉及三个基本问题：如何为顾客创造价值？如何为企业创造价值？如何将价值在企业和顾客之间进行传递？下面将依次介绍这三个基本问题。

（1）**如何为顾客创造价值？** 这里谈的实际上是顾客价值主张问题，即在一个既定价格水平上向其顾客提供能够帮助其完成任务的产品或服务。所有的企业得以运行都有自己的商业模式，哪怕是一家街头小店。当建立这样一家小店时，你首先要回答的问题是：顾客为什么偏偏进我的而不是别人的店。如果街上只有你这一家店（这种情况几乎不可能），问题的答案就很简单；如果街上已经有了很多店（实际情况常常是这样），问题的答案就不那么简单了。提供与众不同的产品或服务当然是一种答案，但这个答案常常不那么管用，因为在技术更新呈加速度发展的时候，产品或服务货品化和同质化的速度越来越快。这时，你有什么理由让人偏偏买你的而不是别人的产品？你必须向顾客提供同类产品难以模仿的价值，增加顾客的转换成本，让顾客对你的产品形成“成瘾性依赖”。遗憾的是，通过法律保护、技术和设计能力设置的模仿障碍在今天变得越来越脆弱。

于是，就有了商业模式的创新。众多在产品上具有创新能力的创业者誓言要超越甚至颠覆 iPod，但他们很快就发现 iPod 早已不是一种产品，而是一种商业模式。iPod 的背后，是苹果建立的网上音像商店 iTunes。购买一个 iPod，等于买下一家奇大无比的音像商店（现在从 iTunes 购买下载的数字音乐和电影的数量已经超出亚马逊书店）。iPod 有点类似于洛克菲勒的公司在卖煤油时免费送出的油灯（只不过 iPod 并非免费的油灯，而且比同类的油灯贵得多），有了这盏“油灯”，你就会从 iTunes 那里不停地购买“油”（数字音像）。因为乔布斯深知，顾客购买播放器的真正目的是听音乐和看电影，而其他公司以为顾客购买的是播放器本身。一种购买行为的背后，隐藏着另一种购买需求，甚至这种隐藏的购买需求背后还潜藏着一种或多种更隐秘的需求。平庸的企业往往只能看到显而易见的需求，并且把全部精力用来满足这种浅层的需求，而卓越的企业之所以卓越，就在于它们具有对顾客需求的还原能力。苹果公司目前所取得的一切业绩都始于这家公司对顾客需求超强的还原能力，这种被充分还原的需求，就是“顾客价值主张”。没有它，任何商业模式都无法成立。㊀

（2）**如何为企业创造价值？** 这里谈的实际上是企业价值主张问题，即在为顾客提供价值的同时又为自己创造价值。企业要想从创造的价值中获得价值，必须考虑以下问题。㊁

㊀ 吴伯凡 . 你卖的是什么？ [N]. 21 世纪经济报道，2009-04-24.

㊁ JOHNSON M W, CLAYTON M C, KAGERMANN H. Reinventing Your Business Model[J]. Harvard Business Review, 2008(December).

- 收益模式：营业收入＝价格 × 数量，数量可以是市场规模、交易规模、购买频率、附加性产品的销量。
- 成本结构：成本是如何分配的，包括主要工资的成本、直接与间接成本、规模经济等。成本结构主要取决于商业模式所需要的关键资源的成本。
- 利润模式：为实现预期利润，每笔交易所应产生的净利。
- 资源利用速度：为了完成目标数量，该以多快的速度来利用企业的资源？这涉及库存周转率、固定资产及其他资产的周转率，并且要从整体上考虑该如何利用好资源。

但必须明确，商业模式不同于盈利模式。事实上，商业模式虽然包含盈利模式，但盈利模式只是商业模式的其中一小部分。基本上，商业模式是你的企业在市场上创造并留下价值的方式。举例来说，如果你开的是早餐店，把原来价值 10 元的面包、火腿、鸡蛋做成一个可以卖 50 元的三明治，那你主要创造价值的方式就是“把食材变成食品”的这个过程。至于三明治做好之后，你是想要一个卖 50 元，还是要采取会员制，每个月支付 1 000 元，可以每天早上吃到新鲜的三明治，或者是吃白面包不用钱，但是想要加火腿、鸡蛋，每多一项食材收 20 元，抑或是通通不要钱，但是你必须要一边吃早餐，一边看广告，这些才是所谓的盈利模式。㊀

（3）**如何将价值在企业和顾客之间进行传递？**假设你为顾客和企业都设计了良好的价值，但这种价值如何进行传递呢？从逻辑上讲，只有拥有了独特的顾客价值主张和企业价值主张，才可能去谋求实现这种价值主张的资源和能力。初始创业想法往往无视自身资源与能力的局限，它可能确实包含着机会，但也很可能是别人（具有与之相匹配的资源和能力的人）的机会。顾客价值主张和企业价值主张如果没有相应的资源（顾客资源、产品渠道）与能力作为支撑，就难以形成商业模式，尤其是难以实现可持续、可盈利的收入流。

从上述三个基本问题可以看出，商业模式本质上是要回答彼得·德鲁克早就提出的一些问题：谁是你的顾客？顾客看重什么？它同时还回答了每个创业者都会问及的一些基本问题：从业务中如何赚钱？潜在的经济逻辑是什么？就是如何以合理的价格为顾客提供价值。

创业聚焦　　生鲜超市商业模式比较

盒马鲜生、永辉超级物种和美团掌鱼生鲜均为最近几年出现的新零售业态，主要提供生鲜零售配送服务。

在目标群体方面，盒马鲜生的核心顾客群体是 25～35 岁以家庭为重心的互联网用

㊀ Jamie Lin. 商业模式≠收费模式 [OL].http://mrjamie.cc/2012/05/21/business-model/.

户，35 岁以下的客户群体占比 64%，该消费群体更注重商品高品质，注重购物体验和服务，价格敏感度较低。永辉超级物种更关注青年白领，以 80 后、90 后消费群体为主，该类消费群体蕴含巨大的消费潜力。美团掌鱼生鲜的目标顾客群体同样为对价格不太敏感的年轻群体，除此之外还包括周边居民。在价值主张方面，盒马鲜生围绕“吃”这个场景为消费者提供线上为主、线下为辅的定制化服务和全品类供应。同时，盒马鲜生提供一站式生鲜购物，出售的商品种类达到 3 000 种。永辉超级物种作为多重餐厅的结合体，依据 80 后、90 后这一消费群体的显著特点，为消费者提供新鲜、可靠、时尚和高性价比的全球优质食材，打造超级美食梦工厂；美团掌鱼生鲜的标语是“掌鱼生鲜，便捷品质生活”，注重“便捷”和“品质”，希望利用线上线下融合、外卖配送的优势来实现消费升级。

目前新零售生鲜超市的盈利模式主要有三种。第一种是商品销售溢价。溢价商品来自自有品牌和国外品牌。盒马鲜生目前自营品牌偏少，国外品牌商品数量较丰富。永辉超级物种坚持以自营为主的盈利模式，通过不同自营餐饮品牌组成各个超级物种。掌鱼生鲜餐饮日料、海鲜加工、和牛排挡、中餐、水吧构成的轻餐饮业务板块等都为美团掌鱼生鲜自营品牌。第二种是商品预售。盒马鲜生的预售模式，可以解决传统线下即时型消费高损耗的问题，便于降低仓储成本。第三种，三家企业都为消费者定制一些高端餐饮，收取相应的代加工费用。新零售生鲜超市的成本结构基本相同。第一，场地成本。例如，盒马鲜生仓店一体的模式带来巨额成本，如经营门店的租赁费用、门店装修费用等。第二，商品采购和货运成本。生鲜进口商品大部分都是从原产地直采直供，经过全程冷链运输到超市专柜。第三，人力成本。比如配送人员、供应链采购人员、IT 人员等。

盒马鲜生作为阿里巴巴孵化出的新业态，关键资源主要来源于阿里系。首先，盒马鲜生的海鲜、冷鲜产品、冻品和海外直采与天猫共享强大的供应链，并自建仓储和物流，物流配送能力较强。盒马鲜生还具备淘宝 App 首页独家流量入口，巨大的线上流量为其带来线上流量资源。在技术方面，盒马鲜生与中国领先的智能物联网平台特斯联科技合作，致力于打造全数字化的业务流程 IT 系统。永辉超级物种拥有四大关键资源优势。永辉超级物种作为永辉超市子公司，拥有整个永辉的平台支撑，具备一定的品牌优势。同时，永辉超级物种拥有永辉多年打造的全球垂直的、高效完善的供应链支持。再者，永辉超级物种采用的合伙人制度将员工变成企业合伙人、公司主体经营者，人力资源方面优势明显。美团掌鱼生鲜背靠美团在餐饮商家方面积累的资源优势，还共享美团巨大的线上流量资源和完善的供应链资源。美团外卖的累计用户数量已经突破 2 亿，其庞大的线上流量资源是美团掌鱼生鲜关键资源之一。在物流配送方面，美团掌鱼生鲜具有美团外卖团队的资源优势。

新零售生鲜超市商业模式下的企业关键流程是基于“餐饮 + 超市 +O2O”模式，通过线上线下协同，实现价值创造的过程。盒马鲜生的业务流程是，基于消费者线下购物体验为起点，消费者通过安装盒马 App 线上下单，再使用支付宝结算，盒马鲜生在以门店为中心的3公里范围内30分钟内快速送达，未来中心仓配货，最后以门店和盒马鲜生App为核心，建立起会员网络获取消费者数据，实现大数据C2B管理。永辉超级物种的业务流程在线上下单、支付、配货和物流配送方面更多样化。消费者不仅可以通过永辉生活App下单，还可以通过微信小程序和饿了么App下单。支付方式不仅可以通过支付宝，也可以通过微信和银行卡结算；结算之后，提供两种消费方式——到店自提和门店快速配送，永辉超级物种可以从大仓库配货以及从附近永辉精标店调货。为了提高配送品质，永辉自建社区合伙人团队同时接入饿了么平台，提供30分钟快速送达的精准配送。最后永辉通过利用大数据深挖顾客需求，并根据顾客需求研发和设计全新的产品，实施商品定制，实现C2B+OEM管理。美团掌鱼生鲜业务流程也遵循新零售生鲜超市的一般业务流程，但智能化程度低于盒马鲜生。与盒马鲜生拥有悬挂链系统不同，美团大多数是人工对接拣货和配送，但美团掌鱼生鲜的优势在于拥有专业的美团外卖团队。

资料来源：王凤霞，等."新零售"背景下生鲜超市商业模式研究[J].商业经济研究，2018(22).

6.1.3 商业模式的逻辑

商业模式是企业创造价值的核心逻辑。商业模式的这一逻辑性主要表现在层层递进的三个方面（图6-1）。

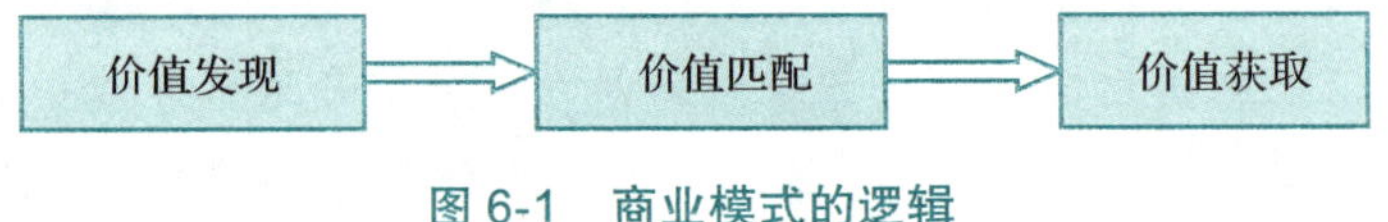

图6-1 商业模式的逻辑

价值发现：明确价值创造的来源，这是对机会识别的延伸。通过可行性分析识别创业者所认定的创新性产品和服务，这只是创建新企业的手段，企业最终的盈利与否取决于它是否拥有顾客。创业者在对创新性产品和服务识别的基础上，进一步明确和细化顾客价值所在，确定价值命题，是商业模式开发的关键环节。

绕过价值发现的思考过程，创业者很容易陷入"如果我们生产出产品，顾客就会来买"的错误逻辑，这是许多创业实践失败的重要原因之一。

行动指引

电动平衡车

电动平衡车由美国发明家Dean Kamen领导的团队发明设计。在平衡车上市前，坊间传闻这将是一款革命性的都市人群代步工具，风险投资家John Doerr预测电动平衡车公司赛格威会成为历史上最先取得10亿美元销售成绩的公司，并且它将"比因特网的影响还要巨大"。上市时，一台平衡车定价大约为5 000美元（也就是一台像样的二手车的价格）。在这种平衡车上，驾驶人只需要改变自己身体的角度，车辆就会根据倾斜的方向前进或后退。只要运行正常并且有充足的电力，驾驶人在上面没有跌落的可能。不过，叫座不一定叫卖。赛格威公司的平衡车于 2001 年 12 月开始量产销售，Dean Kamen 希望产品能在 2002 年结束以前，每周卖出 1 万台，这样一年内的销量就有 50 万台，但在之后的 6 年里，平衡车总计只卖出 3 万台。

从赛格威公司惨败的教训中我们看到，电动平衡车设计的初衷是在上下班高峰为代步所用，它控制人体平衡的能力比人体还要卓越。比起汽车，它更加节能高效，并且你不需要担心加油与停车的问题，从这几方面来看，它的出现简直就是个奇迹，所以，导致平衡车没有大举成功的原因并不是产品或技术，而是因为没有吸引足够多的顾客成为它的用户。

相反，许多创业实践成功的重要原因在于发现了具有潜力的顾客需求。它们为了最大限度地开发和满足这些顾客需求，往往改变了创新产品或服务的发展路径，而使其更加接近顾客的需求，如李彦宏创建的百度搜索。1999 年，李彦宏利用向门户网站授权网络搜索技术创业。2001 年，网络泡沫破灭，门户网站自身的生存开始面临严峻考验。这时，百度决定从后台走向前台，设立自己的网站，并且采用“企业竞价排名”概念向企业收取费用，使企业在搜索结果页面上优先排序，这样可以帮助企业的潜在顾客直接进入企业网站，增加企业赢得新顾客的可能性。虽然搜索技术本身没有变化，但百度利用搜索技术为顾客服务的方式发生了很大的转变，在 2003 年年初开始盈利。

价值匹配：明确合作伙伴，实现价值创造。新企业不可能拥有满足顾客需要的所有资源和能力，即便新企业愿意亲自去打造和构建需要的所有能力，也常常面临着很大的成本和风险。因此，为了在机会窗口内取得先发优势，并最大限度地控制机会开发的风险，几乎所有的新企业都要与其他企业形成合作关系，以使其商业模式有效运作。以戴尔公司的初创阶段为例，与供应商、托运企业、顾客以及其他许多商业伙伴的合作，促使戴尔公司的商业模式形成。假如戴尔公司的供应商不愿意在即时原则基础上向它供应新式零部件，戴尔公司就要付出很高的库存成本，就不可能向顾客供应高品质产品或进行价格竞争。戴尔公司与供应商密切合作，不断激励他们参与进来。通过与戴尔公司合作，这种方式也有助于供应商获利，因为戴尔公司的订单规模占了供应商很大部分的生产份额。

价值获取：制定竞争策略，占有创新价值。这是价值创造的目标，是新企业能够生存下来并获取竞争优势的关键，因此是有效商业模式的核心逻辑之一。许多创业企业是新产品或服务的开拓者，但不是创新利益的占有者。[⊖] 这种现象发生的根本原因在于这些企业忽视了对创新价值的获取。

价值获取的途径有两方面：一是为新企业选择价值链中的核心角色，二是对自己的商业模式细节最大可能地进行保密。对第一方面来说，价值链中每项活动的增

⊖ DAVID T. Profiting from Technological Innovation[J]. Research Policy, 1986(15): 285-305.

值空间是不同的，哪一家企业占有了增值空间较大的活动，就占有了整个价值链价值创造的较大比例，这直接影响到创新价值的获取。对第二方面来说，有效的商业模式被模仿，在一定程度上将会侵蚀企业已有利润，因此创业企业越能保护自己的创意不泄露，越能较长时间地占有创新效益。

例如，谷歌通过以下几种方式赚取收入：巧妙地安排随同搜索结果一起出现的广告；向门户网站（如美国在线）许可搜索技术；向企业许可搜索技术，以建立企业内部搜索引擎；即使有见识的观察者也难以觉察的其他获利途径。谷歌严守它的商业模式秘密，避免其他企业成功复制其运作方式。谷歌对有效商业模式的细节向其他企业保密的时间越长，它就越能长时间地获得巨额投资回报。

总体来看，价值发现、价值匹配和价值获取是有效商业模式的三个逻辑性原则，在其开发过程中，每一项思考过程都不能忽略。新企业只有认真遵循了这一原则，才能真正开发出同时为顾客、企业以及合作伙伴创造经济价值的商业模式。

对很多人来说，非常容易混淆商业模式和战略这两个概念，因为战略也极为强调价值发现、价值匹配和价值获取。毋庸置疑，商业模式和战略之间是相互关联的。但是，商业模式指的是企业如何在市场竞争中运作，并为股东创造和获取价值；战略指的是通过规划为企业设定一个独特而有价值的定位，包括一系列差异化的行动。以 Uber 为例，公司采取的战略是将自己打造成租车行业的新巨头，而制定的新的运营逻辑，即股东创造和获取价值的方式，则是 Uber 的新商业模式。

重要概念

商业模式、战略与战术

我们可以把商业模式想象为一辆汽车。不同的车辆会设计不同的功能——传统引擎与混合动力引擎的运作方式就有很大不同，标准变速器和自动变速器的运作也不相同，这就为驾驶者创造了不同的价值。车辆的制造方式决定了驾驶者可以做什么，不可以做什么，也决定了他可以采用的战术。比如，要在巴塞罗那哥特区蜿蜒的小巷中自由穿梭，低能耗紧凑型轿车绝对比大型 SUV 越野车更能为驾驶者创造价值，因为大型越野车在这里几乎毫无用武之地。如果驾驶者对车子进行改装，包括外观、功率、油耗、座位等，那么这些改装都不是战术性的，而是构成了战略变化，因为这包含了对车辆（“商业模式”）本身的变更。简言之，战略关乎设计和制造汽车，商业模式是汽车本身，而战术则是如何驾驶汽车。

资料来源：拉蒙·卡萨德苏斯·马萨内尔，霍安·里卡特．在竞争中设计商业模式 [J]. 哈佛商业评论（中文版），2011(7)：121-130.

6.2 商业模式的设计框架

长期从事商业模式研究和咨询工作的埃森哲公司认为，商业模式至少要满足两个必要条件：①必须是一个整体，有一定结构，而不仅仅是一个单一的因素；②组成部分之间必须有内在联系，这个内在联系把各组成部分有机地关联起来，使它们互相支持，共同作用，形成一个良性的循环。因此，商业模式实际上是一种包含了一系列要素及其关系的概念性工具，用以阐明某个特定实体的商业逻辑，描述了公司所能为顾客提供的价值以及公司的内部结构、合作伙伴网络和关系资本（顾客关系）等用以实现（创造、营销和交付）这一价值并产生可持续、可盈利性收入的要素。[⊖] 按照这个观点，商业模式应具备五个特征：①包含诸多要素及其关系；②是一家特定公司的商业逻辑；③是对顾客价值的描述；④是对公司的构架和它的合作伙伴网络与关系资本的描述；⑤产生盈利性和可持续性的收入流。

重要概念

商业模式是一个活动体系

商业模式是同时能为企业的利益相关者创造价值的相互依存的各种活动构成的体系。举例来说，以前，苹果公司只是设计硬件，之后把用这些硬件生产和组装完成后形成的产品卖出。所以，它们的价值等式就是硬件的销售。iPod 的推出大大改变了苹果公司的商业模式，因为公司认识到，自己不只是通过销售设计精良的电子设备为利益相关者创造价值，而且还能通过人们对这些设备的使用为利益相关者创造价值。通过与音乐产业建立关系，苹果公司 iPod 的推出显著改变了自己的商业模式，音乐产业是各类歌曲作品的知识产权所有者，苹果公司让这些唱片公司确信，它们可以销售歌曲，而不只是销售 CD。随后，苹果公司通过一个电子商店 iTunes 让人们下载自己选中的音乐作品。人们每下载一首歌曲，苹果公司就能从中获得一些收益，因此该公司既为顾客创造了价值，也为公司的利益相关者创造了价值，很显然，也为公司员工创造了价值。

商业模式是企业如何开展业务的方略，它是一个各种活动的体系。当苹果公司推出 iPod 时，新的商业活动就此出现，通过改进的商业模式创造出的价值也得到了提升，因为（在这个生境中）有了新利益相关者。需要注意的是，利益相关者群体跨越了企业和产业的边界。谁会想到一家计算机公司会进入音乐产业领域呢？可突然之间，苹果公司就进入了音乐产业领域。

资料来源：沃顿知识在线对沃顿商学院管理学教授拉菲·阿密特（Raffi Amit）的访谈．最近的创新：重新设计商业模式．2014 年 12 月 2 日．

若要很好地回答商业模式涉及的三个基本问题：价值创造、价值获取和价值传递，可以把商业模式分为 9 个关键要素：顾客细分、价值主张、渠道通路、顾客关系、收入来源、核心资源、关键业务、重要伙伴以及成本结构（见图 6-2），参照这九大要素就可以描绘、分析你的企业的商业模式。

⊖ 亚历山大·奥斯特瓦德，伊夫·皮尼厄．商业模式新生代 [M]. 北京：机械工业出版社，2011.

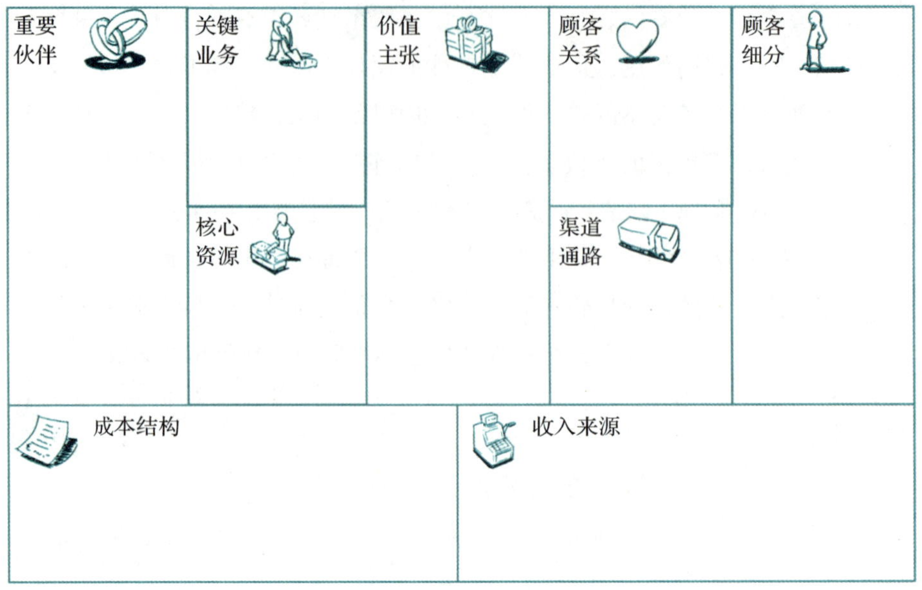

图 6-2 商业模式的设计框架

资料来源：亚历山大·奥斯特瓦德，伊夫·皮尼厄. 商业模式新生代 [M]. 北京：机械工业出版社，2011.

下面依次对 9 个要素进行说明。

（1）**顾客细分。**用来描述想要接触和服务的不同人群或组织，主要回答以下问题：

- 我们正在为谁创造价值？
- 谁是我们最重要的顾客？

一般来说，可以将顾客细分为 5 种群体类型。①大众市场：价值主张、渠道通路和顾客关系全都聚集于一个大范围的顾客群组，顾客具有大致相同的需求和问题；②利基市场：价值主张、渠道通路和顾客关系都针对某一利基市场的特定需求定制，常可在供应商 – 采购商的关系中找到；③区隔化市场：顾客需求略有不同，细分群体之间的市场区隔有所不同，所提供的价值主张也略有不同；④多元化市场：经营业务多样化，以完全不同的价值主张迎合完全不同需求的顾客细分群体；⑤多边平台或多边市场：服务于两个或更多的相互依存的顾客细分群体。

（2）**价值主张。**用来描绘为特定顾客细分创造价值的系列产品和服务，主要回答以下问题：

- 我们该向顾客传递什么样的价值？
- 我们正在帮助顾客解决哪一类难题？
- 我们正在满足哪些顾客需求？
- 我们正在提供给顾客细分群体哪些系列的产品和服务？

价值主张的简要要素主要包括：①新颖，产品或服务满足顾客从未感受和体验过的全新需求；②性能，改善产品和服务性能是传统意义上创造价值的普遍方法；③定制化，以满足个别顾客或顾客细分群体的特定需求来创造价值；④把事情做好，可通过帮顾客把某些事情做好而简单地创造价值；⑤设计，产品因优秀的设计脱颖而出；⑥品牌或身份地位，顾客可以通过使用和显示某一特定品牌而发现价值；⑦价格，以更低的价格提供同质化的价值，满足价格敏感顾客细分群体；⑧成本削减，帮助顾客削减成本是创造价值的重要方法；⑨风险抑制，帮助顾客抑制风险也可以创造顾客价值；⑩可达性，把产品和服务提供给以前接触不到的顾客；便利性或可用性，使事情更方便或易于使用可以创造可观的价值。

（3）**渠道通路**。用来描绘如何沟通接触顾客细分群体而传递价值主张，主要回答以下问题：

- 通过哪些渠道可以接触我们的顾客细分群体？
- 我们如何接触他们？我们的渠道如何整合？
- 哪些渠道最有效？
- 哪些渠道成本效益最好？
- 如何把我们的渠道与顾客的例行程序进行整合？

企业可以选择通过自有渠道、合作伙伴渠道或两者混合来接触顾客。其中，自有渠道包括自建销售队伍和在线销售，合作伙伴渠道包括合作伙伴店铺和批发商。

（4）**顾客关系**。用来描绘与特定顾客细分群体建立的关系类型，主要回答以下问题：

- 我们的每个顾客细分群体希望我们与其建立和保持何种关系？
- 哪些关系我们已经建立了？
- 这些关系成本如何？
- 如何把它们与商业模式的其余部分进行整合？

一般来说，可以将顾客关系分为 6 种类型：①个人助理，基于人与人之间的互动，可以通过呼叫中心、电子邮件或其他销售方式等个人助理手段进行；②自助服务，为顾客提供自助服务所需要的全部条件；③专用个人助理，为单一顾客安排专门的顾客代表，通常是向高净值个人顾客提供服务；④自助化服务，整合了更加精细的自动化过程，可以识别不同顾客及其特点，并提供与顾客订单或交易相关的服务；⑤社区，利用用户社区与顾客或潜在顾客建立更为深入的联系，如建立在线社区；⑥共同创作，与顾客共同创造价值，鼓励顾客参与全新和创新产品的设计与创作。

（5）**收入来源**。用来描绘从每个顾客群体中获取的现金收入（需要从创收中扣除成本)，主要回答以下问题：

- 什么样的价值能让顾客愿意付费？
- 他们现在付费买什么？
- 他们是如何支付费用的？
- 他们更愿意如何支付费用？
- 每个收入来源占总收入的比例是多少？

一般来说，收入来源可分为7种类型：①资产销售，销售实体产品的所有权；②使用收费，通过特定的服务收费；③订阅收费，销售重复使用的服务；④租赁收费，暂时性排他使用权的授权；⑤授权收费，知识产权授权使用；⑥经济收费，提供中介服务收取佣金；⑦广告收费，提供广告宣传服务收入。

（6）**核心资源**。用来描绘让商业模式有效运转所必需的最重要的因素，主要回答以下问题：

- 我们的价值主张需要什么样的核心资源？
- 我们的渠道通路需要什么样的核心资源？
- 我们的顾客关系需要什么样的核心资源？
- 我们的收入来源需要什么样的核心资源？

一般来说，核心资源可以分为四种类型：①实体资产，包括生产设施、不动产、系统、销售网点和分销网络等；②知识资产，包括品牌、专有知识、专利和版权、合作关系和顾客数据库；③人力资源，在知识密集产业和创意产业中，人力资源至关重要；④金融资产，金融资源或财务担保，如现金、信贷额度或股票期权池。

（7）**关键业务**。用来描绘为了确保其商业模式可行，必须做的最重要的事情，主要回答以下问题：

- 我们的价值主张需要哪些关键业务？
- 我们的渠道通路需要哪些关键业务？
- 我们的顾客关系需要哪些关键业务？
- 我们的收入来源需要哪些关键业务？

一般来说，关键业务可以分为三种类型：①制造产品，与设计、制造及发送产品有关，是企业商业模式的核心；②平台或网络，网络服务、交易平台、软件甚至品牌都可看成平台，与平台管理、服务提供和平台推广相关；③问题解决，为顾客提供新的解决方案，需要知识管理和持续培训等业务。

（8）**重要伙伴**。让商业模式有效运作所需的供应商与合作伙伴的网络，主要回答以下问题：

- 谁是我们的重要伙伴？
- 谁是我们的重要供应商？
- 我们正在从伙伴那里获取哪些核心资源？
- 合作伙伴都执行哪些关键业务？

一般来说，重要合作可以分为四种类型：①在非竞争者之间的战略联盟关系；②在竞争者之间的战略合作关系；③为开发新业务而构建的合资关系；④为确保可靠供应的采购商 - 供应商关系。

（9）**成本结构**。商业模式运转所引发的所有成本，主要回答以下问题：

- 什么是我们商业模式中最重要的固有成本？
- 哪些核心资源花费最多？
- 哪些关键业务花费最多？

一般来说，成本结构可以分为两种类型：①成本驱动。创造和维持最经济的成本结构，采用低价的价值主张、最大限度自动化和广泛外包。②价值驱动。专注于创造价值，增值型的价值主张和高度个性化服务通常以价值驱动型商业模式为特征。

创业聚焦　**一分钟诊所**

1999 年 7 月的一个周末，美国人里克 · 克里格的儿子咽喉痛。由于家庭医生已经下班，克里格只好带着儿子去紧急护理诊所。在检查是否患有链球菌咽喉炎时，检查程序异常烦琐，他们进行了漫长的等待。在回家后的思考过程中，克里格突然想到，能否建立一种像便利店那样相对简单的医疗模式？毕竟大部分就诊患者只需要一个合格的医生进行常规检查，并能针对结果做出扼要处理即可，而非每次都要电话预约专家门诊、联系外科大夫、进行全身详细检查。

在这个突发奇想的启示下，克里格创办了一家诊所，以最快的方式治疗 18 个月以上的儿童和成人的常见疾病。他为诊所取了一个很有张力的名字——Minute Clinic，即一分钟诊所。这是一个能够使人们联想到快捷医疗服务的名字，向客户清晰、快速地传达价值主张和新的服务概念。诊所服务时间和地点力求方便。时间上，诊所力求一周 7 天 24 小时营业。选址则着重于民众常去的地方，比如沃尔玛、家乐福这样的大型超市内，方便人们购物时就诊；比如政府机关和私人企业附近，方便上班族利用午休时间看诊；又比如各大连锁药店旁，方便病人看诊完毕可以直接到药店拿药。

病人到诊所后，诊所采取随到随诊的做法，大幅缩短了病患排队等候的时间。顾客抵达诊所时，若已有其他患者在看诊，可以选择留在现场等候，或者拿着诊所特制的呼叫器，到旁边的超市购物。轮到顾客看诊时，护士会通过呼叫器通知。即使等待的时间不过十几分钟，诊所也会给忙碌的顾客提供利用空当的机会。

每家诊所在相应时段都有一名驻诊护士，护士对患者当场进行检测，然后结合患者陈述的病史和病情进行诊断治疗。诊所的系统可以对患者进行快速登记、快速治疗并自动生成病例。为了保证快速、便宜和高效，诊所治疗方案只针对易于诊断的病症，针对这些病症，护士只需要根据既定的“自动诊疗方案”就可以自行处理。如果遇到复杂的病案，则会以最快的时间及时转到建立“绿色通道”的专业医护人员那里。诊所的所有治疗均不超过15分钟，病人随治随走。

治疗服务的各项费用，就像列在麦当劳的菜单上一样，清楚、透明又低价，价格低至30～110美元。除了常见病痛之外，一分钟诊所也提供健康检查及其他医疗相关服务，包括注射流感疫苗、验孕、清除耳垢等。由于民众接受度高，美国大多数保险公司都已将一分钟诊所纳入给付范围，即使全额自费也很便宜。

就像连锁零售店一样，一分钟诊所力求标准化，收费虽然不高，利润却相当可观。诊所的设备只需基本的检测仪器，投入成本不高。在规模效应和低成本运作下的每个月固定的大笔支出，只相当于一两个驻诊护士的薪水。

一切都在向诊所的核心目标发展：向大众提供快速、便利的医疗保健服务。时间成本、人力成本、设备成本均降低到极致的医疗服务模式就此形成。

目前，一分钟诊所已经发展为集团化运营，在美国已有350多家连锁经营的诊所，成为美国的一道风景，在大小卖场，都存在这样便捷的医疗服务系统。它有效地填补了传统医疗保障体系的缺失，“Minute Clinic”也不再仅是一家集团的名称，而是已经形成了一种高效、便捷的医疗连锁模式。

资料来源：薛家鑫.小诊所的“工业革命”[J].商界评论，2011(1).

其实，任何一种商业模式都少不了上述9个要素，任何新型的商业模式都不过是这9个要素按不同逻辑的排列组合而已。每个人的定位、兴趣点和视角都不一样，向各个要素中添加的内容当然也就不一样，于是就有了不同的商业模式。根据上面案例提供的素材，你能按照9个要素勾勒出一分钟诊所的商业模式吗？

在开始按照上面的9个要素设计商业模式之前，必须牢记一点：商业模式是动态的，它存在的目的就是被更新，好让团队里的每个成员了解今天、本周我们正在执行的计划是什么。一旦执行的过程发现有问题，那就要回头修改相对应的商业模式要素，并且确认这个改动会不会影响其他的要素。[㊀] 一分钟诊所目前的商业模式也不是从创业伊始就明确确立的，而是随着创业征程的前进，在与各种利益相关者频繁反复的交互过程中，逐步调整迭代而成的。

㊀ Jamie. 获利世代：写计划书，步入发展一个伟大的模式 [OL]. 虎嗅网，2012年12月18日 .

6.3　商业模式设计的一般过程

在了解了商业模式的构成要素之后，就需要设计商业模式了。下面是商业模式设计的一般过程，需要说明的是这个过程并不是线性的，可能经历各种反复。

6.3.1　分析并确定目标顾客

商业模式设计的第一步也是最重要的一步就是确定你的顾客是谁。不知道顾客是谁，几乎是初次创业者最常犯的错误，因为大多数人往往是从自己想提供的产品或功能出发，而不是从顾客想要什么出发。但创业归根到底经营的是市场而不是技术，出售的是价值而不是专利，所以你必须要清楚地知道顾客是谁，顾客为什么要购买你提供的产品。在识别目标顾客时，可以参照以下几个步骤。

（1）描述顾客的轮廓。对顾客的轮廓必须要有一个大致的描述，一开始不用精准，因为进入市场后，还可以再调整，但一定要从这个步骤开始。描述的方式包括他们的年龄、性别、婚姻状态、居住地区、收入水平、兴趣、嗜好、习惯以及其他常用的服务等。

延伸阅读

用户画像的 7 个条件

用户画像又被称为用户角色（persona），作为一种勾画目标用户、联系用户诉求与设计方向的有效工具，用户画像在各领域得到了广泛的应用，尤其是创业领域。David Travis 认为，一个令人信服的用户画像要满足 7 个条件，即 PERSONA：

- P 代表基本性（primary research），指该用户画像是否基于对真实用户的情境访谈。
- E 代表移情性（empathy），指用户画像中包含姓名、照片和产品相关的描述，该用户画像是否引发同理心。
- R 代表真实性（realistic），指对那些每天与顾客打交道的人来说，用户画像是否看起来像真实人物。
- S 代表独特性（singular），每个用户是不是独特的，彼此很少有相似性。
- O 代表目标性（objectives），该用户画像是否包含与产品相关的高层次目标，是否包含关键词来描述该目标。
- N 代表数量（number），用户画像的数量是否足够少，以便能记住每个用户画像的姓名，以及其中的一个主要用户画像。
- A 代表应用性（applicable），是否能使用用户画像作为一种实用工具进行决策。

（2）详细列出顾客的问题。接着，必须要一项项地列出顾客可能有的问题。这些问题可能有几十个，要把有可能成立的，逐一列出来。

（3）确认并厘清重要问题。接着，开始去跟符合顾客描述的人聊天，确认每个顾客问题的存在。在这个过程中，会删掉很多其实不存在的问题，也会增加很多他们真正有的问题。最少要跟 3～5 个人聊天，最好能够跟二三十个人聊天。完成之后，你就会有一个初步的、精简版的问题清单。接着，可以做更大规模的问卷调查，再去确认在这个精简后的问题清单中，哪些问题普遍存在，哪些问题其实也没有那么重要。另外，也要针对每个问题的愿付成本做调查。

（4）调查市场。当经历了上面步骤后，理论上应该会产生一个重点问题清单（如果没有的话，那就得退回访谈的步骤，或是重新选择另一个目标群体）。接着，需要开始做一些自上而下的市场规模调研。去看看类似的、即将被你取代的产品在市场上的表现，有哪些可能竞争性产品、市场够不够大、上下游关系会不会难以切入等。当然对大多数的产业区块而言，这些信息的正确度往往很差，因此导致大企业"闻一闻"就放弃了，否则也轮不到我们来创业。所以别被这个步骤的结果吓到，除非产业明显不可进入，否则调查来的资料基本上应该只是一个参考点。㊀

完成了以上这些步骤，就对顾客的基本情况、他们有哪些问题和相应的市场规模有了初步的概念。

6.3.2 定义并检验价值主张

价值主张是商业模式的基础，它说明了我们向选定的目标顾客传递什么样的价值或者帮顾客完成什么样的任务。任何类型的企业都有价值主张，因为企业都需要提供产品或服务来满足其目标顾客需要完成的任务。创业团队可以利用头脑风暴方法思考可能的价值主张。

行动指引

头脑风暴的基本方法

（1）**明确主题**。首先必须对主要问题进行清晰的描述，这就要求在头脑风暴之前有充分的准备，特别要花些时间建立一个明确的讨论主题。讨论的主题不能是泛泛的方向性描述，而应是具体的发问。

（2）**制定规则**。避免在一开始就拒绝或是批评某些创意，这样会过早消耗能量，影响大家的积极性。

（3）**创意数量**。统计每次头脑风暴产生的创意数量，一方面可以激发参与者的积极性，检验讨论的流畅性；另一方面可以在创意间进行往复比较。

（4）**建设和跳跃**。头脑风暴主持者在开始时要"建设"一种"轻松、舒缓的交流气氛"：当讨论积极性缓慢上升时，主持者把握"跳跃"机会，让创意顺利通过能量曲线的陡峭部分，当讨论的能量沿曲线方向逐渐进入高峰平稳期后，主持者的目的就达到了。

（5）**空间记忆**。将不断涌现的创意在纸上写下来，贴在墙面上有助于记忆和对问题的深入讨论。尽管计算机技术越来越

㊀ Jamie Lin. 搞清楚客户是谁 [OL].http://mrjamie.cc/2012/05/25/bmc-customer-segments/，2016-01-15.

发达，但传统方法有时能取得更好的效果。比如写字板、大号记事贴、成沓的厚纸等，当大家忙于写写画画时，主持人会迅速记下创意，让大家看到进展。

（6）**精神热身**。这是让所有参与者净化大脑，进入一种更轻松友好的氛围的方法。尽管耽误一点时间，但能使人们忘掉手头的烦心事，并专注在当前的会议上。精神热身的方式不限，可能是快节奏的文字游戏，或是集体的身体运动。

（7）**具体化**。除了文字记录、画草图、列图表以外，其他更为具体、形象的方法对开阔思路更有帮助。比如用纸张、卡片、一次性筷子等随手能找到的物品制作一些模型，来表达你的创意思路；或者干脆用身体表演、模拟人们的消费行为，从中找到灵感。

当通过头脑风暴得出价值主张后，需进一步检验价值主张是否可行。若要检验价值主张是否符合顾客需求，可以从三点来看。㊀

（1）真实性。价值主张不应停留在构想阶段，须具有真实性，在某一特定期间可以让顾客看到所提供的附加价值。顾客所期望的价值可以区分为 3 个层次，一是解决目前问题，二是解决竞争者无法解决的问题，三是满足未来的需求。

（2）可行性。具有可行性的价值主张，才是好的价值主张。可行性包括可以执行、可评估效果，最好是竞争者没有的，这样的价值才符合多数顾客的期望。

（3）与顾客的关联性。在定义价值主张之前，须用心研究顾客需求、购买行为、当前满足情形、不满意原因等，据此发展与顾客息息相关的产品和服务，缩小产品供给与顾客需求的落差。

根据检验过的价值主张，发现可以提供的产品、服务或解决方案。

6.3.3　设计营收模式

根据所设定的目标市场及价值主张，进一步设计可能的收费来源、收费模式及定价。

设计营收模式的第一步在于确认此商业模式所有的营收来源，以及了解此商业模式如何创造营收及营收模式为何。营收模式基本上是“价格 × 销量”。价格的制定，应依照价值主张而变。对于低成本的商业模式，目标价格点可能是整个营收模式的关键点。在溢价商业模式中，其价格可能是需要传递独特价值所需的资源成本。而销量的部分，则依照先前所预估的市场规模而定。

成本结构大多由直接成本、人力成本所组成，并考虑经济规模，主要来自传递价值主张所需的关键活动与关键资源。

毛利源自营收模式及成本结构，许多公司会将毛利作为获利与判断创意是否适当的指标。然而，商业模式设计的目的，不只是协助维持至某个毛利，而是着眼于建立可获利的成长平台。

㊀ 刘基钦．商业模式创新：创新方法研析报告 [R]. 2012-06-30.

创业最终的目标当然是让收入大于成本，当一个商业模式做到了这件事情，并且有高度可规模化的潜在顾客时，我们则称这是一个可升级的商业模式，也是所有初创业者追求的目标。

6.3.4 设计关键流程与资源

在目标顾客、价值主张及营收模式确定后，就需要考虑必须哪些要素到位才能支撑这三者。通常我们需要考虑三大块：关键活动、关键资源和关键伙伴。

关键活动也就是身为一个创业团队，你必须要完成的工作项目。如果你连产品都还没有，那开发产品当然就是你的关键活动。但开发什么产品？绝不能完全从个人兴趣出发。你要开发的产品，是基于前面研究了目标顾客后得到的信息，也就是目标顾客共同面临的问题，因而决定提出的价值主张，然后据此得出来的一个产品。而当产品开发完成，并且发现有产品与市场之间存在适配关系后，则你的关键活动也会开始变多。业务、顾客服务、商务发展、质量控制，只要可帮助整个公司进步，都必须放入商业模式画布中加以追踪，并且想办法不断优化。

关键资源是根据前面所有的设定，思考这个商业模式需要什么资源。如果你是提供消费者在线餐厅订位的软件系统，那你的关键资源当然是“空桌”，而且不是一般的空桌，要是消费者想订的空桌。因为少了这些“好空桌”，无论你开发再完美的订位系统也没用，这也是过去 10 多年来无数个尝试类似商业模式的团队的共同问题，总是等到产品做好了，才发现根本没有空桌可以卖。同样的道理，如果你是做精品生意的奢侈店，那关键资源就是那些一流国际名牌的包包、皮件。当然，发展到了某个程度，资金也会是非常重要的关键资源，尤其当你想要加速成长的时候。

关键伙伴就是提供给你关键资源的那些伙伴。例如在线折扣酒店预订，你可能需要与一些酒店建立战略合作伙伴关系，同时可能需要找到一家专业的 IT 技术公司，将软件系统的开发外包给对方。

通过一些问题的引导，可以帮助我们思考可能需要的关键活动、关键资源与关键伙伴。下面是一些可供参考的问题。

- 人员：传递价值主张所需的技能、人才及专家如何？
- 品牌：我们有能力建立一个新品牌吗？还是可以借助现有品牌的知名度？
- 供应商：我们现在的供货商，是否可以满足新商业模式在能力上的缺口？
- 技术：我们的技术与竞争对手有何差异之处？
- 渠道：我们是否有能力激励渠道？
- 研发 / 产品开发：需要什么样的经验与技术？是否有这样的技术？

- 制造：多少量可以达到经济规模？我们有这种制造能力吗？
- 人资：需要什么样的人才？
- 信息：什么样的 IT 系统与工具是必需的？

商业模式是一个系统，拥有所有系统应有的特征。商业模式系统的要素之间是互相影响的，没有绝对从属关系。商业模式这个系统存在的目的是长期、可发展、可重复的价值产生，然而没有一个要素是因为那样的目的而存在，所以要素间必须要巧妙、和谐地共生，才能够达到系统的目的。也因此，只优化其中一个要素，往往无法达成系统的目的。

6.4 在模仿与竞争中设计商业模式

每个创业者都想为自己的企业设计一个独特、全新的商业模式来颠覆产业内现有的企业，但商业模式创新是一件非常困难的事情。实际上，很多企业都是在模仿、改进现有商业模式的基础上收获了巨大的成功，比如腾讯、百度。即便你已经设计了一个独特的商业模式，也会面临其他企业的快速模仿并利用相似的商业模式与你开展竞争，因此在竞争中设计商业模式显得极为重要。

6.4.1 在模仿中设计商业模式[㊀]

一般来说，模仿其他企业的商业模式的方法可以归纳为全盘复制和借鉴提升两类。

1. 全盘复制

全盘复制商业模式的方法比较简单，即对优秀企业的商业模式进行直接复制，将较为优秀的商业模式全盘拿来为我所用，当然有时也需要为适合企业情况略加修正。全盘复制的方法主要适用于行业内的企业，特别是同属一个细分市场或拥有相同产品的企业，更包括直接竞争对手之间商业模式的互相复制。

全盘复制优秀企业的商业模式有两个注意点：一是需要快速捕捉到商业模式的信息，谁先复制就可能具备先发优势；二是主要进行细节调整，复制不等于生搬硬套，需要针对本细分市场或企业情况进行适应性调整。

2. 借鉴提升

引用创新点。通过学习和研究优秀商业模式，对商业模式中核心内容或创新概念给予适当提炼与节选，通过对这些创新点的学习，比照本企业的相关内容，寻找本企业商业模式与这些创新点的不足，如果这些创新点能够比本企业现阶段商业模式中的相关内容更符合企业发展需要，企业就应结合实际需要将这些创新概念在

㊀ 付志勇 . 商业新秀借商业模式突围制胜 [J]. 销售与管理，2011(11).

本企业给予引用并发挥价值。引用创新点学习优秀商业模式的方法适用范围最为广泛，不同行业、不同竞争定位的企业都适用。

创业聚焦　　百度商业模式创新

百度初始的商业模式是通过给门户网站提供搜索技术获取服务费用，当发现给门户网站提供技术服务难以有较大发展的时候，百度对自己的商业模式进行了修正，通过出售应用软件与服务获得经济回报，这个商业模式帮助百度度过了艰难的创业期。但是这个商业模式的目标人群较小，是对自我技术的出售，不可能做大主营业务和持续发展，百度需要找到能够快速发展和做大的商业模式。2001年百度才确定了现在的商业模式——基于竞价排名的网络推广方式，而这个创新是百度通过借鉴Overture公司的竞价排名，并将竞价排名作为自己的主要盈利模式，最终百度通过引用国外商业模式的创新点而使自己成功上市。

虽然引用商业模式中的盈利模式对企业效益的提升较为明显，但是产品模式、运营模式、业务模式的引用也可为企业带来明显的价值，并提升企业的核心竞争能力和支撑盈利模式实施的能力，所以企业也需不断加强对产品模式、运营模式和业务模式的学习与优化。

延伸扩展。具体做法是，通过对最新商业模式的了解，寻找使用这种商业模式的企业所在行业及细分市场，通过穷尽分析和专业分析找到同一行业内尚未开发的其他细分市场，将该种商业模式的主体框架率先运用在同一行业的不同细分市场，使商业模式的应用范围不断扩展到其他细分市场，当然商业模式在实际运用中需要针对细分市场进行优化和调整。这种学习方法的优点是借助商业模式的研究，寻找到尚未开发的其他有效细分市场，并有机会构建先发竞争优势，且使用范围也更为广泛，并适用于行业内所有的企业。行业外的企业如果想多元化发展，寻找新的业务发展机会，也可以直接复制或学习这种商业模式，使其顺利进入该行业。

专栏6-1

拓展延伸的思维开发新市场

互联网产业开始时只有获取信息的功能，门户网站当时就满足了大众对于信息获取的需要，互联网后来又延伸出了人际沟通、休闲娱乐、电子商务等几大类其他市场。如果在门户网站盛行之时，将门户网站较为成熟的商业模式复制到其他几大类市场，就有可能构筑先发优势，也可避免2000年门户网站的寒冬。当然，延伸拓展的思路还可以在互联网行业几大类市场内不断地细化，如电子商务在后来又被细分为 B2B、B2C、C2C、行业电子商务等市场，如果我们在首先出现 B2B 的商业模式后，就通过拓展延伸的思维优先进入 B2C、C2C 等其他细分市场，同样能够取得更为明显的先发优势。当时只需将 B2B 的商业模式的主体框架略加调整，就极有可能获得成功，这就是淘宝网没有进入 B2B 市场和阿里巴巴直接进行竞争的高明之处，而是优先进入了 B2C 市场化，阿里巴巴想进入 B2C 市场时，也只能被迫收购淘宝网。

资料来源：付志勇．商业新秀借商业模式突围制胜 [J]. 销售与管理，2011(11).

延伸拓展具体实施时有两个难点：一是在于对细分市场的寻找和分析，如何能够找到尚未开发的细分市场；二是原则上进入同一市场内部不同细分市场的商业模式无须做较大的调整，但是如何依据细分市场特点做针对性调整和优化则是关键。

逆向思维。通过对行业领导者商业模式或行业内主流商业模式的研究学习，模仿者有意识实施反向学习，即市场领导者商业模式或行业内主流商业模式如何做，模仿者则反向设计商业模式，直接切割对市场领导者或行业内主流商业模式不满意的市场份额，并为他们打造相匹配的商业模式。

创业聚焦　　通过逆向思维打造商业模式

互联网行业领导者微软公司的商业模式比较传统，主要是卖软件、产品以及许可证的传统商业模式，通过提供产品和技术赚钱。微软的主要竞争对手依据逆向思维的办法制定相反的商业模式，并借此打击微软的垄断定位，比如谷歌等有实力的企业已经开始尝试在软件业实施开源软件，即消费者不再掏钱购买软件，为消费者免费享受软件打造另一种商业模式，以谷歌为代表的企业已经开始付出行动，并且在商业软件领域已经取得进展。与此相类似的是中国 360 杀毒软件也在近期采用了开源模式，且消费者开始可以免费使用杀毒产品，而 360 的商业模式转向为顾客增值的个性化服务。

资料来源：付志勇．商业新秀借商业模式突围制胜 [J]. 销售与管理，2011（11）.

采取逆向思维的方式学习商业模式时有三个关键点：一是找到行业领导者或行业主流商业模式的核心点，并依据此制定逆向商业模式；二是企业在制定逆向商业模式时不能简单追求反向，需确保能够为消费者提供更高的价值，并能够塑造新的商业模式；三是防范行业领导者的报复行动，评估领导者可能的反制举措，并制定相应的措施。

6.4.2　在竞争中设计商业模式

当企业采取不同的商业模式进行竞争时，结果往往很难预料。如果在孤立的情况下分析，某个商业模式或许会显得优于其他商业模式，但是当把互动和协同影响考虑在内时，它创造的价值反而又不如其他商业模式。

企业通过商业模式开展竞争的方式有三种[㊀]。

（1）**强化自身的良性循环。**企业可以通过调整商业模式来打造新的关键要素之间的良性循环，从而让自己更有效地与对手展开竞争。这些循环常常会强化商业模式中的其他循环。例如，空中客车的商业模式起先一直处于下风，因为波音公司可以把波音 747 创造的利润进行再投资，而波音 747 在超大型商用客机领域长期占据着垄断地位。2007 年，空客公司研发出空客 380，在超大型商用客机市场挑战了波音 747 的垄断地位，不仅帮助空客公司维持了在小型和中型飞机领域的良性循环，而且对波音公司的良性循环形成了有效遏制，改变了自己相对波音公司的长期劣势。

（2）**削弱竞争对手的良性循环。**一项新技术或新产品能否颠覆行业规则不仅仅取决于该技术的内在优势，也取决于它与其他竞争对手之间的互动。比如从理论上说，Linux 的价值创造潜力或许比 Windows 更大，但是微软利用与代工生产商的合作关系，在个人台式机和手提电脑上预装了 Windows 操作系统，从而阻止了 Linux 拓展顾客基础，成功地遏制了 Linux 的关键良性循环。

（3）**变竞争为互补。**拥有不同商业模式的竞争对手也可以成为价值创造的合作伙伴。比如英国在线博彩交易所必发公司创新了博彩方式，允许彩民匿名相互下注，由此与传统博彩公司展开了较量。必发公司从整体上调整了赔率，让玩家得以少输一些钱，这样，玩家会更多地下注，从而形成一个良性循环。这极大地拓展了英国的博彩市场，竞争对手也渐渐地越来越包容它的存在了。

6.4.3 在试错中调整商业模式设计

商业模式设计通常意味着基于现实对各构成要素及其子要素进行分析和检验，需要对企业所依赖的关键性假设提出一些“如果……会怎么样”的问题。一旦企业开始运作，其商业模式中隐含的那些既与需求有关，又与经济效益有关的种种假设，都要在市场上不断经受检验。

商业模式的成功往往有赖于创业者是否有能力在模式实施中对其进行调整，或进行全面改革。如果创业者有意识地遵循能促进整个企业系统顺利运作的模式来工作，那么每一项决策、每一个举措以及每一次测评都会提供有价值的反馈。利润的重要性不仅在于其本身，还在于能证明商业模式是否行得通。如果没有达到预期目标，就应该重新检验商业模式。

从某种意义上说，商业模式创造过程无非是科学方法在管理上的应用——从一个假设开始，在实施过程中检验，并在必要时加以修订。商业模式行不通，或者是

㊀ 拉蒙·卡萨德苏斯·马萨内尔，霍安·里卡特. 在竞争中设计商业模式 [J]. 哈佛商业评论（中文版），2011(7)：121-130.

因为没有通过数字检验（如损益与预期不符），或者是因为没有通过叙述检验（如故事没有意义，或者说不符合经济逻辑，业务本身不能为顾客创造价值）。因此，图 6-2 的商业模式设计框架并不是让你写下一个无敌的商业模式，它的用途是帮助你追踪目前为止的所有“创业假设”。例如：我认为 18 ～ 30 岁的年轻宠物主（目标顾客）应该会喜欢购买宠物衣服打扮自己的宠物（价值主张），接着你开始试着执行这样的计划，在最低成本的状态下想办法验证这些假设。如果事实证明年轻宠物主的确喜欢购买漂亮的宠物衣服精心装扮自己的宠物，你就可以接着尝试不同的销售渠道、不同的顾客关系等。如果发现他们不喜欢，那你就要改变目标顾客，或是改变价值主张——60 岁以上年龄大的宠物主呢？每尝试一次，就能让你得到更多关于市场的信息，然后再回来调整你的商业模式，这样一直不断地循环下去，永远没有停下来的一天。

因此，重点不是在会议室里头脑风暴，“想”出最棒的商业模式，而是在真实的世界中不断地实验，然后不断试出符合市场现实的商业模式，如此无止境地追寻下去。

重要概念

创业的快速试错

早期创业公司的首要任务之一是对它的商业模式进行试错。人算不如天算，预先想得再好的商业模式，一旦付诸实践，也常常问题百出，甚至根本行不通，这对于创业公司来说，可能是致命的。没有一个切实可行的商业模式，创业公司就像汪洋大海中的一条小船失去了方向，弄不好就会触礁沉没。创业公司能否生存下来，很大程度上取决于它的试错速度，幸运的公司能够赶在弹尽粮绝之前，根据试错实践迅速调整、修改、改进、磨炼出可行的商业模式，找到生财之道，这样创业公司才能成活，才有发展的前提。试错，是创业公司的生死考验，是创始人的一场意志和智慧的较量。

资料来源：查立 . 创业的快速试错 [J]. 创业家，2011(10): 28.

其实，商业模式就是企业如何赚钱的故事。与所有经典故事一样，商业模式的有效设计和运行需要人物、场景、动机、地点和情节。为了使商业模式的情节令人信服，人物必须被准确安排，人物的动机必须清晰，最重要的是情节必须充分展示新产品或服务是如何为顾客带来了价值和利益，同时又是如何为企业创造了利润。㊀

需要注意的是，商业模式并不是企业的全部，商业模式描述的是企业的各个部分怎样组合在一起构成一个系统。但是，商业模式没有把影响业绩的一个重要因素“竞争”纳入考虑。每一家企业都会遇到竞争对手，这只是早晚的问题（经常是早遇到），而应对竞争则是“战略”的任务。竞争战略说明的是，如何比竞争对手做得更好。战略的全部内容就是如何通过与众不同来做得更好。因此，创业者不能认为有了商业模式就万事大吉，它充其量只是创业成功的一部分而已。此外，还有人混淆商业模式与管理模式，其实，二者之间的差异更大。

㊀ MAGRETTA J. What Management Is[M]. New York: Free Press, 2002.

重要概念

商业模式与管理模式

商业模式是企业的基础结构，类似于一艘战舰的构造：不同种类战舰的发动机、船舱、夹板、炮塔、导弹等的结构和配置不同，在舰队中的位置和功能也不同。而管理模式类似于驾驶战舰的舰队官兵：舰队的最高长官，既需要组织分配好官兵的工作，制定出相应的管理控制流程，并建立官兵的选拔、培养和激励等制度，也需要有能够凝聚舰队战斗力的舰队文化。只有先确定好了整个舰队的配置，构造好每一艘战舰，才能确定需要招募什么样的官兵以及如何提高官兵的战斗力。从这个角度上说，商业模式设计必须先于管理模式设计，商业模式重构的重要性也必然凌驾于战略、组织结构、人力资源等的转型之上。

资料来源：魏炜，朱武祥．发现商业模式 [M]．北京：机械工业出版社，2009.

本章要点

- 商业模式创造价值的逻辑性主要表现在层层递进的三个方面：价值发现、价值匹配、价值获取。
- 任何新型的商业模式都不过是9个要素按不同逻辑的排列组合而已。每个人的定位、兴趣点和视角都不一样，向各个要素中添加的内容当然也就不一样，于是就有了不同的商业模式。
- 商业模式设计过程并不是线性的，可能经历各种反复。
- 即便你已经设计了一个独特的商业模式，也会面临其他企业的快速模仿并利用相似的商业模式与你开展竞争，因此在竞争中设计商业模式则显得极为重要。
- 商业模式的成功往往有赖于创业者是否有能力在模式实施中对其进行调整，甚至进行全面改革。

重要概念

商业模式　商业模式设计　顾客细分　收入来源　核心资源　关键业务
价值主张　渠道通路　顾客关系　重要伙伴　成本结构

复习思考题

1. 商业模式所要解决的核心问题是什么？
2. 商业模式的逻辑是什么？
3. 商业模式的关键构成要素是什么？
4. 商业模式的要素如何配置为一个系统？
5. 如何通过模仿设计商业模式？
6. 如何通过竞争设计商业模式？
7. 如何在试错的过程中调整商业模式？
8. 如何理解商业 模式与管理模式？
9. 读完本章，你认为企业有了好的商业模式就可以成功吗？

实践练习

实践练习　商业模式创新

技术变革和社会转型推动了创业潮，也形成了各式各样的商业模式。回过头来再阅读本章引例，你能用商业模式的9要素来为其设计一种相对完整的商业模式吗？如何验证该商业模式在现实中是否真的行得通？

> 不要只是坐在办公室里，要走出去，和你的用户交流！
>
> ——史蒂夫·布兰克

第7章 明确目标市场

【核心问题】

☑ 新创企业如何进行目标市场定位？

☑ 传统的产品开发方法的适用条件有哪些？

☑ 顾客发展方法的适用条件有哪些？

☑ 如何设计创业营销方案？

☑ 创业营销有哪些渠道或方式？

【学习目标】

☑ 了解市场定位的基本方法

☑ 熟悉传统的产品开发与顾客发展

☑ 区分瀑布型开发与敏捷迭代开发

☑ 掌握创业营销的基本工具和方法

引例 学而思起源：无心插柳柳成荫

2002年，学而思创始人张邦鑫考上北京大学硕博连读研究生。为了追求经济独立，他在课外做了几份家教，但很快他发现一个问题：一个孩子一周在学校上“5天”课都没有学好，怎么可能上“2小时”家教就能教好呢？

经过几天冥思苦想，张邦鑫突然想到一个办法。如果这2小时家教只是教知识，那么和上5天课做加法，相当于“5天+2小时”，效果自然有限。只有通过这2小时，改变学生周一到周五在学校的状态，提高他们在学校的学习效率，才会产生价值。所以，这2小时必须与学校的5天做“乘法”。

想清楚这个逻辑之后，他便对这2小时绞尽脑汁。他做了大量备课工作，第一节课的备课时间就超过了10小时，思考怎样讲学生才更有兴趣学。

在他早期辅导的三个学生中，有两个对学习不是那么感兴趣。为了调动孩子的积极性，他除了讲知识，还给孩子讲一些有趣的故事和生活中的话题，孩子非常喜欢他，每次辅导结束都对老师恋恋不舍。

一个月下来，孩子学得很开心，张邦鑫却隐隐有些不安：如果学习过程很欢乐但没有效果的话，怎么跟家长交代？有没有一种方法可以确认学生学明白了呢？

他琢磨出一套方法，请孩子把学校里学习的要点先给他讲一遍，他再给孩子讲拔高的部分。当孩子用自己的语言把课堂上的知识讲出来时，张邦鑫心里就会很踏实——他知道孩子真的明白了。后来张老师更“懒”了，有时索性让孩子讲自己的思考和探索，他更多是参与讨论和给予鼓励——孩子越发有成就感了。

后来一个孩子进步特别快，连续三次数学考了100分。孩子父亲很高兴，给张邦鑫介绍了一拨熟人的孩子过来，还找了一个礼堂作为上课地点。

开课那天，雪下得很紧，那是2002年的第一场雪。张邦鑫独自在礼堂徘徊，他不知道会来多少人，结果20对家长和孩子踏雪而来，试听完一节课全部报名了。

从来没有收过那么多钱，这个年轻人有些恐慌。这种恐慌与初做家教时的感觉不一样。家教是个性化的，他可以针对每个孩子的特点确保学习效果，但是辅导班20个孩子，很可能后进的学生跟不上，而领先的学生又“吃不饱”。思考再三，他决定根据学生的水平，把20个孩子分成上下午两个小班，这也是学而思最早的小班分层教学。

尽管这样，张邦鑫还是担心：如果过了一个学期，有孩子从班上15名变成了50名，怎么跟家长交代？这让他备感焦虑。所以他又定下一个规矩——开放课堂，所有家长可以坐在教室后面旁听，不满意随时可以退费。这些朴素的想法，成为学而思延续至今的商业模式，倒逼老师把教学质量做好。

张邦鑫发现，只要你真心为学生好，真正帮到他们，他们就会跟着你一直学下去。从那时起，他就很重视口碑，这也形成了学而思的续报模式。

然而，2003年“非典”来袭，张邦鑫只好关掉小有起色的辅导班，捣鼓了一个网站——奥数网，为有学习需求的家长和学生线上答疑。“非典”过后，他的辅导班迅速恢复。随着家长的口耳相传，带来了源源不断的生源，他的小身板撑不住了。这时，刚好他的北京大学同学曹允东也在寻找办班“盟友”，两人便东拼西凑借了 10 万元，2003 年 8 月注册了一家公司。

当时，他们在北京航空航天大学南门的知音商务写字楼租了一间办公室，不到 20 平方米。两张桌子、两把椅子、一个破沙发和一个古旧铁皮密码柜是全部家当，花了 350 元从一家公司淘汰的家具中买来。沙发屁股底下有个大洞，铁皮密码柜由于不知道密码，直到后来搬家时扔掉也从未打开过。

狼狈的办公环境，让初来的几百位家长满腹狐疑，他们就免费给一个个家长试讲。家长见他们一脸赤诚，检查了他们的身份证之后才敢交钱。最终 100 多个“胆大”的家长把孩子留下来了。一天天过去，学生越来越多，学而思也一步步成长起来。

资料来源：引自“学而思的第一个学生：学而思起源解密”，微信公众号“好未来教育科技”，2018-05-23.

从上面的引例中可以看到，学而思在创立之前，创始人张邦鑫就已经在市场上进行了多次测试，并不断根据顾客反馈将自己的创意进行调整和强化。这样看来，最终的成功也是水到渠成了。然而，很多创始人将自己的需求当成了顾客的真实需求，当产品开发完成后再与顾客沟通，结果发现开发的产品并不是顾客真正需要的产品。花了大量时间，浪费了大量的人力、物力、财力，还可能错失了发展的大好机会。因此，对创业者来说，如何准确定位市场，最大限度地降低产品开发成本，并运用有效的方法营销企业产品，是必须解决的关键问题。

7.1 目标市场定位

要想成功创业，创业者必须回答如下重要问题：谁是我们的顾客？该如何吸引他们？一般按照以下 3 个步骤来回答上述问题：市场细分、选择目标市场、建立独特定位。

7.1.1 市场细分

尽管市场细分非常重要，但常被创业者忽视。忽视这项重要活动可能会导致创业者对新产品或服务的潜在市场规模的错误评估。许多初期创业者往往自认为发现了一个巨大市场，找到了客户需求。他们的逻辑是这样的：这是一个万亿级的市场，我哪怕只占其中的 1%，就足以让我的公司生存与发展！而实际上，创业者往往由于没有找到真正的市场，没有发现客户的真实需求，在折腾一段时间后关门退出。这可能是因为，万亿级的市场已经变成红海市场，竞争异常激烈；1% 的占有率，说明在这个行业中你没有足够的话语权，处于竞争劣势。反之，尽管某产品市场容量并不大，但如果公司处于垄断地位，所占市场份额很大，并参与行业规则制定，则该公司就可能很好生存并发展起来；或者，能够在一个大市场的细分市场取得领导地位，也是很有价值的。

市场细分的过程包括识别细分市场的重要基础（特征），然后勾勒细分市场的轮廓，通常使用人口特征和消费模式特征相结合的方式来定义细分市场。但是，很多创业者进行市场细分时往往忽视了西奥多·莱维特很早就提出的警告：顾客不是想买一个 1/4 英寸[㊀]的钻孔机，而是想要一个 1/4 英寸的钻孔。虽然很多人对莱维特的洞见无不称是，但同样是这些人，根据钻孔机的类型和价位对市场进行细分；他们衡量钻孔机的市场份额，却没有衡量钻孔的情况；他们与竞争对手进行比较的，也只是钻孔机的特点和功能，而不是钻孔的效果；他们总是忙于增加产品的特色与功能，认为这将改善产品定价，增加市场份额。殊不知，此举往往是南辕北辙，因为他们的产品改进与顾客毫不相干。[㊁]

我们可以用更好的方法来思考市场细分问题。在顾客眼里，市场的结构十分简单：正如莱维特所说，顾客不过是希望把自己手上的事情做好。顾客若发现自己需要完成某项工作，他们基本上会借助某些产品来实现这一目的。因此创业者的任务就是：了解顾客生活中不时会出现并可能借助本企业产品来完成的各项工作。创业者若能了解这些工作，设计出能帮助完成这些工作的产品，并在产品宣传中强化产品的特定用途以及相关的用户购买和使用体验，那么顾客一旦发现自己需要完成此项工作，便会去购买这一产品。

创业聚焦　人们为什么买奶昔

我们来看一下某些快餐店是如何提高其奶昔销售额的。公司营销人员首先根据产品（即奶昔）细分市场，然后再按照经常购买奶昔的顾客的人群特征及性格特点对市场做进一步细分。接着，营销人员便邀请符合这些特征的消费者，就是否要提高奶昔的浓稠度、增加巧克力味、降低价格、加大水果块等问题征询他们的意见。参与者给出了明确的回答，公司也据此改进了产品，但销售仍毫无起色。

后来，一位新的市场研究人员在快餐店内待了一整天，试图弄清顾客为什么会购买奶昔。每当顾客买奶昔时，这位研究员便记录下顾客同时还买了哪些产品，是独自一人还是结伴而行，是堂吃还是带走，等等。他惊奇地发现，40% 的奶昔是在清晨售出的。清晨出现的顾客常常是孤身一人，通常不买其他任何产品，而且往往是在自己车里享用奶昔。

㊀ 1 英寸＝0.025 4 米。

㊁ 克莱顿·克里斯坦森，斯科特·库克，塔迪·霍尔. 为营销模式纠偏 [J]. 哈佛商业评论（中文版），2006(1): 108-121.

这位研究人员于是又去采访那些手拿奶昔、正欲离开的顾客，问他们为什么要买奶昔。多数顾客的购买动机都大同小异：他们都是独自开车，将有一段漫长而无聊的车程，需要一些东西解闷。他们此时并不饿，但 10 点后，肚子就会饿了，所以想先吃些东西，以免到中午时饥肠辘辘，同时他们也面临一些不便之处：时间仓促，身着正装，而且要开车，最多只能腾出一只手来。

这位研究人员进一步询问顾客："能不能谈谈你在相同情境下却没买奶昔的经历？你当时买了什么？"他得知顾客有时会买硬面包圈，但硬面包圈太干了，若抹上奶酪或果酱，会把手指和方向盘都弄得黏糊糊的。这些驾车人有时会买一根香蕉，但是香蕉很快就吃完了，不足以打发无聊的车程。若吃甜甜圈，到了上午 10 点还是会饿。结果表明，奶昔的效果胜过所有其他食品。用一根细麦管把黏稠的奶昔喝完，得花 20 分钟时间，从而可以打发无聊的车程。人们只需单手便可干净清爽地享用奶昔；到了上午 10 点，也不像吃其他食品那样容易饿。奶昔不是健康食品，但这并不重要，因为人们喝奶昔的主要目的不是强身健体。

这位研究者注意到，在一天中的其他时段，父母常常会给孩子买奶昔，作为正餐之外的饮品。父母为何这么做呢？原来他们已疲于总是向孩子说"不"，于是就将买奶昔作为一种无伤大雅的安抚孩子、显示爱心的方法。这位研究者发现，奶昔在这方面的效果并不理想。他注意到，一旦父母自己用餐完毕，等着孩子费劲地从细麦管中吸入浓稠的奶昔时，父母会显得不耐烦。

顾客购买奶昔有两种截然不同的目的。可是，当初营销人员就需要改进哪些产品特性询问个别顾客的意见时，有的是出于上述两种目的，有的则是出于其中一种目的，营销人员将这些意见与目标人群细分市场中其他顾客的意见进行综合考虑，结果就得到了一个谁也不适合的产品。

不过，一旦营销人员弄清楚顾客希望达到何种目的之后，哪些改进可使奶昔效果更佳、哪些改进没有必要就一目了然了。对于打发无聊车程的顾客，如何改进奶昔？提高奶昔的浓稠度，这样就能消磨更多的时间。加入一些小的水果块，可以让人们在周而复始的单调的早晨获得一份惊喜。同样重要的是，快餐连锁店还可以提高奶昔购买过程的效率，比如将奶昔售货机移到柜台前，向顾客提供预付费卡，以便顾客快速跑进店里买好后，一踩油门便走人。当然，中午和晚间的顾客则需要一种全然不同的产品。

资料来源：克莱顿·克里斯坦森，斯科特·库克，塔迪·霍尔. 为营销模式纠偏 [J]. 哈佛商业评论（中文版），2006(1): 108-121.

7.1.2 选择目标市场

选择目标市场包括比较不同细分市场的吸引力，然后选择最具吸引力的市场作为目标市场。即便某个细分市场具有一定规模和发展特征，并且其结构也很有吸引力，创业者仍需将其自身的目标和资源与该细分市场的情况结合在一起考虑。有些细分市场虽然有较大吸引力，但不符合创业者的长远目标，因此不得不放弃。这是因为这些细分市场本身可能具有吸引力，但是它们不能推动创业者完成自己的目标，甚至会分散创业者的精力，使之无法完成主要目标。即使这个细分市场符合创业者的目标，创业者也必须考虑新企业初创阶段是否具备在该细分市场获胜所必需的技术和资源。无论哪个细分市场，要在其中取得成功，必须具备某些条件。如果创业者在某个细分市场中在某个或某些方面缺乏必要的能力，并且无法获得必要的能力，创业者就要放弃这个细分市场。即使创业者具备必要的能力，也还不够。如果创业者确实能在该细分市场取得成功，也需要建立优势，以压倒竞争对手。如果创业者无法在细分市场创造某种形式的优势，就不应贸然进入。

新企业在选择目标市场时面临的最大挑战是，如何选择一个具有足够吸引力和差异性的市场，从而避免使自己与其他企业拥挤在一起。企业选择的目标市场，还必须与其商业模式、创业者和其他人员的背景与技能相一致。此外，企业还要持续地监测目标市场的吸引力。社会偏好不断发生着变化，尽管企业自身没有犯错，但目标市场仍然可能会失去吸引力。

7.1.3　建立独特定位

市场定位并不是对一件产品本身做些什么，而是在潜在顾客的心目中做些什么。从营销的角度说，这可以看成是企业想让顾客感知企业的方式，以及回答目标市场顾客购买我们的而非竞争对手的产品和服务的原因。市场定位的实质是使本企业与其他企业严格区分开来，使顾客明显感觉和认识到这种差别，从而在顾客心目中占据特殊的位置。例如，七喜汽水在广告中称它是“非可乐”饮料，暗示了其他可乐饮料中含有咖啡因，对消费者健康有害。

价值曲线是一种非常有帮助的市场定位工具。它的核心是不把主要精力放在打败竞争对手上，而主要放在全力为顾客与企业自身创造价值飞跃上，并由此开创新的“无人竞争”的市场空间，彻底甩脱竞争，开创属于自己的一片“蓝海”。若要通过价值曲线来进行企业的市场定位，必须重点回答 4 个问题：哪些行业中被认为理所当然的因素应该被剔除？哪些因素的含量应该降低到行业标准以下？哪些因素的含量应该提升到行业标准以上？哪些行业内从未提供过的因素应该被创造？下面的 QB 美发店就是应用价值曲线方法的一个很好例子。

创业聚焦　　**QB 美发店**

在日本，成年男子理发通常要 1 小时左右。为什么呢？因为在理发的过程中包含了一系列活动，使得理发变成了一种仪式。在这个过程中，要用到许多热毛巾，有人会帮你按摩肩膀，顾客可以喝点茶和咖啡，理发师也按照一定的仪式进行，包括对头发和皮肤进行特别护理，如吹干和剃胡须，结果造成理发的时间在总的时间中只占很少一部分，而且，这些过程也造成了顾客排队的现象。

QB 美发店改变了这一切。它意识到，许多人，特别是职业人士，不愿意花 1 小时在理发上。因此，QB 美发店去掉了那些情感性的因素，如热毛巾、按摩肩膀、茶和咖啡。它还大大地简化了对头发的特殊护理，专注于最基本的理发过程。然后，QB 美发店采取了进一步举措，去掉了耗时较长的传统洗吹过程，引入了“空气清洗系统”，每次剪完头发，理发师只需将头顶的一个软管拉下即可完成清洗。这一方法更快和更好，也不需要把顾客的头发弄湿。这些变革将理发的时间由原来的 1 小时缩短到 10 分钟。而且，在每一间美发店门口都有一个交通灯系统，向顾客提示是否有空位。这种方法消除了等候时间的不确定性，也不需要接待员了。

通过这种方法，QB 美发店将理发的价格从原来的 3 000～5 000 日元（合 27～45 美元）降到了 1 000 日元（约合 9 美元），同时将每个理发师每个小时的收入提高了 50%，这样，每个理发师分摊的人力成本和营业面积都降低了。QB 美发店还创造了卫生标准更好的“无多余”理发服务。它不仅为每个顾客提供一套卫生设施，而且还实行一次性原则，即每个顾客使用一套新的毛巾和梳子。

资料来源：钱·金，勒妮·莫博涅．蓝海战略 [M]. 吉宓，译．北京：商务印书馆，2005.

一旦企业以某种方式进行市场定位后，必须能够坚持到底，实践最初的梦想。然而，若顾客试用了企业的产品或服务后不甚满意的话，没有完全进行市场定位则是有益的，因为这样还有调整的余地。

7.2 产品开发模式

市场定位与产品开发紧密相关，准确的定位利于成功开发产品，而适合的产品开发模式也利于市场的准确确定和细分。

不同的产品开发模式导致了不同的结果和绩效。引例中采取的是一种传统的产品开发模式，将未来看成确定的，新产品开发只是完成规定的任务。该方法适于在稳定环境下，任务已知和可控制条件下的产品开发。当环境的不确定程度越来越高时，则需要采用新的新产品开发模式，以取得高绩效。

7.2.1 传统的新产品导入模式

过去人们开发新产品，主要采取一种称之为以产品为中心的开发模式（见

图 7-1）。这种模式先是出现在制造业，然后不断向其他行业或领域扩散与发展，并逐步成为初创企业新产品开发的主导模式。

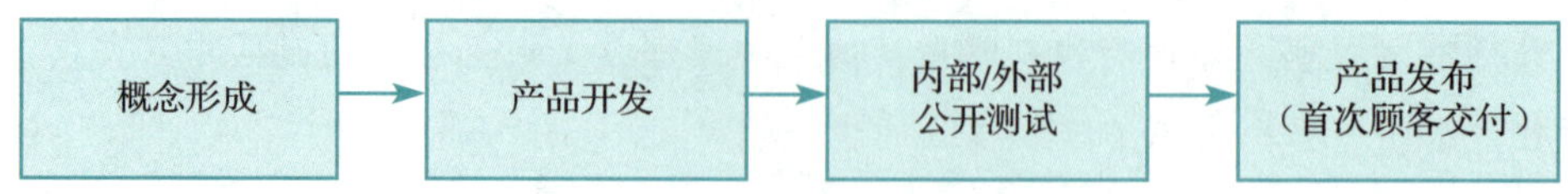

图 7-1 以产品为中心的开发模式

资料来源：史蒂夫·布兰克，鲍勃·多夫.创业者手册：教你如何构建伟大的企业 [M].新华都商学院，译.北京：机械工业出版社，2013: 5.

以产品为中心的开发模式包括从新产品的概念形成，到交付到顾客手中的整个过程。首先，新产品从开发阶段进入顾客测试阶段（内部 / 外部公开测试）；其次，产品工程师根据测试得到的反馈修正技术问题；最后，进入产品发布和首次顾客交付阶段。史蒂夫·布兰克和鲍勃·多夫在《创业者手册：教你如何构建伟大的企业》一书中对此进行了详细阐述。

第一阶段，概念形成

在这一阶段，创业者往往会抓住灵光一现的奇思妙想，有时甚至将创意写在一张餐巾纸上，然后将其转变成一组核心理念，以此作为实施商业计划的大纲。接下来，他们要弄清楚围绕产品而来的一系列问题，包括：产品或服务理念、产品特征和价值分别是什么？产品能否开发？是否需要进一步技术研究？顾客群体有哪些？怎样才能发现这些群体？

这一阶段，创业者会确定一些关于产品的基本假设，包括对竞争差异、销售渠道和成本问题的讨论，以及如何更好地向风投资本家或企业高层介绍公司情况及其带来的利益。此时的商业规划包括市场规模、竞争优势和财务分析等。通过统计市场研究和顾客评论，推动问题评估和商业规划。

第二阶段，产品开发

在这一阶段，产品进入开发流程。这时公司各职能部门相继建立，相关的开发活动被分配到各团队实施。营销部门负责确定商业计划中描述的市场规模，开始定位产品最初的顾客。在组织机构分明的初创企业（即热衷于流程开发的企业）中，营销部门甚至会针对目标市场进行一两次焦点小组测试，和产品管理团队一起制定市场需求文档，以便工程部门确定产品的最终特征和功能。营销部门开始设计销售演示内容，编写销售材料（包括网站、演示词和数据表），聘请公关公司。在产品开发阶段或内部测试阶段，企业通常会聘请一位销售副总监。

与此同时，工程部门开始忙着明确特征和开发产品。产品开发通常会扩展为“瀑布式”的几个相互关联的步骤，每个步骤都强调最小化已定义产品特征组的开发风险（见图 7-2）。这一流程源自创业者的愿景，随后被扩展为市场需求文档（以及产品需求文档），然后进一步扩展为详细的工程技术规范。接着，工程部门便开始夜以继日地加班工作。

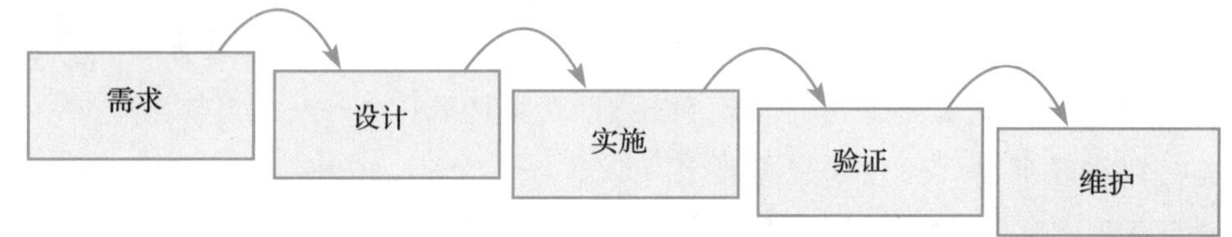

图 7-2　产品瀑布型开发模型

资料来源：史蒂夫·布兰克，鲍勃·多夫. 创业者手册：教你如何构建伟大的企业 [M]. 新华都商学院，译. 北京：机械工业出版社，2013: 7.

瀑布型开发流程一旦启动就无回头之路，产品即使出了问题也不可能再进行修改。在通常情况下，这一流程会持续不断地进行 18～24 个月甚至更长，中间即使出现任何有利于企业的变化或新创意，该流程也不会中断。

⊙ 专栏 7-1

瀑布型开发与敏捷迭代开发

瀑布型开发是将产品开发（诸如软件生存周期的各项活动）规定为按固定顺序而连接的若干阶段工作，形如瀑布流水，最终得到完整产品。其核心思想是按工序将问题化简，将功能的实现与设计分开，便于分工协作，即采用结构化的分析与设计方法将逻辑实现与物理实现分开。软件等产品的生命周期被划分为制订计划、需求分析、软件设计、程序编写、软件测试和运行维护六个基本活动，并且规定了它们自上而下、相互衔接的固定次序，如同瀑布流水，逐级下落。瀑布型开发的生命周期、大致的前期规格说明、估算、推测性计划等适用于预见性制造，无法套用在软件项目上，因为后者属于发明性质的、高度可变的、高度创新的工作。预见性制造与新产品开发，如表 7-1 所示。

表 7-1　预见性制造与新产品开发

预见性制造	新产品开发
可以先确定规范，后制造	不可能在前期创建不变的详细规范
在开始阶段就能可靠地估算出工作量和成本	在开始阶段，估算不出工作量和成本，随着经验数据的出现，计划和估算的可能性才会相应增加
有可能识别、定义、调度和安排所有的详细活动	在开始阶段，无法识别、定义、调度和安排所有的详细活动，需要通过构建反馈周期来推动自适应步骤
一般情况下不去适应没有预定义的变动，改动率相对较低	一般情况下会主动适应没有预定义的变动，改动率比较高

资料来源：拉尔曼. 敏捷迭代开发：管理者指南 [M]. 张晓坤，译. 北京：人民邮电出版社，2013.

敏捷迭代开发是一种建构产品或软件的方式，产品的整个生命周期依次由几个迭代组成。每个迭代都是一个独立的“迷你”项目，它们由一系列活动组成，如需求分析、设计、编程和测试。每次迭代的最终目标是产生一个迭代发布——一个稳定的、集成的、经过测试的部分完成的系统。部分完成的系统通常会在一次又一次的迭代过程中伴随着新特性的出现而逐渐成长，即增量开发。通过迭代来增长系统的概念被称为**迭代和增量开发**（iterative and incremental development，IID），通常简称为“迭代开发”。

相比于瀑布型开发，迭代开发的风险比较低，并具有以下优点。

（1）风险早缓解、早发现。风险驱动的迭代开发要求首先解决最困难、最具风险的问题，如架构、集成等。此外，早期的开发迭代练习和展示了团队与个体的真实能力、工具及第三方软件的真正本质。最后，风险出现的真理是：能够感知到的风险很可能不是风险，没有料到的问题才可能导致真正的风险。

（2）允许甚至引发早期的变化，与新产品开发保持协同一致。IID方法能够顺应软件项目的高变化本性，而不是形成对抗。

（3）可管理的复杂性。对于复杂性较高的软件项目，失败率会更高一些，生产力也会更低一些。迭代开发将复杂的项目或者阶段分解为小型的有边界的迷你项目，而这些迷你项目的复杂性是可管理的。

（4）从前期反复的成功中获得信心和满足。短迭代就是一种快速、重复性的完成、胜任与结束，这些心理学因素对于个人满意度和构建团队信心很重要。短迭代同时也构建了团队中顾客的信心——他们看到了早期的可视化过程朝着他们关心的方向发展。

（5）提供早期的部分产品。随着经过集成和测试的部分产品的介入，早期的可视化过程不仅增加了顾客的信心，还提供了新的商业机会。通过提供更早一些的演示版产品，不管什么原因，产品都能发布得更早一些——只是特性要少一些。

（6）对相关过程进行跟踪，具有更好的预见性。运用瀑布型方法时，是在早期比较容易的阶段对后期阶段的进度进行预测，但后期阶段的进度可能会发生大的变化，所以这种预测的可靠性较差。因而，通过这种方法给出的往往是个错误的过程。而采取IID方法，每次迭代过程都会提供一种更有意义的过程指示器——被测试的软件，这就是敏捷原则（可以工作的软件是进度主要的度量标准）。由于每次迭代工作演习了绝大多数规程，同时每次迭代就是一个迷你项目，能够得到更早的、更具代表性的过程数据，对将来的推断和评估很有用。

（7）质量更高，缺陷更少。IID方法要求尽早经常性地进行实际测试，测试的维度包括所有可能的方面：负载、可用性等。同时，测试本身也能够在迭代中被评估和精化。

（8）最终产品能更好地满足真正的顾客需求。通过从顾客或潜在用户那里得到早期的评价和反馈，产品才更有可能获得成功。这就是“更高质量”的精化。

（9）尽早并定期进行过程改进。IID方法中的一个普通实践就是每次迭代的评估。例如，IID会用15分钟的时间讨论下一次迭代要解决的某个问题或者要改进的生命过程，来找出一些具体的行动。许多规程工作（编程、需求、测试等）在每次迭代中都会出现，因而IID可以进行全方位的过程改进。

（10）需要沟通和参与。失败研究表明：缺乏顾客或者最终用户的参与是软件项目失败的主要原因。同样，成员或者团队之间协同不好或者合作有问题也是失败的因素。以迭代方式开发要求开发团队成员之间尽早整合、协调和沟通，每次迭代的演示需要顾客到场并提出反馈意见，以此提高他们的参与度。同样，在每次迭代的计划会议上，他们也要参与下次迭代的需求选择的意见。

（11）需要 IKIWISI。在软件规格说明中，尤其是面向用户界面的软件中，有一个著名的与人相关的问题：IKIWISI，即“我要看到才知道我要什么”（I'll know it when I see it）。由于解决方案的复杂性、自由度比较大，而且软件业没有具体形状，因而需要人们根据原型或者构建的部分系统提出具体的周期性的反馈，从而厘清和精化他们的认识。

资料来源：拉尔曼．敏捷迭代开发：管理者指南 [M]. 张晓坤，译．北京：人民邮电出版社，2013.

第三阶段，内部／外部测试

在这一阶段，对产品进行内部测试和外部测试。工程部门继续按照传统的瀑布型模型开发产品，以首次顾客交付日期为目标安排开发进度。进入外部测试阶段，与少数外部用户一起测试产品，确保产品满足既定的设计目标。营销部门负责开发完整的营销沟通方案，建立企业网站，为销售人员提供各种支持材料，展开公关和演示活动。公关机构负责调整定位，联系知名媒体和博客，营销机构负责展开品牌塑造活动。

销售部门和第一批外部顾客（他们可能自愿付费享受新产品测试）签约测试，开始建立选定的销售渠道，扩充总部之外的销售机构并为之配备员工。销售副总监负责实现商业计划中规定的营收方案，投资者和董事会成员开始按照首次顾客交付的订单数量衡量销售进度，首席执行官负责推广产品或联系总公司以寻找新的投资。

第四阶段，产品发布（首次顾客交付）

产品投入运营后，企业进入“烧钱模式”。产品和企业开始经营，企业举行大型新闻发布会，营销部门推出一系列活动以引导顾客需求。在销售部门的参与下，企业会聘请一家全国性销售机构，为销售渠道设定配额和销售目标。董事会根据销售执行情况和商业计划的对比来衡量企业表现，从根本上考虑这些计划是否适合时宜，因为它们是在一年之前企业寻求初始投资时制定的。

建立销售渠道和支持营销活动需要耗费大量现金。如果企业不具备早期资产变现能力，势必要筹集更多的资金支持运营。首席执行官会检查产品发布活动以及销售和营销团队的发展规模，再次向投资者募集资金（在互联网泡沫经济期间，投资者在产品发布时利用 IPO 吸引投资，此时尚无迹象表明企业经营会取得成功）。

过去，无数初创企业基于以产品或流程为中心的开发模式，把自己的第一款产品推向市场。而这种模式更适合那些已明确顾客群体、产品特征、市场范围和竞争对手的成熟企业。

7.2.2 顾客开发模式

随着环境的变化越来越剧烈，不确定性程度越来越高，创业者并不清楚面对的顾客群体是谁，也不清楚产品特征和市场范围是在没有成型的商业模式下开始创业的。因此，创业者需要采取一种不同于传统产品开发模式的产品开发流程。

图 7-3 所示的是一种新的产品开发模式，我们称之为顾客开发模型，是由 4 个步骤构成的流程。其中，前两个步骤构成商业模式的调查阶段，后两个步骤经过开发、测试和验证之后构成商业模式的执行阶段。

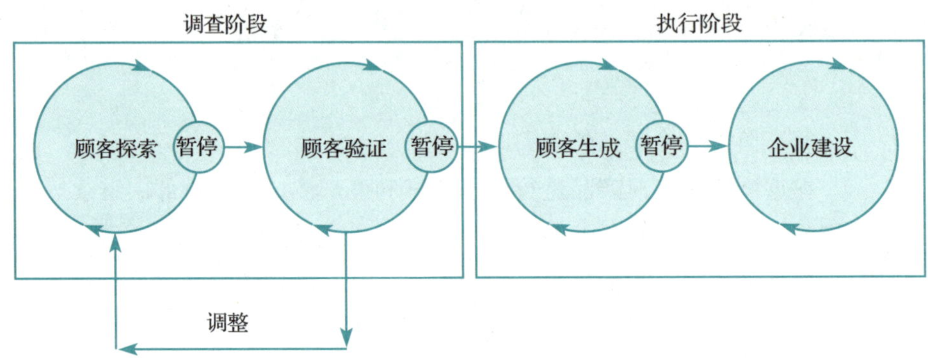

图 7-3 顾客开发模型

资料来源：史蒂夫·布兰克，鲍勃·多夫．创业者手册：教你如何构建伟大的企业 [M]. 新华都商学院，译．北京：机械工业出版社，2013: 20.

4 个步骤的具体内容如下。

1. 顾客探索

在这一阶段，通过顾客探索活动，创业者将对企业的愿景转变成商业模式相关要素的假设，并创造一组实验对每个假设进行测试。为实现这一目标，创业者需要丢弃主观猜测，走出办公室，真正倾听顾客的想法，了解他们的问题，了解他们认为哪些产品特征能够解决这些问题，了解他们的企业是如何推荐、批准和采购产品的，从他们的反馈中获取真知灼见，然后对假想的商业模式做出调整。

在顾客探索阶段，可能会出现反复调整，也可能发生失败。对商业模式的误解或错误假设会经常出现，例如：顾客群体是谁，他们需要解决什么问题，哪些产品特征可以真正解决这些问题，有多少顾客愿意付钱解决这些问题，等等。

2. 顾客验证

顾客验证阶段，是指用于证明经顾客探索阶段测试和迭代过的业务是具备可重复和可升级性的商业模式，可提供大量所需顾客信息，以建立具有盈利能力的企业。在验证过程中，企业需利用新一轮测试，针对更大规模顾客的业务升级能力(如产品、顾客获取、定价和渠道活动)，采取更为严格且定量的方法。在这一过程中，初创企业要回答一个问题，即投入 1 元的销售和营销资源，能否创造 2 元以上的收入（或是用户、访问量、点击率以及其他衡量指标）？

顾客验证过程要利用最小化可行产品在顾客面前测试产品的主要特征。顾客验证可证明顾客群体的存在，确认顾客会接受最小化可行产品，验证顾客具备真实且可衡量的购买意图。

如何实现这些目标？验证可通过“试销”的方式来衡量，即让顾客掏钱购买（或积极参与产品互动）。在单边市场（用户即支付者的市场）中，稳定的顾客采购流程对产品产生的验证结果，比简单的调查更有效。在双边市场或广告支撑型商业模式中，以 10 万为基数呈几何级增长的顾客规模，往往意味着企业可以寻找那些愿意付费接触这些用户的广告商。

顾客开发模式的前两个步骤，即顾客探索和顾客验证，起到的是提炼、巩固和测试商业模式的作用。只有在具备足够规模的顾客群体，以及可重复式销售流程能够形成可盈利商业模式时，顾客验证阶段的“逃逸速度”（即在确定商业模式过程中积累足够的可衡量改善之后）才会出现。这时，企业才可以进入下一个步骤，即扩张阶段，也称顾客生成阶段。

3. 顾客生成

顾客生成建立在企业首次成功销售的基础上，是企业加速发展、花费重金扩张业务、创造终端用户需求和推动销售渠道的阶段。

顾客生成过程因初创企业类型不同而不同。有些企业进入的是已有市场，需要与竞争对手展开竞争；有些企业需要开发新的产品或机会，开拓竞争对手还不存在的新市场；还有些企业通过重新细分现有市场或建立利基市场的方式开发低成本的混合模式。

4. 企业建设

当创业企业找到可升级和可重复的商业模式时，便进入顾客开发流程的最后阶段。此时，它已不再是以调查探索为目标的临时性组织，而是变成真正意义上的已建成企业了。

在这一转变过程中，企业建设的关注点要把团队精力从“调查”模块，转移到“执行”模块；将非正式的以学习和探索为导向的顾客开发团队，转变成正式的结构化部门，如销售部、营销部、商业开发部等，部门主管要关注组建各自的部门，以实现公司业务规模的扩张。

行动指引

市场类型与顾客开发方法

市场类型决定市场大小、产品定位、发布产品的方式。

现有市场：现有市场的概念很容易理解。如果你打算生产市场上已有的产品，而又不打算对它们进行大的改良和创新，只是有限地提高产品的性能或者性价比，那么你可以选择现有市场。选择现有市场有利的一面是顾客和市场是“现成的”，不利的一面是竞争对手也是“现成的”。

细分市场：大多数创业公司选择进一步细分现有市场。通常有两种方式——低成本策略和小众策略。顾名思义，低成本策略的目标是显著降低产品成本，向低端用户提供更高性能的产品。高端市场利润最大，因此低端市场常常被人遗弃，如果创业公司在保证盈利的前提下，能有效降低产品成本，那么通常会出奇制胜。

全新市场：全新市场是指公司开发了一种新的产品或服务，让用户做以前无法做到的事，或者以前所未有的方式大幅提高可用性和便利性，解决空间障碍问题等。开拓新市场有利的一面是没有竞争对手，因而产品性能是次要因素；不利的一面是市场情况不明朗。开拓新市场面临的困难不是与同类产品竞争，而是要说服顾客接纳产品。开创新市场的要求很多，比如，发现待解决的用户问题，说服顾客接纳产品，寻找有耐心和有实力的投资者，长时间有效控制现金流，等等。

资料来源：史蒂夫·布兰克.四步创业法[M].七印部落，译.武汉：华中科技大学出版社，2012.

顾客开发模式的四个阶段会受到市场类型的影响。在顾客探索阶段，无论市场类型如何，所有人都要离开办公室，寻找顾客，了解需求；在顾客验证阶段，市场类型开始明显影响产品的销售和定位策略；在顾客生成阶段，不同类型市场的销售策略则大相径庭。

顾客开发模式四个阶段的执行时间也与市场类型有关。即便是同一种产品，进入不同类型市场所需的时间也不同。向现有市场推出产品相对容易，所需的时间从几个星期到几个月不等，而向新市场推出产品要解决的问题很多，这四个阶段也许需要一两年或更长的时间。

延伸阅读

互联网生态中的产品创新

成立于2010年4月的智能手机企业小米在短短四年多时间里，从零成长为2014年销售额达800亿元人民币的大型企业，备受世界瞩目。董洁林与陈娟以小米作为案例研究对象，深入探讨了在互联网生态环境下硬件企业如何进行产品创新，得出了以下结论。

（1）开放众包，充分利用顾客认知盈余：小米在很短的时间里建立了一个高质量的粉丝文化群，不断从中挖掘、集聚和利用其价值，让顾客在产品创新的每个阶段都起到重要作用，建立相应平台和组织构架以实现产品创新团队与顾客的无缝合作。这种依靠粉丝热情、能力和时间碎片来帮助组织发展的做法已经成为互联网时代公司的新竞争点，小米是在这个方面最早成功的硬件公司。

（2）迭代循环创新快速推出新产品：小米产品创新采用小团队完成从策划到发布的全过程，实现全流程每个步骤的无缝对接和管理，迭代开发、循环往复，速度快、容错性较好、成本低。

（3）充分利用互联网生态环境：小米聚焦互联网新生代顾客群的生活方式，充分利用互联网工具和平台，让产品设计、制作、发布以致销售的过程都在互联网环境中高效而低成本地完成。

资料来源：董洁林，陈娟．无缝开放式创新：基于小米案例探讨互联网生态中的产品创新模式 [J]. 科研管理，2014(12): 76-84.

在顾客开发模式中，每个步骤都用单向循环箭头组成的圆圈表示，以表明每个步骤都可迭代。实际上，大部分创业都是无法预测的，而且肯定会多次犯错，直到最后才找到正确途径。与此相反，传统产品导入模式根本不提供回头审视的机会，如果这样做，则会被认为是一种失败。对初创企业来说，必须不断重复顾客开发流程中每个步骤的循环，直到达到“逃逸速度”（在确定商业模式过程中积累足够的可衡量改善之后）才能顺利进入下一个步骤。

7.2.3　产品开发与顾客开发结合

顾客开发模式与产品开发模式不是截然对立的，两种模式可以并行不悖。顾客开发团队在公司外尽力发展顾客，产品开发团队在公司内全力开发产品。顾客开发团队与产品开发团队必须通力合作，企业才能取得成功。

两个团队的相互作用，在大公司和创业企业可能完全不同。在大公司里，产品开发团队的任务是为现有市场开发后续产品。开发后续产品具有以下优势：顾客已知、需求明确、市场类型确定、竞争对手都在明处。产品开发团队与顾客开发团队的配合主要体现在以合理的成本为现有顾客提供新功能和新特性，借此扩大市场，实现利润最大化。

而对创业企业来说，它们只能猜测顾客是谁，面对的市场是哪种类型。创业企业手中唯一的砝码是产品创意。顾客开发团队的目标是为产品寻找市场，而不是根据已知市场优化产品。在顾客开发模式的每个阶段，产品开发团队和顾客开发团队都要召开正式沟通会议。除非双方达成一致意见，否则不能进入下一个阶段。在顾客探索阶段，顾客开发团队的首要任务是检验产品创意的价值，而不是为产品增加新功能。除非潜在顾客认为产品要解决的问题没有意义，或者产品没能解决问题，产品开发团队和顾客开发团队才能协商增加或者调整产品功能。在顾客验证阶段，产品开发团队的关键成员要承担产品的售前技术支持工作，直接与顾客打交道。在企业建设阶段，产品开发团队除了要负责产品的安装和技术支持外，还要组织培训，培养技术支持人员和服务人员。

调查研究

产品做成什么样，谁说了算

1998 年，任正非发起了在华为内部“向美国人学习”“向 IBM”学习的活动，在 IBM 顾问的指导下开展了 IPD（集成产品开发流程）咨询项目。IBM 咨询顾问在对华为调研后提出了几十个问题，其中较为严重的有以下几个：

（1）缺乏准确、前瞻性的客户需求关注，反复做无用功，浪费资源；

（2）高成本；

（3）没有跨部门的结构化流程，各部门都有自己的流程，但部门流程之间靠人工衔接，运作过程割裂；

（4）组织上存在本位主义、部门墙，各自为政，造成内耗；

（5）专业技能不足，作业不规范，依赖英雄，而英雄的成功难以复制；

（6）项目计划无效，项目实施混乱，无变更控制，版本泛滥。

以往华为的产品开发都在中研部，公司对产品经理的定位是研发，实施 IPD 改革后，研发将由 PDT（产品开发团队）承担，产品开发不落在产品经理身上，而是直接由产品线管理团队管理。每个产品都有各自的 PDT，每个 PDT 团队由研发、市场、财务、采购、产品服务、生产等各部门的代表组成。

IPD 流程的核心思想是“产品开发是投资行为”“产品研发是基于市场的创新”。在 IPD 流程中，产品研发由 6 个阶段组成，其中前两个阶段是概念阶段、计划阶段，主要就是明确市场对产品的需求，以及开发此产品是否盈利。市场需求主要由市场代表、研发代表等 PDT 产品成员，面对不同层次的客户，从产品性能、价格、可维护性、可安装性等方面进行直接访谈，通过全方位的市场调查及对未来产品的分析，形成产品的概念模型，再将概念模型向直接用户进行反复验证。生产、工艺、测试、技术支援的需求，与市场需求一样重要，都被放入产品设计中，这样就可以在做产品之前把事情先想清楚，争取把事情做好。

华为在未实行 IPD 流程之前，往往是随着开发的进程，需求才慢慢清晰，导致产品规格不断更改，设计方案也需要更新甚至重来，版本层次不清，开发计划不断拖延，浪费了开发资源，也造成了大量的呆死料。而 IPD 流程则保证了客户的需求真正在研发产品中体现出来，使华为的产品研发是为客户需求而存在的，而不是为了开发人员的技术兴趣而存在的。

通过 IPD 流程改造，华为的研发带来巨大变化，其直接效果是：

（1）产品投入市场时间缩短 40%～60%；

（2）产品开发浪费减少 50%～80%；

（3）产品开发生产力提高 25%～30%；

（4）新产品收益（占全部收益的百分比）增加 100%。

资料来源：张利华．研发管理 [M]. 3 版．北京：机械工业出版社，2017.

7.3 设计创业营销方案

创业营销方案，主要包括从定价、营销渠道和创业营销队伍三方面。[⊖]

7.3.1 定价

1. 价格及其特征

决定如何收取费用是创业者面临的众多问题中最重要的一个问题。长久以来，

⊖ 米内特・辛德胡特，等．创业营销 [M]. 金晓彤，等译．北京：机械工业出版社，2009.

定价问题却是战略问题中最不受重视的一个，创业者或公司管理者都想当然地对产品或服务进行定价，认为价格的主要作用就是弥补成本并得到一个合理的回报。目前，一些企业开始采取更为复杂的、更具创造力的价格管理模式，同时也更加注重价格因素的重要战略地位。它们认为公司对其提供的某种特殊产品或服务制定的价格具有以下 5 个方面的关键特征。

价格是有价值的。顾客最终愿意支付的价格是他们对某项产品或服务价值的估计。例如，根据他自身得到的价值，他们愿意在一家咖啡厅为一杯咖啡支付 20 元人民币，而在另外一家咖啡厅，仅仅愿意为同样的咖啡支付 3 元人民币。

价格是可变的。顾客为获得一种已有产品或服务支付的费用是可变的，或可以运用不同方式进行管理。这些方式包括：绝对支付额、支付构成、支付对象、支付时间、支付形式、支付条款以及全部或部分支付等方面的改变。

价格是多样的。公司一般销售多种产品或服务，它们可能通过一些产品或服务的价格来影响其他产品或服务的销售，或者在制定价格时实行捆绑（或单独）销售，或者通过提高产品或服务的边际利润来制定价格。

价格是可见的。价格的可见性，表现为价格向顾客传达的产品或服务的价值、形象、供给和需求状况、独特性等信息。虽然顾客有时并不能估计出需要支付的全部费用，但他们会考虑和关注其购买的大多数商品的价格。

价格是虚拟的。在营销决策变量中，价格被认为是最容易也是最迅速改变的，特别是在互联网时代，有些公司甚至能立即针对市场情况调整价格。

如果创业者没有意识到并利用价格的这些特征，反而依赖于相对固定的、被动的定价方法，则可能带来定价方面的失误。而改变这种状况的第一步，就是更为全面地审视企业的定价决策。

2. 创业型定价

几乎在所有行业中，企业的成功越来越依赖于它们进行基于市场、承担风险、主动和灵活性定价的能力。具有这种特征的定价称为机会型或创业型定价。这种定价行为包括 4 个关键维度。

一是基于成本定价，还是基于市场定价。基于成本的定价模式，更注重自身成本的弥补。基于市场的定价方式，则更趋向于以顾客为中心，价格的主要目的是反映顾客从企业提供的所有产品中得到的价值量。

二是趋向于风险厌恶，还是风险偏好。风险厌恶定价是一种保守型的定价方式，价格在必须变化时才做调整，其水平与竞争者极其接近，其重心在于对成本的弥补，而结构会尽可能简单。在风险偏好定价中，创业者或管理者会采取新颖的、未经证实的、评估收益损失、混淆与疏远顾客或其他可能产生负面影响的定价计划。

三是采取主动方式，还是采取被动方式。 被动定价是对竞争者定价行为的模仿，对顾客信息的反应，只有在规则发生变化或一项新技术的突破很快影响了产品成本的情况下，价格才会改变。当企业在调整价格，提出革新性的定价结构和支付计划方面处于领导地位时，会采取主动的定价方式。

四是重视标准化，还是重视灵活性。 标准化定价趋向于为某类产品或服务制定相同的价格，而不考虑顾客、市场情况或环境变化（包括竞争者）的突发事件等因素。灵活性定价则是根据不同的市场和顾客、购买的时间和地点、产品或服务捆绑销售的机遇，以及根据实际或预期的竞争者行为等因素，为产品制定不同的价格。

以上 4 个维度之间相互作用，例如，如果定价行为更为主动，那么可能承担更大的风险。类似地，采用更灵活的定价方式则更可能以市场为导向。

3. 创业型定价的具体形式

创业型定价自身有不同的表现形式，更多地采取实验、试验和小范围测试的方式。以下是创业型定价在 7 个行业的不同表现形式。

软件业： 传统的定价方式要求顾客对软件产品进行一次性支付，而现在的公司却采取租赁、发放许可证以及基于使用情况的收费方式。另一种新颖的定价方式与点数系统有关，在这种系统中，价格与点数所在的范围相连，而点数可以根据软件管理的对象（台式机或服务器）进行设定。

通信业： 一些企业基于预期的顾客回报制定价格。根据顾客对网络输入端的期待以及此期待对企业经济的影响，企业对不同的通信系统制定了不同的价格。

化工业： 其定价比较注重能给顾客带来的整体经济价值。例如，一种管道密封的垫片的定价主要考虑购买者可能节省的清理费以及可能避免的潜在责任。

公用事业： 通过捆绑销售的方式提供不同价值的产品或服务组合。这包括以低价为顾客去除产品或服务中的某些成分。公用事业针对不同的顾客群体提供不同的物价清单，而且他们试图将注意力转移到顾客能源管理方面。

金融服务业： 为不同借款人提供不同的按揭产品，由于贷款费用是基于借款人的情况单独制定的，所以金融机构开始采取风险型的定价方式。

建筑业： 通过减少房屋设计的标准模板，并将减少的模板作为顾客进一步选择的对象，公司为这些模板预先制定价格，通常能得到高于其作为标准模板的边际利润。另外，在工程接近尾声的时候，通过改变原计划也可以提高整体价格。

服务业： 服务供应商使用一种新的收益管理系统来限制服务供应量（如滑雪胜地、航空公司、主题公园），这样就要求服务供应商进行有效管理，主要方式有基于时间的定价、早期折扣、早期销售限制、需求分配等。

以上定价方式表明，基于成本和固定价格的定价方式也许会成为即将消失的工业时代的文物，用标准化价格来支撑规模经济、大规模生产、产品标准化、大众营销和密集型分销的时代将会被取代，一组新的力量将主导现代定价行为。

4. 以创业导向制订企业定价方案

企业定价导向的 4 个关键要素可用以表达价格目标、价格战略、价格结构、价格水平与价格提升方面的信息。例如，从目标来考虑，价格绝非仅仅是形成可以接受或者较高的收益回报率，而应从更具创业精神的视角来看待。价格的目标应在于鼓励一部分顾客的某种特殊行为，在新市场建立自己的立足之地，加速竞争者退出市场，利用经验曲线，拟制某些顾客群体，在企业投资组合中利用一种产品线带动其他产品线产品的销售。

同样地，创业型定价反映在诸如此类的战略上：基于价值并通过寻找独特的市场和顾客群体来把握预期的整体价值观念。企业根据市场情况的可能发展多种战略。面对不同的市场，同一家企业可能会同时采取溢价和平价的定价战略；另外，根据产品情况，这家企业可能成为价格领导者，也可能沦为价格追随者。

7.3.2　营销渠道

营销渠道是指为使产品或服务变成对使用和消费有价值的与流程相关的独立组织模式。简单地说，营销渠道的目的就是使恰当数量的恰当产品或服务出现在恰当的时间、地点。在零售商之间流传着一个古老的说法：成功的 3 个关键就是“3 个 L”——位置、位置和位置。

互联网技术对营销产生了三个重要影响，解决了距离问题，使时间平均化，而且使地理位置变得无关紧要。距离的消失、时间的同质化及地理位置的无关性在营销渠道的过程中产生了多方面和复杂的长期影响。未来，我们大部分时间谈论的很可能是服务或产品的营销媒介而不是营销渠道。

媒介可能被定义为下面的一种形式：占据了一个位置或是代表了两个极端之间的一个中间变量的中介行动方针，完成、转达、转让某种东西的代理，某物在其中起作用并蓬勃发展的周边环境。

渠道和媒介的区别在于互动。例如，互联网电子媒介、智能手机、iPod 音乐播放器都是内置的互动。渠道通常是产品营销渠道，互联网技术有潜力改变被动消极的营销方式，从而变成一种在产品或服务中发挥积极作用的元素。它们能创造虚拟市场、虚拟社区或者虚拟世界。因此，这个媒介就是中心元素，可以让消费者共同创造一个属于他们自己的服务或产品的虚拟世界。

更重要的是，在每个实例中初级关系不在消费者之间，而是在消费者互动的媒介环境中。在交互式电子媒体的例子中，媒介即信息，在某些情况下，媒介就是产品。

7.3.3 创业营销队伍

目前，很多企业将营销看作一系列活动中的摆设，在营销部门中按照惯例安排营销人员的工作并对其进行培训，规定他们的权限、配额，适当地给予激励，密切监护营销人员的工作绩效，实施奖惩制度。通常营销人员被看成可以替代，通过奖励和制裁的组合来激励他们销售。而管理工作的内容就是确保营销人员针对正确的目标进行一定数量的兜售，并在一个合理的价位上推出正确的产品，此外就是完成预定的销售额。

在当今竞争日益激烈的生存环境下，企业需要对这一销售模式进行改革，企业需要挖掘真正有潜力的销售组织，有效地创建和管理一支销售队伍。

营销管理的工作领域要处理相当数量的不确定性，这一点与创业者非常类似。最终的营销可能实现，也可能无法实现，但是顾客的需求和购买行为确实是千变万化的。对于创业企业来说，要把公司的部分所有权给予营销人员，并让其充分理解该做法的战略意义。营销人员通过利用公司资源（生产、物流、信息技术、市场营销、顾客服务等）来支持其业务运营，具体包括营销现场管理、产品取样、量身定制解决方案、顾客奖励等活动来为创业企业创造价值。

营销经理在某种程度上像风险投资家那样投资感兴趣的企业，其总体销售增长率类似于一种风险投资基金，在该领域投入资金的多少取决于该领域营销人员现有和潜在的努力，因为营销人员进场会出现创新的想法和意识，这些对创业企业来说都是非常宝贵的。

例如思科公司给予营销组织高度的授权，在公司中给予营销人员很高的职位。职位直接和报酬挂钩，因此其营销人员很多都是身家百万。营销人员希望与顾客紧密联系，创造性地为顾客解决具体的问题。于是，有很多创新性的方法都是在其营销组织中产生的，如营销中科学技术的应用。网页定制使得每个营销经理及其团队能够与顾客紧密联系，并处理所有的账户交易，监控目前的绩效水平，评估培训的视频和文件，以及进行有效的内部沟通。

7.4 创业营销策略

7.4.1 变顾客为销售力量

“口碑营销”简单定义为：所有能让人开口谈论一家企业之事。口碑营销是创业者在创业初期常用的一个营销战略。最新调查显示，有 82% 的创业者都运用口碑营销这种手段来扩大业务，更有 15% 的创业者几乎完全依赖于此。创业者可以通过以下几种常见的方法，促进口口相传的促销。

激发顾客谈论你的优质服务。创业企业如果能为顾客创造截然不同的服务体验，便可能脱颖而出，激励顾客将之与他人分享。有效的服务应当是持久的、真诚和充满热情的。通过提供独特的顾客服务，让老顾客自愿推荐产品与服务给新顾客。

通过“感谢”推荐人计划形成扩大口碑相传的机制。当顾客推荐其他人来光顾企业时，创业者可以通过“感谢”这名老顾客来建立忠实度，培养口碑相传。例如通过送打折优惠券、一份表达谢意的小礼物（如一张贺卡），或仅仅是一张手写的感谢便签，以感谢那些介绍新顾客来企业的人。这样做会使早期顾客有自豪感，让他们知道，创业企业的成功正需要他们来帮忙吸引新的顾客。

营造“热议活动”。创业者可以通过朋友、家庭以及雇员积极营造关于公司的“热议活动”（buzz campaign）来模仿口碑相传，如通过向一个用户群体提供免费服务、支持或训练等，可以成为创业企业的“销售力量”。

病毒营销。互联网为口碑相传创造了一种新的促销方式，我们称之为病毒营销。传统的口碑相传在一个人与另一个人之间进行由此到彼的传递，而病毒营销借助网络的力量，通过网站、博客和电子邮件将公司信息进行指数级的传播。

竞争对手。除运用顾客口碑营销外，许多创业者也应学会利用另一个群体，即自己的竞争对手。许多创业者填补的利基市场正是大的竞争对手不愿服务的市场，因为来自利基市场顾客的销量对大公司来说并不划算。

7.4.2　参加会展

参加会展是新创企业推销产品、了解客户需求、开发市场的一种重要手段与方法。首先，参加会展的，无论是供应方还是需求方，都是有备而来的，所以达成交易的可能性大大提高了；其次，参加会展可以了解客户的需求，面对面听取客户对自己产品的意见和建议，促其不断改进和完善；最后，参加会展还可以发现新的商机，通过学习其他参展商的先进产品和技术，提高企业创新产品的能力。

在早期广交会上，因为没有入场券而发生了很多有趣的故事。比如，没有展位的创业者，有时会带着样品守在同行的展位旁边，太近了会被赶走，一般都在 10 米开外，等到展位上的客商准备离开时赶紧尾随，递上名片，拿出样品。“那时候来广交会的都是想做成生意的‘真客户’，我们没有展位，没有地方坐下来聊，就会问他们晚上住哪里、有没有空，趁势带上所有样品，利用价格优势，攻下一个个客户。”方太厨具有限公司董事长茅理翔为进入广交会，上演混进广交会的喜剧故事，参见专栏 7-2。

⊙ 专栏 7-2

摆地摊的点火枪大王

我们的第一支电子点火枪诞生于1986年，真正打开外销局面是从1989年开始的。当时，社会上还瞧不起乡镇企业，认为它们是资本主义的杂牌或者是稀稀拉拉的作坊，想拿到一张广交会进馆证都十分困难。我急中生智，上演了一场混进广交会的喜剧。

我开着轿车轻松地进了第一道大门，然后西装革履，提着高级皮箱，与外商“哈罗哈罗”几声，装得像老朋友似的，挤在他们中间混入第二道大门，进了展区。这里有几千个摊位、几十万种产品，布局是那么整齐，走廊是那么畅通，外贸人员像机器人一样坐在摊位前等候客人询价。我观察了一下情况后，悟出了一点道理，觉得这样挤在人家当中等待太被动了，小小的点火枪放在橱窗上很不引人注意。我等了一天，还是无人问津。我急了，这时想起了茅台酒的故事——在巴拿马国际博览会上，茅台酒也是无人问津，挨到最后一天，销售员干脆将茅台酒有意在大堂里一摔，酒香扑鼻，外商均感到如此好酒为什么没被评上？结果重新评审，茅台酒被评为国际金奖。如此几十年下去，茅台酒年年被评上国际金奖。受这个故事的启发，我立即从橱窗里拿下一支喷火枪、一支脉冲枪，双手舞动，“嗒嗒嗒，啪啪啪”，口里高呼“哈罗！哈罗！”

外商很幽默，你“哈罗”，他也“哈罗”，纷纷靠拢来了，围了一大帮人，还争着看我的商品。

结果惹恼了旁边一家钟表进出口公司的副总经理。他的钟表生意本来就不太好，这么一搞，他摊位的人更少了，而他又是轻工展销团的团长。他叫我立即停止吆喝，我说，这就是做生意。他说，吵吵闹闹的，这算什么做生意，还问我是从什么地方来的个体户（当时个体户与资本主义是同义词，被人瞧不起），说这样做有损中国人的形象。再加上我没有进馆证，于是他把保卫科的人叫过来，把我的点火枪箱子没收，并把我叫到保卫科，罚了300元钱。

我并没有气馁，又到商场里买了一只箱子，到旅馆里拿了点火枪，干脆到广交会外面的大门口，堂而皇之地摆起地摊来了。我“哈罗哈罗”地招来外商，终于订下了第一张合同，对方是一个马来西亚的华人。这一招还真灵，没人来干涉，我当天就订了1.2万美元的货。第二天，宁波家电公司在自己的摊位给我腾出一张桌子，又请了一名外销员做翻译，我就这样大模大样地做起生意来了。我还是边演示边吆喝，摊位上的客户越聚越多，等待订货的外商排起了长队。这一届广交会，我们有8万美元的生意成交。我真的高兴极了！毕竟，我们从内向型企业转向外向型前进了一步。

资料来源：http://www.795.com.cn/wz/79250.html，2019-12-31.

在互联网经济高度发达、网络营销越来越被供需双方接受的今天，会展的作用依然没有被弱化。比如，今天的广交会，虽然其面积和规模有了显著增加，但展位依然是一票难求。因为，参展可以与客户以及潜在的客户面对面、深度交流，及时捕捉客户反馈的信息，还可以及时了解国内外同行的技术、发展态势，知己知彼，利于企业不断提高自身水平。

7.4.3　互联网营销

1. 博客营销

博客目前已是众多小型企业、快速增长的创业型企业所广泛采用的一种新工具。博客是“网络日志”(web log) 技术术语的缩写，是一种专注于某一特定话题的在线日志。人们通过搜索引擎、朋友推荐、网站链接等参观浏览博客。

创业者可以使用博客来确立自己在所处产业内的权威地位。博客有针对性地联系顾客以及那些沉迷于博客特定内容的潜在顾客。就像时事通讯一样，博客可以成为一个分享价值信息和经验的论坛，但它又不同于时事通信，因为博客可以与那些经常到访并进行非正式化沟通的访问者建立一种更紧密的私人关系。基于此，博客可以成为吸引顾客去创业者网站的一个很好的工具，比单用传统网站能获得更多的浏览量。

2. 社交媒体

创业者逐渐发现，一些基于 web 2.0 的交友网站，可以成为公司市场营销的良好工具。诸如 Facebook 和微信等，让创业者找到了志同道合者聚集的网络。

创业聚焦　　微信营销：一种新型的互联网营销方式

随着智能手机越来越普及，微信已经慢慢地从高收入群体走向大众化。信息交流的互动性更加突出，虽然前些年火热的博客营销也有和粉丝的互动，但是并不及时，除非你能天天守在计算机面前，而微信就不一样了，微信具有很强的互动及时性，无论你在哪里，只要你带着手机，就能够很轻松地同你的未来顾客进行很好的互动。

微信的特点如下。

1. 点对点精准营销

微信拥有庞大的用户群体，借助移动终端、天然的社交和位置定位等优势，每个信息都是可以推送的，能够让每个个体都有机会接收这个信息，继而帮助商家实现点对点精准营销。

2. 形式灵活多样

位置签名：商家可以利用“用户签名档”这个免费的广告位为自己做宣传，附近的微信用户就能看到商家的信息，比如饿的神、K5 便利店等就采用了微信签名档的营销方式。

二维码：用户可以通过扫描、识别二维码来添加朋友、关注企业账号；企业则可以设定自己品牌的二维码，用折扣和优惠来吸引用户关注，开拓O2O的营销模式。

开放平台：通过微信开放平台，应用开发者可以接入第三方应用，还可以将应用的LOGO放入微信附件栏，使用户可以方便地在会话中调用第三方应用进行内容选择与分享。比如，美丽说的用户可以将自己在美丽说中的内容分享到微信中，使一件美丽说的商品得以不断地传播，进而实现口碑营销。

公众平台：在微信公众平台上，每个人都可以用一个QQ号码，打造自己的微信公众账号，并在微信平台上实现与特定群体的文字、图片、语音的全方位沟通和互动。

3. 强关系的机遇

微信的点对点产品形态注定了它能够通过互动的形式将普通关系发展成强关系，从而产生更大的价值。通过互动的形式与用户建立联系，互动就是聊天，可以解答疑惑，可以讲故事，甚至可以“卖萌”，用一切形式让企业与消费者建立朋友的关系，你不会相信陌生人，但是会信任你的“朋友”。

企业应该将微信作为品牌的根据地，要吸引更多人成为关注你的普通粉丝，再通过内容和沟通将普通粉丝转化为忠实粉丝。当粉丝认可品牌时，你就建立了信任，他自然会成为你的顾客。

7.4.4　其他简便方法

1. 免费模式

一些知名科技企业，通过免费增值模式获得了巨大成功。在这种模式下，顾客一开始不需要付费，可以免费试用产品。其核心是，先吸引用户“上钩”，然后由用户决定是否付费或继续使用产品或服务的增值功能。免费服务模式有两种：一是顾客可以在试用期间免费使用产品的完整功能，但之后如果想继续使用，就需要付费。二是企业的基础产品（可能是仅供一两个人使用的个人版本）免费，但是如果顾客想要继续使用产品的增值功能或包含商务功能的高级版本，或更多的功能时，则需要付费。

免费模式的风险在于，顾客对免费试用的产品感到满意，却认为其不值得付费使用。企业可能会吸引大量的免费试用顾客，但付费用户寥寥无几。顾客对产品持批评态度或不愿意付费使用，会消耗企业的成本并影响企业利润。另外，企业还需要投入大量的时间和资金为这些用户提供支持。如果这些用户量过多，那么企业所实施的无异于“梦想增值模式”，而非免费增值模式。

2. 零成本顾客开发

零成本顾客开发模式由消费型网络公司，特别是Facebook之类的社交网络公司所倡导，其字面意思为开发新顾客而不需要投入任何成本，它是所有模式中最具有灵活性、最为高效的一种。

当用户本身成为企业的产品，即企业将用户的照片、文字、文档与活动作为产品内容时，零成本顾客开发就变得异常简单。企业的产品为用户提供了一个基本框架，而用户以及相关的数字媒体和他们的行为就是其中的内容。

当用户充当内容的成分越来越多时，其可从分享和互动中获得益处越多，企业的顾客开发成本就越接近于零。这是由于用户乐意邀请朋友与同事使用这一产品，因为邀请的人越多，他能够享受的服务也就越多。

3. 合作

企业可以同已拥有高效营销渠道的大型企业建立合作，以推动自身的销售。但是，这一方式常为人所忽略。因为这伴随着一定的成本。首先，与大公司建立合作关系并非易事；其次，建立了合作关系，企业必须向合作伙伴让渡一部分收益。

4. 反复从顾客身上获利

企业最好的收入来源是从现有的顾客身上创造利润。如果某顾客正在使用你的产品，就表明你已经支付了获取该顾客的成本。这是经营现有的顾客。企业可以说服他们购买较为昂贵的商品，向他们出售具有新功能的产品，或者向他们收取产品使用费等。对于以广告为主要业务的企业，可说服顾客花费更多的时间浏览企业网站，这样他们就可看到并点击更多的广告。但是这种方法使用过度，也会导致顾客屏蔽所有广告。因此，企业必须找到平衡点。

本章要点

- 目标市场定位需要通过市场细分、选择目标市场、在目标市场中建立独特定位来实现。
- 以产品为中心的开发模式包括从新产品的概念形成，到交付到顾客手中的整个过程。这种模式更适合那些已明确顾客群体、产品特征、市场范围和竞争对手的成熟企业。
- 顾客开发模式是一个由4个步骤形成的流程。其中，前两个步骤构成商业模式的“调查”阶段，后两个步骤在经过开发、测试和验证之后构成商业模式的“执行”阶段。
- 顾客开发模式不是产品开发模式的替代品，而是并行不悖的。
- 创业定价行为包括有4个关键维度：基于市场定价，趋向于风险偏好，采取主动方式，重视灵活性。
- 销售渠道的目的就是使恰当数量的恰当产品或服务出现在恰当的时间、地点。
- 互联网技术对营销产生了三个重要影响：解决了距离问题，使时间平均化，而且使地理位置在大量的工业、市场和生产、服务的情况下变得无关紧要。
- 口碑营销是创业者在创业初期常用的一个营销战略。

重要概念

目标市场定位	市场细分	价值曲线	敏捷迭代开发	创业型定价	渠道
产品开发	顾客开发	瀑布型开发	媒介	口碑营销	免费模式

复习思考题

1. 创业者如何回答谁是我们的顾客？该如何吸引他们？
2. 如何使用价值曲线进行市场定位？
3. 传统的新产品导入模式包括哪些内容？
4. 顾客开发模式包括哪些阶段？
5. 为什么需要将产品开发与顾客开发结合起来？
6. 如何设计创业营销方案？
7. 创业型定价有哪些特征？
8. 创业者面临的营销挑战有何独特性？
9. 为什么会展营销依然受到企业重视？
10. 传统企业如何运用互联网技术和方法转型发展？

实践练习

实践练习 7-1 细分市场

1. 寻找某个消费热点，模拟创建一个细分市场，回答以下 4 个问题。

（1）客户的痛点是什么？问你自己，“他们为什么会有这个问题”，从而深入下去。

（2）解决问题会对客户产生什么影响？如果影响很小，说明你没有市场，你必须找到一个更大的痛点。你的产品如何改变客户生活？

（3）客户在哪里逗留？在线上，从哪里找到他们？在线下，又从哪里找到他们？

（4）谁影响他们？

2. 为理想客户创造一个人物画像。请提供尽可能多的细节描述。

3. 创建一个反细分——乍一看是理想客户，却从来不买这个产品的人。他们为什么不买？

实践练习 7-2 客户访谈

联系一位大学创业园区的创业者，围绕其客户定位，制定访谈提纲，开展半结构化访谈。

年轻人宁愿把精力用在为自己的简历抹抹画画、增删条目中，也不愿意真正设立一个目标远大的计划。这样的生活看似安全，实质上是把你自己的未来交给了命运而不是你自己。所以，有计划总比没计划强，无论好坏。

——彼得·蒂尔

第8章 撰写商业计划

【核心问题】

☑ 为什么要撰写商业计划?
☑ 商业计划的基本要求是什么?
☑ 商业计划的核心内容是什么?
☑ 风险投资人如何评价商业计划?
☑ 高度不确定环境中的商业计划有什么作用?

【学习目标】

☑ 了解商业计划书的基本格式、规范
☑ 掌握商业计划书的主要组成部分
☑ 掌握商业计划撰写的基本技巧
☑ 规避商业计划撰写的错误做法
☑ 熟悉探索导向计划方法的基本构成
☑ 了解环境不确定性对商业计划作用的影响

引例 “二马”的商业计划书

马化腾与腾讯

在1999年第一届高交会举办时，成立刚一年的腾讯因QQ发展之快速（不到一年就有500万用户），导致公司因大量下载和暴增的用户而不堪重负，资金出现了严重的缺口。在那一届高交会上，马化腾尝试拿着改了66个版本、20多页的商业计划跑遍了高交会馆推销QQ、推销腾讯，最终引起了IDG和盈科数码的重视，拿到了腾讯公司发展史上最为关键的第一笔风险投资，IDG与盈科数码共同投资220万美元。

马云与阿里巴巴

仅在阿里巴巴成立后一个月，高盛就和阿里巴巴达成协议，5家机构共计投资阿里巴巴500万美元，占股50%，其中高盛出资额为330万美元。高盛投资阿里巴巴仅仅几天后，又诞生了一个互联网上的著名传说：马云为了拉投资四处碰壁，在洗手间碰到了孙正义，他仅用6分钟就说服了孙正义，因此阿里巴巴得到了软银2 000万美元的投资。此传说后来被当年的软银高管吴鹰否定，事实的真相是孙正义只给了马云6分钟时间，让马云说清楚什么是“电子商务”。更重要的是，刚收到500万美元的马云根本没那么着急拿下另一笔融资，与孙正义会面时既没穿西装，也没有准备商业计划——“空着手去的”。

随着创业热潮的兴起，各种各样的商业计划书大赛不断涌现。关于某些创业者凭借一份商业计划就能筹得大笔资金的奇闻轶事，不断在满怀激情的潜在创业者之间流传，如引例中的马化腾和马云。再加上私人风险投资公司和公共风险投资机构的推波助澜，导致很多人认为商业计划书是成功创业的必备利器，甚至有“创业导师”建议，“创业就是炮制好一份商业计划，然后去‘找钱’”。不少创业者抱着强烈的创业梦想，并把商业计划作为吸引资金的“敲门金砖”。那么，是不是一份撰写专业、包装精美的商业计划就是风险投资人所青睐的创业项目呢？为什么有些创业者要花很大的精力和时间认真准备商业计划？但反过来，创业者真的应该像专栏8-1中所说的那样，要烧掉商业计划吗？如果它不只是一种行为“礼节”，那么它真正的用途又是什么？如何撰写商业计划？本章的主要目的就是帮助你理解什么是商业计划，以及如何撰写一份有助于获得所需财务支持或其他支持的商业计划。

⊙ 专栏 8-1

不要浪费时间撰写商业计划

一份制作精心、措辞严谨、内容详尽的商业计划，看起来是帮助你的创业点子扬帆起航的完美利器。然而卡尔·施拉姆（Carl Schramm）却觉得，你应该烧掉它。作为一位经济学家、雪城大学（Syracuse University）教授、专注于创业扶持项目的考夫曼基金会前主席，他认为写商业计划是在创业初期最大的误解之一。

他在新书《烧掉你的商业计划书：不按常理出牌的创业者才能让企业活下去》（*Burn the Business Plan: What Great Entrepreneurs Really Do*）中指出，成功真正的秘诀在于创新理念、实战经验和敏锐的判断力。施拉姆在接受沃顿知识在线节目专访时，解释了投资者和创业者为何应该把商业计划烧掉。

沃顿知识在线：为什么您说其实没有必要撰写商业计划？

施拉姆：第一，在教人如何开公司的课上，撰写商业计划是最基本的内容，但其实你学到的东西大多是臆测。我的书源自对考夫曼基金会工作长达 10 年的研究。看一看那些老牌大企业，比如美国钢铁、通用电气、IBM、泛美航空；然后再看看新兴企业，比如亚马逊、苹果、Facebook、微软。上述公司没有一家在创业之前写过商业计划。从实战角度来看，你似乎并不需要商业计划。

第二，撰写商业计划一般都是为了吸引风投。从实践研究角度，有机会面见风投家的初创企业远远不到 1%，每年能够争取到各类风投支持的新公司也远远不到 1%。因此，我认为撰写商业计划基本上就是在浪费时间。

第三，撰写商业计划会让人觉得创业和照着菜谱做菜是一回事。先这样，然后这样，再然后这样，蛋糕就做好了。其实才不是这样呢！

沃顿知识在线：一些知名公司最初都没有做过商业计划，比如微软、苹果、Facebook，而现在它们却在做着各种各样的计划。

施拉姆：是的。这个社会一直都有这种趋势。这就是人性。大家不相信那么重要的东西竟然是在无序中发生的，人们相信秩序。看看周围，有很多专家学者一而再、再而三地尝试以一种富有逻辑、按部就班的方式创建公司。那就是所谓的菜谱式创业。

其实，你不可能从一开始就找到答案，而且永远不会有所谓的正确答案。市场、技术、客户喜好、价格、竞争对手都在不断变化。很多时候，我们都在假设，创业者应该一击即中，然后就能直接去银行提款，买一架飞机。来上一次 IPO，赚得盆满钵满，30 岁之前功成身退。

然而事实根本不是这样。你创办了一家公司，这只是开始。从此刻起，你要努力把公司做大，因为增长很重要，规模是关键。而你要做到这一点的唯一途径就是不断响应变化的市场，响应那些需求所释放出的信号。

资料来源：节选自"沃顿知识在线．不要浪费时间写计划，烧掉它！"http://www.knowledgeatwharton.com.cn/article/9461/，2018-06-09.

8.1 商业计划的目的和用途

重要概念

商业计划

商业计划是一份全面说明创业构想以及如何实施创业构想的文件，是描述所要创立的企业是什么以及将成为什么的故事。

不少创业者创业时并没有一份规范的、几十页的商业计划书，有时计划或筹划只是在头脑中，非正式的计划可能比正式的计划还有效。那么，为什么还要撰写正式的商业计划呢？

8.1.1 商业计划的目的

撰写商业计划有两个主要目的：迫使创业者系统思考创业和向其他个人或组织介绍创业项目。[⊖]

首先，撰写商业计划可以迫使创业者系统地思考新创企业的各个要素，在创立企业之前梳理自己的思路，迫使创业团队一起努力工作，全力以赴地解决创业过程中的各个细节问题。许多人都会有这样的感受：自认为想清楚了，写出来不一定清楚；觉得写清楚了，讲给别人听，别人不一定清楚。创业也是这样，一旦将计划写到纸上，那些希望改变世界的天真想法就会变得实实在在且冲突不断。计划本身远不如形成这个文件的过程重要。所以，即使并不试图去创业，也应准备一份商业计划。当创业者决定把自己的创业想法或技术通过创办企业实现商业化后，一般都会进入撰写商业计划的工作阶段。

其次，商业计划是企业的推销性文本，可以为企业向潜在的投资者、供应商、重要的职位候选人和其他人介绍创业项目与新创企业提供一种方法。这和宣传手册、公司介绍、网站等的作用是相似的。

重要概念

商业模式与商业计划

商业模式与商业计划不同，商业模式探讨一种生意的可能性，而商业计划阐述一个项目的执行细节。准备创业一定要多思考商业模式、做什么、怎么去做、如何做得更快更好。如果去找投资，就得写出商业计划来，投资者更要看你如何能够确保做成功。

资料来源：查立的新浪博客。

在实践中，创业者会更加重视商业计划的推销目的，结果经常是为了获得一份漂亮的商业计划书而撰写商业计划，自己却并不执行，这是本末倒置的行为，也容易产生欺骗。这样做即使能够融到资金，也难以很好地利用资金，结果对创

⊖ 布鲁斯·巴林杰．创业计划书 [M]．陈忠卫，等译．北京：机械工业出版社，2016：3-10.

业不利。创业面对大量不确定性，内外部环境可能经常发生快速变化，不能因为变化而不制订或不需要计划，相反，越是处于快速变化的环境，越需要认真地计划，越需要依据客观事实周密分析。当然，要注意计划的弹性，避免僵化、刻板的计划。

撰写商业计划不能保证创业一定成功，但的确可以提高成功的概率。创业是一段旅程，一段不熟悉且充满风险的旅程，商业计划更像是一个路线图，当然这个路线图必须是正确的。

延伸阅读

火箭发射与汽车驾驶

太多的商业计划看上去更像是火箭发射，而不是汽车驾驶。火箭发射必须依据最精确的动作指令发射，包括每次推进、每次助推器点火以及每次改变航向，在发射时哪怕是最微小的失误，也会导致过后远在千里之外的灾难性结果。如果能有这样精确的计划指引创业当然最好，可惜没有。商业计划应该有助于创业者“驾驶汽车”。创业者要知道目的地所在和通往目的地的路线，在行驶过程中通过不断调整方向盘，坚持在事先知道的路线上行驶，遇到情况甚至需要改变路线。

资料来源：埃里克·莱斯. 精益创业：新创企业的成长思维 [M]. 吴彤，译. 北京：中信出版社，2012：8-11.

8.1.2　商业计划的用途

商业计划最明显的用途是募集外部资金。创业活动起始于创意而不是资源，这也是它与传统商业活动的最大区别。正因为此，某人拥有了创意后并决定要成为一名创业者，却不具备相应的资源，也就成为一种常态。撰写一份简明易懂，又能够准确表述市场潜在价值和创业激情的商业计划十分必要。这是外部投资者，尤其是风险投资家了解这一项目的第一途径。实际情况是，现在越来越多的大学或其他社会团体主办的商业孵化机构要求获选企业撰写商业计划。即使对基于利基市场的创业活动（如小餐馆、女性服装专卖店、私人教育培训等项目），利用商业计划来募集亲戚朋友等的外部资金，也是个好办法。

另一种用途是向潜在员工、现有员工、资助组织、服务商等传播和沟通企业的愿景与使命。商业计划重在研究和介绍如何把具有可行性的市场机会转换成盈利的产品和服务，包括产品开发、营销和企业发展战略的各个层面的计划。这样，在企业创办以前，通过撰写商业计划向准员工及相关组织传达企业的经营理念和发展思路，是一种有益的做法。

为了实现这些目标，作为一个创业者，在撰写商业计划的过程中需要认真、全面地处理许多复杂问题，这些问题围绕如何把创意和愿景转化为现实的过程而展开，如产品如何生产，产品以何种价格出售，产品如何营销以及销售给哪些人，企业如何与现存的及潜在的竞争对手展开竞争，需要何种融资，来源何处，资金如何使用，这些事情由谁负责，等等。可见，对创业者来说，认真准备一份论证合理的商业计划，是一次很好地了解、学习市场的机会，对于确定业务概念、提出企业发展目标都很有帮助。

总体来看，商业计划的主要用途包括：

- 寻求外部投资；
- 确保整个团队（包括新的、潜在的成员）明确组织目标；
- 厘清业务概念、近期目标和所提议的战略。

越是精心准备的商业计划，越能够说明新企业尽力想完成什么目标，以及达到这些目标将如何去做。商业计划是一种书面文件，它解释了创业者的愿景，以及愿景如何被转变为一家盈利的、可行的企业。这些信息正是风险投资家和其他可能支持新企业的人所要搜寻的。因而，创业者撰写商业计划，不仅仅是为了说服别人给他们的新企业投资，也是为了让自己能更清晰地了解进一步前进的最佳方式，其所包含的这些信息异常宝贵。

为了有序、简洁、具有说服力地解决以上提到的创业发展问题，准备一份有效的商业计划并不是一蹴而就的事情，这个工作往往需要花费 200～300 小时。如果把工作只留在晚上和周末来做，这一过程将持续 3～12 个月。商业计划的撰写尤其需要清晰明确，论之有据。比如，为了筛选商业机会和想法，只要指出某新产品的目标市场规模在 3 000 万～6 000 万美元、市场成长率在 10% 左右就可以了。但是，撰写商业计划要求对市场的了解更加细化，需要说明 10% 的市场成长率的持续时间，明确说明实际成长率是多少，并解释该成长率的形成原因。[⊖]

另外，新市场的快速变化，也会使商业计划相关信息的获取表现为一种动态过程。因为无法预知你的创业企业将如何发展，所以人们在做计划时会受到一定的限制。对于新型技术和市场的开发，这一问题尤为突出。实际上，这时创业者的计划只是使企业先创办起来，再利用从实际经营企业过程中收集的信息，来修改他们的计划：先制订一个基本的、简单的商业计划，然后开办企业，接着获得来自创建、经营企业的实际信息，并使用它们去修改商业计划，必要时使用这些信息获取融资支持。商业计划开发的动态过程，如图 8-1 所示。

⊖ 杰弗里·蒂蒙斯，小斯蒂芬·斯皮内利. 创业学 [M]. 周伟民，吕长春，译. 北京：人民邮电出版社，2005.

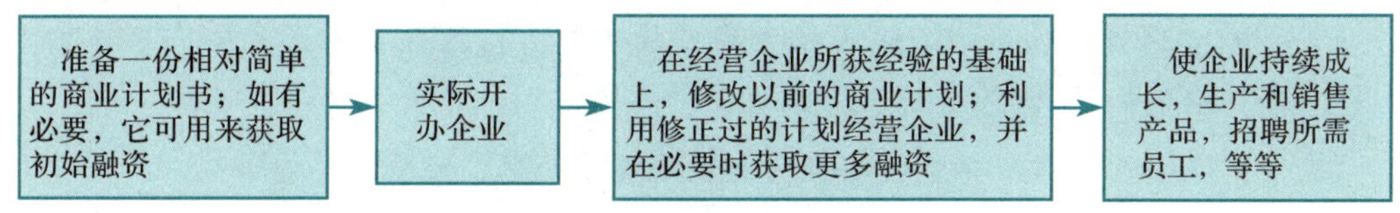

图 8-1 商业计划开发的动态过程

8.2 商业计划的基本要求与核心内容

商业计划形成了相对固定的格式、规范，同时也形成了广为采用的基本内容框架。

8.2.1 商业计划的基本结构

1. 商业计划的一般格式及撰写规范

首先，商业计划应按照如下顺序及格式来编排。

- 封面页（包括公司名称、地址以及主要联系人姓名、联系方式等）；
- 目录表（概括了商业计划的各主要部分）；
- 概要及计划书的各个主要部分（每个部分都应清楚地列示标题并要易于识别）；
- 附录（例如，详细的财务计划、公司创建人和核心员工的完整简历，附在正文后面，经常是分开单独装订）。

其次，一份有效的商业计划，应该尽可能简短明了。商业计划一般不要超过 50 页，而且要越短越好。商业计划的主要目标是，以清楚的方式解答新技术或产品开发的相关问题。而且，那些阅读商业计划的人，工作繁忙并且经验丰富，很清楚如何识别商业计划所涉及的核心问题。

应该说，整个商业计划看上去像一份规范的商业文件，而不应使用太过艳丽的图例，或过分夸张的文字描述。商业计划是创业者留给风险投资家、银行家，以及其他有可能给予创业企业支持的人的第一印象，应该以十分认真负责的态度来撰写，同时要睿智地展示创业企业的价值和优势。

2. 商业计划的基本要素

商业计划的主要内容随撰写人不同或是行业不同而有很大差异。尽管如此，人们普遍认为，商业计划必须包含一些基本部分，便于投资者及其他相关人员了解企业的关键问题：

- 新产品或服务的基本价值是什么？即，为什么这是一个有价值的创业机会？
- 新产品或服务要卖给谁？

- 如何开发、生产、销售新产品或服务？应对现存和未来竞争的总体计划是什么？
- 创业者是谁？他们拥有经营企业所需的知识、经验和技能吗？
- 如果商业计划是为了筹资，那么需要筹集多少资金，需要何种融资方式，资金如何使用，创业者和投资者如何实现投资收益？

这些问题都是投资者最感兴趣的核心问题，也是创业者在创业过程中必须直面的问题。一份精心准备的商业计划要回答所有这些问题，而且要以有序、简明、具有说服力的方式回答这些问题。要知道，风险投资家每年要看成百上千份的商业计划，但绝大多数商业计划在几分钟之内，就被那些经验丰富的风险投资家给拒绝了。作为一个创业者，要尽全力做好这些最重要的事情，以确保你的商业计划成为能得到风险投资家更多眷顾的少数计划之一。

8.2.2 商业计划的核心内容

商业计划撰写中应如何组织与上面提到的关键问题相关的所有信息呢？对此，目前还没有一个通用的内容结构。可以说，商业计划各主要部分的顺序安排及其具体内容，应该由创意的性质，以及创业者想在计划中尽力传达的信息来决定。本书提供了一个被许多商业计划采用的基本框架，具有较强的逻辑性。㊀

执行摘要：应对新企业的总体情况做出简短、清楚、具有说服力的概括。

愿景、使命与核心价值观：陈述创业的动机、企业要做什么以及所期望的宏伟蓝图。

新创意及产品的形成背景和预期目标：描述你的创意和产品能解决的核心问题、给顾客带来的价值以及预期能实现的目标。

市场营销分析：描述谁打算使用或购买你的产品或服务、顾客为什么想使用或购买它。

竞争者、竞争环境和竞争优势分析：描述有关现有竞争与如何应对竞争的信息、定价以及其他相关事项（这部分内容有时是单独分开描述的，有时被包含于市场营销部分）。

开发、生产和选址：描述产品或服务所处的开发阶段，如何开始实际生产并提供产品或服务，以及有关企业坐落于何地的信息。如果企业运营的有关信息对于理解企业做什么以及它为什么有巨大的经济潜力来说是重要因素的话，那么它也可能被包含在本部分内容之中。

管理团队描述：描述企业管理团队的经验、技能和知识，有关当前所有权的信

㊀ 罗伯特·巴隆，斯科特·谢恩．创业管理：基于过程的观点 [M]. 张玉利，谭新生，陈立新，译．北京：机械工业出版社，2005.

息也应包括在这个部分中。

财务部分：提供有关公司当前财务状况的信息，并预计未来需求、收入和其他财务指标，以及所需资金数量、这些资金什么时候需要、它们要被如何使用、现金流和盈亏平衡分析等。

风险因素：讨论企业将面临的各种风险，以及管理团队防范风险所采取的措施和步骤。

收获或退出：如果企业获得成功，投资者将如何取得收益（比如，企业何时以何种方式公开上市）。

时间表和里程碑：包括有关企业的每个阶段将在何时完成的信息（如开始生产、初次销售、突破盈亏平衡点等）。本部分可以是独立的，在适当的情况下，它也可以包含在其他部分中。

附录：应提供详细的财务信息以及高层管理团队成员的个人简历。

接下来我们将逐一介绍每一项内容的写作目的，并向初次撰写商业计划的创业者提供一些具体的写作建议。每一份商业计划都是唯一的，关键在于把“故事”讲明白，即认真睿智地描述创新产品的新颖性和价值，以及创业团队的商业化热情。

1. 执行摘要

执行摘要是一种简短而热情洋溢的陈述，人们把它的作用比拟为“电梯推销”，即要求在很短时间内激起别人的兴趣，并使他们的兴趣足够浓厚以致想知道更多的信息。也就是说，摘要应该对上述所有列出的关键问题给予简短回答，即说明解决了哪些未被解决的问题，或者机会的优势在哪儿，以及本企业为什么可能会成功。一般篇幅控制在 1～2 页。

执行摘要这一部分内容撰写得要非常仔细和深思熟虑，其中的每句话甚至每个词不仅要传达丰富的信息，也要传递创业者的兴奋与激情。既要介绍足够多的信息以对新企业有一个清晰的图景，又要十分简洁。优秀的执行摘要能在第一时间吸引别人的眼球，而粗糙的执行摘要一般很难简洁地说明企业的价值。

⊙ 专栏 8-2

PAF 公司 2008 年时的商业计划书执行摘要

简介

从 2001 年起，健身产业成长迅猛，至 2006 年本产业价值已超过 210 亿美元。本产业的增长在很大程度上受中老年人口驱动，这部分人口越来越关注自身健康。本产业缝隙之一是缺乏专为 50 岁以上人口服务的健身中心，他们与年轻人的健身需求类型不同。PAF 公司将填补该市场缝隙——它是一家专为 50 岁以上人口服务的健身中心，位于佛罗里达中部。

企业描述

PAF公司计划营业面积为21 600平方英尺[⊖]，位于佛罗里达州奥兰多市郊区的奥维多。奥维多是本健身中心的理想地点，该地的中老年人口比例及其收入水平都高于全美平均水平。本中心的特色是健身器材、课程、训练都专门针对老年人，并开设营养、睡眠、大脑体操等专题讲座与讨论会。

设计经营为老年人服务的健身中心是独特的挑战，需要对他们的生理与心理需求高度敏感。因此本中心的经营方向为：①为会员提供舒适愉悦的环境；②提供高品质课程与设施；③鼓励会员间交往，使PAF公司成为他们的生活中心之一。

产业分析

PAF公司将在"健身与休闲运动中心"产业（NAICS 71394）内竞争。该产业价值210亿美元，处于成长期。成长驱动因素主要是人们对健康与锻炼重要性的认识不断增强。该产业最大的挑战是争夺消费者的闲暇时间。

该产业是竞争性产业。健身中心的平均净利润率为9%左右（IBISWorld，2007年5月）。成功的关键因素包括选址、合理的课程与活动组合、鼓励会员参与、一批能干而积极的员工。

市场分析

PAF公司的营业场所将选在佛罗里达州塞米诺尔县，奥维多就在该县境内。市场分析表明该县约有65 400名50岁以上人口，其中9 800名现在已是健身中心会员。

PAF公司的会员人数与盈利目标如下。

年份（年）	会员数目标（个）	总计划盈利（美元）
2009	2 100	1 690 398
2010	2 226	2 416 514
2011	2 360	2 561 955
2012	2 502	2 716 124

通过焦点小组调查和本企业顾问委员会研究，我们认为在本企业独特的理念能够吸引到的会员中，50%是其他健身中心的现有会员，另外50%为新会员。如果50%的收益来自现有市场，则意味着PAF公司需争取到佛罗里达州塞米诺尔县11.44%的50岁以上现有健身中心会员。我们相信能够实现这个目标。

市场计划

PAF公司营销策略的总体目标是让50岁以上的人士意识到锻炼的益处，并使他们认为PAF公司就是他们开始或继续锻炼的最佳场所。

企业差异化要点如下：

- 唯一的目标市场是50岁以上人口。
- 着重强调健身中心的社交功能，强调健身中心对会员的归属感。
- 拥有专业工作人员，关注老年人的需求与生活。

本企业采取传统营销与草根营销方式相融合的促销措施。本企业已与Central Florida Health Food和奥维多的Doctor's and Surgeon's Medical Practice建立起合作

⊖ 1英尺=0.304 8米。

品牌关系，并正在进行进一步的洽谈，以巩固合作关系。

管理团队和公司结构

公司现有 5 人管理团队，由杰里米·瑞安（46 岁）和伊丽莎白·西姆斯（49 岁）领导。瑞安曾在南佛罗里达州成功开办过一家健身中心，并在 3 年内发展到 38 家连锁店，后来他的健身中心被一家大型连锁俱乐部收购，他还有 14 年的本行业从业经验。西姆斯是瑞安上一个健身中心的合伙人，且有 19 年注册公共会计师工作经验。

PAF 公司现有 5 人董事会、4 人顾问委员会和 10 人顾客咨询委员会。

运营和开发计划

PAF 公司已签约租赁 21 600 平方英尺的场地，租期 7 年，待交租。合同约定到租期截止时，承租方有权买下该租赁场地。

这个 21 600 平方英尺的建筑需注资 100 万美元翻新。初步翻新方案已由一位曾设计过老年人健身场所的建筑师制订，该建筑翻新将完全符合企业目标客户群体的需要。

融资计划

本商业计划书包含整套预计决算表、资产负债表和现金流量表（5 年期决算表和资产负债表、4 年期现金流量表）。预计 2009 年（营业第一年）企业为亏损经营，之后稳步盈利。预计 2010 年投资收益率为 13.1%，2011 年为 10.5%，2012 年为 11.3%。预计 2010 年净收益为 317 740 美元，2011 年为 269 670 美元。从创业期起，本企业将一直保持正现金流量。

所需资金

本企业现寻找 515 000 美元投资。

资料来源：布鲁斯·巴林杰．创业计划 [M]. 陈忠卫，等译．北京：机械工业出版社，2009.

2. 愿景、使命与核心价值观

创业的旅途要面对大量的不确定性，要克服很多困难，要得到多方面的支持和帮助，利益相关者会关心具体的创业项目和团队，也会关心创业者的理想和抱负，关心企业能做出什么样的经济和社会贡献。愿景和使命是创业者的内在动力，会反映出企业的核心价值观，对企业文化的形成也会起到决定性的作用。

愿景（vision）指企业长期的发展方向、目标、目的、自我设定的社会责任和义务，明确界定公司在未来社会里是什么样子，其“样子”的描述主要是从企业对社会的影响力、贡献力、在市场或行业中的排位（如世界 500 强）、与企业关联群体（客户、股东、员工、环境）之间的经济关系来表述。愿景由愿和景组成，“愿”是发自内心的愿望；“景”是实现组织方向和目标时的状态，愿由景生。愿景是蓝图，是方向，甚至可以说是“信仰”。

使命（mission）是指企业在社会经济发展中所应担当的角色和责任，是指企业的根本性质和存在的理由，说明企业的经营领域、经营思想，为企业目标的确立与战略的制定提供依据。使命更多的是责任。

创业聚焦 Facebook 的愿景和使命

1. 我们希望巩固人与人之间的联系

尽管这一使命博大宽泛，但“风起于青萍之末”，我们将从“两人关系”迈出第一步。

人际关系是社会的基本构成单元，是我们发现创意、理解世界并最终获得长久幸福的必经之途。Facebook 创造多种工具，帮助人们相互联系，分享观点，并以此拓展人们建立和维护人际关系的能力。

人们分享的越多（即便只是与密友或家人分享），文化就越开放，对于他人的生活和观点的理解也就越深刻。我们认为，它能够创造更多、更强的人际关系，并帮助人们接触到更多不同观点。

我们希望通过帮助人们建立关系，重塑信息的传播和消费方式。我们认为，世界信息基础架构应当与社交图谱类似——它是一个自下而上的对等网络，而不是目前这种自上而下的单体结构。此外，让人们自主决定分享哪些内容，是重塑架构的基本原则。

截至目前，我们已经帮助逾 8 亿人建立了超过 1 000 亿个联系，我们的目标是推动这种重塑进程加速向前。

2. 我们希望改善人与企业和经济体系的联系

我们认为，一个更加开放、联系更加紧密的世界，将有助于创建更加强健的经济体系，培育更多提供更好产品和服务的真正意义上的企业。

人们分享的越多，他们就能够通过自己信赖的人，获得更多有关产品和服务的信息。更加轻松地找到最佳产品，并提高生活品质和效率。

在这一过程中，企业获得的益处是：它们能够制造更好的产品即以人为本的个性化产品。我们发现，与传统商品相比，那些“社交化设计”的产品更富有吸引力。我们预计，将有更多产品走上这条道路。

借助 Facebook 开发者平台，成千上万的企业开发出质量更高、社交特性更强的产品。游戏、音乐和新闻行业在 Facebook 平台上取得突破发展，更多行业在“社交化设计”理念的指引下也将迎来变革。

除了制造更好的产品，一个更加开放的世界还将鼓励企业与客户展开直接而可靠的互动。超过 400 万家企业在 Facebook 上开设了企业主页，与客户进行对话。我们预计，这一趋势将继续发展。

3. 我们希望改变人与政府和社会机构的联系

我们认为，开发帮助人们分享的工具，能够推动民众与政府坦诚而透明地对话，赋予民众更加直接的权利，增强官员的责任感，并为当代一些最为重大的问题提供更好解决方案。

我们看到，人们在获得分享能力后，他们的声音和观点从未如此清晰响亮。这些声音在数量和影响力上都大大提高，无法忽略。我们认为，随着时间的推移，各国政府将更加积极地应对全体民众直接表达的问题和关切，而不是通过部分精英控制的中间机构听取民声、民意。

我们认为，在这一过程中，世界各国都会出现善待互联网、为民权而奋斗的领导人。他们所争取的权利之一，是获取和分享一切信息的权利。

最终，随着更多经济体转向个性化高质量产品，我们预计能够解决创造就业岗位、教育和健康医疗等重大世界问题的社交新服务将出现。我们期待为这一进程尽其所能。

资料来源：节选自 Facebook 创始人、CEO 马克·扎克伯格在 2012 年 2 月 Facebook 启动 IPO 时发表的公开信。

企业核心价值观指企业在长期的生产经营活动中逐渐形成的、组织成员或群体成员分享的同一价值观念。核心价值观是企业文化的精髓，表现为企业对企业宗旨、企业精神、经营理念、人员价值等的价值判断，是解决企业在发展中如何处理内外矛盾的一系列准则，如企业对市场、对客户、对员工等的看法或态度，它是企业表明企业如何生存的主张。企业常常通过谚语、口号、隐喻或其他形式的语言向企业成员传递这些价值观念。

创业聚焦 Facebook 的核心价值观

1. 专注于影响力

如果我们希望具有最大的影响力，最佳方法是始终专注于解决最重要的问题。这听上去很简单，但我们认为，大多数公司表现糟糕，浪费了大量时间。我们期望 Facebook 的每一个人都善于发现最大的问题，并力图解决。

2. 迅速行动

迅速行动使我们能够开发更多东西，更快地学习知识。但是，大多数公司一旦成长，其发展速度就会大大放慢，因为与行动缓慢导致错失机遇相比，它们更害怕犯错。我们的信念是："迅速行动，打破常规。"如果你从不打破常规，你的行动速度就可能不够快。

3. 勇往直前

开发优秀产品意味着承担风险。这让人恐惧，迫使大多数公司对于冒险望而却步。但是，在瞬息万变的世界中，不愿冒险就注定失败。我们的另一个信念是："最大的风险就是不承担风险。"我们鼓励每个人勇往直前，即使有时这意味着犯错。

4. 保持开放

我们认为，世界越开放越美好。因为人们拥有更多信息，就能够做出更好的决定，对社会施加更好的影响。这也是 Facebook 的运营理念。我们竭力确保 Facebook 的每个人能够尽可能多地接触到公司各个方面的信息，这样他们就能做出最佳决策，对公司产生最佳影响。

5. 创造社会价值

Facebook 存在的意义，是让世界更加开放和紧密相连，并非仅仅开办一家公司。我们期望，Facebook 的每个人，每时每刻都要致力于为世界创造真正的价值，并将这一理念融入自己所做的每一件事情。

资料来源：节选自 Facebook 创始人、CEO 马克·扎克伯格在 2012 年 2 月 Facebook 启动 IPO 时发表的公开信。

3. 新创意及产品的形成背景和预期目标

这部分内容应该解释新产品提供了什么，即它为什么是独特和有价值的，将来是否具有产生利润的潜力。这经常需要讨论你的企业所在行业的环境条件，因为正是这些环境条件显示出你现在正努力开发的创意的价值。比如，某创业者开发了一种新材料，比当前市面上出售的任何材料都更加环保和实惠。那么就需要回答，这种材料为什么是有用的，在当前低碳经济时期，为什么市场空间大？谁想要使用这种新材料，是家庭装饰还是其他什么商业用途？如果你的创意是一种用于制造家用地毯的低碳新材料，那么就应该具体说明它的独特性，使得准投资者相信投资这种产品会得到潜在收益。

在这一部分当中，还应该包括企业的基本情况信息，即企业的法律形式、当前的所有权结构、目前的财务状况等。毕竟，没有人愿意向一家存在所有权纠纷或过高企业管理费用的企业投资。

本部分也应该说明，企业希望完成什么目标。回到前面所描述的地毯用新材料的例子。本部分应该阐明，这种材料是对所有地毯普遍有用，还是只对某些种类的地毯有用（例如家用），以及使用新材料将带来哪些利益。在这种情况下，这些潜在收益应该与企业成功所获财务收益一起被提及。

4. 市场营销分析

这部分内容应该包括：

- 解释企业解决了什么问题，或者实现了哪些未被满足的需求。比如设计一种供老年人使用的简单手机，有较大的按键，而且有直拨键可拨给其他人。很明显，清晰和简洁并不是不好，但根据经验，投资者更偏好具体化。㊀
- 说明存在适宜的目标市场。这不同于行业介绍，而是本企业预选择的目标市场。就上面的例子而言，只表述手机的市场规模是不充分的，还应该包括老人对手机的特有需求、社会老龄化情况等方面。
- 说明现实顾客很可能花钱买这种产品或服务。

㊀ 杰拉德·乔治，亚当·博克.技术创业：技术创业者的创新之路 [M]. 陈立新，译.北京：机械工业出版社，2009.

- 设定基本的销售预期。在大多数情况下，商业计划应该说明潜在的销售收入，这取决于详细的财务预算、竞争者分析，以及获取潜在顾客的相关信息。

商业计划的这部分内容应该表明，创业者已经为他们的产品或服务认真地调查过潜在市场，并且有证据显示，当这种产品上市时，会有消费者或其他企业打算购买它。当然，市场预期总是不确定的，甚至没有人确切地知道，消费者如何对新产品做出反应，但创业者至少应该尽最大努力来查明人们为什么想购买或使用他们的产品。如果商业计划只是假定新产品或服务非常好，人们会排着长队竞相购买它，那么，对经验丰富的投资者来说，这却是一个响亮的警报，他们会很快失去兴趣。

5. 竞争者、竞争环境和竞争优势分析

一般地，这一部分应提供如下内容：

- 通过识别当前竞争者、潜在进入者和评价竞争强度，来构建竞争优势。
- 通过解释新产品和技术的竞争地位与当前市场动态的匹配性，来展示管理团队的能力和知识。在这一过程中，存在两方面的挑战，一是商业计划必须说明企业在潜在顾客并未真正买单的情况下，如何有效竞争；二是在现有企业用现有产品构筑竞争屏障的情况下，如何参与竞争。
- 说明此类机会足以创造近期或长期优势的核心特征。

总之，基于上个部分的市场分析，这一部分需要说明本企业与现有解决方案存在哪些差异。如果本行业存在大量的竞争者，可以运用简单的列表比较产品和技术之间的不同。但是，分析必须是客观的，包括准确评价企业的技术和运营能力与不足。否则，对关键的竞争者和竞争技术进行简要描述更能说明问题。

6. 开发、生产和选址

在任何有效的商业计划中，创业者必须认真解决的另一个问题是产品开发和生产。企业的产品或服务处于该过程的哪个阶段：仍处于待开发阶段，还是已被充分开发，正准备生产？如果正准备生产，那么预期成本以及制造产品或提供服务的时间表是什么？

有时，新产品的开发过程可能需要数月时间和可观的费用。对于这些问题，企业进展得越深入，它对潜在投资者就越有吸引力。这不仅仅是因为企业的发展已经跨越了最初的开办阶段，而且还因为这表明企业的运营方式有效率并且合理。如果企业每件事都处于合理状态，就可以确保企业快速向前发展。当然，只有时间才能具体回答这些问题。不管怎样，投资者一般都会在企业的商业计划中寻找有关这些问题的信息，如果此类信息没有被包括在商业计划中，或因范围太宽泛而没有信息

价值，那么投资者将失去投资该企业的热情。

另外，如果企业的选址对于企业的生存和竞争有重要影响，那么就应该提供相关信息。比如，对于餐饮等服务行业企业来说，选址就很重要。

7. 管理团队描述

管理团队描述包括团队能力的优势与不足。研究指出，许多投资者一般首先阅读商业计划的这一部分。甚至有投资者说，宁愿投资于具有二流创意的一流团队，也不愿投资于具有一流创意的二流团队。尽管这有点夸张，风险投资家和其他投资者实际上要关注许多不同问题，但上述陈述在很大程度上是真实的。实质上，投资者所说的意思是，创业企业中能干的、有经验的、上进心强的高层管理人员对于企业的成功极其重要。也就是说，管理团队是影响投资决策的首要因素。

具体来说，本部分应该包括以下内容：

- 确定高层管理者和核心顾问。这部分内容应该包括相关人员的简要经历及其证明。在很多情况下，要以附录的形式提供1～2页的个人简历。
- 识别管理团队能力的不足。这部分内容应该包括企业是否希望通过增加新员工来弥补这些不足的有关信息。
- 确定董事会成员（如果有的话），并提供相关个人背景。
- 确定积极支持企业发展的顾问。

尤其需要指出的是，对大多数技术型创业企业来说，这一部分是对现实状况的直接描述。它的管理团队一般由创建者、一两个顾问构成，有时还包括第一批员工。这样做没有实质性的错误，但需要注意的是，技术型企业的优秀高层管理团队的特征应该是：具备先前（最好是成功）的创业经验，专职工作，具备处理特定行业市场和顾客事务的经验。

8. 财务部分

商业计划的财务部分应该为潜在投资者提供一份清晰的规划蓝图，即新企业将如何使用它已经拥有的、持续经营所得的以及投资者所提供的资源，向财务目标迈进。

首先，财务部分应该提供新企业拥有的资产和负债等方面的估价。这些信息概括在预编资产负债表中，以表明未来不同时期的公司财务状况。在最初3年内，这些信息应按半年进行预期。预编资产负债表可以显示权益负债率、营运资金、存货周转率和其他财务指标是否在可接受限度内，还可以证明对企业的初始和未来投资是不是合理的。

其次，用预编收入表说明基于损益的预期运营成果。这张预编收入表记录销售额、销货成本、费用、利润或亏损，并应该认真考虑销售预测、生产成本、广告成本、分销和储存成本与管理费用。简而言之，它应该提供运营结果的合理规划。

再次，现金流量表也应按未来一定年限来编制，它表明预期现金流入、流出的数量和时间安排。通过突出某一特定时期的预期销售额和资本费用，这种现金流预测强调了进一步融资的需求和时机以及对营运资金的需求。

最后，盈亏平衡分析表明为补偿所有成本所需要的销售水平。这应该包括随生产量变化的成本（如制造、劳动力、原材料、销售额等），以及不随生产量变化的成本（如利息、工资、租金等）。

在多数情况下，开发以上财务数据报表能帮助管理者思考影响销售和成本的关键要素。需要指出的是，对多数早期发展阶段的企业来说，详细的资金预算也许比形式上的财务计划更有价值，因为它们揭露了业务发展的现金需要（对处于研发阶段的业务来说，现金需要取决于关键事件），而不是预测业务的盈利性（这也许是极度乐观的）。由于现金流分析更多反映的是现金周期的波动（取决于销售及其运营），而不是开发周期的波动（取决于研发及其运营），所以现金流分析对于早期发展阶段的企业并不是很适用。另外，现金流分析还可能造成对现金需要的保守估计，因为创业者一般都会低估成本而高估收入。

对种子期高科技新企业来说，更是如此。当一家拥有技术许可和一些初始创意的创业企业在寻求资金支持时，多数投资者不需要也不评价它的用来说明未来 3 年营业收入的财务计划。此时最重要的财务要素是：做出未来（通常 8～16 个月）实现两三项关键指标的预算，如果业务成功，做出长期潜在的收入。这些数据反映了种子期投资者所关注的核心问题：保证企业存活下来直至创造价值需要多少钱？因承担风险将获得多大的利益回报？

9. 风险因素

商业计划除了预测企业的良好发展的一方面，还要充分考虑发展的不利因素，或是新产品开发中容易发生错误的地方，如表 8-1 所示。实质上，当危机真正出现时，承认危机是面对问题并勇敢解决问题的第一步。

表 8-1 创业企业面对的潜在风险

1	不愿向创业企业“俯首称臣”的竞争对手所进行的削价
2	使创业企业产品或服务的吸引力降低或销售减少的不能预见的产业动向
3	由于各种原因没有完成销售计划，因而减少了现金流量
4	超过预期的设计、制造或运输成本
5	产品开发或生产进度安排没能按期完成
6	由于高层管理团队缺乏经验而引起的问题（例如，缺乏与供应商或顾客进行合同谈判以争取有利条款的能力）
7	在获取零件或原材料方面，比预期的前置时间长
8	在获得额外且必需的融资方面发生困难
9	不可预测的政治、经济、社会或技术趋势或发展（如新的政府立法或严重经济萧条的突然降临）

10. 收获或退出

任何创业企业发展到一定阶段，都存在创业者与投资者的退出及投资回报问题。这一部分需要描述创业者如何被取代，以及投资者退出战略，即他们如何收获资助创业企业所带来的利益。例如，出售业务、与其他企业的合并、IPO，或者其他重新募集资金的事件，使得其所有者和投资者有机会套现先前的投资。

11. 时间表和里程碑

商业计划正文的最后部分应该说明：主要活动何时实施、关键里程碑何时达到。从投资者观点看，这个部分表明创业者的确仔细关注了企业的运营，并且已经为企业的未来发展制订了清晰的计划。具体如下：

- 新企业的正式组建（如果这还没有发生）；
- 完成产品或服务设计；
- 完成产品原型；
- 雇用最初的员工（销售人员或其他）；
- 在贸易展览会上做产品展示；
- 与分销商和供应商达成协议；
- 进入实际生产；
- 收到初次订单；
- 初次销售与交付；
- 盈利。

当然，这个列表只是创业企业可以包括在商业计划内的众多里程碑的一小部分。重要的是，要选择那些无论是从企业资源还是从所在产业的角度看都有意义的里程碑。

12. 附录

商业计划的正文应该相对简短，只要提供所有重要信息即可，许多项目的信息最好包含在单独的附录部分中。在附录中，典型项目的信息有详细的财务规划以及创建者与高层管理团队其他成员的完整简历等。

需要说明的是，为了节省时间和金钱，成功的创业者会尽量减少在商业计划上的资源投入。睿智的创业者通常对完整性不感兴趣，他们明白，额外分析的回报将很快消失。他们避免使用电子表格软件对盈亏平衡点、资金需求、回收期、净现值进行详细但缺乏远见的分析。在决定有限的分析对象时，创业者必须意识到，即使有更多的研究也无法解决某些关键的不确定因素。比如，深度访谈及调研在预测全新产品需求时的作用往往不大。创业者同样也要避免实施那些自己根本无法依照其结果行动的调研。

8.3 商业计划的撰写原则与技巧

一份优秀的商业计划的确需要花费创业者很多时间和精力，它是潜在投资者接触创业项目的第一步，因而值得努力去做好。

8.3.1 撰写原则：风险投资家的视角

针对不同的读者对象，商业计划应有所不同。商业计划的一个重要目的是募集风险投资，下面从风险投资家的视角分析撰写商业计划应注意的问题。

1. 商业计划必须一开始就吸引人

风险投资家富有远见，又经验丰富。投资决策往往迅速做出，而且很少出现逆转的情况。这意味着，提供给他们的商业计划必须一开始就吸引他们，并且能一直吸引住他们。

商业计划从摘要开始，摘要是商业计划的第一个主要部分，从某种程度上来说，也是最重要的部分。摘要必须能够简洁而又睿智地说明企业的价值（即解决了哪些未被解决的问题，或者机会的优势在哪），以及本企业为什么可能会成功（即独特资源将创造竞争优势）等问题。具体来说，这一部分既能传达创业者高涨的创业热情，又能充分展现新企业创意的价值以及有效整合开发创意的创业团队。

2. 管理团队以及市场机会的价值是两项关键的投资要素

调查表明，风险投资家和天使投资都认为管理团队以及市场机会是两项关键的投资标准。这并不是说产品特征、财务预期等不重要，而是在评审商业计划的过程中，投资者注重对各种要素间的复杂作用关系进行考察。有时候，甚至在对产品和技术本身进行评价之前，由于管理团队或市场机会存在明显问题，所以停止某项投资交易是很有可能的。投资者似乎相信，管理团队、市场机会作为评价指示器，要比产品特征等更容易做出快速的评价。

也就是说，归根结底，创意的质量以及整合创意的人或人们的素养才是至关重要的。如果创意不合理或没有什么经济上的潜力，那么不管商业计划表面看来写得多精彩、多有说服力，有经验的投资者都会立刻识别出它。所以，在决定投入大量时间和精力，去准备一份令人印象深刻的商业计划之前，创业者首先必须获得有关创意的反馈。如果创意本身价值不大，则创业者应立即停下来，因为继续下去基本上是在浪费时间。同样重要的是，本创意及其开发必须与创业者或团队的追求和能力相互匹配。

3. 商业计划要体现真实性

商业计划本质上是创业者对如何将创业意愿及创意转化为盈利事业的一种规

划。不可否认，人们本来就不可能完全预知未来，而且快速变化、不确定性很强的新奇技术和市场预测更加会受到信息获取的限制。事实上，即使创业活动面临很大的不确定性，创业者也应该努力确保商业计划信息的相对真实性。否则，潜在投资者怎么会把自己的真金白银投给你呢？

所谓真实性，是指市场预测必须建立在对目标市场的现有信息进行分析的基础上。当然，现实情况是许多（尽管不是大多数）早期发展阶段的技术型企业最终将定位于完全不同的市场。但是，我们需要把当前能够获得的真实信息记录下来，同时时刻保持对环境变革的警觉。如果目标市场非常不确定，则创业者应该直接说明这一不确定性。这就是睿智的投资者总是更愿意投资于可靠的、具有竞争力的团队的原因，因为他们能够及时识别正确市场中的正确产品，不管计划书中事先是如何写的。具体来说，商业计划真实性表现在以下几个方面。㊀

（1）顾客分析的真实性。创业者应尽力根据潜在顾客反馈的信息来撰写商业计划。一家创业企业还没有确定目标顾客，并没有什么。而如果企业从未尝试获取潜在顾客（不管是终端用户、分销商还是中介）的信息反馈，则是不应该的。人们往往把这一过程混淆于"市场研究"。市场研究是指对市场规模大小的分析，而顾客研究则是对真正的顾客需求是什么以及特定的产品或服务能否满足这些需求的分析。

研究认为，创业者应该至少与10位潜在顾客进行沟通，这样才能提出相对可信的收入模式。当然，具体访谈人数会因行业不同有所差异（尤其是在行业细分的情况下）。而一般来说，10位基本上能够满足了解顾客如何应用新技术的需要。在访谈中涉及的问题主要有：

- 你们在生产产品或提供服务的过程中，尚未解决的最大问题是什么？
- 你们现在使用的技术是否限制性很大？
- 如果你们拥有这种新技术，将会如何使用它？
- 什么样的技术创新能够满足你们的价值需要？

（2）市场分析的真实性。对一项新颖、具有市场变革意义的新技术来说，进行市场分析存在极大的难度。而创业者又往往相信未经证明的市场，投资者却确信创业者容易对事情过度乐观。持有怀疑态度的投资者从来都不会相信创业者对市场的预测，无论提供多少研究细节。现实性市场分析应该恰当描述市场规模，以帮助投资者个人进行相关决策。

一些公开的市场调研信息以及网络搜索都能够提供这种快速的市场规模评价。例如，我们发现，通过搜索恰当的关键词（如××"10亿"），能够很快获取相关

㊀ 杰拉德·乔治，亚当·博克．技术创业：技术创业者的创新之路[M]．陈立新，译．北京：机械工业出版社，2009.

行业的统计信息。当与行业人士以及顾客就真正的目标市场进行讨论的时候，我们需要集中在目标市场的特征方面，如这种技术的具体应用是什么？能为使用者创造什么价值？依据这些方面的信息，基本可以推断出市场的规模。

（3）竞争者分析的真实性。竞争者分析一般会面临这样的困境：一是现有竞争者不可能与新技术进行竞争，二是由于保密或规避竞争的原因，真正的竞争者不可能很容易地被识别出来。优秀的商业计划既要识别明显的竞争者，又要识别潜在的竞争者。这样做的好处在于：提醒创业者不应该开发存在过度竞争的市场，同时使得投资者相信创业者为评估竞争环境做出了相应努力。快速识别竞争者的过程如下：

- 在百度或其他网站搜索特定产品或服务关键词。
- 利用国家专利数据库搜索相关专利（及其应用）。
- 与著名的行业专家进行探讨。

（4）收入计划的真实性。在商业计划中，经常会发现这样的描述：根据 ××，×× 市场规模是 ×× 元。如果我们能够捕捉到 5% 的市场，那么我们的年收入将是 ×× 亿元。

这种分析一方面忽视了把技术投放市场的定价因素，另一方面回避了顾客购买决策是如何做出的，以及为什么 5% 的顾客会转向接受新技术等重要问题。问题是，如果创业企业的技术比其他现有技术更有优势，那么企业为什么不努力拥有 50% 或者 75% 的市场份额呢？

一种更有效的评估需求的方法叫“自下而上”法。这种方法首先识别具体的可能接受新奇技术的顾客，叫作“早期接受者”。在一些情况下，可以给出基于当前市场评估的价格范围和顾客目标数量。可见，顾客研究（而不是市场研究）是合理信息的起点。建立在潜在顾客信息基础上的收入计划要好于基于市场的分析计划。了解顾客如何购买产品是进行合理收入规划的第一步。

8.3.2　撰写技巧

根据以上撰写原则，为了使商业计划书脱颖而出，并最终获得风险投资的青睐，创业者应认真做到：①确保创意的价值性，并拥有高素质的管理团队；②认真负责、睿智地按适当的商务格式进行编排和准备计划；③执行摘要简洁，论之有据。既要充分描述创业热情又不失规划的真实性，具体表现在以下几个方面。

1. 结构体例方面

多年来，商业计划的结构和体例相对固定下来。尽管对此没有硬性规定，但创业者不要单纯为了创新而过于偏离一般结构和格式，同时，又不能直接套用一些商业计划软件包所提供的样板文件。即便这样的确能够使计划变得更加专业化，但是计划必须基于特定市场调研数据和事实来编写，以充分表明创业企业的可预测性以及创业者的激情。

商业计划的体例也需要努力做到更好。一方面看上去比较讲究，另一方面又不能给人浮华浪费的印象。可以采用透明的封面和封底来包装计划书，不要过度使用文字处理工具，如粗体字、斜体字、字体大小和颜色等，否则会使得商业计划显得不够专业。而一些体例上的用心却可以显示你的细心。例如，如果企业有设计精美的徽标（LOGO），应该把它放在计划书封面页和每一页的眉题上，一些图表颜色与徽标的匹配设计，也会充分显示你的用心，同时容易吸引人的眼球，给读者留下深刻印象。

按照上面提到的商业计划的一般格式逐项检查，不能有任何遗漏和错误。例如有些商业计划竟然在封面上漏掉了联系方式、缺封面页，或是有明显的排印错误等。这样一些小疏漏，会使得投资者认为准创业者粗心、不负责任、准备不充分，进而影响其投资决策。

2. 内容设计与组织方面

根据上面提到的真实性撰写原则，商业计划的内容应建立在市场调研或其他间接来源的真实数据的基础上。因而在撰写正文的过程中，可以先组织撰写顾客和市场分析这一部分，再结合企业发展目标撰写产品开发以及财务等信息。而在实践中，创业者经常对财务部分花费大部分时间，描述详细的财务计划，恰恰忽略了市场调研，这是不可取的。

商业计划的内容撰写体现为一种过程，随着撰写工作的深入，创业者能够获取的新市场、潜在顾客等相关信息越来越多，或是越来越具体，这时候的商业计划也要做出相应调整。甚至随着掌握越来越多的相关信息，创业者的个人目标和追求都会随之改变，这些都会影响到企业所有权方式、销售预期、盈利预期以及融资方式等方面的决策。所以商业计划的内容设计是动态的过程，随时都需要进行调整。因此，在这一过程中，需要以坦诚的态度、开放的心态，不断修改、完善商业计划。

商业计划相关信息的获取有很多方式，如市场调研、行业数据、专家咨询等。根据技术和市场的新颖性采用的具体方式有所差异，比如针对新市场和技术，没有现成的行业信息，这时就需要花费精力和时间进行市场调研。

另外，内容设计与信息组织过程中需要多考虑准投资者的看法与感受。毕竟商业计划在反映实际情况的同时，还需要说服别人。尤其是高科技企业编写财务计划时要表达一种“有益于投资者”的良好态度，即表明企业理论上具有创造 10 倍回报的潜力。比如，内部投资报酬率分析表明，国外风险投资一般寻求的是 4～6 年成长为年收入 5 000 万美元的投资机会。因此，许多国外商业计划一般都标明第 5

年的营业收入将达到 5 000 万美元～1 亿美元。

最后，商业计划的内容需要尽全力规避不该有的错误，如表 8-2 所示。

表 8-2　商业计划不应有的错误及解释

错误	解释
概要太长而且松散，未能说准要点	简明扼要又全面
没有清楚回答“人们为什么想购买这种产品”	只说产品有价值，却忽视了潜在顾客的调研
没有对管理团队资格给予清晰的陈述	管理团队的个人简历需用附录具体说明，否则准投资者会认为管理团队没有经验
过于乐观的财务预期	盲目乐观会失去可信度，需根据实际调研做出合理预期
界定的市场规模过于宽泛	企业的市场规模应是目标市场，而不是产业市场
隐藏和回避不足与风险	准投资者会认为计划不够深入
没有清晰回答产品所处的阶段	说明产品开发工作没有真正开展或是不具有合理性
认为没有竞争者	说明缺乏深入、认真的市场调研
任何形式上的错误	排版、语句错误，以及资产负债表的不平衡等

无论商业计划的其他部分有多好，都必须绝对避免这些使商业计划注定被拒绝的错误。哪怕你只犯了其中一个错误，都会使从老练的投资者那里获得帮助的可能性降到最低。

⊙ 专栏 8-3

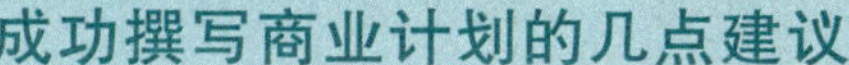

成功撰写商业计划的几点建议

- 一定要自己做。没有人可以代替你制订你的计划。
- 投资者关心财务状况，但更关心能够实现预期财务目标的战略。
- 要清楚地显示出与竞争对手的明显差异，不要陷入“我也是”的境况。
- 明确目标市场，提供顾客真实存在的证据。
- 认真校对，不要有错别字和语法错误。
- 要有现金流预测，这对新创企业的生存至关重要。
- 保持计划书的整洁，简明扼要，篇幅不要太长。
- 陈述事实，尽量避免“我认为”“我估计”等主观判断和猜测。
- 给计划书设计一个有吸引力的封面。

8.4　商业计划的反对之声

大量创业教育培训机构把撰写商业计划视为创业活动的核心所在，大学课堂也将其作为培养学生创业技能的重要手段。实际上，对于创业者是否应该撰写商业计划的争论一直广泛存在，也出现了一些专门针对创业者应该如何制订计划的新方法。

8.4.1 商业计划的反对意见

1. 商业计划不一定有用[㊀]

以创业者和中小企业主为目标群体的美国杂志*Inc.*每年都会出版一个包括美国成长速度最快的500家私人企业的专刊，这些高成长企业绝大部分都是成立时间较短的创业企业，例如在2004年评出的500家企业中，48%的成立时间不到6年，84%的成立时间不到10年。有些学者对这些高成长企业的创业者是否制订商业计划做了分析研究，结果却发现了与我们的常识完全不同的结论。例如，针对1989年*Inc.*500创业者的分析显示，41%根本没有商业计划，26%有一个粗略的计划，只有28%有正式的商业计划；针对2002年*Inc.*500创业者的分析则显示，只有40%说曾经撰写了商业计划，这其中又有65%承认后来的行动远远偏离了最初的计划，并且在发展的过程中不断修正计划。

以前人们说硅谷创业者在餐桌上会拿一张餐巾纸写商业计划，其实现在很多创业者连餐巾纸的商业计划都没有了。商业计划如此重要，但是，为什么大部分实现了快速成长的创业企业没有撰写商业计划呢？这的确值得我们深思。有人可能会质疑分析样本的局限性，但分析样本即便发生变化，也发现了类似的结论。例如，针对美国创业教育排名第一的百森商学院1985～2003年毕业的校友所创建的116家企业的研究显示，创业时撰写了正式商业计划的企业与那些没有撰写商业计划的企业在成功指标（包括年销售收入、员工数量和净利润等）上并无任何显著差异。

有人可能会反驳，商业计划虽然不会直接有助于创业者取得较好的财务业绩和快速成长，但它是创业者向风险投资家融资的必需工具，有助于创业者整合外部资源，但事实也并非如此。2009年，美国《战略管理》杂志一项针对1 063个风险投资案例的研究显示，商业计划充其量在融资中扮演了微弱的象征性角色，不会对风险投资家的决策产生任何影响。其实，这与风险投资从业者的观点正好一致，他们并不会花费大量精力对商业计划进行系统的评估，不被花哨的商业计划影响投资决策过程反倒是成功风险投资家的重要技能之一。曾任《哈佛商业评论》编辑的戴维·冈普特在《烧掉商业计划！什么是投资者真正想从企业家那里得到的》一书中更是大胆指出：撰写商业计划纯粹是没必要的浪费时间，反而会产生不良后果。创业者应该转而关注更可能让风险投资家产生深刻印象的关键任务，比如准备有效的口头报告、清晰且给人印象深刻的提纲以及经得起敲打的财务方案，系统性的计划反而是次要的。

㊀ 薛红志．创业者如何做商业计划[J]．中外管理，2011（11）：102-103.

行动指引

成功创业者如何做计划

所有企业都应该做一些分析和计划。成功的创业者看似会盲目地冒险，其实不然。他们会采用一种快速而且省钱的方法——一种介于贻误时机的过度计划与根本不做任何计划之间的方法；他们并不追求完美，因为即便是最精明的创业者，一开始也可能会犯错误。然而，与大公司的通常做法相比，创业者的方法更为经济、及时。

成功的创业者所采取的方法有哪些关键要素？我们的调研结果为有创业抱负的人士提供了三条指导原则：

（1）快速筛选各种机会，剔除没有前景的创意。

（2）对创意只做有限的分析，重点关注少数几个重要事项。

（3）将行动与分析结合起来，不要等一切有了答案才行动，而且要随时准备调整行动方向。

资料来源：阿玛尔·毕海德．创业者如何制定有效的战略[J]. 哈佛商业评论（中文版），2005(9): 146-160.

2. 商业计划的作用受制于不确定性

商业计划的作用与不确定性密切相关。正如两位战略学者所指出的：“当不确定性是零时，计划是日程表中的一种必需方式；当不确定性极高时，计划是没有任何用途的。”不确定性是指我们在预测未来或预期某种行动的结果时所表现出来的困难程度，创业者面临的不确定性大体上可以分为两类：一是外部不确定性，与创业企业的价值创造过程相关联，来自企业运营所处的市场或产业的动荡性，所有竞争对手都面对这种不确定性；二是内部不确定性，与创业企业选择的目标市场及其产品满足市场期望的概率相关联，是每个创业企业所特有的。

外部不确定性起源于各种不可知因素，如顾客对新产品和服务的需求偏好、竞争对手的报复性行动、供应商的原材料价格波动，以及产业演进和变革导致新技术或新商业模式的出现等。当创业企业处于新兴产业或市场时，这种不确定性会变得更加明显。由于商业计划必然涉及对外部环境未来变化趋势的预测，而创业者又经常提供新颖的、质量不可知的产品、服务或技术，所以预测很可能是错误的，基于这种错误预测数据所做出的决策也必然是错误的。

内部不确定性与创业者识别到的具体创业机会相关。创业机会虽然是客观存在的，但其价值潜力和开发方式存在很高的不确定性，往往机会的创新程度越高，潜在需求或市场反应越难以预测，因此创业者很多时候只能摸着石头过河，没有必要自寻烦恼提前制订计划。此外，由于时间窗口的问题，创业机会往往稍纵即逝，当创业者为了全面考察机会的可行性而制订商业计划的时候，可能机会已经不复存在了，因此快速进入市场并开展营销活动吸引顾客可能是最紧迫的任务，而制订商业计划则会大大消耗创业者宝贵的时间资源。

计划还可能会使创业企业丧失其相较于成熟企业的灵活性优势。创业企业本来在资源配置和行动方案上有较高的灵活性，因为它们不用受既有程序、流程和政策的制约，而商业计划却限制了它们这种灵活性。因为商业计划给创业者施加了太多的束缚，特别是当他们开展有悖于商业计划内容的行动时。

8.4.2 探索驱动型计划法

按照上面的逻辑，难道创业者不该做计划吗？答案当然是否定的。环境的快速变化使得计划跟不上变化，这是客观事实，但以此否定计划的作用是绝对错误的。一份设计合理的计划不仅代表着创业者对成功的强烈愿望与充分准备，而且代表了创业者对利益相关者的负责态度。问题的关键在于我们要采取正确的方法制订创业计划。

从目前来看，大部分创业者制订计划的方法更像是大企业的传统计划方法，这种方法要求计划内容十分详细，并且过分关注细节。麦格拉思和麦克米伦进一步指出，传统计划背后隐藏的假设被看成是事实，而不是被看成有待检验和质疑的推测。当面临的不确定性较低时，这些假设往往是显而易见的，细节意味着精确和谨慎，因此出错的可能性较低。但是，创业者通常面临的是高不确定性，因此很多假设就只是大胆的猜测而已。不难想象，这些往往是创业者一厢情愿的想法罢了，因此他们不可避免地会经历对最初计划的偏离，需要根本性的重新定位。

调查研究

一些危险的隐含假设

1. 顾客会因为我们认为某产品好而购买该产品。

2. 顾客会因为产品技术较好而购买我们的产品。

3. 顾客会同意我们认为产品“很好”的看法。

4. 顾客不再继续购买原供应商的产品，转而购买我们的产品，不会有什么风险。

5. 产品本身会宣传自己。

6. 分销商急于囤积和经销我们的产品。

7. 我们能够按时并在预算之内开发出产品。

8. 我们能成功地吸引到合适的员工。

9. 竞争对手会对我们的行动做出理性的反应。

10. 我们能使自己的产品免受竞争。

11. 我们能在快速获得市场份额的同时抑制价格的上升。

12. 公司的其他人会乐于支持我们的战略，并在需要时提供帮助。

资料来源：MCGRATH R G, MACMILLAN I C. Discovery Driven Planning [J]. Harvard Business Review, 1995, 73(4): 44-54.

麦格拉思和麦克米伦开创性地提出的**探索驱动型计划法**（discovery-driven planning method）也许更适合于创业企业，这种方法承认在创业开始阶段所做的判断几乎都是假设，并且将假设的“证伪”视为计划的关键所在。探索驱动型计划主要包括四个文件。

（1）逆向损益表。反映创业项目的基本经济情况，要求创业者首先明确打算实现的利润是多少，然后据此推导出需要多少收入以及允许的成本是多少，而不是从估计收入以及现实的成本中推导出能够实现的利润。

（2）运营情况预测说明书。用来展示创业过程中研发、生产、销售、配送和售后等所需的全部关键活动及相应的成本结构，这些活动一起构成了可允许创业成本。

（3）重要假设检验表。列出一份创业要取得成功的假设清单，只有这些假设成立了，运营情况预测说明书中的数字才可能是可行的。清单上的条目顺序按重要性排列，关乎创业成败的假设和不用花多少钱就能检验的假设排在最前面。

（4）重大事件计划。详细说明每个重大事件发生时有待检验的相关假设，识别关键假设中可以被检验的检查点，只要有可能，就检验假设。这里需要说明的是，没有任何假设是不应该被检验的，对于最关键的假设要设置多个检查点。

探索驱动型计划将创业视为一个持续性的计划过程，承认高度不确定性会导致计划与执行之间出现落差，因此要求创业者随着创业进程的推进，不断地收集新信息验证之前所做出的各种假设，不断修订行动方案，调整经营思路与发展目标，直到计划所依据的各种假设都被验证。当然，有时创业者所做的假设过分荒诞，无论如何调整活动都不能保证假设成立，这时创业者要有勇气做出终止创业活动的决策。

正如哈佛商学院创新大师克里斯坦森所指出的："很多时候，新业务的失败不是因为得出了错误的答案，而是因为没有提出重要的问题。"因此，必须清楚认识创业设想中哪些是亟待验证的问题或假设，采取一切可能的手段检验潜在假设，并根据由此得出的新信息对创业计划不断进行完善和修正，否则就会陷入自我欺骗的困境。胡适先生提出的"大胆假设，小心求证"不仅是一种治学方法，更是一种创业哲学。

本章要点

- 商业计划既是对创业的指引，也是对创业机会识别和开发的再论证。
- 商业计划是一种书面文件，它解释了创业者的愿景，以及愿景如何被转变为一家盈利的、可行的企业。
- 许多成功创业者制订很简单的商业计划，随后他们依据从实际经营新企业所得来的信息，再修改该计划。
- 所有商业计划均应以概要开始。这个简要部分对"新企业价值是什么"以及"为什么能成功"提供了简短、清晰、具有说服力的概括。
- 商业计划应该包括执行摘要，愿景、使命与核心价值观，新创意及产品的形成背景和预期目标，市场营销分析，竞争者、竞争环境和竞争优势分析，开发、生产和选址，管理团队描述，财务部分，风险因素，收获与退出，时间表和里程碑，附录。
- 风险投资家评价商业计划的视角和标准就是：商业计划必须从一开始就吸引人；管理团队以及市场机会的价值是两项关键的投资要素；对财务预期及回报策略冷眼观察。
- 商业计划的真实性是指市场预测必须建立在对目标市场的现有信息进行分析的

基础上，表现在顾客分析、市场分析、竞争分析和收入分析的真实性。

- 商业计划可以是一系列的假设，但一定要是后续可以检验的假设，以便不断修正，使商业计划真正成为指导创业的工具。无法进行检验的假设一定是空想。

重要概念

商业计划　风险投资　核心价值　探索驱动型计划法　执行摘要　愿景　使命

复习思考题

1. 创业者是否需要撰写正式的商业计划或者说正式的商业计划到底是否有用，争论还是不少，你认为争论的原因是什么？
2. 撰写商业计划要做大量辛苦的工作和调研，但为什么创业者应该写呢？如果直接去创建企业，会有什么不好？
3. 在商业计划起始部分的概要为什么如此重要？它的首要目标应该是什么？
4. 为什么解释新产品或服务处于生产过程哪个阶段是重要的？（例如，是创意阶段、原型阶段还是生产阶段？）
5. 为什么充分描述创业企业管理人员的经验和专业技能对商业计划如此重要？
6. 有人说商业计划还只是一系列的假设，不能指望按部就班地执行就能获得成功。怎样才能使商业计划有用？
7. 在商业计划书中全面揭示和讨论潜在的风险因素会阻碍还是有利于投资者提供金融支持？
8. 撰写商业计划如何平衡创业热情与保持分析的真实性？
9. 如何利用探索驱动型计划法为企业制订计划？
10. 传统商业计划中常见的关键假设是什么？

实践练习

实践练习　商业计划的摘要

优秀的摘要在任何好的商业计划中都是重要的组成部分。一流的摘要能抓住那些通常依据摘要做决策的潜在投资者的注意和兴趣，而且他们据此还决定是继续将商业计划阅读下去，还是接着看下一份。因此，学会如何撰写优秀的摘要对创业者来说是一项非常有用的技能。下述措施将提高你对于这项重要任务的技能。

（1）撰写创业企业摘要，确保它的长度只有2～3页。

（2）邀请一些你认识的人读这份摘要，并对它进行评论。尤其是，要请他们就下述方面对摘要评分（评级应采用5分制：1=很差；2=差；3=中等；4=好；5=很好）。

a. 摘要是否对新产品或服务进行了清晰的描述？

b. 摘要是否解释了新产品或服务为什么在特定市场是有吸引力的？

c. 摘要是否明确了市场并解释了产品如何在这些市场中促销？

d. 摘要是否解释了产品处于生产的哪个阶段？

e. 摘要是否解释了创业者是谁并描述了其背景和经验？

f. 摘要是否解释了创业者要寻求多少资金以及资金的使用目的？

（3）得出每个方面的平均分。那些得分低（3分或更低）的部分，就是你应该致力于改进的环节。准备一份改进后的摘要，并让另一群人给它评分。

（4）持续进行这个过程，直到所有方面的评分都达到4分或5分。

> 说服投资者最好的办法就是打造一家真正优秀的创业公司，实现快速增长，只要简单直接地告诉投资者这一点就可以了。
>
> ——保罗·格雷厄姆

第9章 开展创业融资

【核心问题】

☑ 新创企业为什么融资难?
☑ 创业者从哪里能获得资金?
☑ 如何确定融资的需求量?

【学习目标】

☑ 了解创业融资难的原因
☑ 掌握创业融资的主要渠道
☑ 了解不同融资方式的差异
☑ 了解融资的一般过程

引例　豆瓣网的早期融资历程

杨勃从2004年10月开始开发豆瓣网，历经5个月时间，豆瓣网正式上线。

杨勃在第一次创业时把多年积蓄都投进去打了水漂，因此在豆瓣网的成本控制上他表现得非常谨慎。“我觉得用20万元人民币（大约合2.5万美元）差不多就可以做出一个雏形，没有必要一开始就把架子搭得那么大。”不过二次创业的杨勃当时手里连这20万元也拿不出来。“我自己的钱都砸在快步易捷里头了。”

在开始写豆瓣网站程序后不久，杨勃就想到了天使投资。他首先找到自己在清华大学物理系读书时的同寝室同学梁文超，当时梁文超在美国硅谷的Maxim公司工作，很痛快地给他投资了1.5万美元，梁文超的一个同事也跟着投资了1万美元。双方并没有抢订协议，只是达成口头君子协定：如果一年内有投资者进来，而且投资者给出的估值高于豆瓣网的价值，那么梁文超和他的同事就可以按照豆瓣网的价值来获得相应的公司股份；反之亦然。这种做法相当于把风险都留在了杨勃这边。在硅谷的时候，杨勃和梁文超是他们班仅有的两个还没有结婚的同学，相互之间交流比较多。实际上，梁文超只是出于信任才把钱“借”给了杨勃。2005年年底，梁文超和他同事的“借款”如约转换成了豆瓣的股票。当时豆瓣的市场估值大约是67万美元。

没过多久，杨勃又开始了寻找第二轮天使投资人的工作，原定的目标是10多万美元，但杨勃很快就觉得一时花不了那么多钱，最后只筹了6.5万美元。2006年春节前后，这笔钱陆续打到了杨勃的个人账户上。豆瓣网的估值也随之涨到了百万美元以上。

杨勃事后回忆：“我的确跟陈一舟有过接触，当时是希望他个人能够做豆瓣网的天使投资人。陈一舟更希望以千橡集团作为投资主体，但我并不希望那么早就有公司资本进来。”由于双方在预期上存在差距，所以也就没有什么结果。

在网站上线后不久，就有风险投资人开始关注杨勃和他的豆瓣网，但杨勃最初并不愿意过早与风险投资接上头，他担心急功近利的风险投资会改变网站的发展方向，使用户受损。但是2005年以来中国创业投资市场上竞争的加剧迫使杨勃不得不跟风险投资接触，试图融资100万美元。最先找到杨勃的是美国风险投资公司IDG技术创业投资基金。早在2000年，IDG就投资了杨勃参与创建的“快步易捷”。2005年6月，拥有广泛触角的IDG再次注意到了刚刚起步的豆瓣网。从IDG开始算起到最终拿到投资，杨勃总共谈了15家左右的创投机构。但凡看过的豆瓣网的投资者都说，“挺好，挺好”，可就是谁也不投资，个个都在观望。

虽然杨勃跟纯粹国外背景的风险投资机构在语言沟通上并不存在什么障碍，考虑到“本土风险投资机构和国际风险投资机构在对市场的深层理解上存在一定差距”，他最终还是选择了有本土背景的冯波和赵维国等共同创办的联创策源基金。不过，冯波第一眼并没有看上豆瓣网，尽管他在很早以前就已经是豆瓣网的注册用户了。但是对于上线不到半年，没有多少用户，也没有一点商业元素的豆瓣网，冯波还是很难找到足够的理由来说服自己。2006 年 4 月，断断续续地接触了半年之后，逐渐被豆瓣网黏住的冯波和联创策源的投资经理原野才开始认真讨论起杨勃及其豆瓣网。经过两个月的讨论，联创策源打算投资 200 万美元。杨勃的第一反应是“他们想占更多的股份”。冯波给他解释：“100 万美元用的时间不长，中间你再急于去融资的话，会失去你的鸿鹄之志，你的生活也会变得很拮据，我们索性给你 200 万美元。”杨勃接受了，出让了跟 100 万美元价值相差的股份。2006 年 6 月，杨勃和冯波正式签署了投资条款清单，联创策源的 200 万美元投资随之打到了豆瓣网的账户上。2008 年金融危机来临，豆瓣网准备第二轮融资的时候，正好花掉其中的 100 万美元。事后杨勃才意识到，自己是个幸运儿：“如果当时联创策源没有给 200 万美元，我们会变得很被动，不会那么从容地做完第二轮融资。”

豆瓣网的第二轮融资于 2009 年年中开始筹备，其间有六七家公司和基金伸出橄榄枝。2009 年年底，豆瓣网获得挚信资本和联创策源总额近千万美元的投资。其中，联创策源是跟进投资，而挚信资本则是首次投资豆瓣网。挚信资本是一家专业的海外投资基金，主要投资和服务于本土的优秀企业。截至 2010 年 1 月，豆瓣网注册用户已突破 3 000 万，每月页面浏览量超过 10 亿。杨勃计划在完成新一轮融资后将豆瓣网的读书、电影、音乐、社区作为更加独立的产品看待并成立相应的团队单独运作，这几条产品线会针对不同的产品生命周期设定不同的盈利目标。投资机构并未给豆瓣网施加盈利压力：“投资者仍然认为我们处在规模快速增长的阶段，对盈利没有近期的要求。”

在引例中，杨勃获得资金的渠道有哪些？试分析杨勃为什么能够融资成功。你从上述故事中，可以学到哪些经验？

9.1 创业融资的困难与优势

创业者，尤其那些所处行业并不吸引人或刚刚起步的创业者，寻找外部资金支持的确困难。银行不愿意贷款给初创企业，创业投资家又总是在寻求大笔交易，私人投资者越来越小心谨慎，而公开上市只青睐一小部分有良好成长业绩的“明星”企业。虽然创业活动并不都需要大量资金，但缺乏必要的启动资金还是成为创业路上的障碍。因此，创业融资成为创业过程中最大的难题之一。

9.1.1 创业融资的困境

显然，创业融资的困境是相对于既有企业的融资而言的。一项对 6 家城市商业银行及其分支机构的抽样调查显示，企业规模和贷款申请被拒绝次数呈现负相关关系；同样，企业经营年限与贷款被拒绝次数的比例也是负相关关系。可见，企业规模越小、成立时间越短，越难以获得银行资金的支持，对创业企业而言，其融资困境更为显著。与既有企业相比，创业企业在融资条件上具有明显的劣势。

第一，创业企业缺少可以抵押的资产。谁会把钱借给一个身无分文的人呢？根据美国人口普查局 1987 年的调查，在所有公司中，有 30% 的创业资本不足 5 000 美元，只有 1/3 企业的创业资本超过 50000 美元。在我国的调查也发现同样的情况：创业者在创业前年收入在 3 万元以下的占 27%，3 万～5 万元的占 15.4%，这使得创业启动资金极为有限。既有企业在获得银行贷款资金时，可以用企业的资产作为抵押，而创业企业几乎没有可以提供抵押的资产。为创业企业提供资金，比为其他企业提供资金面临更大的风险。

第二，创业企业没有可参考的经营记录。即便身无分文，但如果有过辉煌的过去，也很容易筹集到资金。就像可口可乐公司的前总裁说过，可口可乐公司即使在一夜之间遭遇火灾，也有可能在一夜之间重建，银行会争着向可口可乐公司贷款。资金提供者要在将来的某个时点收回资金并获得回报，企业未来的经营情况关系到投入资金的安全。对既有企业来说，可以通过分析其已有的盈利能力来预测未来的经营情况，银行或其他投资者在向企业提供资金时也都会对企业的财务报表进行分析。而不幸的是，创业企业既缺少资产，也没有以往的经营业绩，所能提供的资料不过是一份商业计划，未来的经营情况具有更大的不确定性。

第三，创业企业的融资规模相对较小。如果你是一位银行的信贷经理，你愿意一次把 100 万元贷款给一家大公司，还是愿意给 10 家小企业各贷 10 万元呢？当创业企业向银行申请借款时，其金额往往比既有企业小，而银行办理一次业务的成本相差不大，使得创业企业的单位融资成本远远高于既有企业。据调查，对中小企业贷款的管理成本平均为大型企业的 5 倍左右，银行理所当然愿意向大企业而不是创业企业贷款，因而加剧了创业企业融资的难度。

9.1.2 创业融资难的理论解释

创业融资难源于创业活动的高风险性。这种风险包含两部分：一部分来自创业活动本身固有的风险，即创业企业的不确定性；另一部分来自外部投资者对创业活动风险的感觉，即信息不对称。

1. 不确定性

创业活动本身面临非常大的不确定性，既有企业也面临环境的不确定性，但创业企业的不确定性比既有企业的不确定性要高得多。创业企业缺少既有企业所具备的应付环境不确定性的经验，尚未发展出以组织形式显现的组织竞争能力。据清华大学中国创业中心 GEM（全球创业观察）项目的研究成果，市场变化大是中国创业环境方面的重要特征。市场变化大意味着更多的创业机会，但创业活动也可能面临更大的风险和不确定性。从统计数据上看，我国创业者的创业能力低于全球创业观察项目的均值水平，创业者普遍缺乏创办新企业的经验，缺乏进行创业管理的知识和经验，在商机把握和资源组织方面能力不强，等等。这些导致创业者把握不好创业机会，不能及时对市场变化做出反应，创业容易失败，进而加剧了创业企业的不确定性。据统计，我国新创企业的失败率在 70% 左右。国外有学者估计新创企业在 2 年、4 年、6 年内的消失率分别是 34%、50%、60%。创业企业的高失败率给投资者带来很大的风险，导致创业融资难度增加。

2. 信息不对称

信息不对称是经济生活中普遍存在的现象，产品的销售方比购买方具有更多关于产品质量的信息，工人比雇主更了解自己的技能和能力，公司经理比公司所有人更了解公司的成本、竞争地位和商业机会。在创业融资中同样存在着信息不对称问题。一般来讲，创业者比投资者对自身能力、企业产品、创新能力、市场前景更加了解，处于信息优势的地位，而投资者则处于相对信息劣势地位。投资前的信息不对称可能导致逆向选择。由于投资者只能根据感知到的信息进行判断，所以那些素质不高、技术上有缺陷、经营管理不善的创业企业可能会因将各项数据和材料包装得漂亮而获得投资，而真正优秀的、未来收益高，但能没做好这方面工作的企业可能失去投资。投资后的不对称则与道德风险有关，被投资公司的创业者往往既是大股东又是经营管理者，可能侵害投资者的利益，例如改变资金用途、关联交易、股权稀释、给自己订立过高的报酬等，投资者对创业者的行为很难监控。

重要概念

信息不对称

在市场经济活动中，各类人员对有关信息的掌握和了解存在差异。掌握信息比较充分的人员，往往处于比较有利的地位，而信息贫乏的人员，则处于比较不利的地位。

一般来讲，企业的融资能力可定义为资金的供给方对企业提供的与企业投资能力有关信息的满意程度。企业显示信息的能力又可以用企业的规模、财务状况、现有可抵押或质押的财富水平和企业能获得潜在资金的渠道等指标来反映。一般来说，创业企业成立时间短，没有或很少有过往记录，规模较小，经营活动透明度差，财务信息非公开，潜在的投资者很难了解和把握创业者及创业企业的有关信息。在我国，创业的商务环境较差，尤其是在获得金融和非金融服务方面。创业者群体不够成熟，基础较薄弱。由于创业环境、相关产业的不成熟，还没能够培育出成熟的投资者群体，他们对相关产业及投资活动的认知、直觉、经验、判断都有待于进一步提高。这一切，都加深了创业融资中信息不对称的程度。

9.1.3 创业融资的有利因素

融资难是普遍存在的问题，但创业者在融资方面也存在有利因素甚至优势。例如，比起有少量营业额的既有企业，创业企业在零收入、零顾客数、零进展的状况下，更容易筹到资金或寻求其他资源。因为“零”让人有遐想空间，而低收入则令人质疑，不知道高收入能否实现。㊀ 创业者融资的有利因素，首先是他们所拥有的创新性强的创意，以及他们所识别甚至创造出来的创业机会，这本身就是在创造价值。

创业融资难是因为未来的不确定性，但不确定性本身就是机会。从统计数据看，在成长性强的企业群体中，新创企业所占的比例更大，这并不仅仅因为新创企业的基数小，更多的是因为新创企业通过产品、服务以及商业模式等创新，创造了价值，开拓了新市场甚至新产业。投资者投资的目的是通过提供资金获得收益，如果资金使用者（投资对象）不能利用资金创造价值，投资者也就不可能获得收益。为了确保能收回投资并获得收益，在没有更好的办法的前提下，只好要求投资对象提供抵押或担保。资金拥有者不敢向创业者和新创企业投资的根本原因在于难以判断新创企业的潜在成长性。

潜在成长性是创业者融资的最大优势。随着创业者素质和创业质量的提升，随着有利于创业的因素增多，也随着银行竞争的日趋激烈，对创业者和新创企业的投资成为金融机构与资金拥有者关注的热点，进而带动创业融资的不断创新。近年来，大型银行纷纷成立中小企业部拓展中小企业融资业务，就是很好的例证。

9.2 创业融资的渠道

对创业者而言，所有可以获得资金的途径都可以成为创业资金的来源，创业者需要开动脑筋，广泛搜集信息，挖掘一切可能的融资渠道。

创业融资的渠道按融资对象可分为私人资本融资、机构融资和政府背景融资。私人资本融资指创业者向个人融资，包括创业者自筹资金；向亲朋好友融资；个人投资资金即天使资金。机构融资指创业企业向相关机构融资，包括银行贷款，主要有抵押贷款、担保贷款和信用贷款；创业投资资金；中小企业间的互助机构贷款；通过发行股票公开上市融资；企业间的信用贷款。政府背景融资指政府推出的针对

㊀ 埃里克·莱斯. 精益创业：新创企业的成长思维 [M]. 吴彤，译. 北京：中信出版社，2012：34.

创业企业的各种扶持资金及政策，主要包括政府专项基金、税收优惠、财政补贴、贷款援助等融资渠道。近年来，随着互联网与金融业的结合，互联网金融业开始成为一种新的融资渠道，如 P2P 融资、众筹。

9.2.1　私人资本融资

创业企业具有的融资劣势，使它们难以通过传统的融资方式（如银行借款、发行债券等）获得资金，所以私人资本成为创业融资的主要组成部分。图 9-1 是美国 *Inc.* 杂志调查的 500 强企业创业资金的主要来源。

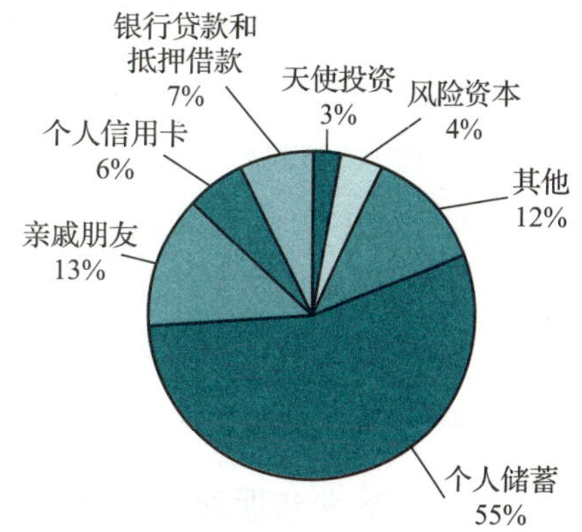

图 9-1　创业资金的主要来源

资料来源：阿玛尔·毕海德．新企业的起源与演进 [M]．魏如山，等译．北京：中国人民大学出版社，2004.

调查研究

初始阶段的资金来源

美国人口普查局对创业者的调查发现，63.6% 的企业在创始阶段的资金来自创业者本人，只有 2.7% 企业融资来自外部投资者——风险投资公司、战略投资者、朋友或家庭成员。有人对入选 2004 年 *Inc.*500 的创业者调查也发现近似的结果，70% 的企业从创始人的个人资产中获得初创资本，10% 的企业创始人从朋友和家人那里获得初创资本，只有 4% 的企业创始人从各种类型的私有实体那里获得初创资本。

资料来源：斯科特·沙恩．傻瓜的金子：美国天使投资背后的真相 [M]．胥国红，等译．上海：东方出版中心，2009：28.

我国的情况也一样，根据世界银行所属的国际金融公司 (IFC) 对北京、成都、顺德、温州 4 个地区的私营企业调查表明，我国私营中小企业在初始创业阶段几乎完全依靠自筹资金，90% 以上的初始资金都是由主要的业主、创业团队成员及家庭提供的，而银行、其他金融机构贷款所占的比重很小。

1. 自我融资

每个创业者都应该明白，创业有风险。当准备创业时，他必须放弃原有的待遇，将自己的所有精力和智慧投入到新创企业中。那么，以往的积蓄是不是投入到新企业中来？答案是肯定的，创业者应将自有资金的大部分投入到新创企业中。一方面，创办新企业是捕捉到的商业机会实现价值的过程，将尽可能多的自有资金投入其中，创业者可以在新创企业中持有较多的股份，创业成功后，将获得较大的创业回报。这样，个人才能和资产在创业活动中共同创造较大价值。另一方面，自我融资是一种有效的承诺。我们在前面已经分析了创业的不确定性和信息不对称造成了创业融资的诸多困难。在投身创业的过程中投入自己的资金，这本身就是一种信号，它告诉其他投资者，创业者对自己认定的商业机会有十足的把握，对自己的新创企业充满信心，是全心全意、踏踏实实地在干事业。创业者会谨慎地使用新企业的每一分钱，因为那是自己的血汗钱。这种信号会给其他资金所有者投资新企业一种积极的暗示，适度缓解信息不对称的负面作用，增加其对新创企业投资的可能性。当然，在难以获得外部资金的情况下，自我融资也是不得已的选择。

对很多创业者来说，自我筹资虽然是新企业融资的一种途径，但它不是根本性的解决方案。一般来说，创业者个人的资金对于新创企业而言，总是十分有限的，特别是对先期投入大的行业来说，几乎是杯水车薪。

2. 向亲朋好友融资

亲朋好友是创业融资的重要来源。家庭是市场经济的三大主体之一，在创业中起到重要支持作用。特别是在我国，以家庭为中心，形成了亲缘、地缘、文缘、商缘、神缘（即“五缘”）为经纬的社会网络关系，对包括创业融资在内的许多创业活动产生重要影响。家庭成员和亲朋好友由于与创业者的个人关系而愿意给予投资，这有助于克服非个人投资者面临的一种不确定性：缺乏对创业者的了解。在创业初期，创业者往往缺乏正规融资的抵押资产，缺乏社会筹资的信誉和业绩。因此非正规的金融借贷——从创业者的家人、亲戚、朋友处获得创业所需的资金是非常有效、十分常见的融资方法。我国温州民营经济的融资特征是：在创业初期，以自有资金和民间融资为主；当企业具有一定的规模和实力以后，以自有资金和银行借贷为主，但民间融资仍是重要的外部资金来源。有调查发现，企业在初创期 75% 以上的资金来源于自身积累和民间借贷；在企业发展阶段，其资金来源主要为初创时的自有资金、留存收益以及银行借贷。

虽然从家庭成员和亲朋好友处获得资金要相对容易一些，但与所有融资渠道一样，向家庭成员和亲朋好友融资也有不利的方面。创业者必须明确所获得资金的性质是债权性资金还是股权性资金。在借助“五缘”等基于传统的社会网络关系时，必须要用现代市场经济的游戏规则、契约原则和法律形式来规范借贷或融资行为，保障各方利益，减少不必要的纠纷。为了避免日后出现问题，创业者必须将有利方面和不利方面都告诉家庭成员和朋友，还要告诉他们存在的风险，以便于将日后出现问题时对家庭成员和朋友关系的不利影响降到最低。当创业者用非个人投资者融资的商务方式来对待向家庭成员和朋友的融资时，对每一笔债权性资金都要讲明其利息率和还本付息计划，对股权性资金不能承诺未来支付红利的时间。如果能用对待其他投资者的方式对待家庭成员和朋友，就能避免将来的矛盾。创业者还可以事先用书面方式将一切事项确定下来，在将钱用于企业之前，必须规定融资的一切细节，这些细节包括资金的数量、有关条件、投资者的权利和责任以及对业务失败的处理等。制定一份涉及所有上述条款的正式协议可以帮助避免未来可能出现的纠纷。

除此之外，创业者还需要在接受投资之前仔细考虑投资对家庭成员或朋友的影响，特别需要考虑的是业务失败后的艰难困苦。家庭成员和朋友对新企业的投资应该建立在他们对投资成功的信心之上，而不是因为他们认为有这个义务。

创业聚焦　**南存辉的创业故事**

南存辉13岁初中刚毕业，父亲就因伤卧床不起。作为长子，南存辉辍学，子承父业。从此，校园里少了一个学子，人们的视野里多了一个走街串巷的小鞋匠。从13岁至16岁，他每天挑着工具箱早出晚归，修了3年皮鞋。生活的苦难塑造了他坚强不屈的性格，更坚定了他的生活信心。天资聪颖的他，没有放弃对社会的观察和思索。20世纪80年代初，温州掀起一阵低压电器创业潮。1984年南存辉找了几个朋友，四处借钱，在一个破屋子里建起了一个作坊式的“求精”开关厂。4个人没日没夜地干了1个月，做的是最简单的低压电器开关，可谁知赚来的第一桶金只有35元。3个合作伙伴都沮丧极了，而南存辉却兴奋异常，因为他觉得自己终于找到了一条通往财富的路子。就从这35元的第一桶金中，他仿佛看到了创业的曙光。1984年7月，他与朋友一起投资5万元，在喧闹的温州柳市镇上因陋就简办起了乐清县求精开关厂，开始了他在电器事业里的艰难跋涉。

1990年开始创办温州正泰电器有限公司（简称“正泰”）时，资金成为首要制约因素。由于银行贷款难度大、利息重，他选择了在亲戚好友中寻找合作人、吸收新股本的方法融资。他的弟弟南存飞以及亲朋朱信敏、吴炳池及林黎明相继加盟成为股东，南存辉个人占股60%以上。这种融资，不仅使创业企业渡过了难关，也让投资者分享到了企业成功的巨大价值，是共赢的选择。

到1993年，正泰的年销售收入达到5 000多万元。锋芒初露的南存辉意识到，正泰要想继续做大，必须进行一次脱胎换骨的变革。于是，南存辉充分利用正泰这张牌，走联合的资本扩张之路。他先后将当地38家企业纳入正泰麾下，于1994年2月组建了低压电器行业第一家企业集团。正泰股东一下子增加到数十人，而南存辉的个人股权则被稀释至40%左右。

然而他在摸索中渐渐发现，家族企业的一个致命弱点就是无法更多、更好地吸纳和利用优秀外来人才，而人才又是企业发展的第一资源。到1998年，几经思考的南存辉突破阻力，毅然决定弱化南氏家族的股权绝对数，对家族控制的集团公司核心层（即低压电器主业）进行股份制改造，把家族核心利益让出来，并在集团内推行股权配送制度，将最优良的资本配送给企业最为优秀的人才。就这样，正泰的股东由原来的10个增加到现在的100多个，南存辉的股份下降至20%多。家族色彩逐步在淡化，企业却在不断壮大，正泰目前已成为拥有资产30亿元、年销售额超过100亿元、年上缴税金逾5亿元的大型企业集团。对此，南存辉坦陈："分享不是慷慨，对创业者来说，分享是一种明智。"

与温州老板普遍的家族经营相比，南存辉最与众不同的地方在于：自正泰成立之日起，他就矢志不渝地推行股份制，以稀释股份融资和吸引人才，改善家族企业的治理结构。当他的股权从100%退到目前的20%多时，正泰却在他的"减法"中发展得越来越大。

资料来源：根据中部经理人网，《南存辉的创业故事》改写。

3. 天使投资

天使投资（angel investment）是自由投资者或非正式机构对有创意的创业项目或小型初创企业进行的一次性前期投资，是一种非组织化的创业投资形式。与其他投资相比，天使投资是最早介入的外部资金，即便还处于创业构思阶段，只要有发展潜力，就能获得资金，而其他投资者很少对这些尚未诞生或嗷嗷待哺的"婴儿"感兴趣。

重要概念

天使投资人

天使投资人是用自有资金，以债权或股权的形式，向非朋友和家人的创业者或新创企业提供资本的个体。

一般认为天使投资起源于纽约百老汇的演出，原指富有的个人出资，以帮助一些具有社会意义的文艺演出，后来被运用到经济领域。20世纪80年代，新罕布什尔大学的风险投资中心首先用"天使"来形容这类投资者。天使投资有三个方面的特征：一是直接向企业进行权益投资；二是天使投资不仅提供现金，还提供专业知识和社会资源方面的支持。例如，惠普公司创业时，斯坦福大学弗雷德里克·特曼教授不仅提供了538美元的天使投资帮助惠普公司生产振荡器，还帮助惠普公司从帕洛阿尔托银行贷款1 000美元，并在业务技术等方面给予创业者很大的支持。三是投资程序简单，短时期内资金就可到位。[1]

天使投资人在投资决策方面不只看重产品和市场，更看重创业者个人，一般包括创业者的热情、可信度、专业知识、受欢迎程度以及过往创业记录等。天使投资更多是对创业者进行投资，在创业者和机会匹配的过程中，创业者的作用更大，更具有能动性。

天使投资人一般有两类人：一是创业成功者，二是企业的高管或高校科研机构的专业人员。他们有富余的资金，也具有专业的知识或丰富的管理经验。他们对天使投资感兴趣的原因不仅仅限于能在自己熟悉或感兴趣的行业进行投资，获取资金的回报，还希望以自己的资金和经验帮助那些有创业精神和创业能力的志同道合者创业，以延续或完成他们的创业梦想。据威廉·韦策尔（William Wetzel）介绍，美

[1] 李建军. 产学创新的平台：从硅谷到中关村 [M]. 南昌：江西高校出版社，2002.

国有 25 万个或以上这样的天使投资者，其中有 10 万人在积极投资。他们每年在总共 2 万～3 万家公司投资 50 亿～100 亿美元。每次投资 2 万～5 万美元，36% 不到 1 万美元，24% 超过 5 万美元。这些投资者主要是美国自主创业造就的富翁，有扎实的商务和财务经验，大约在 40～50 岁，受过良好的教育，95% 的人有学士学位，51% 的人有硕士学位；获得硕士学位的人，44% 从事技术工作，35% 在商业或经济领域工作。㊀

近年来，我国的天使投资已有了较快发展，社会对天使投资已越来越关注。由《创业家》杂志发起并主办的“最受尊敬的创业天使”评选活动，从 2007 年起开始举办，活动主要是针对创业支持机构及天使投资领域的个人进行量化评价。2010 年评出的两位最佳天使投资人是两位在业界声望卓著的创业家——柳传志和雷军，这充分说明天使投资人已经成为国内创业生态中的重要一环。在温州地区，实际上早已活跃着类似的天使投资人，整个地区或温州人就像一个“资本网络”，对于想创业的温州人来讲，起步资金是不用愁的。一个人只要有诚信，值得投入，在温州肯定能找到资金。相信随着市场机制的完善、信用制度的建立以及个人财富的积累和增加，天使投资一定会在促进我国的创业活动中发挥更大的作用。这对许多有志于创业的大学生来说，将是值得期待的融资渠道。

9.2.2　机构融资

1. 商业银行贷款

向银行贷款是企业最常见的一种融资方式，创业者也可以通过银行贷款补充创业资金的不足。目前，我国商业银行推出了越来越多的个人经营类贷款，包括个人生产经营贷款、个人创业贷款、个人助业贷款、个人小型设备贷款、个人周转性流动资金贷款、下岗失业人员小额担保贷款和个人临时贷款等类型。但由于创业企业的经营风险较高、价值评估困难，银行一般不愿意冒太大的风险向创业企业提供贷款。这类贷款发放时往往要求创业者提供担保，包括抵押、质押、第三人保证等。

近年来，为了缓解中小企业融资困难，我国的金融机构推出了许多新的金融产品。中国人民银行营业管理部在 2009 年 9 月推出的《北京中小企业信贷创新产品汇编》中罗列了北京 24 家金融机构面对中小企业推出的 120 种金融创新产品（表 9-1 节选了部分有代表性的产品），这些产品均有自己的业务范围和适用群体。创业者应密切关注银行贷款产品和政策的变化，以选择最适合自身情况的银行贷款。

㊀ 王苏生，邓运盛．创业金融学 [M]. 北京：清华大学出版社，2006.

表 9-1 中小企业信贷创新产品

创新产品	贷款方式	银行
知识产权质押贷款	银行要求中小企业以合法有效的知识产权为质押向银行申请贷款	北京银行
“创意贷”文化创意企业贷款	银行支持文化创意企业及文化创意集聚区建设量身定制的特色金融组合产品	北京银行
存货质押贷款	银行要求中小企业以自有或第三人合法拥有的动产为质押的授信业务	深圳发展银行北京分行
银保物流通	银行与担保公司、物流公司合作为中小流通企业提供贷款，担保公司为借款人提供担保，物流公司起到第三方监管的作用	北京农村商业银行
应收账款质押贷款	银行要求中小企业以借款人经营中形成的应收账款为质押向借款人发放贷款	北京农村商业银行
融信达	出口企业凭借各项出口单据、投保信用保险的有关凭证、赔款转让协议等从中国银行得到资金融通的业务	中国银行北京市分行
集群联保授信业务	由 4 个（含）以上互相熟悉、产业关联、具有产业集群特性的企业，自愿组成联保体，共同为联保体成员提供连带责任保证的授信业务	民生银行总行

资料来源：根据中国人民银行《北京中小企业信贷创新产品汇编》整理，https://wenku.baidu.com/view/363d94f7ba68a98271fe910ef12d2af90342a8ee.html.

在我国，由于金融体制和所有制歧视等制度原因，中小企业向银行的融资渠道不够畅通，融资难是阻碍我国新企业和中小企业发展的瓶颈。从改善体制的角度考虑对新企业和中小企业发展的支持，对于促进创业活动具有全局性的战略意义。

2. 中小企业间的互助机构贷款

中小企业间的互助机构是指中小企业在向银行融通资金的过程中，根据合同约定，由依法设立的担保机构以保证的方式为债务人提供担保，在债务人不能依约履行债务时，由担保机构承担合同约定的偿还责任，从而保障银行债权实现的一种金融支持制度。从国外实践和我国实际情况看，信用担保可以为中小企业创业和经营融资提供便利，分散金融机构信贷风险，推进银企合作，是解决中小企业融资难的突破口之一。

从 20 世纪 20 年代起，许多国家为了支持本国中小企业的发展，先后成立了为中小企业提供融资担保的信用机构。目前，全世界已有 48% 的国家和地区建立了中小企业信用担保体系。中小企业信用担保体系成为各国或地方政府重塑银企关系、强化信用观念、化解金融风险和改善中小企业融资环境等的重要手段。

美国专门成立了中小企业管理局（SBA），通过协调贷款、担保贷款等形式，帮助解决中小企业发展资金不足的问题。20 世纪 90 年代以来，美国每年向中小企业提供的担保贷款额在 130 亿～150 亿美元。日本在第二次世界大战后相继成立了中小企业金融公库、国民金融公库和工商组合中央公库，专门向中小企业提供低息融资。据统计，这三家金融机构平均每年给中小企业的专款约为 6 万亿日元，已有 53% 的日本中小企业接受了信用担保体系的帮助。

构建并逐步规范、完善我国中小企业信用担保体系，是促进我国创业活动、激发并保持经济活力的重要环节，成为近年来我国政府在解决中小企业融资难问题上的主要着力点。从 1999 年试点到现在，我国已经形成了以中小企业信用担保为主体的担保业和多层次中小企业信用担保体系，经过近几年的探索和规范，特别是在国家税收优惠等政策推动下，各类担保机构资本金稳步增加。2015 年 3 月，中华人民共和国工业和信息化部发布了《关于进一步促进中小企业信用担保机构健康发展的意见》，提出要充分发挥中小企业信用担保机构在缓解小微企业融资困难，促进其在“大众创业，万众创新”中的重要作用，进一步促进担保机构健康发展。

3. 创业投资基金

创业投资（venture capital，VC），也有人翻译为“风险投资”，其起源最早可以追溯到 15 世纪英国、葡萄牙、西班牙等西欧岛国创建远洋贸易企业时期，到 19 世纪美国西部创业潮时期，“创业投资”一词在美国开始流行。1946 年，世界上第一家风险投资公司美国研究与发展公司（ARD）在美国成立，20 世纪 70 年代，伴随高新技术的发展，风险投资步入高速成长时期，培育出一大批世界级的著名企业，如微软公司、苹果公司、惠普公司、英特尔公司、思科公司、雅虎公司、谷歌公司等，也造就了一大批创业企业家，如比尔・盖茨、史蒂夫・乔布斯、安迪・格鲁夫、杨致远等。风险投资业在美国的经济生活中扮演着不可或缺的重要角色，赢得了“新经济发动机”的美誉。中国的风险投资业从 20 世纪 80 年代开始起步，经历了 90 年代末的互联网热及 21 世纪初的网络泡沫破灭，再随着 2003 年前后新一波创业浪潮的兴起，中国已经成为全球风险投资的中心之一。中国本土的风险投资机构已经全面赶超国外知名的风险投资基金。

创业投资指由专业机构提供的投资于极具增长潜力的创业企业并参与其管理的权益资本。经济合作与发展组织（OECD）将“创业投资”界定为“凡是以高技术与知识为基础，生产与经营技术密集的高技术或服务的投资，均可视为创业投资”。创业投资的本质内涵体现在三个方面：①以股权方式投资于具有高增长潜力的未上市的创业企业，从而建立起适应创业内在需要的“共担风险、共享收益”机制。因此风险投资并不过分强调投资对象当前的盈亏状况，更看重投资对象的发展前景和投资增值状况，以便在未来通过上市或出售取得高额回报。②风险投资属于权益性投资，因此持有企业的股份，往往拥有企业的部分控制权。为了降低投资风险，风险投资一般会积极参与所投资企业的创业过程，一方面弥补所投资企业在创业管理经验上的不足，另一方面主动控制创业投资的高风险。③风险投资并不经营具体的产品，而是以整个创业企业作为经营对象，即通过支持“创建企业”并在适当时机转让所持股权，来获得资本增值收益。与高度投资风险相伴随的是超额的回报，比如软银亚洲投资盛大网络 4 000 万美元，最后获得了近 6 亿元美元的收益。创业投资的投资对象大多为新企业或中等规模的企业，对目标企业有严格的考察，创业投资所接触的企业，大约只有 2%～4% 能最终获得融资。㊀

重要概念

创业投资

创业投资是由专业机构提供的，投资于极具增长潜力的创业企业，并参与其管理的权益资本。创业企业一旦得到发展，创业投资可以通过股权退出获得资本增值收益，是高风险、高回报的投资方式。

与前面提到的天使投资相比，天使投资也是广义的创业投资的一种，但狭义的创业投资主要是指机构投资者，天使投资与创业投资都是对新兴的具有巨大增长潜力的企业进行权益资本投资。不同点在于：天使投资的资金是投资者自己的，并且自己进行管理；创业投资机构的资金则来自外部投资者，他们把资金交给创业投资机构，由专业经理人管理。天使投资一般投资于企业的早期或种子期，投资规模相对较小，决策快；创业投资的投资时间相对要晚，投资规模较大。

4. 创业板上市融资

创业板市场着眼于创业，是指主板市场之外为满足中小企业和新兴行业创业企业融资需求和创业投资退出需求的证券交易市场，如美国的纳斯达克市场，英国的 AIM（Alternative Investment Market）市场等。创业板在服务对象、上市标准、交易制度等方面与主板市场存在较大差异，主板市场只接纳成熟的、已形成足够规模的企业上市，而创业板以成长型尤其是具有自主创新能力的创业企业为服务对象，具有上市门槛相对较低、信息披露监管严格等特点。它的成长性和市场风险均要高于主板，是对主板市场的有效补充。从世界范围看，创业板已成为各国高科技企业的主要融资场所。据统计，美国软件行业上市公司中的 93.6%、半导体行业上市公司中的 84.8%、计算机及外围设备行业上市公司中的 84.5%、通信服务业上市公司中的 82.6%、通信设备行业上市公司中的 81.7% 都在纳斯达克上市。我国创业板市场于 2009 年 10 月 23 日正式开板，首批 28 家公司在创业板市场挂牌上市，截至 2019 年 10 月 23 日，创业板开板 10 周年，创业板上市公司数量已达 775 家，总市值超过 5.6 万亿元，流通市值超过 3.6 万亿元，已经成为中小企业重要的融资平台。

㊀ 王苏生，邓运盛. 创业金融学 [M]. 北京：清华大学出版社，2006.

创业板市场具有资本市场的一般功能，能为处于创业时期饱受资金缺乏困扰的中小企业提供融资的渠道。创业板市场青睐成长性高、科技含量高，能够符合新经济、新服务、新农业、新材料、新能源和新商业模式特征的企业，适合于处于成长期的中小高新技术企业。与主板市场相比，创业板不过分强调企业规模和以往业绩，而是强调企业要有发展前景和成长空间，这为急需资金的创业企业提供了必要的金融支持，有利于促进创业企业的发展。

创业板上市不仅可以帮助创业者实现收益以及风险投资退出等需求，还有利于创业企业提高知名度。通过上市公开发行股票，企业可以在全国性的市场中树立品牌，使社会公众了解企业，树立企业形象，提高知名度，对人才、技术合作者等产生较强的吸引力，有利于企业的长远发展和市场开拓。另外，为确保上市公司的质量，创业板对公司治理结构的要求较高，要求构建产权明晰、权责明确、管理科学的现代企业制度，规范企业运作，制订严密的业务发展计划和完整清晰的业务发展战略，提炼核心业务范围，保持管理技术队伍的稳定，选择好投资项目与前景好的产品市场，不断提升业务增长潜力。而对创业企业来说，上市融资有助于建立现代企业制度，规范法人治理结构，提高企业管理水平，增强企业创业和创新的动力。

但是，创业者对于上市可能带来的约束和风险也应有一定的心理准备。由于创业板市场的高风险性，为了保护投资者的利益，监管部门对创业板市场制定了更为严格的业务要求、信息披露要求、限售规则及退市制度，企业一旦成为上市公司，在信息公开、财务规范、治理结构方面必须遵循市场要求，股价直接反映了企业的形象，这对较多依赖创业者个人、决策随意的创业企业来说，意味着管理模式的全面转型。另外，由于股本规模小及股份全流通，创业板上市企业很有可能成为其他企业的收购对象，对于看好企业发展的创业者或创业团队将形成收购风险，减弱甚至丧失在企业中的话语权。

5. 科创板上市融资

科创板的英文是 Sci-Tech innovation board（STAR Market）。2019 年 7 月 22 日，上海证券交易所举行科创板首批公司上市仪式，25 家科创板上市公司开盘上市。

中国证券监督管理委员会于 2019 年 1 月 30 日发布了《关于在上海证券交易所设立科创板并试点注册制的实施意见》，强调在上海证券交易所新设科创板，坚持面向世界科技前沿、面向经济主战场、面向国家重大需求，主要服务于符合国家战略、突破关键核心技术、市场认可度高的科技创新企业。重点支持新一代信息技术、高端装备、新材料、新能源、节能环保以及生物医药等高新技术产业和战略性新兴产业，推动互联网、大数据、云计算、人工智能和制造业深度融合，引领中高端消费，推动质量变革、效率变革、动力变革。科创板实施注册制度，根据板块定位和科创企业特点，设置多元包容的上市条件，允许符合科创板定位、尚未盈利或存在累计未弥补亏损的企业在科创板上市，允许符合相关要求的特殊股权结构企业和红筹企业在科创板上市。科创板的创立，无疑为新创业融资和快速发展提供了一条新的渠道。

⊙ 专栏 9-1

科创板的制度创新

发行条件更加宽松：尚未盈利企业、同股不同权、符合 CDR（境内发行存托凭证）相关办法的红筹企业均可发行上市。

上市条件更加宽松：更加注重企业科技创新能力，允许符合科创板定位、尚未盈利或存在累计未弥补亏损的企业在科创板上市。综合考虑预计市值、收入、净利润、研发投入、现金流等因素，设置多元包容的上市条件。

投资者门槛，交易机制放宽：个人投资者的资金门槛要求是 50 万元，且拥有 24 个月股票交易经验；达不到要求的中小投资者可通过公募基金进行投资。同时，适当放宽涨跌幅限制，上市前 5 日不设置涨跌幅，第 6 日涨跌幅放宽至 20%。

更加严格的退市要求：严格交易类强制退市指标，对交易量、股价、股东人数等不符合条件的企业依法终止上市。优化财务类强制退市指标，科创板股票不适用《中华人民共和国证券法》（简称《证券法》）第五十六条第三项关于连续亏损终止上市的规定；对连续被出具否定或无法表示意见审计报告的上市公司实施终止上市。严格实施重大违法强制退市制度，对构成欺诈发行、重大信息披露违法或其他重大违法行为的上市公司依法坚决终止上市。科创板股票不适用《证券法》第五十五条关于暂停上市的规定，应当退市的直接终止上市。

延长锁定期，加强投资者保护：适当延长核心技术团队股份锁定期，促进上市公司稳定经营。适当延长未盈利上市公司控股股东、实际控制人、董事、监事、高级管理人员的股份锁定期。

资料来源：根据中国证券监督管理委员会《关于在上海证券交易所设立科创板并试点注册制的实施意见》整理。

9.2.3 政府背景融资

近年来，各级政府充分意识到创业活动对经济发展的推动作用，尤其是科技含量高的产业或当地优势产业对增强地区竞争力、解决就业问题的重要意义。为此，政府越来越关注新创企业的发展，同时这些处于创业初期的企业在融资方面所面临的迫切要求和融资困难的矛盾，也成为政府致力于解决的重要问题。由于经济实力、产业基础、区域文化等有很大差异，从而各地政府推出的创业支持政策也不尽相同。一般来说，常见的政府背景融资主要有科技创新基金、地方性优惠政策等。

1. 科技创新基金

科技型中小企业技术创新基金是经中华人民共和国国务院（简称“国务院”）批准设立，用于支持科技型中小企业技术创新的政府专项基金。通过拨款资助、贷款贴息和资本金投入等方式，扶持和引导科技型中小企业的技术创新活动。根据中小企业项目的不同特点，创新基金支持方式主要有以下两种。

（1）贷款贴息：对已具有一定水平、规模和效益的创新项目，原则上采取贴息方式支持其使用银行贷款，以扩大生产规模。一般按贷款额年利息的 50%～100% 给予补贴，贴息总金额一般不超过 100 万元，个别重大项目可不超过 200 万元。

（2）无偿资助：主要用于中小企业技术创新中产品的研究、开发及中试阶段的必要补助、科研人员携带科技成果创办企业进行成果转化的补助，资助额一般不超过 100 万元；资本金投入，对少数起点高、具有较广创新内涵、较高创新水平并有后续创新潜力、预计投产后有较大市场、有望形成新兴产业的项目，可采取成本投入方式。

2. 地方性优惠政策

各地政府在支持创业企业发展方面，纷纷推出诸如税收优惠、小额贷款、中小企业信用担保、创业基地建设等扶持政策。如上海针对注册开业 3 年以内的创业企业推出小额贷款担保政策，担保金额高达 100 万元，其中，10 万元以下的贷款项目可免于个人担保。同时，根据创业组织在贷款期间吸纳当地失业、协保人员和农村富余劳动力的情况，给予一定的贷款利息的补贴。对前期投资资金较大、吸纳就业效果明显的创业项目，经论证也可给予创业前的小额贷款担保支持。在全国许多地区都有类似的创业优惠和扶持政策，创业者在进入不同地区创业时，应关注并熟悉这些渠道。

创业者本身就是创新者，他们发现了别人没有发现的机会，采用了与众不同的经营方式。同样，在融资方面，他们也没有理由发现不了创新性的融资渠道。除了前面介绍的融资方式外，还有典当融资、设备融资租赁、孵化器融资、集群融资、供应链融资等。

近年来，随着互联网的普及，互联网金融得到迅猛发展，P2P 融资、众筹融资等新型融资渠道正在为创业企业创造全新的融资渠道。对于这些新兴融资方式，既要发挥中间环节少、融资速度快等优势，又要降低风险，保证投资者的合法权益。

9.3　债权融资与股权融资

由于融资的困难，创业者通常要利用各种可能的融资渠道来筹集资金。根据资金来源的性质不同，可以分为债权性资金和股权性资金两种。

9.3.1 债权融资与股权融资的比较

债权性资金是借款性质的资金，资金所有人提供资金给资金使用人，然后在约定的时间收回资金（本金）并获得预先约定的固定的报酬（利息），资金所有人不过问企业的经营情况，不承担企业的经营风险，他所获得的利息也不因为企业经营情况的好坏而变化，如上一节中提到的银行贷款、亲朋好友借贷等。股权性资金是投资性质的资金，资金提供者占有企业的股份，按照提供资金的比例享有企业的控制权，参与企业的重大决策，承担企业的经营风险，一般不能从企业抽回资金，其获得的报酬根据企业经营情况而变化。典型的如天使投资基金、风险投资基金、创业板融资等。

债务融资和股权融资各有优缺点，债务融资的优点主要体现在：债务融资需要支付本金和利息，但创业者可以保持对企业的有效控制权，并且独享未来可能的高额回报率。只要按期偿还贷款，债权方就无权过问公司的未来及其发展方向；债权方只要求固定的本息，既不承担企业成长性的风险，也不享受企业成长性的收益。而缺点主要是这种融资方式要求企业按时清偿贷款，如果不能保证经营收益高于资金成本，企业就会面临收不抵支甚至亏损。此外债务融资提高了企业的负债率，如果负债率过高，企业的再筹资和经营能力都会面临风险。

股权融资的优点主要体现在：投资者不要求债务融资中常见的担保、抵押等方式，而是要求按一定比例持有企业产权，并分享利润和资产处置收益，能够承担企业经营的风险。创业者通过股权融资不仅得到资金，很多时候还能利用投资者拥有创业企业所需要的各种资源，如关系网络、人力资源、管理经验等。股权融资的缺点主要体现在控制权方面，由于股份稀释，创业者可能失去企业的控制权，在一些重大战略决策方面，创业者可能不得不考虑投资方的意见，如果双方意见存在分歧，就会降低企业决策效率。企业如果能够成功上市，在融资的同时，也要承担信息披露等责任，部分创业者可能对此会有顾虑。表 9-2 是对这两种资金性质的比较。

表 9-2 债权性资金与股权性资金的比较

比较项目	债权性资金	股权性资金
本金	到期从企业收回	不能从企业抽回，可以向第三方转让
报酬	事先约定固定金额的利息	根据企业经营情况而变化
风险承担	低风险	高风险
对企业的控制权	无	按比例享有

9.3.2 融资方式选择的影响因素

创业融资不仅仅是筹集创业的启动资金，而是包括整个创业过程的所有融资活动。由不同渠道取得的资金之间的有机构成及其比重关系就是融资结构，即创业者的资金有多少是来源于债务融资，有多少是来源于股权融资。因为不同性质的资金对企业的经营有不同的影响，所以创业者应该合理均衡债务融资与股权融资之间的比例。通常创业者的融资决策会受到以下几个因素的影响：创业所处阶段、新创企业特征、融资成本、创业者对控制权的态度。

1. 创业所处阶段

创业融资需求具有阶段性特征，不同阶段的资金需求量和风险程度存在差异，不同的融资渠道所能提供的资金数量和要求的风险程度也不相同，创业者在融资时必须将不同阶段的融资需求与融资渠道进行匹配，才能高效地开展融资工作，获得创业活动所需的资金，化解融资难题。

在种子期和启动期，企业处在高度的不确定中，只能依靠自我融资或亲戚朋友的支持，以及从外部投资者处获取“天使资本”。创业投资很少在此时介入，而从商业银行获得贷款支持的难度更大。建立在血缘和信任关系基础上的个人资金是该阶段融资的主要渠道。

企业进入成长期后，已经有了前期的经营基础，发展潜力逐渐显现，资金需求量也比以前有所增大。在成长期前期，在企业获得正的现金流之前，创业者获得债务融资的难度较大，即使获得，也很难支付预定的利息，这时创业者往往倾向于通过股权融资这种不要求他们做出固定偿付的方式来筹集资金。在成长期后期，企业表现出较好的成长性，且具有一定的资产规模，可以寻求银行贷款、商业信用等债务融资方式。

企业进入成熟期后，债券、股票等资本市场可以为企业提供丰富的资金来源。如果创业者选择不再继续经营企业，则可以选择公开上市、管理层收购或其他股权转让方式退出企业，收获自己的成果。

2. 新创企业特征

创业活动千差万别，所涉足的行业、初始资源禀赋、面临的风险、预期收益都有较大的差异，不同行业面临不同的竞争环境、行业集中度及经营战略等，创业企业的资本结构是不同的，不同的资本结构产生了不同的融资要求。对于从事高科技产业或有独特商业创意的企业，经营风险较大，预期收益也较高，创业者有良好的相关背景，可考虑股权融资的方式；对于从事传统产业类的企业，经营风险较小，预期收益较易预测，可主要考虑债权融资的方式。

在实践中，大部分新创企业不具备银行或投资者所要求的特征，在风险和预期收益方面均处于不利情况，这时只能依赖个人资金、向亲朋好友融资等自力更生的方式，直到能够证明自己的产品或创意可以在市场上立足，才能获得债务融资或股权融资（见表 9-3）。

表 9-3 新创企业特征与融资类型的匹配

创业企业类型	新创企业特征	适当的融资类型
高风险、预期收益不确定	• 弱小的现金流 • 高负债率 • 低、中等成长 • 未经证明的管理层	个人资金、向亲朋好友融资
低风险、预期收益易预测	• 一般是传统产业 • 强大的现金流 • 低负债率 • 优秀的管理层 • 良好的资产负债表	债务融资
高风险、预期收益较高	• 独特的商业创意 • 高成长 • 利基市场 • 得到证明的管理层	权益融资

资料来源：布鲁斯·巴林格，杜安·爱尔兰．创业管理：成功创建新企业 [M]. 薛红志，等译．北京：机械工业出版社，2009.

3. 融资成本

不同的融资渠道，其融资成本不一样。债务融资成本是使用债务资金所需要支付的利息，一般来说，支付周期较短，支付金额固定；在债权融资中应实现各种融资渠道之间的取长补短，将各种具体的债权资金搭配使用、相互配合，最大限度地降低资金成本。

而在股权融资中，投资者获得企业部分股权，其未来潜在的收益是不受限制的，虽然不需要像利息那样无条件定期支付，但会影响创业者对企业的控制权，许多创业投资公司会要求一系列保护投资方利益的否决权，并且介入到企业的经营管理中。即使创业者及其团队在初期拥有相对多数的股权比例，但往往在两三轮融资之后，创业者的股权会被大大稀释，决策效率及控制权都会受到影响。因此，在大多数情况下，权益融资的成本要比债务融资的成本高。

过高的融资成本对创业企业来说是一个沉重的负担，而且会抵消创业企业的成长效应。因此，即使初期的资金很难获得，创业企业仍要寻求一个较低的综合资金成本的融资组合，在投资收益率和资金成本权衡中做出选择。

4. 创业者对控制权的态度

创业者对控制权的态度会影响到融资渠道的选择。一些创业者不愿意将自己费尽心血所创立的企业的部分所有权与投资者共同拥有，希望保持对企业的控制权，因此更多地选择债务融资。而另一些投资者则更看重企业是否可以迅速扩大，取得跳跃式发展，获得渴望的财富。为此他们愿意引入外来投资，甚至让位于他人管理企业。按照研究初创公司 CEO 的哈佛大学教授诺姆·沃瑟曼（Noam Wasserman）的观点，创业者需要在“富翁”和“国王”之间进行选择：当“富翁”，引入外来权益投资，可以让公司更具价值，但会失去 CEO 职位和主要决策权，在公司里靠边站；当“国王”，则可以保留对公司的决策控制权，但往往会造成公司价值较低。对创始人而言，选择当“富翁”不一定优于当“国王”，反之亦然。这种决策的做出在很大程度上取决于创业的初衷。

行动指引

要钱还是要权

每个踌躇满志的创业者都希望自己成为比尔·盖茨、菲尔·奈特（耐克公司创始人）或者安妮塔·罗迪克（美体小铺创始人）那样的人，能够成功创建一家大型企业，并连续多年掌权。不过，创始人能做好 CEO 角色的还是凤毛麟角。在作者研究的 212 家美国初创企业中，大多数创始人早早地交出了管理大权，到企业创办 4 周年时，只有 40% 的创业者还是 CEO，最后能够领导公司上市的创始人不足 25%。大多数创始人并不想主动让权。根据作者的研究，4/5 的创始人是被迫走下 CEO 宝座的。事实上，当投资者坚持要创始人交权时，这些创始人大多感到非常震惊，最后他们往往被投资者以不愉快的方式赶下台。

假如创始人从一开始就能诚实面对自己的创业动机，这个权力交接过程就会相对顺利。或许你会说，他们的目的无非是想多赚钱。是的，他们确实想赚钱。但研究发现，除了致富，还有另外一个因素在推动创始人创业，那就是创建和领导一家企业的强烈欲望。不幸的是，财富和权力对于大多数创业者来说难以两全。

成长的烦恼

创始人一手创办了企业，他们对企业有着深厚的感情，相信只有自己才能带领初创企业走向成功，而对企业未来可能面临的问题非常天真。这些情感因素日后会给企业造成问题。在获得早期成功之后，创始人面临着一连串不同以往的业务挑战。创始人必须培养自己对大批量产品的营销能力和销售能力，以及为顾客提供售后服务的能力。公司的财务状况变得更加复杂，公司的组织架构需要完善，CEO 必须制定正式的流程，设计专业化的岗位，并搭建管理层级。这个阶段的 CEO 急需大力扩展自己的技能，很多创业者在这样的压力下开始力不从心。

初创公司发展到需要外部资金和新管理技能这个节点的速度越快，创始人失去管理大权的速度也就越快。许多投资者不得不给创业 CEO 这样的暗示：“恭喜你取得成功，但对不起，你被解雇了。”

做出抉择

随着企业不断成长，创始人开始进退维谷。一方面，他们必须募集资源来抓住眼前的市场机遇。作者的研究表明，如果创始人愿意出让更多股权吸引其他创始人、非创始人高管与投资者，他就比一个吝于割舍股权的创始人给企业带来的价值更高，最后他本人分得的价值也更多。但另一方面，为了吸引投资者和高级管理人才加盟，创业者不得不放弃大部分决策控制权。

“钱”与“权”的抉择，能够让创业者认真思考成功对于他们的意义。对于想要做企业“国王”的人而言，假如丧失了控制权，即使再富裕，他也不会有成功的感觉。相反，如果创业者认识到自己创业的目的是积累财富，那么就算“下台”，他也不会觉得自己很失败。

资料来源：诺姆·沃瑟曼．创始人：要钱还是要权？[J]．哈佛商业评论，2009(1).

诺姆教授建议创业者也可以参照上述思路判断自己该投身于哪个领域。渴望掌控企业的人应当把目标锁定在自己已掌握技能和业务关系的领域，或者是无须投入大笔资金的领域。而追求财富的人则应该保持开放的心态，选择需要投入大量资源的领域。

9.4 创业者对企业的控制方式

创业者在创业过程中，往往纠结于股权与控制权的矛盾关系。创业者因为股份不断被稀释，最终被驱逐出公司决策层的事件时有发生。因此，如何实现对公司的控制显得异常重要。

9.4.1 一般情况下的控制权

1. 通过绝对控股掌握控制权

在一般情况下，创业者对企业股份占有份额的多少与对企业的控制程度成正比，也就是说拥有的股份份额越大，就有更大的决策权。

管理层的股权要把握到什么程度才能带来绝对“安全”？一般将持有 67% 以上的股权称为“绝对控制权”，因为这代表着管理层拥有了三分之二的表决权。根据《公司法》的规定：“股东大会作出决议，必须经出席会议的股东所持表决权过半数通过。但是，股东大会作出修改公司章程、增加或者减少注册资本的决议，以及公司合并、分立、解散或者变更公司形式的决议，必须经出席会议的股东所持表决权的三分之二以上通过。”因此，“三分之二”的表决权，是一个极具诱惑力的比例，它代表着管理层难以撼动的决策地位。

2. 通过归集表决权实现对公司的控制

在法律层面上，通过归集表决权，实现对企业的控制。归集表决权的方式有许多种，例如表决权委托、签署一致行动人协议、构建持股实体等。

而通过构建持股实体，以间接加强管理层的控制力，是三种方式中最为复杂但也更为稳定可靠的方式。一般操作方式是：管理层设立一家有限责任公司或有限合伙企业作为目标公司的持股实体，同时成为该公司的法定代表人、唯一的董事、唯一的普通合伙人或执行事务合伙人，最后达成掌握目标公司表决权的效果。

“表决权委托”是公司部分股东通过协议约定，将其投票权委托给其他特定股东（如创始股东）行使。根据京东的招股书，在京东发行上市前，京东有 11 家投资方将其投票权委托给了刘强东行使。刘强东持股 20% 左右，却通过老虎基金、高瓴资本、今日资本以及腾讯等投资方的投票权委托掌控了京东上市前过半数的投票权。

3. 通过设定限制性条款实现控制

设定限制性条款并不能对管理层的控制权起到"强化"效果，但可以起到防御性作用。限制性条款大多体现在公司章程之中。一方面，限制性条款可以赋予管理层"一票否决权"，例如针对公司的一些重大事项——合并、分立、解散、公司融资、公司上市、公司的年度预算结算、重大人事任免、董事会变更，等等。管理层，尤其是企业的创始人可以要求没有他的同意表决不通过。如此一来，即便管理层的股权被稀释得较为严重，也不会导致被"扫地出门"的结局。另一方面，为了拿下董事会的"战略高地"，在公司章程中，还可以直接规定董事会一定数量的董事（一般过半数）由核心管理层委派。需要注意的是，《公司法》对章程的法定、意定事项的范围有所限制，在设立限制性条款时，必须时刻避免触犯法律制度的框架。

4. 其他方式

原则上，根据《公司法》第三十七条的规定，股东会有权选举和更换非由职工代表担任的董事、监事，因此，股东会是有权按照自己的判断罢免董事成员的。但如前面所述，对于有限公司的管理层而言，依然可以在策略上有所争取。此外，如果有限责任公司设有职工代表董事，则该职工代表董事不能随意被股东会罢免。《公司法》第四十四条规定，两个以上的国有企业或者两个以上的其他国有投资主体投资设立的有限责任公司，其董事会成员中应当有公司职工代表。《公司法》第六十七条规定，国有独资公司设董事会，依照本法第四十六条、第六十六条的规定行使职权。董事每届任期不得超过三年。董事会成员中应当有公司职工代表。

而且需要注意的是，只有当罢免董事的决议方式与选举董事时的决议方式相同时，才可以形成有效的罢免董事会的决议。《公司法》第一百零五条规定，公司可以采取直接投票制或累积投票制选举董事，若采取直接投票制选举出的董事，应当通过直接投票制的方式予以罢免。相同地，若采取累积投票制选举出的董事，应当通过累积投票制的方式予以罢免。若投票方式不吻合，则不能随意罢免。

9.4.2　通过同股不同权来实现对公司的控制

在现实中，可以通过股权的设计来实现同股不同权。2014 年 7 月，阿里巴巴集团从香港交易所退市，并于当年 9 月在纽约证券交易所正式挂牌上市。阿里巴巴从中国香港转战美国，一个很重要的原因就是美国实行 A/B 股制度，而中国香港不允许。所谓A/B股制度，就是将同种股票分为A、B两个系列，其中对外部投资者发行的A系列普通股有1票投票权，而管理层持有的B系列普通股每股则有N票（通常为10票）投票权，即所谓的同股不同权。

延伸阅读

科创板的A/B股制度

2019年1月发布的《关于在上海证券交易所设立科创板并试点注册制的实施意见》规定，允许特殊股权结构企业和红筹企业上市。依照《公司法》第一百三十一条规定，允许科技创新企业发行具有特别表决权的类别股份，每一特别表决权股份拥有的表决权数量大于每一普通股份拥有的表决权数量，其他股东权利与普通股份相同。特别表决权股份一经转让，应当恢复至与普通股份同等的表决权。公司发行特别表决权股份的，应当在公司章程中规定特别表决权股份的持有人资格、特别表决权股份拥有的表决权数量与普通股份拥有的表决权数量的比例安排、持有人所持特别表决权股份能够参与表决的股东大会事项范围、特别表决权股份锁定安排及转让限制等事项。

存在特别表决权股份的境内科技创新企业申请发行股票并在科创板上市的，公司章程规定的上述事项应当符合上海证券交易所的有关要求，同时在招股说明书等公开发行文件中，充分披露并特别提示有关差异化表决安排的主要内容、相关风险及对公司治理的影响，以及依法落实保护投资者合法权益的各项措施。

《关于在上海证券交易所设立科创板并试点注册制的实施意见》提到的“特殊股权结构企业”与“差异化表决”，描述的就是科创板的A/B股制度。

本章要点

- 在企业成长的过程中和发展的不同阶段，融资是困扰创业者的一个难题。
- 不确定性和信息不对称从理论上阐释了创业融资难的原因。
- 企业家精神、创新、潜在成长性是创业者获得外部资金支持的有利因素。
- 创业融资的主要渠道包括：自我融资、向亲朋好友融资、天使投资、向商业银行贷款、通过担保机构融资、创业投资、地方性创业优惠政策。
- 互联网金融是一种新兴的融资方式。
- 债权融资和股权融资各有利弊，创业者应该合理均衡债务融资与股权融资之间的比例。

重要概念

创业融资　融资需求　天使投资　创业投资　债务融资　股权融资　同股不同权

复习思考题

1. 为什么融资成为创业的一大难题？
2. 创业融资需求有什么特点？
3. 从创业资金的性质来看，主要可以分为几种类型？
4. 创业融资的渠道主要有哪些？
5. 为什么初创企业的资金大部分来自个人资金？
6. 天使投资与创业投资有什么不同？
7. 债权融资与股权融资各有什么优缺点？
8. 如果你是一个创业者，列出你可能的融资渠道。
9. 如何通过股权设计，实现创始人对公司的控制？

实践练习

实践练习 9-1　拟订融资计划

假如你是一位即将毕业的大学生，准备开始自己的创业之旅，结合本章介绍的融资渠道，拟订一份融资计划。要求如下：

（1）列出可能寻求的主要融资渠道。

（2）研究你所在的城市、大学或你计划投入的行业对创业活动的扶持政策，请尽力搜集这些信息，讨论哪些可能为你提供创业资金。

另外，建议以小组为单位，选择当地国有大型银行（如中国银行、中国建设银行等）的中小企业部、1 家村镇银行、1 家开展贷款业务的典当公司、1 家风险投资公司，联系它们的负责人或工作人员并进行访谈，比较这些机构在创业和中小企业融资服务方面的规划与具体做法，相信会使你对本章的内容有更深刻的理解。

实践练习 9-2　股权结构设计调查

查找京东、阿里巴巴、华为三家公司的股权结构设计资料，比较其异同。

企业的唯一目的就是创造顾客。

——彼得·德鲁克

第10章
成立新企业

【核心问题】

☑ 新企业成立的标志是什么？

☑ 新企业成立有何条件和时机？

☑ 新企业成立有哪几种途径？

☑ 企业的法律组织形式有哪几种？

☑ 新企业采用的组织结构有哪些？

【学习目标】

☑ 了解新企业成立的衡量维度

☑ 认识新企业成立需要的条件和时机

☑ 熟悉新企业市场进入的三种模式

☑ 熟悉企业的组织选择

☑ 了解企业注册的程序和步骤

引例　徐小平：我创业时的几次公关大战

我于 1996 年 1 月加盟俞敏洪创办的新东方，那时候新东方已经有了一定的规模和口碑。俞敏洪不太喜欢在媒体上宣传自己，他钻研教学，竭尽全力让学生满意。老俞懂得做营销，他的营销手段主要是在电线杆、布告栏上贴广告（这不是笑话），但他更懂得做公关，他的公关手段主要是到处做奋斗演讲。只不过俞敏洪有个习惯——他不喜欢在媒体上发声。

我来到新东方后，看到新东方神奇的培训效果、一“证”（听课证）难求的报名盛况以及有口皆碑的名声，觉得这样的企业不做点宣传实在可惜。我当时想：新东方是不是该在媒体上宣传宣传自己，上上电视，登登报纸？我把这个想法跟一位也是做企业的朋友聊了聊，他说：“企业为什么要做宣传？宣传是为了销售。假如你的产品已经供不应求了，那为什么还要做宣传？”

我想了想，有道理。但过了两三个月，也就是 1996 年 3～4 月，突然之间发生了一件事。当时一次 GMAT 考试，发生了一个考题泄露事件。北京电视台的员工扛着摄像机来到新东方，问泄露事件跟新东方有没有关系。当时我正好在办公室，话筒对着我，如果我不讲话，那大家都会说新东方默认偷题；如果我说话，那我说什么？由于新东方平时跟媒体没有往来，所以公众不那么知道新东方。突然间发生了这个事情，让新东方很被动。此事让我意识到，正在迅速崛起的新东方，必须建立自己的话语体系，必须有自己的媒体战略；也就是说，必须建立自己的公关系统。

同年 6～7 月，在当时创业忙到“吐血”的情况下，我开始每周六晚上去北京人民广播电台做一个名叫“海外北京人”的直播节目，这个节目是当时新闻台副台长苏京平先生“人生热线”里面的一个子栏目。

第二年，大概 1997 年初夏的一天，老俞突然半夜打电话给我，说有人写匿名信告新东方，一直告到了很高层，对新东方进行了各种污蔑，说我们这样不好、那样不好。那时候新东方还那么弱小，我们怎么回应这些有可能导致新东方毙命的攻击？

当时，我的“海外北京人”的节目虽然已经停播，但已经做了几十期，产生了一定的影响。我在节目中弘扬海归回国报效祖国，提出新东方是海归回国创业的基地，宣传海归爱国主义。我们用这些在官方媒体上的公开言论，回应了匿名信的种种指控：新东方帮助人们出国，但鼓励人们回国，新东方本身就是留学生回国创业的平台……这些素材起到了很好的反击作用。

试想如果我们当时没有通过官方媒体传播新东方价值观并留下各种资料的话，我们的反击也许就不那么有说服力。而新东方如果得不到政府的信任，我们后面的高速发展，就可能会遇到更多、更大的问题。

1999 年，南斯拉夫[⊖]使馆事件爆发，天天上课教学的我们，根本没想到此事会跟新东方挂上钩。但突然之间，很多电话打到新东方来抗议我们。一些平时很好的朋友都说：这么大的事情，你们居然不发声，太无耻了，还有人甚至骂我们是美国的“走狗”……事态演变得非常严重，电影《中国合伙人》也真实反映了这次危机。当时俞敏洪、王强和我一起紧急开会讨论应对措施，我受命写了一篇文章。

我拿着演讲稿，到中关村大礼堂激情澎湃地朗读，收获了我在新东方历史上最热烈的掌声。这篇爱国主义的文稿，化解了公众对我们的指责，说清楚了留学美国的历史责任，也把新东方品牌提升到了一个新的高度。可以说这是一次完美的公关杰作。

不要说小企业没有这样的危机。“小”，本身即是危机。客户挑剔、员工跳槽、合伙人打架、政府监管等，这些事天天都在发生。你靠什么做定海神针呢？就靠你的品牌、你的文化、你的企业精神。树活一张皮，人活一口气。企业表面上靠现金流活着，但要想长成参天大树，靠的是企业文化、品牌灵魂。新东方在危机时刻爆发的这种品牌力量，可以说是所有企业学习的范例。

新东方的另一次危机是 ETS 危机，这可以说是近 20 年中国企业最大的国际公关危机之一，电影《中国合伙人》就完全围绕这件事情展开。这次危机也可以说是中国企业在走向世界时，处理得最好的公关事件，也许没有之一。

这个事件大家都知道，我这里就不多说了。就盗版而言，新东方在法律上是明明白白地输了，但在公共关系、公众舆论上，我们是轰轰烈烈地赢了。通过此事，我们向公众彻底说清楚了新东方“为什么”这个话题（新东方卖什么？卖培训、卖资料；新东方为什么？为了中国学生的学习权利）。在确实我们有错、认错并决心改错的情况下，我们赢得了学生家长的理解和支持。新东方品牌得到了完美的提炼和升华。

匿名信危机，让政府知道了新东方对爱国主义的强调和践行；南斯拉夫使馆危机，让社会看到了新东方对中国改革开放事业的积极意义；ETS 危机，让世界知道了新东方的坚守与追求。回首往事，正是这些当时我们自己都感到“黑云压城城欲摧”的危机，成为新东方品牌的一个又一个里程碑。

资料来源：节选自真格基金创始人徐小平 2018 年 12 月 21 日在黑马成长营 18 期开营仪式上的分享，“初创企业的公关意识、行为与战略”。

与大企业相比，新企业更加脆弱，经不起大风大浪的冲击，一次危机可能就会将其摧毁。引例中介绍了新东方遭遇的几次舆论危机，很多时候新企业面临的危机要比这严重得多。但是，一旦挺过去了，新企业就可能会变得异常坚强，最终建立自身强大的体系。此外，成立新企业一定要守法经营，遵守国家法律法规，使企业健康成长。

[⊖] 已于 1992 年解体。

10.1 新企业属性

作为创业者，要成立一家企业，首先清楚有关企业的一些基本知识是非常有必要的。比如企业的基本内涵是什么，为何要成立企业，何时适合成立企业，企业成立的标志是什么，等等，只有清楚了这些有关企业的基本内容，进入企业成立的实质阶段才更有意义。

10.1.1 企业的含义与分类

企业是社会发展的产物，随着社会分工的发展，不断发展壮大起来，现在已经成为市场经济活动的主要参与者，构成了市场经济的微观基础。企业一般是指以营利为目的，以实现投资者、客户、员工、社会大众的利益最大化为使命，运用劳动力、资本、土地、信息技术等各种生产要素向市场提供商品或服务，实行自主经营、自负盈亏、独立核算的具有法人资格的社会经济组织。其实有关企业的含义十分丰富，不同的学科对企业的内涵也有不同的认识，经济学认为企业是创造经济利润的机器和工具；社会学认为企业是人的集合；法学认为企业是一组契约关系；商科和管理学则认为企业是一类组织、一种商业模式。

在我国，按照投资者的出资方式和责任形式，企业主要有三大类基本组织形式：个人独资企业、合伙企业和公司制企业，公司制企业是现代企业中最主要的、最典型的组织形式。此外，企业也有其他的多种分类形式。例如，按所有制结构可分为全民所有制企业、集体所有制企业、私营企业和外资企业，按规模可分为特大型企业、大型企业、中型企业、小型企业和微型企业，按公司地位和隶属关系类型可分为母公司、子公司，按经济部门可分为农业企业、工业企业和服务企业，等等。

根据企业的组织形式我们可以看出，企业并不等同于公司，在《现代汉语词典》（第 7 版）中，企业被解释为：从事生产、运输、贸易、服务等经济活动，在经济上独立核算的组织，如工厂、矿山、铁路等。因此，凡是公司均为企业，但企业未必都是公司。公司只是企业的一种组织形态，依照中国法律规定，公司是指有限责任公司和股份有限责任公司，具有企业的所有属性。

10.1.2 企业的本源与影响

从深层次来看，企业成立的意义其实就是企业的本源和性质问题，这是一个被传统经济学理论忽略的问题。在传统经济学理论中，将厂商的生产过程看成一个“黑匣子”，即企业被抽象成一个由投入到产出的追求利润最大化的“黑匣子”。直到 1937 年，美国经济学家科斯发表的《企业的本质》一文，才被认为是对这一问题进行探讨的开端，此后西方经济学家主要是从科斯所强调的交易成本的角度来分析企业性质的。科斯认为，企业的本质特征是对价格机制的替代。价格机制的运行是有成本的，市场运行也存在费用。企业之所以出现，正是通过管理协调来代替市场协调并降低成本的必然结果。也就是说，通过企业组织生产的交易费用低于市场组织的交易费用，企业才得以产生。市场和企业是资源配置的两种可相互替代的手段，它们之间的不同表现为：在市场上，资源的配置由价格机制来调节，而在企业内，则通过管理协调来完成。企业的边界由交易费用来决定，当扩大规模，企业内的交易费用低于市场上的交易费用时，企业的边界则得以扩展，直至两者的交易费用相等时为止。科斯以交易为分析单位，以马歇尔的边际分析和替代分析为方法，以交易费用的概念为基础，解释了企业存在的原因和边界。

企业成立的影响可以从宏观和微观两个层面来看。从宏观层面来看，企业是市场经济活动的主要参加者和直接承担者，市场经济活动的顺利进行离不开企业的生产和营销活动，离开了企业的生产和营销活动，市场就成了无源之水，无本之木。因此，企业的生产和经营活动直接关系着整个市场经济的发展。离开了企业，社会经济活动就会中断或停止。同时，企业是社会经济技术进步的主要力量。企业在经济活动中通过生产和经营活动，在竞争中不仅创造和实现了社会财富，而且也是先进技术和先进生产工具的积极采用者与制造者，这在客观上推动了整个社会经济技术的进步。此外，企业是解决社会就业，使人们参与社会生产和分配的基本途径。因此从宏观层面来看，企业俨然已成为国民经济的细胞，不可或缺。而从微观层面来看，新企业的成立是创业者对识别的商业机会进行商业化，参与市场活动并开始实现创业机会价值的途径和平台，不仅可以给创业者带来丰厚的经济报酬，也能在很大程度上实现了创业者的个人价值和理想抱负。

10.1.3 企业成立的衡量与界定

新企业（或创业企业）是指创业者利用商业机会并通过整合资源所创建的一个新的具有法人资格的实体，它能够提供产品或服务，并处于自成立后至成熟前的早期成长阶段。新企业成立意味着以组织身份参与市场活动并开始实现创业机会价值。但有关新企业成立的标准目前学术界和实业界并没有统一的界定，根据相关文献整理，目前判断新企业成立主要有三个流派：产业组织学派、种群生态学派、劳动力市场参与学派。综合三个流派的观点，一般有三个维度衡量新企业的成立：存在雇用性质的员工关系，产生第一笔销售，注册登记成合法实体。

此外，在管理学研究中，也有部分研究以企业成立的时间作为新企业界定的标准，全球创业观察（GEM）界定的新企业指成立时间在42个月以内的企业。部分学者认为新企业跨度长短取决于所处行业、资源等因素，这个时间最短3～5年，最长8～12年。国内外越来越多的学者认为企业成立前6年是决定其生存与否的关键时期，因此以6年或更短时间界定新企业。另外，也有学者认为8年是企业创建后的过渡期。

10.1.4　新企业成立的条件和时机

成立新企业需要什么条件？什么时间成立比较适宜？这些都是创业者普遍关心的问题，但是这些问题也没有统一的定论。蒂蒙斯教授在 1999 年提出了包含创业机会、创业团队、创业资源三个核心要素的创业过程模型，三个核心要素构成一个倒立的三角形，相互依存、相互补充。根据蒂蒙斯的观点，创业机会、创业团队、创业资源是创业最核心的三个要素，从这个角度来看，创业者识别到了具有潜力和商业价值的创业机会，组建好了创业团队，并且整合到了创业所需要的物质资源，便是成立新企业的最佳时机，但是我们认为这种情况太过理想化。现实中，有的创业者认为只要发现了一个创业机会就可以立刻去注册成立一家新企业，但这样可能过于草率，还没有达到真正成立企业的条件和时机，容易使创业企业成立不久就夭折。那创业者成立新企业究竟何时比较理想呢？我们认为需要综合考虑一定的外部条件和内部条件。外部条件包括创业者识别到了有利的商业机会并进行了初步的分析评价，具备成立新企业的经济技术等外部环境，有能源和原材料等必要条件等；内部条件包括创业者具有一定的创业能力和素质，具有成为创业者的动机，具有较小的创业机会成本，已经获得了某种特许权或者已经开发出了能够创造市场的产品或者成立新企业能够形成某种特有的竞争优势，等等。

10.2　成立新企业的相关法律法规

在创建期，新企业必须处理好一些重要的法律问题。创业涉及的法律问题相当复杂，对创业者而言，最重要的是认识到这些问题，以免由于早期的法律失误导致新企业付出沉重代价，甚至使其夭折。

10.2.1　成立新企业的法律因素和法规

一个社会的法律规定，为它的公民能做什么或不能做什么建立了一个框架。这个法律框架同样在一定程度上允许或禁止创业者所做的某些决策和采取的部分行动。显然，成立新企业也会受当地法律的影响，创业者在成立新企业之前必须了解这些因素。表 10-1 指出了影响创业企业的一些基本法律问题。

表 10-1　创业企业不同阶段的法律问题

创建阶段的法律问题	经营现行业务中的法律问题
• 确定企业的法律形式	• 人力资源管理（劳动）法规
• 设立税收记录	• 安全法规
• 进行租赁和融资谈判	• 质量法规
• 起草合同	• 财务和会计法规
• 申请专利、商标和版权保护	• 市场竞争法规

在企业的创建阶段，创业者面临的法律问题包括：确定企业的法律形式，设立适当的税收记录，协调租赁和融资问题，起草合同，以及申请专利、商标或版权的保护等。当新企业成立起来并开始运营后，仍然有与经营相关的法律问题。例如，人力资源或劳动法规可能会影响员工的雇用、报酬以及工作评定的确定；安全法规可能会影响产品的设计和包装、工作场所和机器设备的设计和使用，环境污染的控制，以及物种的保护。尽管许多法规可能在某一企业达到一定规模时才适用，但事实是，新企业都追求发展，这意味着创业者很快就会面临这些法律问题。

与创业有关的法律主要是知识产权、竞争、质量和劳动等方面的法规，具体包括专利法、商标法、著作权法、反不正当竞争法等。

知识产权是人们对自己通过智力活动创造的成果所依法享有的权利。知识产权包括专利、商标、版权等，是企业的重要资产。知识产权可通过许可证经营或出售，带来许可经营收入。实际上，几乎所有的企业（包括新企业），都拥有一些对其成功起关键作用的知识、信息和创意（见表 10-2）。知识资产现在已逐渐成为创业企业（尤其是技术型创业企业）中最具价值的资产，因此对创业者来说，为了有效保护自己的知识产权，并且避免无意中违法侵犯他人知识产权的行为，了解知识产权内容及相关法律就显得非常重要了。下面着重介绍与创业企业紧密关联的专利法、商标法、著作权法。

表 10-2 中型创业企业各部门中典型的知识产权

部门	典型的知识产权形式	常用保护方法
营销部门	名称、标语、标识、广告语、广告、手册、非正式出版物、未完成的广告拷贝、顾客名单、潜在顾客名单及类似信息	商标、版权和商业秘密
管理部门	招聘手册、员工手册、招聘人员在选择和聘用候选人时使用的表格和清单、书面的培训材料和企业的时事通信	版权和商业秘密
财务部门	各类描述企业财务绩效的合同、幻灯片，解释企业如何管理财务的书面材料，员工薪酬记录	版权和商业秘密
管理信息系统部门	网站设计、互联网域名、公司特有的计算机设备和软件的培训手册、计算机源代码、电子邮件名单	版权、商业秘密和注册互联网域名
研究开发部门	新的和有用的发明与商业流程、现有发明和流程的改进、记录发明日期和不同项目进展计划的实验室备忘录	专利和商业秘密

资料来源：布鲁斯·巴林格，杜安·爱尔兰．创业管理：成功创建新企业 [M]. 薛红志，等译．北京：机械工业出版社，2009: 252.

1. 专利与专利法

专利是指某个政府机构根据申请颁发的文件，它被用来记述一项发明，并且创造一种法律状况，在这种状况下，专利发明通常只有经过专利权所有人的许可才可以被利用。专利制度主要是为了解决发明创造的权利归属与发明创造的利用问题。专利法可以有效地保护专利拥有者的合法权益。创业者对其个人或企业的发明创造应及时申请专利，以寻求法律保护，使自己的利益不受侵犯，或者在受到侵犯时，依据法律提出诉讼，要求侵害方予以赔偿。

我国在 1984 年 3 月 12 日颁布了《中华人民共和国专利法》，并于 1992 年 9 月 4 日进行了第一次修正，2000 年 8 月 25 日进行了第二次修正，2008 年 12 月 27 日进行了第三次修正。2001 年 6 月 15 日国务院颁布《中华人民共和国专利法实施细则》，自 2001 年 7 月 1 日起施行。

2. 商标与商标法

商标，是指在商品或者服务项目上所使用的，由文字、图形、字母、数字、三维标志和颜色组合，以及上述要素的组合或者其组合构成的显著标志。它用以识别不同经营者所生产、制造、加工、拣选、经销的商品或者提供的服务。商标是企业的一种无形资产，具有很高的价值。这种价值体现在独特性和所产生的经济利益上。保护和提高商标的价值，可以为企业带来巨大的收益。商标包括注册商标和未注册商标，目前我国只对人用药品和烟草制品实行强制注册，通常所讲的商标均指注册商标。注册商标包括商品商标、服务商标和集体商标、证明商标。注册商标的有效期为 10 年，可以申请续展，每次续展注册的有效期也为 10 年。商标注册申请人，必须是依法成立的企业、事业单位、社会团体、个体工商户、个人合伙以及符合《中华人民共和国商标法》第九条规定的外国人或者外国企业。

我国在 1982 年 8 月 23 日颁布了《中华人民共和国商标法》，并于 1993 年 2 月 22 日进行了一次修正，2001 年 10 月 27 日进行了第二次修正，2013 年 8 月 30 日进行了第三次修正，2019 年 4 月 23 日进行了第四次修正。

3. 著作权与著作权法

著作权也称版权，是指作者对其创作的文学艺术和科学作品依法享有的权利。著作权包括发表权、署名权、修改权、保护作品完整权、复制权、发行权、出租权、展览权、表演权、放映权、广播权、信息网络传播权、摄制权、改编权、翻译权、汇编权以及应当由著作权人享有的其他权利等 17 项权利。对著作权的保护是对作者原始工作的保护。著作权的保护期限为作者有生之年加上去世后 50 年。我国实行作品自动保护原则和自愿登记原则，即作品一旦产生，作者便享有版权，登记与否都受法律保护；自愿登记后可以起证据作用。国家版权局认定中国版权保护中心为软件登记机构，其他作品的登记机构为所在省级版权局。

我国在 1990 年 9 月 7 日颁布了《中华人民共和国著作权法》，并于 2001 年 10 月 27 日进行了第一次修正，2010 年 2 月 26 日进行了第二次修正。计算机软件属于版权保护的作品范畴。我国根据著作权法，制定了《计算机软件保护条例》，并于 1991 年 6 月 4 日发布。在该条例中，计算机软件是指计算机程序及其有关文档。

10.2.2 选择新企业的法律组织形式

1. 企业法律组织形式的类别

在创建新企业前，创业者应该事先确定企业的法律组织形式。自 1999 年 8 月 30 日中华人民共和国第九届全国人民代表大会常务委员会第十一次会议通过《中华人民共和国个人独资企业法》之后，2013 年 12 月 28 日第十二届全国人民代表大会常务委员会第六次会议和 2006 年 8 月 27 日第十届全国人民代表大会常务委员会第二十三次会议分别通过了新《公司法》(第三次修正，2014 年 3 月 1 日起实施）和《中华人民共和国合伙企业法》。2018 年 10 月 26 日，根据第十三届全国人民代表大会常务委员会第六次会议决定对《公司法》做出修改（第四次修正）。至此，我国企业法律形式基本上与国际接轨。按中外企业有关法律条款的规定，目前我国企业主要有 3 种基本的组织形式：个人独资企业、合伙企业、公司制企业（主要包括有限责任公司和股份有限公司)。

（1）个人独资企业。个人独资企业是最古老也是最常见的企业法律组织形式。个人独资企业又称个人业主制企业，是指依法设立，由一个自然人投资并承担无限连带责任，财产为投资者个人所有的经营实体。当个人独资企业财产不足以清偿债务时，选择这种企业形式的创业者须依法以其个人其他财产予以清偿。在各类企业当中，个人独资企业的创设条件最简单。根据《中华人民共和国个人独资企业法》，只要满足以下 5 种条件，就可以申请设立个人独资企业：①投资者为一个自然人；②有合法的企业名称；③有投资者申报的出资，国家对其注册资金实行申报制，没有最低限额；④有固定的生产经营场所和必要的生产经营条件；⑤有必要的从业人员。个人独资企业成功与否依赖于所有者个人的技能和能力。当然，所有者也可以雇用那些有其他技能和能力的员工。

（2）合伙企业。如果两个或两个以上的人共同创业，那么可以选择合伙制作为新企业的法律组织形式。根据《中华人民共和国合伙企业法》，“合伙企业”是指依法在中国境内设立的由各合伙人订立合伙协议，共同出资、合伙经营、共享收益、共担风险，并对合伙企业债务承担无限连带责任的营利性组织。合伙企业包括普通合伙企业和有限合伙企业两种形式。两者最大的区别在于有限合伙企业有两种不同的所有者：普通合伙人和有限合伙人。其中，普通合伙人对合伙企业的债务和义务负责，而有限合伙人仅以投资额为限承担有限责任，但后者一般不享有对组织的控制权。另外，普通合伙企业合伙人可以用货币、实物、知识产权、土地使用权或者其他财产权利出资，也可以用劳务出资。但有限合伙企业有限合伙人不得以劳务出资。以下主要介绍普通合伙企业。

除要有合伙企业的名称、经营场所以及从事合伙经营的必要条件之外，设立合伙企业还应当具备以下几个条件：①合伙企业必须有两个以上合伙人，合伙人应当具备完全民事行为能力，且能够依法承担无限责任者。②合伙人应当遵循自愿、平等、公平、诚实信用原则订立合伙协议，合伙协议应载明合伙企业的名称、地点、经费范围、合伙人出资额和权责情况等基本事项。③合伙人应当按照合伙协议约定的出资方式、数额和缴付出资的期限，履行出资义务。合伙人出资可以用货币、实物、土地使用权、知识产权或者其他财产权利；上述出资应当是合伙人的合法财产及财产权利。合伙人也可以用劳务出资，其评估办法由全体合伙人协商确定。

（3）公司制企业。公司是现代社会中最主要的企业形式。它是以营利为目的，由股东出资形成，拥有独立的财产，享有法人财产权，独立从事生产经营活动，依法享有民事权利，承担民事责任，并以其全部财产对公司的债务承担责任的企业法人。所有权与经营权分离，是公司制的重要产权基础。与传统"两权合一"的业主制、合伙制相比，创业者选择公司制作为企业组织形式的一个最大特点就是，仅以其所持股份或出资额为限对公司承担有限责任；另一个特点是存在双重纳税问题，即公司盈利要上缴公司所得税，创业者作为股东还要上缴企业投资所得税或个人所得税。根据《公司法》，我国的公司分有限责任公司（包括一人有限责任公司）和股份有限公司两种类型。

有限责任公司的股东以其认缴的出资额为限对公司承担责任，公司以其全部资产对公司的债务承担责任。创业者设立有限责任公司，除要有固定的生产经营场所和必要的生产经营条件之外，还应当具备下列条件：①股东符合法定人数。根据我国《公司法》第二十四条规定：有限责任公司由50个以下股东出资设立。②股东出资达到法定资本最低限额。一般有限责任公司注册资本的最低限额为人民币3万元，而一人有限责任公司的注册资本最低限额为人民币10万元。法律、行政法规对有限责任公司注册资本的最低限额有较高规定的，从其规定。股东可以用货币出资，也可以用实物、知识产权、土地使用权等可以用货币估价并可以依法转让的非货币财产作价出资，但是法律、行政法规规定不得作为出资的财产除外，且全体股东的货币出资金额不得低于有限责任公司注册资本的30%。③股东共同制定公司章程。法律对有限责任公司章程有明确的要求，要求应当载明的事项包括：公司名称和住所；公司经营范围；公司注册资本；股东的姓名或者名称；股东的权利和义务；股东的出资方式和出资额；股东转让出资的条件；公司的机构及其产生办法、职权、议事规则；公司的法定代表人；公司的解散事由与清算办法；股东认为需要规定的其他事项。④有公司名称，建立符合有限责任公司要求的组织机构。

股份有限公司，其全部资本分为等额股份，股东以其认购的股份为限对公司承担责任，公司以其全部资产对公司的债务承担责任。设立股份有限公司要有公司名称，要建立符合股份有限公司要求的组织机构，有公司住所。除此之外，根据我国《公司法》规定，还应当具备下列条件：①发起人符合法定人数；②有符合公司章程规定的全体发起人认购的股本总额或者募集的实收股本总额；③股份发行、筹办事项符合法律规定；④发起人制定公司章程，采用募集方式设立的经创立大会通过。

（4）一人公司。一人有限责任公司（简称“一人公司”）其实是有限责任公司的一种，是在 2005 年 10 月 27 日第十届全国人民代表大会常务委员会第十八次会议通过的新《公司法》中新加入的，一人公司是我国企业形式中的新面孔，而且对于创业者成立新企业而言具有独特的地位，因此在此再单独进行一些说明。

一人公司的合法化给创业者带来了很多的方便，成为创建新企业的重要形式，在很大程度上激励了创业企业的形成。首先，一人公司允许和鼓励个人创业，从一定程度上说这降低了公司创立的门槛，开辟了就业领域，拓宽了就业门路。其次，创业者创业存在很大的风险，与个人独资企业不同，一人公司承担有限责任，降低了投资者的风险。一人公司作为有限责任公司与业主制和合伙制不同，业主制的主体是自然人，而一人公司的主体是公司，只承担有限责任，这样，就可以化解投资者的风险，使投资者与债权人共担风险。再次，一人公司结构简单，经营机制灵活，从而增加了企业的柔性。一人公司既不存在股东大会和董事会，所有者与经营者合一，也不存在代理成本，从而有利于企业决策迅速灵活，更好地应付复杂多变的市场需求和外部环境变化。最后，一人公司有利于人力资本价值的实现，激励创新。一人公司的知识产权可以作为投资入股等规定，主要是鼓励有科学技术和管理经验的知识分子创业，在很大程度上为技术型创业提供了土壤。当然一人公司也存在筹资功能不足、缺乏科学的决策机制等缺点，因此创业者在选择时也不能太过盲目，尤其是对于首次创业，缺乏一定的公司管理经验和资金实力时，更应谨慎选择一人公司。

2. 新企业法律组织形式的比较和选择

新企业可以选择不同的组织形式，或者由个体独立创办单一业主制企业和一人有限责任公司，或者由几个人创办合伙企业，或者成立法人公司制企业，各种类型企业组织形式各有优劣。一般说来，创业者选择企业组织形式需要考虑的因素主要有：投资者的资本和规模、创业者的企业运作经验、企业税费负担和运营成本负担、企业设立程序繁简、利润分配与责任承担、组织存续期限等，投资者必须对这些影响因素进行综合考虑。

（1）投资者的资本和规模。创业资金的多少，对企业形式的选择具有重要的影响。一般来讲，企业资金较充裕时，可以考虑注册有限责任公司（包括一人公司）。如果资金比较紧张的话，注册个人独资企业或者合伙企业可能更为理想。投资者的规模对于企业组织形式选择也有重要影响，三种主要的企业法律组织形式都有法定人数要求。因此，如果仅仅是一个创业者想创办企业，则可以考虑个人独资企业或者一人公司。如果是多人投资成立企业，则应优先考虑合伙企业、一人公司外的有限责任公司。当然，如果投资人数达到股份有限公司的要求，也可以考虑注册股份有限公司。

（2）创业者企业经验。投资者经营企业经验的多寡，往往对企业未来的经营影响较大，在选择企业形式时应重点考虑。创业者经营企业经验如果丰富，则可以选择个人独资企业或者一人公司等独立性较强的企业组织形式，否则最好选择合伙企业或者非一人公司的有限责任公司，以发挥众人智慧，防止企业经营出现大的问题。

（3）企业税收负担。在欧美发达国家，企业创办人进行企业类型选择时，税收是首先考虑的因素。对于我国企业，税收负担也是企业投资者应该重点考虑的问题。根据税法规定，我国不同企业组织形式虽然在增值税、营业税等流转税上税负待遇并无二致，但在所得税上差异很大。根据我国税法规定，个人独资企业和合伙企业不是法律上的法人实体，对于企业收益仅对投资者征收个人所得税，不缴纳企业所得税。而有限责任公司（包括一人公司）和股份有限公司对于公司经营收益要缴纳企业所得税，股东还要就从公司获得的股利和红利等依据股权取得的收益，按 20% 的税率缴纳个人所得税，这使得公司制企业的股东实际负担的所得税税率远大于个人独资企业和合伙企业股东所承担的税率。

（4）行业特点。当企业所属行业适宜较大规模经营时，如制造型企业、贸易加工型企业以及研发技术型企业，一般选择合伙制和有限责任公司形式较为适宜。如果企业属于一般性服务行业，通常规模较小，则可以优先选择注册个人独资企业或者个人有限责任公司类型。

（5）企业设立条件与程序。企业设立条件与程序是企业取得主体资格所必须具备的法定条件与法定程序，它反映企业的权利义务和风险利益关系。企业设立条件与程序一般受企业投资者的责任所制约。在通常情况下，如果投资者承担较重的责任，则企业设立条件较为宽松，设立程序较为简单；如果投资者承担较轻的责任，则企业设立条件较为严格，设立程序较为复杂。总之，创业者在选择新企业注册类型时，要充分考虑投资者的资本和规模、创业者的企业运作经验、行业特点、投资者的权利和义务、企业设立条件与程序、企业税收负担等因素的影响，做出理性权衡抉择。一般来说，如果企业资本实力比较强、有一定的规模，同时非常注重企业的风险承担，则可以优先考虑公司制企业；如果企业经营规模不大、资本比较紧张，还得考虑税收负担和节约管理成本，则个人独资企业可能是最佳选择。

重要概念

个人独资企业、合伙企业、公司制企业

个人独资企业，又称个人业主制企业，是指依照《中华人民共和国个人独资企业法》在中国境内设立，由一个自然人投资，财产为投资者个人所有，投资者以其个人

财产对企业债务承担无限责任的经营实体，业主享有企业的全部经营所得，拥有绝对的权威和完整的所有者权利。

合伙企业，是指依照《中华人民共和国合伙企业法》在中国境内设立的由各合伙人订立合伙协议，共同出资、合伙经营、共享收益、共担风险，并对合伙企业债务承担无限连带责任的营利性组织。在这类企业中，合伙人之间的责任是连带的，当某一主要合伙人死亡或退出企业时，合伙关系即告终止。

公司制企业，是指一般以营利为目的，从事商业经营活动或某些目的而成立的组织。根据中国现行《公司法》(2014)，其主要形式为有限责任公司和股份有限公司。两类公司均为法人制，投资者可受到有限责任保护。在这类企业中，不论企业的出资者如何变换、转让股份、死亡，或者扩大或缩小出资者人数，所有者转让所有者权益并不会导致公司的解体，公司作为独立法人并不受影响。因此，法人公司制企业有着较好的存续性。

10.2.3 新企业的组织结构

传统的组织结构类型主要包括直线制、职能制、部门制、矩阵制等不同类型。20 世纪 90 年代，尤其是进入 21 世纪以来，全球环境发生了前所未有的变革，全球一体化、互联网和信息技术革命发展、决策速度加快等对企业组织结构也产生了深远的影响和要求，一些创造性的组织方法和结构不断出现，其中一些对于新企业来说，适用性也很强。㊀

学习型组织结构。学习型组织由美国学者彼得·圣吉提出，在学习型组织中，每个人都要参与识别和解决问题，使组织能够进行不断的尝试，改善和提高它的能力。学习型组织的基本价值在于解决问题，这正好契合创业企业的特征，与之相对的传统组织设计的着眼点是效率。在学习型组织内，雇员参加问题的识别，这意味着要懂得顾客的需要。雇员还要解决问题，这意味着要以一种独特的方式将一切综合起来考虑以满足顾客的需要。组织因此通过确定新的需要并满足这些需要来提高其价值。学习型组织结构废弃了使管理者和工人之间产生距离的纵向结构，同样也废弃了使个人与个人、部门与部门相互争斗的支付和预算制度。团队是横向组织的基本结构。伴随着生产的全过程，人们一起工作为顾客创造产品。

团队型组织结构。在华为公司、安利公司的每个销售人员都可以发展自己的团队，在他们所在的区域构成一个团队，每个团队人员都是灵活变化的，这种组织结构就是团队型组织结构。在这种结构中，企业原来的部门被工作小组和团队代替。这种组织结构的一些特征对于创业企业非常有价值：淡化团队的控制职能，而是更多地授权，从而使得从高层到基层的管理职权链淡化或者消失，员工的工作时间、工作方式都非常自由。这种组织结构可以大大提高经营效率，提高服务质量，对于

㊀ 张耀辉，张树义，朱锋 . 创业学导论：原理、训练与应用 [M]. 北京：机械工业出版社，2011.

服务型创业企业比较适用。当然对于技术型创业企业，为了提高产品的研发速度和效率也是很有裨益的。

项目型组织结构。项目型组织结构与团队型组织结构有很大的相似之处，但仍有不同。项目型组织结构与团队型结构最大的不同在于，一个项目团队只存在于完成一个项目的阶段内，所以它的存在时间取决于项目完成需要的时间。在项目型组织中，每个项目就像一家微型公司那样运行。完成每个项目目标所需的所有资源完全分配给这个项目，专门为这个项目服务。专职的项目经理对项目团队拥有完全的项目权力和行政权力。由于每个项目团队严格致力于一个项目，所以，项目型组织的设置完全是为了迅速、有效地对项目目标和客户需要做出反应。项目型组织的优点是每个成员始终都了解团队的工作并为之负责。团队有很大的适应性，能接受新的思想和新的工作方法。对于创业企业而言，该组织结构既能提高运行效率，又能因团队的存在而增强灵活性。

虚拟型企业组织。随着信息技术的飞速发展、市场的全球化以及其他一些发展趋势，创业者和企业管理者正在面对一个变幻莫测的竞争环境，传统的以泰罗制、福特制为标志的企业模式已很难适应新的市场环境。企业同时还要保持较低成本及较短的交付周期，这对旧的组织结构形式提出了挑战，在这种情况下，一种新的企业运作模式——虚拟企业形式脱颖而出。这种企业组织结构形式是当市场出现新机遇时，具有不同资源与优势的企业为了共同开拓市场，共同对付其他竞争者而组织的，建立在信息网络基础上的共享技术与信息，分担费用，联合开发的、互利的企业联盟体。虚拟企业的出现常常是由于参与联盟的企业追求一种完全靠自身能力达不到的超常目标，因此企业自发要求突破自身的组织界限，必须与其他对此目标有共识的企业实现全方位的战略联盟，共建虚拟企业，才有可能实现这一目标。随着我国 B2C 等网络平台的不断发展，在淘宝网、京东商城等平台上已经涌现了大量的虚拟企业。

10.3　市场进入与进入程序

当创业者看好一个市场或产品领域并确定要进入该市场后，他所面临的下一个至关重要的决策就是制定并选择相应的市场进入路径。从现有的路径模式看，创业者大致可以选择以下三种市场进入模式：新建企业、收购现有企业和特许经营。

10.3.1　新建企业

建立一家全新的企业是创业者进入市场时最常用的方式，具体包括独创和合办两种形式，其中独创主要包括注册个人独资企业、注册一人有限责任公司；合办主要包括注册合伙企业、有限责任公司和股份有限公司。本章前面已经介绍了个人独资企业、合伙企业、股份有限公司和有限责任公司等企业法律形式的成立要求、优缺点、适宜的创业企业类型等，下面简单介绍成立各种法律形式企业所必须完成的注册程序。

1. 个人独资企业的注册

注册个人独资企业首先需要提交一系列文件，包括投资者签署个人独资企业设立申请书；投资者身份证明；企业住所证明和生产经营场所使用证明等文件，如土地使用证明、房屋产权证或租赁合同等。对于由委托代理人申请设立登记的，应当提交投资者的委托书和代理人的身份证明或者资格证明；国家工商行政管理局规定提交的其他文件。

2. 合伙企业的注册

设立一家合伙公司，应提交相关文件、证件，包括《企业设立登记申请书》(《企业设立登记申请表》《投资者名录》《企业经营场所证明》等表格)；公司章程（提交打印件一式两份，请全体股东亲笔签字；有法人股东的，要加盖该法人单位公章并由其法定代表人亲笔签字)；验资报告；出资权属证明；《名称预先核准申请书》及《企业名称预先核准通知书》；股东资格证明；《指定（委托）书》；经营范围涉及前置审批项目的，应提交有关审批部门的批准文件。除上述必备文件外还应提交打印的股东名录和董事、经理、监事成员名录各一份。然后按照相应的步骤程序，递交申请材料，领取《受理通知书》、缴纳登记费并领取执照。

3. 有限责任公司（包括一人有限责任公司）和股份有限公司的成立

设立一家有限责任公司或股份有限公司，应提交的登记注册文件、证件包括《企业设立登记申请书》(内含《企业设立登记申请表》《投资者名录》《企业法定代表人登记表》《董事会成员、经理、监事任职证明》《企业住所证明》等表格)；公司章程（提交打印件一式两份，请全体股东亲笔签字；有法人股东的，要盖该法人单位公章并由其法定代表人亲笔签字)；验资报告；以非货币方式出资的，还应提交资产评估报告（涉及国有资产评估的，应提交国有资产管理部门的确认文件)；《名称预先核准申请书》及《企业名称预先核准通知书》；股东资格证明；《指定（委托）书》；经营范围涉及前置审批项目的，应提交有关审批部门的批准文件。除上述必备文件外，还应提交打印的股东名录和董事、经理、监事成员名录各一份。根据规定的步骤程序，递交申请材料，领取《受理通知书》、缴纳登记费并领取执照。

⊙ 专栏 10-1

公司注册时的公司命名

注册公司的，必须依据注册公司的规定，特别是给公司命名不得违反相关条例。

按照《工商总局关于提高登记效率积极推进企业名称登记管理改革的意见》（工商企注字〔2017〕54 号）相关规定，根据禁止性规范，企业名称不得与同一企业登记机关已登记注册、核准的同行业企业名称相同；企业名称不得含有有损于国家、社会公共利益的内容和文字；企业名称不得含有可能对公众造成欺骗或者误解的内容和文字；企业名称不得含有外国国家（地区）名称、国际组织名称；企业名称不得含有政党名称、党政军机关名称、群团组织名称、社会组织名称及部队番号；企业名称应当使用符合国家规范的汉字，不得使用外文、字母和阿拉伯数字，等等；根据限制性规则，企业名称不得与同一企业登记机关已登记注册、核准的同行业企业名称近似，但有投资关系的除外；企业法人名称中不得含有其他非营利法人的名称，但有投资关系或者经该法人授权，且使用该法人简称或者特定称谓的除外。该法人的简称或者特定称谓有其他含义或者指向不确定的，可以不经授权；企业名称中不得含有另一个企业名称，但有投资关系或者经该企业授权，且使用该企业的简称或者特定称谓的除外。该企业的简称或者特定称谓有其他含义或者指向不确定的，可以不经授权；企业名称不得明示或者暗示为非营利组织或者超出企业设立的目的，但有其他含义或者法律、法规以及国务院决定另有规定的除外；除国务院决定设立的企业外，企业名称不得冠以“中国”“中华”“全国”“国家”“国际”等字样；在企业名称中间使用“中国”“中华”“全国”“国家”“国际”等字样的，该字样应是行业的限定语；使用外国（地区）出资企业字号的外商独资企业、外方控股的外商投资企业，可以在名称中间使用“(中国)”字样。以上三类企业名称需经工商总局核准，但在企业名称中间使用“国际”字样的除外，等等。

10.3.2 收购现有企业

当创业者已看好并确定要进入某一市场，在有资金、无技术或有资金、有技术却无市场渠道时，通过收购一家运营中的公司，以其为创业平台，借助其在技术、市场、产品管理及企业文化等方面的特长，快速实现个人的创业梦想也是一种常见的市场进入模式。

重要概念

收 购

收购是指买方从卖方企业购入资产或股票以获得对卖方企业的控制权，该公司的法人地位并不消失。收购是企业资本经营的一种形式，既有经济意义，又有法律意义。收购的经济意义是指一家企业的经营控制权易手，原来的投资者丧失了对该企业的经营控制权，新的投资者实质上取得控制权。从法律意义上讲，依照我国《证券法》的规定，收购是指持有一家上市公司发行在外的股份的30%时发出要约收购该公司股票的行为，其实质是购买被收购企业的股权。收购的方式主要包括吸收式收购、控股式收购、购买式收购、公开收购、杠杆收购等。

创业者通过收购来开启新事业一般需要以下8个程序：

- 制订切实可行的收购计划。
- 寻找合适的目标企业。
- 针对目标企业进行初步谈判（通常以签订收购意向书为标志）。
- 企业收购审查与决策，这是整个收购过程中最为关键的步骤，它关系到收购的成败和收购后企业的成长。
- 确定收购价格并签订收购协议。
- 对收购企业进行融资，主要包括内部融资、外部融资、卖方融资三种主要途径。
- 交割并披露。
- 收购企业的重整再造。

除了上述所提到的一般意义的收购外，创业者若想获得一家已经存在的公司的实际控制权，还可以采取接管、要约收购和杠杆收购等特殊的收购方式。

10.3.3 特许经营

特许经营是一种商业组织形式，指已经具有成功产品或服务的企业（特许授权商）将其商标和企业经营方法授权给其他企业（特许加盟商）使用，并由此换取加盟费和特许权使用费。相对建立新企业和收购而言，取得某种商品或在某个市场进行经营的特许经营权是创业者进入市场的一种风险最小的方式。

1. 特许经营的含义与特点

畅销书《大趋势》的作者约翰·奈斯比特曾预言，“特许经营（连锁加盟）是人类有史以来最成功的营销观念，更将成为21世纪的主导商业模式”。国际特许经营协会（International Franchise Association，IFA）将特许经营定义为一种合同关系：特许经营是特许人和受许人之间的合同关系，对于受许人经营中的特定领域，特许人有义务在经营诀窍和培训上提供或保持持续的指导；受许人的经营是在由特许人所有和控制下的一个共同标记、经营模式和（或）过程之下进行的，并且受许人从自己的资源中对其业务进行投资。特许经营由于其灵活多变的交易形式，目前已经遍布所有的零售业和服务业，并且还在向其他行业扩张。2004年12月31日，中华人民共和国商务部颁布了《商业特许经营管理办法》，一方面，规范外商投资企业进入中国特许经营市场；另一方面，规范国内商业特许经营行为，促进商业特许经营健康有序发展。

重要概念

特许经营

特许经营是指特许经营权拥有者以合同约定的形式，允许被特许经营者有偿使用其名称、商标、专有技术、产品及运作管理经验等从事经营活动的商业经营模式。

特许经营由三个要素组成：一是特许总部；二是特许分店；三是规定了转让包含全套经营方式、管理技巧、无形资产在内的协议。

特许经营是以特许经营权的转让为核心的一种经营方式，归纳起来，具有如下特点。

第一，特许经营的主体可由一个特许人和多个受许人组成。各受许人彼此之间没有横向联系，只与特许人保持纵向联系；特许人与受许人之间既非隶属关系、控股公司与子公司关系，也非代理关系、合伙人关系，而是一个商标、服务标志、经营管理与技术诀窍等知识产权所有人与希望在经营中使用这种产权的个人或企业之间的一种法律和商业关系，一种互利合作、共求发展的关系。在法律地位上他们是平等的、自负盈亏的民事主体。

第二，特许经营的基础是特许人和受许人之间建立在互惠互利基础上的契约关系。特许经营体系是通过特许人与受许人一对一地签订特许合同而形成的，双方的权利、义务在合同条款中有着明确的规定。如各受许人拥有财产所有权，享有人事和财务自主管理权，在经营业务上接受特许人的督导，并负有向特许人支付特许使用费、指导费的义务等。

第三，特许经营的核心是特许人向受许人出售的技术专长、管理经验和经营之道。特许人为受许人提供全方位的服务，包括选址、培训、帮助融资和提供产品及营销计划。但特许公司拥有商标、服务标志、独特概念、专利、商业秘密、经营诀窍等有形与无形资产的产权，并将部分产权（如使用权）转让给受许公司以换取一定的收入。

第四，特许经营是特许人和受许人通过协议组成的分工合作体系。作为竞争核心的经营管理体系是一个有机的系统，它以特许经营理念为核心，包括一系列要素（如商标、商号、知识产权、营业场所和区域等）和过程（如采购、广告、定价）。

延伸阅读

早期的特许经营

早期的特许经营是商品商标型特许经营，在这一阶段，特许商向加盟商提供的仅仅是商品和商标的使用权，作为回报，加盟商需定期向特许商支付费用。例如，通用汽车公司、福特公司、埃克森石油公司、壳牌公司、可口可乐公司、麦当劳公司等都是采取这种方式从事经营的，这也被称为“第一代特许经营”。

但是，“第一代特许经营”在实践中遇到了一系列问题，麦当劳公司也一样。麦当劳兄弟在1937年创办汽车餐厅起家，通过改进厨房设备与生产程序，使汉堡生产制作速度大大提高，吸引了大量顾客。20世纪20年代初，麦当劳利用特许经营形式建立了自己的经营体系。一开始，它采取的是“第一代特许经营”方式，即只在开业之初指导店铺外观和外送服务的细节，以后就两不相干了。这“大撒把”的方式造成了危机，许多加盟商按照自己的理解改变了汉堡口味，有的甚至增加了许多复杂的品种，这是对麦当劳经营方式的“腐蚀”。麦当劳看到了这一点。1955年麦当劳在芝加哥东北部开设了第一家“样板店”，并建立了一套严格的运营制度——QSCV运营系统，即优质服务、质佳味美、清洁卫生、提供价值。麦当劳借助这样的经营模式推行了第二代特许经营，全世界的麦当劳使用的调味品、肉和蔬菜的品质均由公司统一规定标准，制作工艺也完全一样，每推出一个新品种，都有一套规定。麦当劳正是依靠这样的经营获得了迅速发展。

资料来源：MBA 智库百科 . 什么是特许经营？https://wiki.mbalib.com/wiki/%E7%89%B9%E8%AE%B8%E7%BB%8F%E8%90%A5.

2. 选择特许经营方式的优势与劣势

特许经营已有100多年的发展历史，它所取得的成功已为世人瞩目。近几年，特许经营在我国也有巨大发展。这一分销方式之所以长盛不衰，有其经营优势。

第一，特许商利用特许经营实行大规模的低成本扩张。对于特许商来说，借助特许经营的形式，可以获得如下优势：

- 特许商能够在实行集中控制的同时保持较小的规模，既可赚取合理利润，又不涉及高资本风险，更不必兼顾加盟商的日常琐事。
- 由于加盟店对所属地区的了解，往往更容易发掘出企业尚没有涉及的业务范围。
- 由于特许商不需要参与加盟者的员工管理工作，所以本身所必需处理的员工问题相对较少。
- 特许商不拥有加盟商的资产，保障资产安全的责任完全落在资产所有人的身上，特许商不必承担相关责任。
- 从事制造业或批发业的特许商可借助特许经营建立分销网络，确保产品的市场开拓。

第二，加盟商借助特许经营“扩印底版”。有人形象地把加盟特许经营比喻成“扩印底版”，即借助特许商的商标、特殊技能、经营模式来反复利用，并借此扩大规模。

第三，特许经营因其管理优势而受到消费者欢迎。特许经营成功发展的另一个原因就是准确定位。由于能准确定位，使企业目标市场选择准确，能围绕目标市场进行营销策略组合，并能及时了解目标市场的变化，使企业的产品和服务走在时代前列。

当然，特许经营也存在劣势，主要表现在：①正是由于特许本身，使得加盟商得到了一套完善的、严谨的经营体系。可是，正因如此，加盟商很难改变这种经营模式来适应市场的、政策的各种变化。另外，由于各个地区消费者的需求不同，特许经营也很难在任何地方都能保持持续的优势。②对消费者来说，加盟商的频繁变更给他们带来的是疑惑，造成了特许人、现任加盟商和以往加盟商之间的责任不清，相互推脱责任。③特许经营只能专注于某一个领域，很难在各个市场都取得战略性的胜利。

本章要点

- 判断新企业成立主要由三个维度衡量：存在雇用性质的员工关系、产生第一笔销售、注册登记成合法实体。
- 新企业成立的途径和市场进入模式主要有三个：新建企业、收购现有企业和特许经营。
- 新企业成立要注意考虑一定的条件和时机，具体包括外部条件和内部条件两个方面。外部条件包括商业机会的识别与评价、有利的经济技术等外部环境、有能源和原材料等必要条件等；内部条件包括创业者具有一定的创业能力和素质、具有成为创业者的动机、具有较小的创业机会成本等。
- 一家新企业可以选择的法律组织形式有多种，在我国主要有：个人独资企业、合伙企业、有限责任公司（包括一人有限责任公司）和股份有限公司。
- 注册成立的新企业根据类型、规模等不同可以选择直线制、职能制、部门制、矩阵制等传统的组织结构。同时，由于环境的变化，学习型组织、团队型组织、项目型组织、虚拟企业等形式也值得创业企业关注。
- 创业者在创建和经营企业的过程中，必须了解和遵守有关法律法规，以确保自身和他人的利益没有受到非法侵害。与创业有关的法律主要包括专利法、商标法、著作权法、反不正当竞争法、产品质量法、劳动法等。
- 特许经营作为一种商业组织形式，是创业者进入市场的一种风险较小的方式，具有享受现成的商誉和品牌、避免市场风险、分享规模效益、获取特许商等多方面支持等优势。

重要概念

新企业　　公司制企业　　一人公司　　收购　　特许经营

复习思考题

1. 企业不同的法律组织形式各自有哪些特点？分别适合什么类型的新企业？
2. 成立新企业需要了解哪些法律法规？它们对新企业有哪些影响？
3. 新企业成立的条件有哪些？时机如何把握？
4. 企业的组织结构有哪些种类？各有什么

特点以及对于不同类型创业企业的适用性如何？

5. 特许经营为什么会发展如此迅速？特许经营与其他商业形式为何容易混淆？这些商业形式各有什么优点？应该如何辨别？

实践练习

实践练习 10-1 新企业的成立

根据本章的知识，在网上搜索 10 家成立时间在 5 年左右的新企业，要求：

（1）既包括注册成立的新企业，也包括连锁经营的新企业以及收购形成的新企业。

（2）既有度过生存期进入成长期的企业，也有没度过生存期甚至倒闭的企业。

（3）比较这些企业发展的差异性，分析其中的关键原因。

（4）分析这些企业在创立时选择注册成立新企业、收购现有企业或特许经营的背景和理由，以及这种选择对其发展的影响。

实践练习 10-2 调查身边的特许加盟企业

在校园里寻找一家特许加盟企业，就加盟的利弊访谈其经营者、客户等，加深对特许经营方式的认知。

你要改变自己的管理方式、管理制度、组织机构，否则你仍用过去的办法，就难以驾驭和掌控企业，更不用说永续经营了。

——安迪·格鲁夫

第11章 发展新企业

【核心问题】

☑ 新企业具有什么样的特殊性?
☑ 新企业的管理重点在哪里?
☑ 如何保持新企业的持续成长?
☑ 公司创业活动如何开展?

【学习目标】

☑ 掌握新企业提高合法性的基本举措
☑ 了解现金流对于新企业生存的重要性
☑ 掌握企业成长的规律
☑ 掌握企业持续成长的管理重点
☑ 了解公司创业的内涵
☑ 理解公司创业的实施过程

引例 马云：我最想对创业者说的

首先，我想说，我不是一个有天赋的人，因为我失败了很多次。我是失败者中的一员。我想进重点初中、重点高中都失败了，考大学我失败了3次，然后申请工作我失败了差不多30次。我记得当我高中毕业的时候，我没考上大学，我想在KFC找一份工作，24个人去了，23个人被录取，我是唯一没有被聘用的。然后我试着去考警察，5个同学去，4个被录取，我又是那个没被录取的。当我们开始阿里巴巴创业之路的时候，我试着去融资，我去了硅谷，和投资者对话。我见了超过30个投资者，没有一个愿意投给我们。

我觉得很有趣的事情是，尽管我们犯了那么多错误，但是每一次失败、每一次被别人拒绝，我都还是会把它当作一次经验。今天当有人说对我很失望的时候，我不觉得我是被这家公司拒绝了，我不觉得我失败了。对于我来说，被人拒绝是很正常的事情，被别人接受才是意外的事情。当我开始做生意、尝试做销售时，每天我都要给陌生人打电话、出去见客户。出门之前我会告诉自己，虽然我要见12个客户，但我都不会有机会赢的。一个机会都没有。然后当我回来时，如果确实没有机会，我会说，看，我是对的吧，我就知道没有机会。但是如果我争取到了一个客户，我就是比预期做得好了。所以我们犯的每一个错误，都是一份很好的令你将来成功的经验。

另外我想和大家分享的是，要用自己的思想来思考。你的教育、你的背景以及你拥有的经验都令你变得与众不同。你不应该永远跟随别人走，你应该遵循自己的规则。当我要与有经验的人竞争时，我会对自己说，等等，请给我30年。他会变老，这样我就拥有了获胜的机会。当我与比我富有的人竞争时，我可以做任何事情，我会对自己说，15年后，我可以准备，让我们再竞争，所以你总是有机会获胜。

比尔·盖茨、沃伦·巴菲特甚至史蒂夫·乔布斯等很多成功人士都具有魅力的性格，他们乐观却从不抱怨。如果你总是悲观，你就没有机会赢了。我年轻时会常常抱怨。我抱怨当我想做软件时，比尔·盖茨已经做了；我想做这个，那个家伙也已经做了；当我想做鸡肉时，KFC比我们做得更好……而且我们总是想像比尔·盖茨一样成功，但这是不可能的，世界上只有一个比尔·盖茨。

所以我发现乐观的人总是习惯看到更光明的未来，他们甚至不会抱怨。因为当人们抱怨的时候，他们正在失去机会，并且被抱怨遮挡了机会。所以我从这其中学到了，机会会和抱怨相伴而生。当世界充满了抱怨的人时，那么这个世界处处都是机会。因为你可以解决人们抱怨的问题，那些都是很好的机会。

我们有很多人都在抱怨这个世界，因此这些人永远止步不前。我们必须解决这个问题。世界变化如此之快，我们无法阻止。这是最好的时光，也是最糟糕的时候，所有都取决于你的态度。

我个人认为这是21世纪最好的时光。因为人类从未如此幸运。假如有一天你看到金融危机发生了，你担心会面临各种各样的问题，但我认为这些都意味着很多机会正在出现。在这个时代，我们很幸运，因为当今时代有很多机会供我们选择。

资料来源：节选自马云在马来西亚吉隆坡举行的“环球转型论坛”上的演讲实录，2017.03。

11.1　新企业的生存

11.1.1　新进入缺陷

1. 新进入缺陷的概念

新企业的创建代表着组织的创立与诞生，但也是企业生命周期中最危险、失败率最高的阶段，原因来自企业内部和外部两个层面。从企业内部来看，新企业自身拥有的资源有限，缺乏深思熟虑的发展战略和完善的组织结构，抗风险能力脆弱；从企业外部来看，新企业对顾客、供应商、政府等利益相关者的影响力有限甚至不被认可。这些内外部因素都会制约新企业的生存能力，进而导致较高的风险与失败率。

上述导致新企业失败的原因都可以归结为“新进入缺陷”（liability of newness）。㊀新企业的运营需要从无到有的展开过程，包括开始建立相应的内部流程并获得外界认可，该过程中的任何环节出问题都会带来难以估计的麻烦，因而会比既有企业遭遇更高的失败率。这就是新进入缺陷。

调查研究

居高不下的创业失败率

自改革开放以来，我们经历了四次大规模的创业浪潮，如今我们就处在第四次浪潮之中。据国家工商总局（已更名为国家市场监督管理总局）的统计显示，仅在 2017 年的上半年，全国新登记的市场主体就达 887 万，同比增长 13.2%，其中，新登记企业 291 万户，平均每天新设企业 16 000 家，较 2016 年同期有大幅提高，创业浪潮处于持续的高涨状态中。

虽然创业的大环境比以前好多了，但是并非人人都可以收获到创业成功的喜悦，相反，更多的人则品尝到了苦涩的滋味，无数创业公司都黯然收场，以失败告终。根据相关数据统计，中国创业企业的失败率为 80% 左右，企业平均寿命不足 3 年，其中大学生的创业失败率更是高达惊人的 95%。创业成功就可以开创一番属于自己的事业，但它并非想象中的那么容易。创业是从无到有、从 0 到 1，没有人告诉你该怎么做、如何才能做得更好，你只能自己不断地试错。尤其是对于大学生或者社会经验少的创业者来说，创业更是一场意志和情感的煎熬。只有一腔热忱，没有清晰的认知、商业头脑和管理方法，在前面等待你的往往是惨淡的结局。

㊀ Stinchcombe, A. (1965) Social Structure and Organization. In: March, J. G., Ed., Handbook of Organizations, Rand-McNally, Chicago, 142-193.

2. 新进入缺陷产生的原因

组织的临时性。新企业是一个寻找可升级、可重复和可盈利的商业模式的临时组织。新企业需要确定商业模式、产品市场组合、可重复性销售模式以及聘用管理人员，才可能过渡到成熟企业。

学习成本较高。在新角色到位和任务的执行期间，新企业易犯大错误，因而需要一定的学习成本。对于某些创新程度较高的新企业，有时这种“学费”会很高，因为没有现成的样板可供借鉴和参考，必须摸索着开展试验。

稳定性较低。新企业为了获得尽可能好的绩效，需要界定新角色、建立员工关系和制定薪酬体系，但这需要花费很多精力和时间，并且还会出现冲突和暂时无效率的问题。而创造一些新的岗位和方法来运作新企业又往往会受现有的创造力和资源的制约，这就影响了新企业业绩表现的稳定性。

交易成本较高。新企业的成员主要由新人组成，成员之间的信任基础较为薄弱，这会影响员工为了适应新企业价值体系、组织目标和行为规范而调整自己态度和行为的学习过程。此外，一个新的组织和外界环境中的其他组织打交道，就像两个陌生人之间开始交往一样，会使新企业的交易成本非常高昂。

社会联系较弱。当新企业刚开始运作时，往往与顾客、供应商等利益相关者之间尚未确立稳定的联系，而既有企业的主要资源之一就是与利益相关者已经确立了一系列稳定的联系，因此新企业不易与既有企业展开竞争。

总体而言，缺乏稳定的企业内部流程和建立企业内部流程的高昂成本是新进入缺陷的根源。这些问题导致新企业在社会筛选过程中与既有企业相比处于明显劣势。

11.1.2 构建新企业的合法性

1. 合法性的含义

在初创阶段，**合法性**（legitimacy）对于新企业的生存至关重要，克服新进入缺陷的关键在于塑造利益相关者对于新企业的“合法性”感知。在企业初创阶段，是否具有生存能力很大程度上取决于利益相关者对它的主观感知而不是实际的财务绩效。因此，新企业获取资源的关键，在于创业构想和新企业对资源拥有者是否有意义、有价值，是否值得信任和富有吸引力，也即企业是否具有合法性。具有合法性的新企业被认为更有价值、更可预测以及更加可信，从而易于获得资源支持。

重要概念

合法性

所谓合法性，是指在特定社会系统内对一个实体的行动是否合乎期望及恰当性、合适性的一般认识和假定。它反映的是外部环境对于组织特征或行为是否符合外界的价值观、规范、要求和期望的一种判断与感知。在许多创业研究学者看来，合法性对新企业能否成功来说至关重要。

事实上，很多创新事物的发展过程都经历了合法性从无到有的过程。[㊀] 例如，当大多数消费者已经熟悉并习惯于商场或超市这种购物形式时，商场的经营模式就逐渐嵌入人们的购物习惯中而被理所当然化，即“购物 = 商场”。而当电子商务和网上交易出现时，这种全新的虚拟消费方式极大地背离了人们以往形成的惯例和知识，此时计算机网络等新兴产业中的创业者在创业的最初阶段就面临着如何建立起包括消费者、供应商和投资者在内的利益相关者对互联网及其商业模式的理解与认识，如何为此类新生事物建立起外在的正当性，即如何为创新活动和新企业赢得合法性的问题。

2. 新企业合法性的类型

管制合法性。管制合法性来源于政府、专业机构、行业协会等相关部门制定的规章制度。一部分制度是以法律的形式来规定的，要求所有企业都必须遵守。另一部分制度则是以行业标准和规范的形式规定的，只有属于该行业的企业才必须遵守。一旦新企业按照这些规章制度和标准规范的要求进行经营运作，它就获得了相应的管制合法性。管制合法性对新企业的成长非常重要，如果没有它，新企业很难通过合法的途径去接近和寻求所需的其他资源。例如，如果一个新企业达不到银行贷款所规定的各项标准，它就不能从银行那里获得所需的资金投入。

规范合法性。它也被称为道德合法性，来源于社会的价值观和道德规范。管制合法性反映的是社会公众对企业“正确地做事”的判断，而规范合法性反映的是社会公众对企业“做正确的事”的判断。这种判断基于企业的行动是否有利于增进社会福利，是否符合广为接受的社会价值观和道德规范。规范合法性有助于新企业接近顾客并获得顾客的认可。因为顾客的购买行为受其价值观影响，而顾客个体的价值观又是根植于整个社会的共同价值观。所以只要新企业的经营活动符合社会的共同价值观和道德规范，必将会得到顾客的心理认同，从而使顾客愿意购买其提供的产品和服务。

认知合法性。认知合法性是人们对特定社会活动的边界和存在合理性的共同感知。当针对某种技术、产品或组织形式的知识越是被普遍接受，并被认为是“理所当然”时，认知合法性就表现得越强，越难以被改变。作为产业中新进入者和创新者出现的新企业，往往被认为是新的参与者而普遍缺乏这种认知。例如，今天被视为创业传奇人物的阿里巴巴创始人马云在创业初期就经历了一个没有人相信他的阶

㊀ 张玉利，杜国臣. 创业的合法性悖论 [J]. 中国软科学，2007(10)：47-58.

段。因为在1995年的杭州，人们不知道互联网是什么。在那段时间里，马云过的是一种被人视为骗子的生活。

⊙ 专栏 11-1

滴滴出行合法化

滴滴作为一家典型的平台企业，不仅仅是“互联网+”领域的代表，也是共享经济新创模式下的代表。滴滴为了获得合法性、促进自身的发展，试图提高这三种机制的力量。

（1）管制合法性：滴滴一方面依照网约车新政的配套政策，对驾驶员进行审核和清理；另一方面依照新政要求，积极向各个城市相关部门递交申请材料，目前已获得11个城市的网约车经营许可证。部分城市先是颁布本地特色的暂行办法，之后出台本地的实施细则，滴滴采用遵守暂行办法或实施细则的方法来获得政府的认可。

（2）规范合法性：为了安抚和帮助出租车行业，滴滴免费为出租车企业革新系统进行管理，帮助其实现专业化管理决策，目前已和两百多家出租车公司达成合作。此外，滴滴还在“智能派单”方面展开探索，提高了司机收入，提升了车辆的运营效率，优化了用户的出行体验。滴滴出行先后与安飞士巴吉集团、大众汽车集团（中国）、东方航空、深圳机场、四川航空、猫途鹰、中国邮政等企业在国际租车服务、出行服务、城市出行、航空服务等领域达成战略合作。

相比过去，滴滴在技术研发上投入了更多的人力和物力。滴滴先是邀请硅谷知名信息安全科学家弓峰敏和卜峥加入滴滴，后又在美国设立研究院，研究大数据安全和智能驾驶。2017年，滴滴先与深圳巴士集团和深圳北斗应用技术研究院组建公司，之后又与密歇根大学、斯坦福大学人工智能实验室达成战略合作，还与同济大学共建智慧出行联合实验室，进行技术研发、人才培养的工作。

（3）认知合法性：受新政的影响，滴滴采取应对措施，一方面鼓励用户拼车，想办法激活合规的司机，弥补了在运力上的部分损失；另一方面，滴滴推出了短途拼车的小巴业务，意在解决人们出地铁后的最后3公里路程问题。小巴往返于工作地点和地铁站、超市和家庭之间。除了上线小巴业务外，滴滴还通过与租赁公司合作，上线租车业务，将租赁公司的汽车放在平台上来对外出租，针对新用户推出优惠活动。为了应对美团的竞争，公司推出了优享服务，优享服务介于专车和快车之间，综合了两者的经济化和舒适度，满足了用户的个性化需求。此外，滴滴还充分挖掘存量市场，提供个性化定制服务，上线了儿童专车服务——宝贝专车计划，保证家长与儿童一起出行时，可以获得更安全的乘车体验。为了增加公众的认知，滴滴还为G20/B20峰会提供安全和高标准的绿色出行服务，并借此获得广泛的认知度。

资料来源：肖青博．滴滴出行平台企业的生态系统及合法性的演进研究[D]．哈尔滨工业大学，2017.

3. 新企业获取合法性的途径

具体来说，新企业可以采取依从、选择、操纵和创造 4 种有效的途径来获取合法性（参见表 11-1）。

表 11-1　合法性获取途径的类型与特征

类型	含　义	特　征
依从	新企业完全依从制度	制度环境难以改变，改变自己服从环境
选择	选择更有利的制度环境	有可以选择的更有利的环境
操纵	影响制度环境	现有制度不能完全接受新企业，需要影响制度管制、规范或认知以使其接纳新企业
创造	创造新的制度环境，建立认知基础	现有制度没有和企业相匹配的认知基础，需要创造新的模式、实践和认知信仰等

资料来源：ZIMMERMAN M A, ZEITZ G J. Beyond Survival: Achieving New Venture Growth by Building Legitimacy[J]. Academy of Management Review, 2002, 27(3): 414-431.

不同的合法性获取途径对企业能力的要求不同，同样，不同行业和组织特征的新企业对合法性获取途径的选择倾向也存在差异。因此，创业者应该综合考虑自身资源和能力条件、新企业所处行业的特征、外部环境的宽容程度等，选择适合自身发展的合法性获取途径。

11.1.3　保障稳定的现金流

1. 现金流的概念

企业发展需要现金。现金不仅有助于企业当前的成长，还能为未来的成长做准备。通过增加现金流，企业能在成长过程中更好地避免现金危机，并且避免受到难对付的债权人或投资者的支配。一旦现金流出现赤字，企业将发生偿债危机，可能面临破产。企业如果没有充足的现金就无法运转，严重时甚至会危及企业的生存。

重要概念

现金流

现金流，是指企业在一定的会计期间按照现金收付实现制，通过一定经济活动（包括经营活动、投资活动、筹资活动和非经常性项目）而产生的现金流入、现金流出及其总量情况的总称，即企业一定时期的现金和现金等价物的流入与流出的数量。

2. 现金流的变化

成长潜力大的新企业在初创期通常会大量消耗资金。图 11-1 中的曲线就是著名的 J 曲线，显示了新企业在不同时期现金流的一般变化情况。新企业通常在最初的几年亏损，其中在第二年和第三年亏损的程度还可能会进一步加剧；在随后几年里，现金流情况会逐渐改善，呈正向增长。如果在低现金流阶段，新企业没有获得再融资或者没有追加的现金投入，创业很有可能会以失败告终。高潜力企业由于在此阶段还没有完全发展壮大，所以几乎不可能靠所拥有的知识资本进行再融资。这正是很多新企业在最初 5 年里失败的主要原因之一。由于新企业的经营历史有限、信用记录不足，所以银行通常不会贷款给它们。因此，一旦资金提供者中断投资，新企业将没有足够的资金维持下去。因而，新企业通常会在早期关键阶段耗尽全部资金，并且由于没有后续资金的支持而不得不终止经营。

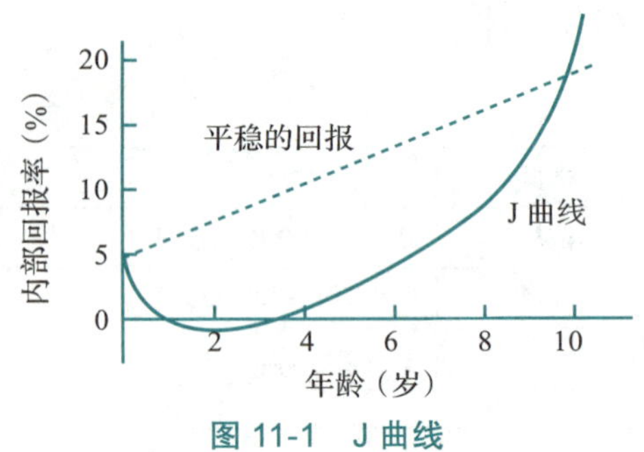

图 11-1　J 曲线

资料来源：BYGRAVE W D，ZACHARAKIS A. The Portable MBA in Entrepreneurship[M].2nd ed. New York: John Wiley & Sons, 1997.

企业一般通过以下方式获得现金流入：产品或服务的销售、贷款或借债、资产出售、创业投资。企业现金流出的方式主要包括营运费支出、还贷款和借债、资产购买和创业投资撤出。因此，现金流入和现金流出可被分为以下三类：营运现金，包括销售和营运费开支；投资现金，包括资产出售和购买；融资现金，包括还贷和还债，以及创业投资和撤资。

3. 增加应付账款和减少应收账款

一般而言，当顾客延迟付款，而供应商急于回款，即企业付款周期比收款周期短时，企业便可能陷入资金周转困难的境地；相反，当企业付款周期长于收款周期时，那么企业业务量越大，则相当于从供应商那里获得的“无息贷款”也就越多。举个简单的例子，某企业原材料成本是 60 万元，员工工资成本是 10 万元，销售利润是 30 万元。如果应收账款能在 30 天内到账，而应付账款 60 天后才需要支付，那么相当于公司“免费”获得了“100 万元在银行中存放 30 天的利息”收入。

假设公司没有将这 100 万元存放在银行而是继续投入扩大再生产，那么在 60 天应付账款的周期内，公司还可以再完成 1 单同样的业务，也就是说能够多获得 30 万元的“理论”利润。由此可见，有效管理好企业的应收账款和应付账款，既能避免出现现金被无效占用或者现金断流的不利局面，还能巧妙地为企业衍生出相当多的现金用以支撑各种经营和投资活动。

4. 控制成本开支

企业在发现资金短缺时要立刻回头检查各项开支，尽可能地节流，只购买对收入有直接帮助的资产，检查所有办公用品或店铺设备的账单，看能否用更便宜的东西替代。只有当资产（如大厦、设备和交通工具）能够产生收入时，才应该花钱购置它们。

企业要评估间接成本，看看是否有下降空间，因为降低间接成本会直接有益于盈利能力的提升。管理费用是企业为组织和管理生产经营活动而发生的各项费用，这是一种尤其值得重视的间接成本。

对于产品销售，企业要在削减采购清单的同时，集中力量抓最畅销的产品。随着企业成长及业务量的扩大，创业者应重新评估产品定价，即确定顾客到底愿意为产品支付多少钱，而不是仅仅根据成本和利润制定价格。即使现金流很充沛，企业也应全力寻求增加收入的途径。

此外，科学规划库存、尝试合理避税、优化供应链等，都是创业者节流的有效途径。

5. 应对现金流危机的措施

控制好每个运营环节。尤其当实际情况与设想出现出入时，企业一定要从其他地方挽救回来。例如，当供应商给出的实际价格与原先所估计的不一致时，企业应该尽力去寻找报价更低的合格供应商，或者与供应商建立长期合作协议；在销售上，要按所设想的计划，努力找到更好的分销商。

战略性地削减成本。企业不要随便就要砍掉成本，应该仔细检查每一项开支，自问："削减这项开支是能帮公司坚持得更久，还是会让公司更快倒闭？"企业尤其不要削减那些会影响公司利润的服务项目。例如，如果顾客很看重公司出色的服务品质，削减电话服务中心的接线员只会影响顾客对你的忠诚度。

放弃一些顾客来提高利润率。如果在现金流危机出现之前，顾客量增加了 30% 听起来似乎还不错，但毛利分析的结果可能会打破这个美丽的错觉，因为你可能需要为这些顾客增加大量服务成本。这时，创业者可以放弃一些带给你的利润最低、付款最慢、偏偏麻烦最多的顾客，虽然收入会因此变少，但能提高利润。

检查你所制订的方案。每当市场或经济形势发生变化时，企业应立刻检讨其经营模式，确保能够在新的环境下继续盈利。假如顾客不断流失，你就要问问自己为什么留不住顾客。必要的话，你可以凭借调整产品和服务内容，或补充特殊服务来吸引更多的顾客。

11.2 企业成长

企业成长是一个动态过程，是通过创新、变革和强化管理等手段积蓄、整合并促使资源增值进而追求企业持续发展的过程。企业成长包括“质”和“量”两个方面。企业成长的量，主要表现为企业经营资源，如销售额、资产规模、利润等；企业成长的质，主要表现为变革与创新能力，指经营资源的性质变化、结构的重组等，如企业创新能力、环境适应能力等。

11.2.1 企业成长的一般规律

1. 企业生命周期理论

企业生命周期理论成为经济学与管理学理论中对于企业成长问题最基本的假设之一。该理论认为企业就像人，其创建与成长过程也存在生命周期规律，一般情况下都要遵循从产生到消亡的过程。

第一阶段，培育期。处于培育期的企业被称为初创企业，或者说是初创阶段的企业。在这一阶段，企业的生存能力还比较弱，市场占有率低，管理工作不规范，市场地位不稳定，很容易受到既有企业的威胁，风险较大。但初创阶段的企业较有活力，富有创业精神。由生存欲望所激发的奋斗精神、创新精神、大无畏精神成为这一时期企业成长的主要动力。这一阶段是精神转化为物质的阶段。

第二阶段，成长期。企业能经过培育期存活下来，一般会较快地转入成长期。这里的“成长”是狭义的、量的成长概念，指由小企业发展壮大为中型或大型企业过程中的规模扩张状态。处于成长期的企业可以在较短时间内获得较高速度的成长，规模经济开始产生作用，企业经济实力增强，市场占有率提高，员工人数增加，主业日益明显，抵御市场风浪的力量得以加强。

第三阶段，成熟期。企业过了成长期，就会进入成长速度放缓但利润率提高的“收获季节”。这一阶段的企业被称为成熟企业。现实中能进入成长期的企业本就不多，能进入成熟期的企业就更屈指可数了。绝大多数企业在成长期阶段就已销声匿迹，被无情地淘汰了。而进入成熟期的企业一般规模较大，市场占有率较高，竞争对手已不太容易撼动其地位，因而不需要再做大量的投入，就可以获得比较好的收益。

第四阶段，衰退期。成熟期的企业如果不能成功地摆脱成熟化和蜕变的话，就会沦为衰退企业（当然也有未成熟先衰退的）。企业步入衰退期的原因很复杂，但以下原因普遍存在：某个关键人物（如创业者等）的离去，产品或服务市场（如电报业务）的消亡或衰退，落后技术被淘汰，企业组织的自然老化而失去活力或生命力。

当然，企业可以通过创新而持续成长。实践领域把成长过程中的重大变革阶段称为第二次创业、第三次创业。这使企业的成长过程出现一定的动荡期，或者说是危机。如果变革成功，企业就会进入一个新的成长期；如果变革不成功，则进入衰退过程。

2. 葛雷纳的企业成长模型

哈佛大学拉瑞·葛雷纳教授提出的五阶段模型认为，企业每个阶段都由前期的演进和后期的变革或危机部分组成。这些变革和危机加速了企业向下一个阶段的跃进。每个阶段的演进期都有其独特的管理方式，而变革期则由公司面临的管理问题所致，其模式如图 11-2 所示。

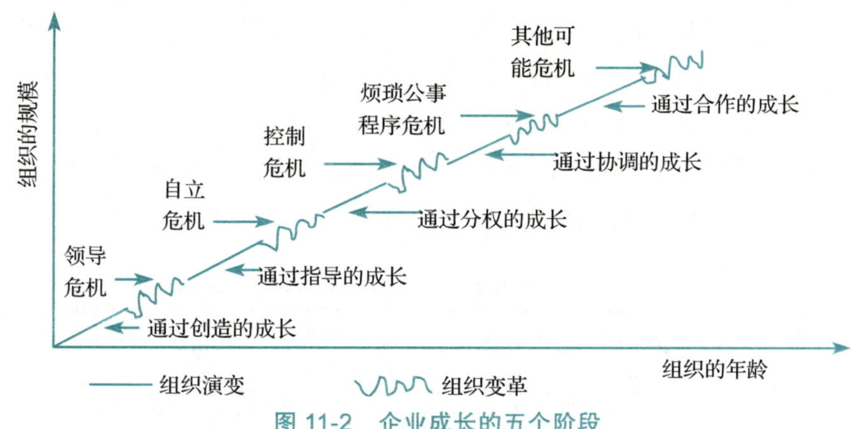

图 11-2　企业成长的五个阶段

资料来源：LARRY E G. Evolution and Revolution as Organizations Grow[J]. Harvard Business Review, Jul/Aug, 1972: 41.

葛雷纳的企业成长模型显示，在企业成长的过程中，一方面，随着经验的不断积累，企业逐渐走向成熟，并伴随着规模的扩大，呈现出有利于成长的健康态势；另一方面，推动企业成长的动力与阻碍企业成长的阻力相互作用，使企业在各个阶段表现出成长状态。往往推动企业在现阶段成长的动力又是阻碍企业在下一阶段进一步成长的最大障碍。因此，能否突破这种阻碍是企业能否进入下一阶段而达到成长的关键。经历过在那些生死攸关因素上的变革，企业往往会获得新生。通过演进和变革的相互作用来展示企业的成长历程是该模型的主要特征。

3. 爱迪思的十阶段成长模型

在众多的企业生命周期模型中，爱迪思提出的阶段划分最为细致（见图 11-3），其在理论界和实践界有着广泛的影响。

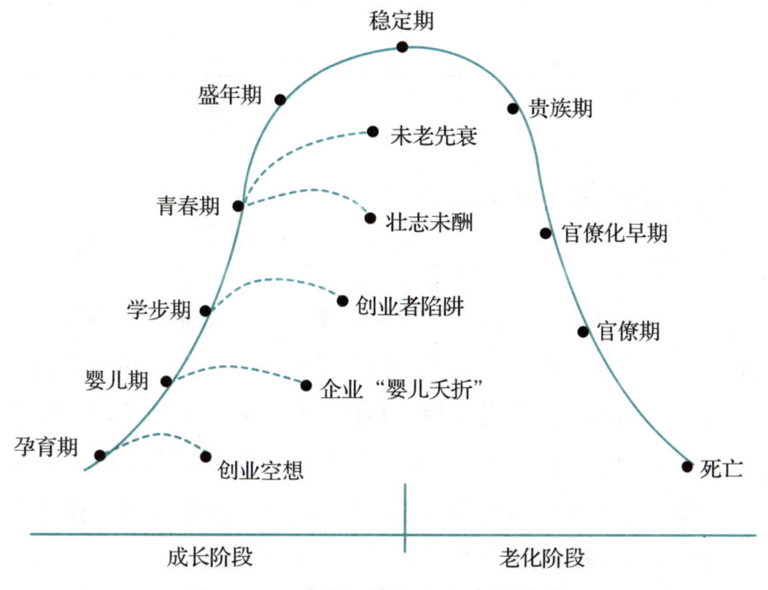

图 11-3　爱迪思的企业生命周期模型

资料来源：伊查克·爱迪思．企业生命周期 [M]. 赵睿，陈甦，何燕生，译．北京：中国社会科学出版社，1997: 96.

爱迪思在《企业生命周期》一书中把企业的成长过程划分为成长和老化两大阶段，共 10 个时期。其中成长阶段从孕育期开始，经历婴儿期、学步期、青春期、盛年期，直到稳定期。稳定期是企业成长的巅峰，到达这一时期后，企业往往会进入老化阶段。企业的老化阶段一般要经历贵族期、官僚化早期、官僚期，最终走向死亡。在企业生命周期的不同阶段，企业存在不同的问题，其特点如下（见表 11-2）。

表 11-2 企业生命周期中各个时期的特点

时 期	特 点
孕育期	企业尚未诞生，仅仅是一种创业的意图
婴儿期	行动导向，机会驱动，因此，缺乏规章制度和经营方针；表现不稳定；易受挫折；管理工作受危机左右；不存在授权，管理上唱的是独角戏；创业者成为企业生存的关键因素
学步期	企业已经克服了现金入不敷出的困难局面，销售节节上升，企业表现出快速成长的势头，但企业仍是机会优先、被动的销售导向、缺乏连续性和重点、因人设事等
青春期	企业得以脱离创业者的影响，并借助职权的授予、领导风格的改变和企业目标的替换而再生；"老人"与新来者之间、创业者与专业管理人员之间、创业者与公司之间、集体目标与个人目标之间的冲突是这一时期的主要问题
盛年期	企业的制度和组织结构能够充分发挥作用；视野的开拓与创造力的发挥已制度化；企业注重成果，能够满足顾客的需求；能够制订并贯彻落实计划；无论是从销售还是盈利能力来讲，企业都能承受增长所带来的压力；企业分化出新的婴儿期企业，或衍生出新的事业
稳定期	企业依然强健，但开始丧失灵活性，具体表现为对成长的期望值不高；不努力占领新市场和获取新技术；对构筑发展愿景失去了兴趣；对人际关系的兴趣超过了对冒险创新的兴趣
贵族期	大量的资金投入到控制系统、福利和一般设备上；强调的是做事的方式，而不问所做的内容和原因；企业内部缺乏创新，企业把兼并其他企业作为获取新的产品和市场的手段；企业资金充裕，成为潜在的被并购的对象
官僚化早期	企业内部习惯于强调是谁造成了问题，而不去关注应该采取什么补救措施；冲突和内讧层出不穷；注意力集中到内部的争斗而忽略了顾客
官僚期	制度繁多，行之无效；与世隔绝，只关心自己；没有把握变化的意识；顾客必须想好种种办法，绕过或打通层层关节才能与之有效地打交道

资料来源：伊查克·爱迪思. 企业生命周期 [M]. 赵睿，陈甦，何燕生，译. 北京：中国社会科学出版社，1997.

11.2.2 企业成长的环境特征

1. 不确定性

在知识经济时代，产品市场的生命周期缩短，企业竞争的重点是如何快速进入和退出市场，迅速推出升级产品，竞争的关键在于转向产品生命周期的前端。新事业、新产品经营策略包括研发管理、知识产权管理、创新管理等应该成为企业管理的重点（见图 11-4）。爱文·杜迪克认为在相对稳定的经营环境中，可持续竞争优势是可以获取的，但在动态复杂的不确定环境下，可持续竞争优势则只是一种理想状态，是企业非常渴望达到却极少能够实现的状态。他建议以"**机会创造与开发**"（opportunity creation and exploitation）的概念替代可持续竞争优势的概念。这是一种在组织和心理上的应对状态，是追求成功战略假设的心理框架，是资源分配的试

金石。机会创造与开发包括四个连续不断的阶段：机会创造与发现，机会识别、突破和利用，机会整合，机会分解与循环。㊀

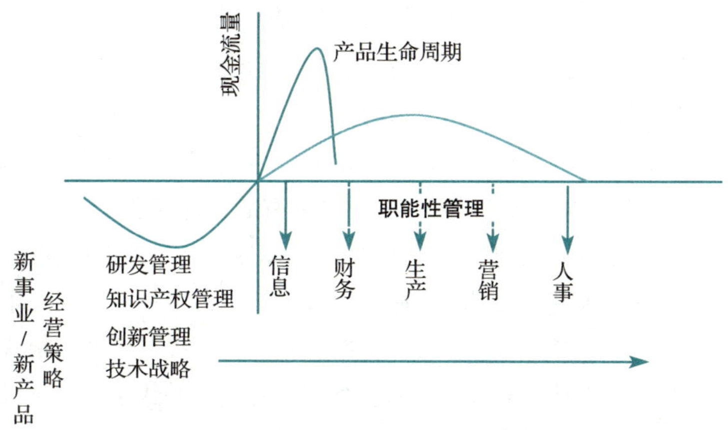

图 11-4　不确定环境下的管理重心前移

资料来源："科技管理与企业管理的不同"，http://tim.nccu.edu.tw/new91/different.htm.

如果把杜迪克的机会创造与开发这个概念和约翰·萨瑟兰的经营环境分类结合起来，就会看到在不确定的环境中，四个阶段都有各自的特点，这种分析方法对企业的新事业发展以及新企业的成长都有很好的借鉴作用（见表 11-3）。

表 11-3　不同经营环境下的机会创造与开发

阶段	确定性环境	低可变性环境	高可变性环境	不确定性环境
机会创造与发现	有唯一正确的选择，可采用持续竞争优势概念	战略假设具有少数几种变化	需要非常多样化的多种假设	大量的假设、检验与产品推出阶段几乎不可区分
机会识别、突破与利用	对唯一正确的选择进行大量投资	对若干方案进行适度投资	巩固明显的成功	迅速放弃失败的方案
机会整合	设立障碍，利用类似垄断的条件	巩固成功，但不进行长期资源投入	通过检验尽力转向低可变性，保持资产的可移动性	此阶段被精简，在机会利用阶段已获得收益
机会分解与循环	逐渐、系统地撤出资源，转移到相关或类似业务	当检验发现投资收益率可能下降时，开始进行分解	随时迅速组织和重新部署资产	在机会利用阶段的顶峰开始进行分解

资料来源：爱文·杜迪克．战略创新：形成创造性战略的革新思想和工具 [M]．王德忠，译．北京：机械工业出版社，2003.

2. 复杂性

伴随着企业的快速成长，创业者面对的是内外部环境的复杂性。企业快速成长显然将导致顾客和竞争对手的数量增加，会吸引各种组织（包括管制机构）的注意力，同时也需要获取更多的资源，企业内部的管理工作也可能会因而"突然间"变得繁多且杂乱，创业者（往往也是经营者）开始加大时间投入以"救火"，但终会因

㊀ 爱文·杜迪克．战略创新：形成创造性战略的革新思想和工具 [M]．王德忠，译．北京：机械工业出版社，2003：129-152.

精力和能力的限制而不得不在组织内部设立各种职能部门和机构。但是由于企业的规模急剧扩大，短时间内无法在内部培养和选拔出职能部门所需的全部称职人员，企业不得不招聘新的员工和有经验的管理人员。部门设立了，人员到位了，却没有相应的职责分工和计划控制系统，部门间的协调和配合与“救火式”的管理方式融合在一起，增加了企业整体管理的复杂性。

企业的快速成长吸引了众多的竞争对手，改变了行业内的竞争状况。行业内的大企业可以凭借资金、技术优势，依靠其固有的销售网络等向成长中的中小企业发起挑战。行业内众多的小企业则会“搭便车”，既不进行创新也不进行广告投入，只是一味地模仿产品，利用低成本和地域性销售优势抢占市场。众多竞争对手的加入使顾客及供应商有了更多的选择，其议价能力也因此而提高。这迫使成长中的中小企业不得不调整市场战略以赢得新顾客和维持已有顾客并快速进行地域市场扩张，而地域扩张又必然会受到各地文化、法律和市场环境的影响。这些情况都使企业面临的经营环境变得更加复杂，加大了企业的经营风险，对企业的经营管理工作提出一系列新的要求。因此，对复杂性进行管理也是新企业成长过程中面临的主要管理问题。

11.2.3 企业成长的保障条件

1. 企业成长的推动因素

企业在不同成长阶段需要不同的推动力量，同样的资源和要素在不同阶段的重要性又有所不同。内奥・丘吉尔和弗吉尼亚・刘易斯两位学者描述了八种不同因素在企业成长过程中的变化情况，如图 11-5 所示。

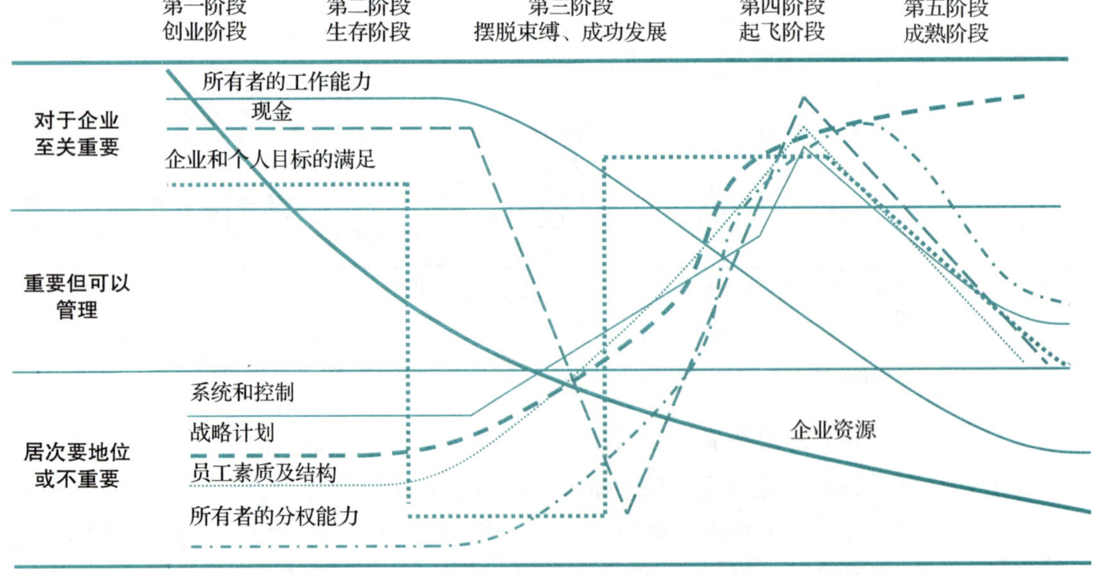

图 11-5 各种管理因素在不同阶段的重要性比较

资料来源：CHURCHILL N C, LEWIS V L. The Five Stages of Small Business Growth[J]. Harvard Business Review, May-June, 1983.

这八种因素分为四种与企业相关的因素和四种与所有者相关的因素。与企业相关的四种因素是：财务资源，包括现金和融资能力；人力资源，指人员数量、文化层次、人员素质、管理方面的特殊才干和领导的相关水平；系统资源，指计划和控制的经验丰富程度、信息化程度；业务资源，包括客户关系、市场份额、供应商关系、生产和分销过程、技术信誉。

另外四种与所有者相关的因素是：所有者自己和企业的目标；所有者在市场营销、发明创造、生产和管理方面的经营能力；所有者的管理能力以及分权意识、管理他人活动的自愿性；所有者的远见以及建设企业文化、开展团队工作的能力。

2. 企业成长的管理重点

（1）审视并进一步明确企业的愿景与使命。经历了新创企业的生存与发展，创业团队需要结合内外部的情况定期审视和讨论愿景与使命，形成广泛的共识，建立核心价值观，在企业成长中稳定和凝聚人心，形成组织力量，并倾注全部心血使企业的价值观延续下去。

（2）提升复杂环境下的战略规划能力。在企业成长过程中，大部分资源要素都具有边际效用递减的特征，即随着资源拥有量的增多，其对企业成长的贡献程度有减弱的趋势，但战略规划不具有这种特征——随着企业的成长，战略规划的作用不仅没有减弱，反而不断增强。

（3）注重整合外部资源，追求外部成长。新企业的人力、财力、物力等资源相对匮乏，往往需要借助别人（既包括竞争对手也包括合作者）的力量发展壮大自己。通过首次公开募股（initial public offerings，IPO）获得短缺资源并迅速扩大规模是实现企业成长的捷径之一。

（4）管理好保持企业持续成长的人力资本。快速成长企业的经营者并不一定要受过高等教育，但他们要有能力领导一大批有能力的下属。通过提供良好的工作环境和成长的机会、鼓励员工分享企业成功的机会、实施利润分享计划等做法，可以保持好企业的人力资本并发挥其对企业成长的贡献。

（5）通过组织学习提升技能。新企业生成与成长在本质上是一个学习的过程。创业学习更多表现为经验学习、情境学习和关键事件学习。需要在行动中总结规律，分析问题的深层次原因，不能只停留在对过去的总结和反思上，更重要的目的是指导未来，以期在未来的发展中保持领先。

（6）从过分追求速度转换到追求企业的价值增加。当企业成长到一定程度时，需要管理好价值链，向价值增加快的方面转移和延展，以获得最大的价值增加。同时，突出价值增加的另一方面就是企业品牌的打造。企业不能忽视品牌的培育。

（7）注重用成长的方式解决成长过程中出现的问题。首先，善于在成长阶段主动推进并领导变革，因为成长阶段实施变革的成本小，因而来自内部的变革阻力也会比较小。其次，善于把握变革的切入点，从局部推进变革，往往可以在短期内取得效果。再次，重视人力资源的开发，努力从内外部广泛挖掘人才。最后，关注系统建设，建立高效的日常经营活动体系。

11.2.4　企业成长的管理传承

在企业成长中，管理的传承往往与创业者承继问题密切相关。在向市场经济转型的社会背景下，企业所有权性质的差异、传统文化的影响等使中国企业的创业者承继问题呈现出许多不同于国外的特点，也使得一些矛盾和问题逐渐显现出来。企业成长常与创业者承继融为一体，系统认识和掌握企业成长背景下创业者承继的内涵和规律具有重要的理论与现实意义。基于企业成长阶段和创业者继任者来源这两个核心要素，企业成长的管理传承分为四种基本类型（图 11-6）。[⊖]

1. 换手型

换手型是指在企业创建初期，创业者的领导位置被内部人员接替的情况。在企业创业初期，创业者往往和自己所创建的企业连接紧密，对企业控制比较多，因此会对其承继问题产生决定性的影响。早期外部人员的选择存在不确定性，因此，为了降低用人风险，创业元老在面对企业成长带来的授权压力时，会选择内部人员来接替自己的位置。这种类型的接替会使创业者在企业中依然发挥持续性的影响力，处理不好会造成“任人唯亲”的后果。

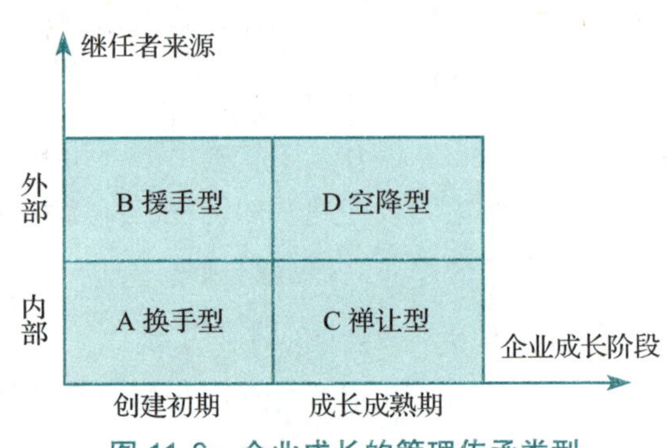

图 11-6　企业成长的管理传承类型

2. 援手型

援手型是指在企业创建初期，创业者的领导位置被外部人员接替的情况。虽然年轻组织更具有创新性，某些非常规决策在关键时刻往往体现了高水平，但是伴随企业成长，尤其当企业渡过生存期的困难后，企业的经营管理更需要逐步有序和规范。因为一些创业者善于创业却不一定善于经营管理，所以在产品开发完成之后或是受到外部投资支持之后，不少企业在早期的领导更迭上都选择了由外部人员承继。

3. 禅让型

禅让型是指创业者被内部人员接替的情况。由于企业成长所带来的规模急剧扩大以及所在产业制度等环境因素的重大变化，企业在成长成熟期出现“瓶颈”，加之企业具有一定时间的积累和发展，因此，不少创业者的继任人是在企业内部通过

⊖ 张玉利，李华晶．企业成长视角下的创业者承继问题分析 [J]. 管理现代化，2005(3): 40-42.

实践考察和培养后，在合适时机确定的。国外的例子有通用电气、宝洁、福特、波音等公司，国内比较成功的例子是联想公司的柳传志运用“缝鞋垫”与“做西服”的自创理论，选拔出杨元庆作为接班人。

4. 空降型

空降型是指创业者被外部人员接替的情况。与禅让型形成鲜明对比的是，部分企业为解决企业发展过程中受到的管理、技术、战略等方面的约束与限制，董事会或董事长以明显高于企业同层次管理职位的薪酬、条件或待遇从外部聘请高层管理人员，以实现企业的突破与发展。这些“高薪”聘请的外来高层管理人员被称为“空降兵”。不少企业通过外部聘请“空降兵”来谋求企业成长过程中的新突破。

创业聚焦 **马云交棒，传奇延续**

2018 年 9 月 10 日是教师节，也是马云的 54 岁生日。在这个特殊的日子里，马云以题为《教师节快乐》的公开信正式宣布了传承安排：2019 年 9 月 10 日，马云将不再担任集团董事局主席，届时由现任集团 CEO 张勇接任。交班后马云将继续担任董事会成员，直至 2020 年股东大会。

悬了 10 年的靴子终于落地，阿里巴巴集团的传承安排呈现在公众面前。从阿里巴巴的美股表现看，从“退休门”传得沸沸扬扬时股价一度下跌 2%，其后逐步回升，表现平稳，看来市场已经准备好了迎接“后马云时代”的阿里巴巴集团。这样风轻云淡、波澜不惊的局面，来之不易。马云说阿里巴巴为了这次传承准备了 10 年，并非虚言。

2009 年阿里巴巴集团设立了阿里合伙人制度，其核心内容为：由合伙人指定大部分董事成员，而不是按照股权比例分配；由五人组成的合伙人委员会控制了董事提名和合伙人选举事宜；对合伙人的加入有严格的要求和程序，每年选举合伙人；合伙人的自身年龄以及在阿里巴巴集团工作的年限相加总和等于或超过 60 岁，可申请退休并继续担任阿里巴巴荣誉合伙人。

通过实施阿里合伙人制度，阿里巴巴集团一举实现了三个目的：其一，以马云为首的创始人团队正式转型为合伙人团队，阿里巴巴管理层的公共化迈出了坚实的一步；其二，保证了合伙人团队对公司的掌控，即保障了企业文化、价值与愿景的传承；其三，为继承交接引入了人才培养的蓄水池。

这些年来，阿里巴巴的合伙人进进出出，创始人元老纷纷“毕业”，70 后、80 后的新鲜血液相继加入，阿里巴巴进入代际传承的人事准备一直在“小步快跑”。2019 年接棒马云的张勇于 2007 年进入阿里巴巴，进入合伙人团队后历任多职，2015 年成为集团 CEO，接掌了公司的日常管理。正是合伙人团队的人事平台给了他充分的成长空间。2019 年张勇接班董事长，实现无缝对接应无问题。

完成阿里巴巴合伙人制的顶层设计后，公司管理架构也做了相应调整。2012 年 7 月 23 日，阿里巴巴集团宣布将调整公司组织架构，从原有的子公司制调整为事业群制，将业务庞杂、架构复杂的子公司群整合划分为 7 个事业群，理顺了管理机制。这一调整不仅为阿里巴巴此后迅速地扩张奠定了条理清晰的管理制度，也避免了管理层交接时遭遇“处处埋雷”的混乱局面。大刀阔斧的制度安排，让阿里巴巴这样的企业巨头不至于在创始人退出带来的交接过程中爆发危机。

资料来源：节选自关不羽：《马云交棒，传奇延续》，冰川思想库，2018.09。

11.3 公司创业

近年来，企业所面临的外部环境正在发生着重大的变化，工业经济时代所倡导的以强调计划、控制、秩序等为特点的管理方式也受到了严峻的挑战。创新、变革、速度、学习成为企业持续成功的基础。在这种背景下，个体层面的创业精神和行为规律被拓展到既有企业甚至是一些大企业、非营利组织和整个社会中，目的是让那些具备企业家素质的管理者保持一种强烈的进取心，或者说是在公司内部激发创业精神，鼓励创业活动。

11.3.1 公司创业的内涵

1. 公司创业的概念界定

从 1983 年公司创业的概念诞生至今，这一定义几经演化。从根本上说，公司创业包含公司产生及后续开发并贯彻实施新想法和新行为的过程，包括组织中的新产品或新服务、新流程、新管理体制或与员工相关的新项目。某些其他定义还重点强调创业能力，比如突出公司创业是指允许公司管理者系统地克服内部约束，通过新奇的商业活动来改造公司。

重要概念

公司创业

有学者将不同观点综合起来，把公司创业看成公司创新、战略革新和努力发展新事业的一种总称。具体包括创新（涉及将新事物引入市场）、战略革新（涉及组织革新中主要战略或结构的变化）、发展新事业（通过创业努力，在公司内部创造新的商业组织）。

资料来源：唐纳德·库拉特科. 公司创新与创业 [M]. 李波，等译. 北京：机械工业出版社，2013:8.

公司创业首先是在既有组织中的创业，为既有组织中的管理者提供了主动尝试新鲜创意的自由舞台。公司创业活动的主体是在公司内部具有创业精神的组织成员，他们通常被称为内部创业者。在实践中，一些成功的公司创业活动已在许多企业中展开。这些企业通过建立内部市场和规模相对较小的自主或半自主的经营部门，以一种独特的方式利用公司的资源来生产产品，提供服务或技术。

公司创业突出创业导向的创新，强调战略导向的创新与创业。公司创业把创新与创业纳入公司整体发展战略，从战略的高度重视创新与创业，甚至把建设和领导创业型组织作为公司管理的重点，强调是为了创造商业和社会价值而创新，而绝不是为了创新而创新。

行动指引

公司创业的几种模式及典型代表

1. 赛道赛马模式

由企业选定业务领域、业务目标，授权多名具有相关能力和意愿的创业型员工（率领其各自的团队）在该业务领域投入人力、财力、物力，最终哪个创业者（团队）率先达成业务目标或获得企业肯定即成为获胜者，可统领该业务领域的后续推进，并分享相应的创业成果。这种模式的典型案例是腾讯旗下的微信，其背后正是多支团队在同一赛道进行赛马的结果。

2. 自由赛马模式

自由赛马模式与赛道赛马模式的区别在于前者没有指定的赛道，即没有指定的业务领域或业务目标。众多的内部创业者可以自行选择创业创新的方向，交给公司进行评审，获得各种形式的支持。典型代表是谷歌公司的“20% 时间”政策。

3. 平台模式

平台模式是指企业将内部的资金、设备、技术、渠道等各类资源以平台的形式提供给创业者使用。平台模式又分为两种：仅供内部创业者使用就是“内部平台模式”，比如韩都衣舍；同时提供给内部和外部的创业者使用，则为“开放平台模式”，比如中科院西安光机所。

4. 上下游模式

上下游模式是指企业鼓励员工围绕企业的上游（研发、设计、供应等）或下游（渠道、终端、产品转化利用等）进行创业，典型代表是华为。

资料来源：陈诗江．企业内部创业模式选择与激励机制[J]. 企业管理，2018(10): 108-111.

公司创业可以分为不同的模式，如设立新事业部、内部创业基金、内部风险投资机构等。不管采用哪种模式，公司创业都是一种充分体现创业理念和创业精神的活动。例如，以公司内部发展为主要特征的增长战略，主要强调充分利用外部环境中的机会，积极挖掘公司内部的资源优势，通过创新和创业活动，使公司在现有的基础上谋求更大的发展空间。概括而言，创新、超前行动和风险承担是公司创业的三个基本维度。

2. 公司创业与个体创业的差异

公司创业与个体创业同属创业活动，因此具有一些共同的特征，如机会导向、创造性地整合资源、价值创造、超前行动、创新和变革等，但公司创业和个体创业由于最初的资源禀赋、组织形态、战略目标等背景和条件不同，在以下几个方面存在较为明显的差异。

初始条件。个体创业者在创业初期不得不从市场上寻求创业企业所需要的资源，其资金来源主要是创业者个人、创业伙伴、家庭及亲戚朋友的个人财产。而公司创业者通常从组织内部寻求资源，这些资源往往未能得以利用或未能被有效利用。只要内部创业活动获得了掌握资源分配权力的组织内高层管理者的支持，母体公司就可以提供制造设备、供货商网络、技术资源、各类人才、营销网络以及企业品牌等资源，创业者也就不必费时向外界筹措创业资金，因此公司创业在本质上有先天优势。

报酬与风险。个体创业者拥有并控制自己的企业，所有权与控制权是合一的，从理论上讲，他们的潜在收益是无限的，但同时他们也承担着财务、职业和个人生活等方面的诸多风险。在公司创业中，作为组织成员，内部创业者通常不拥有企业的所有权，即使是以独立单位的方式来运作，其获得的股权激励也是有限的。同时，由于大部分风险由公司承担，创业者只需要承担与职业发展相关的风险。另外，当公司创业活动遇到暂时的阻力甚至失败时，组织也可以依靠丰富的资源储备而表现出更高的容忍度。

独立性。个体创业者具有较高的独立性，因为他们拥有企业的所有权，所以可以凭借更大的灵活性，在面对内外部环境的变化时迅速做出决策。而公司内部创业者的独立性相对较弱，因为现有公司已经建立起较为复杂的行政和控制系统，这些系统意味着创业活动会受到一些原则、政策、程序的约束。为了获得必需的资源，公司内部创业者不得不与其他组织成员进行沟通，建立起互相依赖和互相信任的关系，甚至要努力克服组织的层级结构对创业行为造成的阻力。

11.3.2 公司创业的实施过程

公司创业实施过程包括六个基本步骤，如图 11-7 所示。

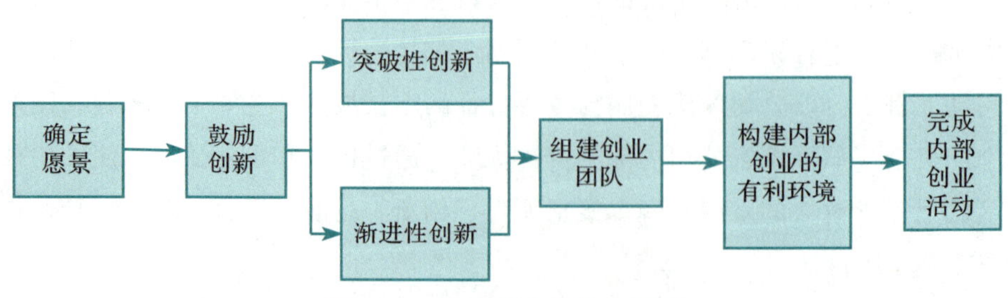

图 11-7 公司创业的基本步骤

1. 确定愿景

公司规划内部创业战略的第一个步骤就是确定公司高层管理者希望达到的愿景。高层管理者应当对公司创业的愿景进行概念化并向组织内的员工传达，使内部创业者从事创新活动时有一个可循的方向，保证公司创业战略的各个目标之间以及实现这些目标所需的项目之间相一致。愿景来自组织的顶层，而创业行为则来自整个组织。推动公司创业的企业首先要在政策上支持与鼓励创新行为——只要是符合企业的发展战略，有助于实现企业愿景，由员工主动发起的创新活动都将被容许，并且可获得资源上的支持。

2. 鼓励创新

追求建立内部创业战略的公司需要发掘公司内部具有创业潜力的人才，并加以鼓励和支持。公司内部创业者追求的不只是金钱的报酬，还包括成就感、地位、实现理想的机会、拥有自主性以及自由使用资源的权力。一般而言，内部创业者都具有远见，是行动导向的人，有奉献的精神，能为追求成功而不计眼前的利益。但创业行为也不能只凭一腔热忱，创业者必须要有创意，并能提出具体可行的方案。一般来说存在两类创新：突破性创新和渐进性创新。两类创新都要求愿景和支持，并且为了有效开发，需要不同类型的支持。

3. 突破性创新与渐进性创新

突破性创新代表的是前所未有的突破（如个人计算机、报事贴、一次性尿布、次日达快递的产生）。这些创新采用的经验与制定的愿景并非完全可控，但必须被意识到并加以培育。渐进性创新指的是产品或服务进入更新、更广阔市场的系统演进。这类产品包括全自动洗衣机、冻酸奶等。很多时候，渐进性创新会在突破性创新实现某项突破后出现。诸如营销、生产之类的公司的传统职能领域及其正式系统都有助于实现渐进性创新。

4. 组建创业团队

内部创业者除具有创意以外，还必须是一位好的领导者，能够在组织内部吸引所需要的专业人才，共同组成创业团队。同时，在新事业开创过程中，还需要一位具有影响力的高层支持者作为保护人，协助组织获得所需资源，并排除创业过程中的企业内部阻力，使创业团队能够安然度过最艰辛的创业初始期。除此之外，创业团队既要追求行动自由，又要承担创造价值的责任。即在一定额度范围内，创业团队可拥有自由支配资源的权力，但也要设定或提出创造价值和利润的要求，以增强创业的责任感。

5. 构建内部创业的有利环境

内部环境的构建主要包括以下几方面的内容：一是管理层的支持，即管理层对公司创业活动的支持程度。管理者应当让员工相信，创新是组织中所有成员职责的重要组成部分。二是员工的工作自主权，即员工是否具有决定如何完成自己工作的权力。三是采用红利分配与内部资本的双重奖励制度，容忍创新时所犯的错误，设计创业成功的奖励机制。四是给予充裕的时间。创新想法的形成需要一定的时间，公司必须合理分配员工的工作任务，鼓励多次试验和风险承担，这样新项目才会有更多成功的机会。

6. 完成内部创业活动

这一阶段是创业项目的实际运作阶段，类似于创业者创办了自己的创业企业。公司创业需要对产业环境进行分析，制定进入策略和一系列的经营决策，通过实现价值创造以完成对机会的开发。在这一过程中，公司创业项目需要“借用”公司内部的资源或者利用外部资源。如果公司创业项目没有成功，那么它可能会遭到分解，其资源由公司重新吸收。如果创业项目取得成功，那么公司可能会追加投资，确立其在正式的组织结构中的地位；还有可能从公司中分立出去，成为一家完全独立的公司，通过公开上市和转让股权实现资本的增值。

11.3.3 公司创业的动力和阻力

1. 公司创业的动力

应对激烈竞争的环境。当前环境的特征，不再是秩序性和稳定性，而是以速度、创新、知识、创造力等为主题，这些正是创业精神的本质，而许多大企业正因此感受到从来没有过的压力。公司创业为大企业提供了一种机会，可用以适应变化迅速、竞争激烈的外部环境。大企业也越来越意识到创业的重要性，并开始对自己进行再创业的演练。创业不再只是一种商业创作，更包括对机会的追求，以及不断地创造新的机会。

实现新的竞争优势。从工业社会向信息社会的转型给企业特别是大企业带来了巨大的挑战。为了维持甚至重塑竞争优势，大企业尝试了很多措施，如业务流程再造、组织扁平化、战略联盟、生产转移与外包、组织学习等，这些措施的一个显著成果就是减少了很多工作成本。创业需要更积极进取的策略，在组织内运行创业机制有助于营造新的竞争优势。

留住可能流失的优秀员工。高薪、高职以及高福利并不能满足优秀员工的需要，真正能够对员工产生更积极效果的，通常是那些能够满足自我实现需要的因素，包括成就、认可、更加富有挑战性和发展机会的新工作等。为此，企业可以给员工提供内部创业机会，这样既能通过创业活动推动企业成长，又能满足员工的创业愿望，实现个人价值。这是对他们最好的激励，也是留住稀缺人才的上策。

进一步提高公司收益。诸多实证研究结果显示，公司创业活动与公司财务绩效之间具有明显的正相关关系。创业有助于公司成功开发新产品和寻找新市场，以增强公司的竞争优势，产生卓越的公司绩效。公司创业改善了公司的竞争地位，对公司及其市场和产品进行了变革，开发和利用了创新机会，并使公司通过内部化进程推动了公司的核心业务多元化。

合理安置老员工。创业“元老”的安置，是企业成长中一个重要的决策难题。为了保持创业元老的积极性和对组织的承诺，激发他们的创新活力和价值，企业可以通过公司创业的方式，将部分非核心业务交给这些企业元老去经营。这样不仅可以促进年轻员工的迅速成长，也给元老找到了很好的归宿，能实现企业的新老交接和顺利转型。

2. 公司创业的阻力

偏重“计划—执行”逻辑，忽视机会的探寻。计划是管理的首要职能，传统经营管理活动实际上是计划的制订和执行过程的总和。传统经营管理活动的本质是效率，是把事情做对。但作为创业活动的主体——创业者，他们一般不可能事先制订出周密的计划，而往往是“摸着石头过河”，在不断的试错过程中找到适合企业发展的路子和成功的模式。在效率与效果的追求中，创业者更关注如何做正确的事情。

偏重技术、资源的占有，忽视资源的整合。传统经营管理活动，主要从所有权控制出发，认为所有活动必须以自身对技术和资源的拥有为前提；创业管理活动则是“不求所有，但求所用”，强调对技术和资源的整合能力。创业活动要求创业者把握撬动资源的杠杆，如社会资本、商业创意、信息资源、团队和组织网络等。借助这些杠杆，创业者可以将资源劣势转化为创业优势，利用并非自己所有的资源创造价值。

偏重稳定性，忽视快速行动。一般经营管理活动是在稳定、可预见未来的环境下，进行的生产运行和市场营销活动，其最大特点是按部就班和持续不断。因此，一般经营管理活动更强调组织层次，目的是突出自上而下的统一指挥系统。而创业活动——不管是创造新事业的活动，还是对现有资源的重新“组合”行为，均是对旧有事物的“否定”或“破坏”，需要快速行动和准确把握机会的能力。

偏重流程和过程的改进，忽视成果和细节。大企业是传统管理方式的典型代表。在组织规模日益膨胀、业务不断扩大、机构逐渐臃肿的情况下，单纯靠企业家的个人能力已无力控制企业的发展，这时就需要规范的管理流程。通过注重分工合作，以保证产品和服务质量。而发生在小的、新事业单位内的创业活动，还未形成规则和约束，具有更强的探索性，需要分阶段、分步骤实施；需要尽量减少失误和风险，保证有限资源发挥出最大的效果和潜能，以获得创业成功。

11.3.4 公司创业与战略管理

1. 战略创业

创业和战略管理领域的“交接核心”是公司创业，这两个领域都可以从对方那里汲取经验。战略创业是创业和战略管理相结合的产物。创业活动和战略行为的互补有利于企业实现财富最大化，从而更好地推动企业识别和开发创业机会，建立和保持竞争优势，以及凭借动态运作战略创业来创造财富。战略创业提倡创业战略思维，与传统战略思维相比存在差异，二者的比较如表 11-4 所示。

表 11-4 创业战略思维与传统战略思维的比较

<table>
<tr><th rowspan="2">比较维度</th><th colspan="2">创业战略思维</th><th colspan="2">传统战略思维</th></tr>
<tr><th>特征</th><th>动因</th><th>特征</th><th>动因</th></tr>
<tr><td>战略导向</td><td>机会导向</td><td>• 机会的减少
• 技术、社会价值观念等环境因素的快速变化</td><td>资源导向</td><td>• 外部契约
• 绩效考核
• 计划系统</td></tr>
<tr><td>把握机会</td><td>快速</td><td>• 行动导向
• 理性地冒险
• 缺乏决策支持信息</td><td>缓慢</td><td>• 较充足的决策支持信息
• 设法降低风险
• 与资源现状的协调</td></tr>
<tr><td>获取资源</td><td>以低成本逐渐获取</td><td>• 预见资源需求能力弱
• 对环境的可控能力弱
• 外部竞争
• 更有效地利用资源</td><td>大批量的采购和积蓄</td><td>• 降低风险的需要
• 采购的规模经济性
• 正式的资金预算系统
• 正式的计划系统</td></tr>
<tr><td>资源控制</td><td>临时性地使用或租用资源</td><td>• 资产的专用性
• 扩张速度减缓的风险
• 机会识别中的错误风险</td><td>占有资源</td><td>• 财务收益
• 协调行动
• 转换成本</td></tr>
<tr><td>满足需求</td><td>客户与市场并重</td><td>• 保持与客户密切的关系，同时投资有前途的创新事业，尽管暂时还不能满足当前需求</td><td>客户第一</td><td>• 保持与客户密切的关系，一切以客户为中心</td></tr>
<tr><td>组织结构</td><td>扁平，非正式网络</td><td>• 可控程度低的关键资源
• 员工对自由度的渴望</td><td>层级系统</td><td>• 责权清晰的要求
• 组织文化
• 报酬系统</td></tr>
<tr><td>组织学习</td><td>知识制度化与创新化并存</td><td>• 将疑问的态度制度化</td><td>知识制度化</td><td>• 将知识制度化，以免重新学习经营管理课程</td></tr>
</table>

资料来源：STEVENSON H H, GUMPERT D. The Heart of Entrepreneurship[J]. Harvard Business Review, 1985, Mar/Apr, 63(2):85-95.
STEVENSON H H, JARILLO J C. Preserving Entrepreneurship as Companies Grow[J]. The Journal of Business Strategy, 1986, Summer, 7(1):10-24.

2. 探索能力与开发能力的管理悖论

在日益复杂的动态环境下，成功的组织体现出了既能有效地运作当前的事业，又能主动地适应未来的要求的特征。为了在新旧事业的此消彼长中寻求一种平衡，公司创业难免需要面对和处理企业探索能力和开发能力的管理悖论。[1]

---

[1] MARCH J. Exploration and Exploitation in Organizational Learning[J]. Organization Science, 1991(2): 71-87.

重要概念

探索能力与开发能力

探索能力是指从事变异、试验、柔性、冒险和创新等活动的能力。探索能力涉及搜索新的组织实践，以及发现新技术、新事业、新流程和新生产方式等方面的活动。

开发能力是指从事效率、复制、选择和实施等活动的能力。通过开发能力，组织把它们已有的知识复制、应用于已有领域的经营活动，并通过对已有知识的提炼和对传统惯例的承袭来营造组织的可靠性和稳定性。

探索能力和开发能力存在比较显著的差异，如表 11-5 所示。这两种能力并不能自然而然地在组织内获得平衡，因此，组织需要在探索能力与开发能力之间进行不断地取舍，也就造成组织始终面临着如何在探索能力与开发能力之间配置资源的两难选择。这样的两难选择就形成了组织的管理悖论。这个悖论在每个组织中都会体现，组织正是在处理各种悖论的过程中积累经验、发现机会、整合资源，最终实现发展的。

表 11-5　探索能力与开发能力的差异比较

比较项目	探索能力	开发能力
目标	为了满足正在出现的顾客或市场需求	为了满足已有的顾客或市场需求
结果	出现新的设计、新的市场、新的营销渠道等	已有的设计、目前的市场、已有的营销渠道和技能等方面得到改善
知识基础	需要新的知识或是从已有知识中升华出新的知识	扩展已有的知识与技能
来源	创新、变异、柔性、试验、冒险	选择、复制、效率、实施
绩效影响	长期绩效	短期绩效

资料来源：JUSTIN J. Ambidextrous Organizations: A Multiple-level Study of Absorptive Capacity, Exploratory and Exploitative Innovation, and Performance.Erasmus Research Institute of Management (ERIM), Erasmus University, Rotterdam, Internet:http://www.erim.eur.nl, 2005.

3. 促进公司创业的战略措施

提高对各种机会的感知能力。创业是寻找机会的行为。创业战略表达了寻找和开发还未被利用的机会的要求，这些机会来自组织内部和外部的各种不确定领域。如果每个员工都被认为是一个潜在的创业者，那么发现机会的能力就相当大了。员工之所以没能看到机会，是因为在他们的周围既有很多限制，也有很多危机。但毫无疑问，公司寻找机会的行动会使员工对各种机会更为敏感。

使变革成为一种制度。变革是件好事，它能使人们变得更充实，并提升经验和洞察力。同时，变革还能为员工带来新的机会。创业型公司应当把战略看成进行变革的工具。事实上，在新的竞争环境中，战略在公司环境和市场上都为变革指明了重点和方向。与接受现状截然相反的行动是不断挑战一项业务的各个方面，寻找更好的处理方法、不同的流程以及可以被淘汰的事务。

逐步向员工灌输希望他们有所创新的想法。当管理层明确了公司希望采取的创业形式以及希望在公司的哪些部门进行这些创新后，鼓励各种创新活动的战略才会有效。创新组合的观点表明创新可以来自公司的方方面面。并不是每个员工都必须发动或倡导创新活动，但每个员工都应在某一项或多项创新任务中发挥作用。创新的欲望来自参与感、当家做主的感觉以及对创新项目的责任感。

致力于员工想法的投资。员工的各种想法以及对它们的承诺是一家公司最大的财富。培养员工产生各种想法需要管理层不断耕耘，通过公司所尊崇的价值观对员工进行培育。各级管理者必须在考虑了生产可行性的基础上，在聆听了员工的想法后再定义工作。组织中最宝贵的几个字应当是“要是……怎么办”，公司的内部环境应成为一个想法市场，这样一来，战略管理也就变成了促进市场有效工作的一组活动。

与员工共同承担风险和奖励。创业与风险和奖励密不可分，它们之间有着非线性的直接关系，这是创业行为和投资者行为的一个基本规则。如果在发展创业战略时忽视了风险与奖励的关系，那么公司也就失去了创业的所有意义。可持续的创业需要员工承担一些风险并获得一定的奖励。它的意义在于，如果项目失败或表现不佳，个人和团队将失去相关的薪水、奖金、自由、研究上的支持和其他资源；反之，当项目很成功时，他们也就能得到这一切。

认识到失败的重要性。失败是体验、学习和进步的标志。管理者对待在创业过程中遭受的各种小失败的态度，不仅会影响整个项目的成败，还会影响项目成败的概率。创业就是进行试验，尝试某种事物，如果不成功，就再换一种事物进行尝试。重要的是，试验者从不忽视任何尝试。他们能从容地承受各种拒绝和失败，开明地接受新的方案或修改原来的方案。在达到成功之前，他们需要进行许多次尝试。

本章要点

- 新企业创建代表着组织的创立与诞生，但也是企业生命周期中最危险、失败率最高的阶段。
- 在与既有企业的竞争中，先天居于劣势的新企业必须通过正面竞争之外的其他途径来抵消“新进入缺陷”的不利影响。
- 克服新进入缺陷的关键在于塑造利益相关者对新企业的“合法性”感知。
- 现金流是企业生产经营活动的第一要素，代表了企业账单到期时的偿付能力。
- 企业诞生后，一般要经过培育期、成长期、成熟期和衰退期四个阶段。
- 企业成长面临的痛苦，来源于环境的不确定性和复杂性。
- 公司创业主要指由已有组织发起的组织的创造、更新与创新活动，创业活动是由在组织中工作的个体或团队推动的。
- 战略创业是创业和战略管理相结合的产物。

重要概念

新进入缺陷	合法性	公司创业	内部创业者	战略创业
现金流	J 曲线	应收账款	探索能力	开发能力
应付账款	企业生命周期			

复习思考题

1. 针对新进入缺陷的四种来源，你能否提出相应的克服机制？
2. 合法性的本质是什么？新企业通常面临的合法性问题有哪些？
3. 获取合法性的战略有哪些？
4. 新企业的现金流为什么更容易中断？
5. 在葛雷纳的企业成长模型中，为什么说“推动企业成长的动力又往往是阻碍企业进一步成长的最大障碍”？
6. 为什么企业要注重用成长的方式解决成长过程中出现的问题？
7. 如何实现企业成长中的管理传承？
8. 既有企业、大企业甚至是非营利组织为什么十分重视创业？
9. 公司创业与个体创业之间存在显著的差异吗？
10. 公司创业是如何实施的？与战略管理有什么联系？

实践练习

实践练习 11-1 创业失败总结

结合本章的内容，在网络中搜索“创业失败案例”，针对案例中失败的原因进行剖析，撰写一份“创业失败教训总结报告”。要求如下：

（1）分析角度要全面，尽量覆盖新企业生存、企业成长和公司创业多个方面。

（2）结合不同的创业类型，考察失败的多方面原因。

（3）概括自己的启示，并提出一些克服创业问题的解决方案。

实践练习 11-2 调查独角兽等企业快速成长的原因

独角兽企业和瞪羚企业都是具有成长性的企业。以小组为单位，选择中国几家独角兽企业和瞪羚企业，通过搜集资料，分析、提炼这些企业能够快速成长的原因。

> 在我看来，手段的完美性和目标的迷惑性是我们这个时代的特征。
>
> ——阿尔伯特·爱因斯坦

第12章 完善创业决策

【核心问题】

- ☑什么是创业决策？
- ☑创业决策的基本构成是什么？
- ☑创业直觉决策可靠吗？
- ☑创业决策有哪几种方式？
- ☑不同的创业决策方式适用的情境有什么不同？
- ☑提升创业决策效果的途径有哪些？

【学习目标】

- ☑理解创业决策的独特属性
- ☑掌握创业决策的基本要素
- ☑了解创业直觉决策的意义
- ☑掌握提升创业直觉决策效果的方法
- ☑熟悉创业决策的不同方式及其适用情境
- ☑掌握提升创业决策效果的途径

引例 任正非的认知模式分析及管理启示

在中国转型发展的复杂动态的环境下，企业领导人的认知模式和价值观对企业发展有重要作用。从 1988 年华为创立开始，任正非便是华为的创始人和实际领导人。从发展阶段看，华为从创立至今，经过了一次创业（1988～1997 年）、二次创业（1998～2005 年）和国际化全面发展（2005 年至今）3 个阶段，其中二次创业期间是华为发展壮大的关键时期，是华为从“人治”向制度化管理转变的关键时期，也是经历“华为的冬天”并加以扭转而实现增长和盈利性重回“上升通道”的关键时期，该时期战略决策和管理方针对华为的成长至关重要，其管理经验也特别值得重点研究。任正非在华为成长时期的重要内部讲话，体现了其思维的“战略框架式思考”“悖论整合”以及“超越性价值观”等特征，这都显著地促进了华为的战略发展、产权与激励制度创新及管理进步，进而推动了企业可持续竞争优势的产生。

任正非的战略逻辑有两个基本组成部分：一是动态化的基本战略回路，二是基于突破战略瓶颈的战略驱动路径。我们把任正非确定企业长期目标的战略意图与相应的动态战略逻辑所体现出的思维特征称为“战略框架式思考”，它包括三个相互联系的要素：一是回答“我是谁，向哪儿去”，即确定企业长期的使命，并且明确企业需要具备的核心竞争力或核心资源；二是回答“如何去”，即从高处俯瞰战略系统的整体架构——“战略大画面”，找出关键因果链和关键点；三是回答“怎么做”，即在掌握战略系统和关键点后，对内部关键因素的管理和技术进行剖析，找到瓶颈和突破瓶颈的方法。

任正非具有典型的“悖论整合”思维模式。一方面，他体现出典型的“认知复杂性”的特征，即能够对某一事物的多个侧面进行认知和探索，同时又能对每一范畴中的矛盾或对立的两种影响因素进行分析。另一方面，他能够在这两种矛盾因素中形成统一的对策，并且将相关的多侧面的范畴因素整合到对事物的整体认识和把握中。实际上，在 2000 年以后，任正非就开始明确提出所谓的“灰色”理念。“灰色”就是黑与白、是与非之间的地带。“灰色”的定义就是不走极端，在继承的基础上变革，在稳定的基础上创新，在坚持原则和适度灵活中处理企业中的各种矛盾和悖论。“悖论整合”作为任正非的基本思维模式之一在华为的长期发展中发挥了重要作用。第一，它促进了华为长期和短期目标的协调、在竞争手段综合及研发战略中探索与利用的平衡；第二，它与任正非的“不自私”价值观一起促进了华为分享型的企业产权制度的创新；第三，它促进了华为的组织管理进步，包括人力资本的增长和企业文化的建设。

正像任正非所说的“华为今天这么成功与我不自私有一点关系”，任正非的这种“不自私”和“不计个人荣辱，忠于事业”的自我“超越性价值观”影响了华为的很多重要战略选择。比如，任正非的“不自私”和“忠于事业”促使华为很早就在员工中推行股份制和“知识资本化”政策，并且把股份制和“知识资本化”写进《华为公司基本法》，使得“在顾客、员工和合作者之间结成利益共同体”“奉献者定当得到合理回报”成为公司的核心价值观，“知识资本化”和“化矛盾为动力”成为华为核心利益分配的原则。实际上，任正非在华为发展早期就推行员工股份制，一方面可以使华为在成长期获得相对稀缺的资金；另一方面，公司员工每年可以获得不少分红，这显著地提高了公司员工的工作积极性，并且愿意将更多的资金投入华为，更重要的是，通过员工股份制，华为在长期竞争力和短期效益之间、员工和管理者之间形成了矛盾平衡。

优秀企业领导人的战略思维模式对企业持续竞争优势的作用机制，意味着中国企业领导人在转型发展的复杂动态的环境下，需要不断发展和强化“战略框架式思考”和“悖论整合”思维，并倡导以终极事业为目标的“超越性价值观”，进而发展有效的经营战略，实现产权或激励制度创新及“实事求是”的管理进步，最终获得企业的长期发展。简言之，开发有效的创新型经营战略、实施产权或激励制度创新及不断推动管理进步，是中国企业领导人需要面对的重要挑战，而培养企业领导人的复杂性认知、战略框架式思考、悖论整合以及超越性价值观则是中国企业家领导力修炼的基础。

资料来源：武亚军.“战略框架式思考”“悖论整合”与企业竞争优势：任正非的认知模式分析及管理启示[J].管理世界，2013(04): 150-163，166-167，164-165.

在创业的最终结果显现之前，每一位创业者可能都无法百分之百确定自己的决策是有效的。创业作为一个动态发展的管理体系，每个环节、每个时点无不受到决策的影响，可以说，决策伴随创业始终，是创业管理的应有之义。虽然决策在管理理论中具有重要的地位，但传统决策理论的发展脉络主要针对的对象是既有的成熟企业，难以充分解释创业活动所处环境的高度不确定性、决策时间压力大、决策风险高等情境特点，因而，本章将重点阐述创业决策在创业情境中独特且关键的地位。

12.1 创业决策的内涵

12.1.1 决策与创业决策

决策是管理的本质。西蒙的决策理论显著推进了管理学研究科学化的进程。在管理学的发展历史上，早期管理学家关注的是管理者应该做什么或怎么做才能达到管理目的，并且因此形成了科学管理学派和人际关系学派，但真正推动管理学理论化与普适化发展的恰恰是西蒙教授领衔的卡内基梅隆大学研究团队以及由他们创建的决策理论，因为他们以及他们创建的决策理论帮助管理学真正摆脱了由经济学范式尤其是新古典经济学范式主导的状况。

创业活动的独特情境，使得创业决策有别于传统的管理决策。与一般管理活动相比，创业活动至少在以下三个方面表现出情境独特性：一是高度不确定性，具体体现在产品或服务的市场反应、市场变动趋势、竞争对手的反应等方面。创业活动的高度不确定性可能会导致创业者无法按照常规来做出取舍和选择。二是创业决策的无先例可循性，既有企业的管理者通常根据组织惯例和既定的决策程序按部就班地进行决策，而创业者并没有现成的组织惯例和决策程序可以遵循，因此，决策难度大大提高。三是高资源约束性，在资源约束严重的条件下，创业者难以完全掌握与决策有关的信息来正确地选择备选方案以及判断可能的失误或出错之处。由上述可见，创业决策因情境独特性而具有自己的特殊性。

重要概念

创业决策

创业决策是在高度动态复杂的条件下，对创业过程中的动态行为进行评价、判断和选择的决策过程。

创业情境下的决策机制研究起源于20世纪末期，从描述并归纳创业情境下创业者的独特决策过程入手，挖掘创业者决策过程的内在机制和影响因素。何为创业决策以及创业决策具体包括哪些范畴，经历了从界定简单、狭隘向丰富、广义的发展过程。早期学者认为，创业决策就是创业者是否创业或者在面临创业机会时是否对创业机会进行开发的选择行为，他们将创业决策界定为创业者个体面对创业机会时所做出的取舍选择，并且认为这种决策具有高风险性和过程性等常规决策行为的特性。随着对创业情境、创业过程以及创业本质理解的深入，人们对于创业决策的内涵也有了更为深入的认识，开始将创业决策从单一的是否选择创业拓展到整个创业过程。

近年来，“生态理性”概念成为认识和分析创业决策的新视角。基于有限理性假设的经典决策理论难以充分解释和预测不确定性条件下的创业者决策机制，因此，“生态理性”是对传统理性决策的重要贡献和补充。该理论指出，人类的决策行为并不是一种封闭的纯理性行为，而是运用有限的认知资源对不确定的环境进行探索，以使人类的认知能力更能与环境的结构达到和谐，并认为快速节俭的启发式模式（fast and frugal heuristics）是人类在不确定性环境中最重要、最有效的决策模式。创业的生态理性决策，强调以启发式为代表的适应性决策逻辑，而并非以完备性为代表的预测性决策逻辑，具体包括4类规则：基于无知的决策规则、单一理由决策规则、排除规则、满意性规则。

总体而言，创业的整个过程也就是创业决策的过程，创业活动为决策提供了独特的情境，而决策是创业者影响创业过程的最重要的行为之一。

创业聚焦　　创业决策忽视创业情境，盲目照搬国外模式

创业者起步阶段的市场调研缺少严密的数据分析，盲目把国外热门的初创公司的商业模式复制到中国，这中间往往存在着很大的误差。忽视国情、不接地气就进行创业决策是创业者在创业初期规划时遇到的首个问题。

在近几年蹿红的创业公司中，无论是预订酒店剩房的“今夜酒店特价”，还是面向短租客的“爱日租”，以及轻博客“点点”，都在复制美国模式的“水土不服”中中途折戟，只好另辟他途继续前行。

“今夜酒店特价”初期学习的是美国红极一时的HotelTonight公司。HotelTonight在美国每个城市只做3家酒店，这种精品酒店模式可确保每家酒店都能获得大量的订单，从而加强话语权。“今夜酒店特价”在发展初期，同样采用了每个城市只做少数几家精选酒店的方法，但实际效果相差很多，原因有以下两个方面。

（1）“今夜酒店特价”的模式忽略了中美酒店市场的巨大差异。美国的酒店近80%都是品牌深入人心的连锁店，用户更容易感知到打折力度，而在中国，像“如家”和“7天”这样的经济型连锁酒店，市场占有率不到20%，独立酒店居多，在消费者不熟悉的情况下，巨大的折扣力度反而会让消费者质疑其体验。

（2）“今夜酒店特价”的模式忽略了中美交通状况的差距。美国的汽车普及度高，强大的价格因素刺激容易驱动用户开车到较远的地方住酒店，尤其在地域广阔的美国西部和中部地区。反观中国市场，并非人人有车，而且大城市交通拥堵，这扼杀了多数用户驱车去住很远的低价酒店的冲动。他们更在乎自己身边有什么熟悉的酒店，并且期望更多样化的比对范围。

即使富有产品经验的创业者有时也会跌入同样的陷阱。

曾成功运作校内网的许朝军创办了“点点”网，试图复制国外轻博客网站Tumblr的辉煌，但事与愿违，“点点”最终没能达到市场的预期，其他中国模仿者也都销声匿迹。

背后的原因同样是中美经济和文化背景不同导致的用户差异。Tumblr式的轻博客代表着小众文化，在美国，生活水平高、假期多又喜欢分享的用户群体大，而且Tumblr还有国际市场做支撑，国内的“点点”网都不具备这些条件。再加上微博和豆瓣两个社交平台挤压了轻博客的生存空间，创业一年后，“点点”网就陷入了艰难维持的状态。

资料来源：14家公司失败案例总结创业7大问题.创头条[2016-07]. http://www.ctoutiao.com/76521.html.

12.1.2　创业决策的构成

创业决策由创业活动、决策制定者和环境三大部分构成，包括机会评价决策、创业进入决策、机会开发决策、创业退出决策、决策制定过程中的启发和偏见、创业决策制定者的特征以及作为创业决策情境的环境这 7 个方面的决策问题（见图 12-1 所示）。

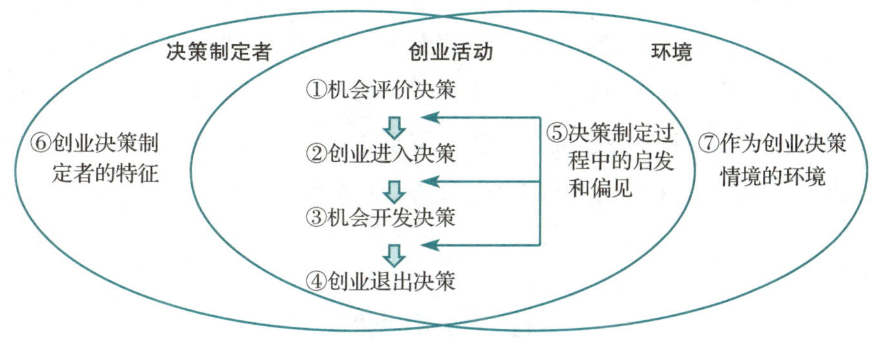

图 12-1　创业决策的构成

资料来源：SHEPHERD D A, WILLIAMS T A, PATZELT H. Thinking about Entrepreneurial Decision Making: Review and Research Agenda[J]. Journal of Management, 2015, 41(1): 11-46.

1. 创业活动

机会是创业的核心，因此，创业决策贯穿于创业机会的识别、评价、开发的整个过程。机会评价决策是对创业机会质量和水平的考查，可以通过定量和定性等多种方式进行。创业进入决策，关注机会如何满足特定需求并开拓市场，侧重于新企业创建前后的环节；机会开发决策，则是针对新的产品和服务，通过商业模式构建，延伸价值链并实现新价值的创造；创业退出决策，意味着创业者实施收获或收割策略。决策制定过程中的启发和偏见，是指伴随创业活动的各个阶段客观存在的决策影响要因。

2. 决策制定者

作为决策制定者，创业者的知识和所在创业团队的结构是影响创业决策的基本因素。首先，创业是一个将技术知识与商业知识相结合的实践过程，内生性创业机会源于对研发新知识的获取，包括顾客对新的产品概念或服务方式的接受度、价值认知以及新产品或服务的市场规模等，这些知识可以帮助潜在进入者对进入后的市场影响和未来盈利进行估计，有助于创业者的决策选择。同时，创业团队结构具有角色、技能和权力等不同维度，角色、技能和权力在创业团队风险决策过程中以不同的方式影响创业决策行为及其决策质量。例如，当成员不是定位于最合适、最恰当的岗位时，会出现角色缺位、角色模糊、角色冲突或角色错位，这些都会降低创业团队决策过程中的相互权衡作用，从而影响决策信息的全面收集和决策问题的全面理解，以致影响决策者的工作效率。

3. 环境

创业决策面对的是不确定的世界，创业者无法对环境进行准确预测，也无法提前确定目标，而且环境不是独立的，创业者的行为可以改变其所处的环境。面对如此不确定的环境，创业者的决策行为受到了挑战：无法预先知晓可能发生的事件结果的概率分布，甚至结果本身都有可能是未知的，因此，决策者无法通过转嫁风险来降低未来可能的损失。不确定环境决策的经典例子是“罐中取球”的模型。在创业情境下，创业者面临的很有可能既不是确定的风险概率，也不是可以通过简单试验获得的统计概率，而是事先无法预知和估计的不确定性：每一次罐子里球的颜色和数量都在变化，并且无从预测，甚至游戏规则都尚未确立，在这种环境下的创业决策不同于在期望利润基础上的投资，而是具有独特的属性。

调查研究

中国新经济创业环境调查

全球领先的新经济行业数据挖掘和分析机构——艾媒咨询，权威发布了《2017-2018 中国新经济创业环境专题研究报告》。数据显示，截至 2017 年第三季度，全国企业总量规模达 2 907.2 万户，创业者规模超过 3 000 万人。随着“双创”政策出台，国家、地方推出扶持创业政策，鼓励大众创业，创业企业营商环境进一步优化，中国创业人数不断上升。

在 2017～2018 年的中国创业者中，男性创业者达 85.5%，女性创业者达 14.5%；本科学历创业者达 56.6%。相对于女性追求工作安稳，男性更倾向于事业有成，其事业心更重；随着教育普及率提高，国民文化水平提升，再加上本科生薪酬起步不及硕士级别人士，创业高效益回报率显然更具吸引力。

在中国创业者中，31～35 岁的群体占比最高，达 24.9%。31～35 岁的群体有一定经济储蓄，社会工作经验丰富，人脉范围广，工作动力强，相对于其他年龄段的群体，创业基础条件较好，对创业更具信心，也更有热情。在创业者状况中，第一次创业的人群占比最高，达 47.9%。随着中国经济的发展，“双创”热潮涌现，国家给予创业者政策扶持，市场创业氛围高涨，使得更多群体愿意投身创业。

资料来源：艾媒咨询 . 2017-2018 中国新经济创业环境专题研究报告 . https://www.iimedia.cn/c400/61277.html.

12.2 创业直觉决策

12.2.1 创业直觉决策的内涵

理解“直觉”这个概念是探讨“创业直觉决策”的基础。直觉是对记忆中模式的认知，以已有的经验和情感输入为基础，是对所面临情况的整体感知，难以用言语准确表达。直觉判断，是认知系统不经思索、自然而然产生的结果，往往是突然、自动进入脑海，以至于产生直觉的人都无法清晰地解释其来源或动因。有关直觉判断的研究通常将其与个体的经验和专业技能等联系起来。

创业直觉决策的定义，来自两个密切相关的概念：主观质性判断和创业警觉认知。前者意味着，机会识别、投资、市场进入、创业伙伴选择等重要的创业决策没有标准化的、可操作化的运算法则，创业者对所处环境的熟悉程度和对所持信息的主观质性判断对决策来说至关重要，甚至在决策中占据核心地位。后者则强调创业者拥有一系列与众不同的、引导创业机会识别过程的感知及认知加工技巧，是创业认知过程中所涉及的主要知识结构。通过这一知识结构，感知性输入被转化为对机会的觉悟，并且这一过程的反复将促使创业者的机会觉悟能力的累积性提高。在这两个重要概念的基础上，形成了创业直觉决策的定义。

重要概念

创业警觉认知

创业警觉认知指创业者通过与文化、产业、具体情境、技术等领域的能力互动，以识别机会、创造新价值为目的的动态决策过程。

创业直觉决策的理论依据首先来自自然决策理论。自然决策理论最早源于对棋艺专家的观察。棋艺专家通过感知技能识别大量复杂的、先前储存在记忆中的模式，不必逐一衡量变数就能根据直觉判断出一手好棋。同样，创业者通常必须在一定时间内就复杂、动态的情况做出市场、危机处理、技术创新等各方面的决策，尽管创业者所面临的决策的时间紧迫性可能相对较低，但由于他们经常要同时考虑多个决策，时间的紧迫性增强，这便迫使他们不断诉诸直觉判断。因此，基于自然决策理论，很多老练的创业者凭借专业训练或实际经验和知识的积累，可被视为创业领域的专家，他们的直觉判断在成功的创业活动中功不可没。

专栏 12-1

面对艰难的商业决策时，直觉靠谱吗

经营一家公司，创业者要相信自己的直觉，他们每天甚至每个小时都要做出决策。理性且迅速地解决各种问题，是创业者的职责所在。多数人会认为，理性源自经验，迅速反应则取决于创业者的经营风格和个性。两者同时出现，便形成了所谓的“直觉”。从商业领袖到初级员工，每个人都会利用直觉，它涵盖了商业和生活的方方面面。

但直觉并不总是能指引我们做出正确的决定。那么，我们如何确定在什么时候相信直觉呢？根据我的经历，我总结出两种解决办法。第一种方法是，根据过往积累的知识，做出艰难的商业决策。例如，我几乎总是努力地回忆此前出现的类似情形，我会问自己：“我以前是否经历过类似情况？”如果你能找到之前做过的类似决定，这些决定就有助于你正确看待当前

情势。

第二种方法是，如果我的直觉反应是负面的，我会让自己后退几步，弄清楚出现这种反应的原因。我会从更理性的角度考虑折衷措施，以及这样做的好处和负面结果。我会从逻辑方面弄清楚，为什么这种情况会令我产生负面反应。我会尽量明确自己的直觉情绪，并以此为出发点进行决策。有时候出于对未知的和不熟悉的事物的恐惧，当有必要修改决策时，直觉也会出现。然而，在这个变幻莫测的商业世界中，改变通常都是正确的决定。你必须将自己的负面情绪进行分类排序，弄清楚如何区分自己希望相信的直觉和因为害怕突破舒适区所产生的直觉。

资料来源：Alexander Goldstein. 面对艰难的商业决策时，直觉靠谱吗？财富中文网 [2018-12]. http://www.fortunechina.com/management/c/2018-12/12/content_321645.htm?id=mail.

还有一种解释来自启发式偏见理论。启发式偏见理论对专业技能及专家判断持怀疑态度。有研究对比了人工判断与统计模型预测的结果，发现后者往往比前者更准确，富有经验的专家即便在自己熟悉的领域，也很有可能会在直觉的引领下做出不正确的选择或判断，因此，建议在多数情况下选择发挥计算或统计模型的作用。正是由于存在这样的偏差，即便是经验丰富、以往创业绩效突出的优秀创业者也不能完全凭借直觉进行创业决策，乔布斯、马云、史玉柱等杰出企业家在创业过程中经历的坎坷与他们的直觉判断不无关系。启发式偏见理论肯定了创业直觉判断存在不足之处，提醒创业者注意避免偏见，提高直觉判断的质量。

创业直觉决策的两个理论视角的差异，如表 12-1 所示。

表 12-1 创业直觉决策的两个理论视角的差异

比较	自然决策理论	启发式偏见理论
观点立场	强调专家在直觉判断方面的卓越之处	强调创业直觉判断的错误或不足，认为统计模型优于专家的直觉判断
研究方法	强调研究情境的真实性，广泛使用认知任务分析、实地观察等方法分析复杂条件下的判断与决策	实验方法
专业表现的衡量	以研究对象的过往表现为基础，通常以同行判断为标准，缺乏量化的测度方式	多采用量化方式，以“最优化”作为衡量标准，通过对比优化线性模型预测与研究对象的决策准确性来判断
直觉来源	聚焦于专家的“熟练性直觉”，以经验、专业技能的积累为基础，能够较好地识别问题所处的情境，做出准确度相对较高的判断	主要关注源于简单的“启发式直觉”，专业经验基础匮乏，准确度较低，容易产生系统误差

不过，自然决策理论与启发式偏见理论也存在共通之处，主要体现在以下 4 个方面：首先，前者从未肯定专业直觉判断完全正确，而后者也从未对直觉判断完全否定，甚至后者所倡导的计算或统计也是以专业经验为基础的，因此，二者都认为

部分专业直觉判断的作用突出，而另一部分存在不足。其次，前者也开始借助实验或模拟情境，而后者所开展的实验往往是以实际观察为基础，二者趋向于互相借鉴和补充。再次，二者构成互补，设计精准的模型可以更好地界定专家与专业技能，而这些量化模型的设计通常以业内质性数据为基础。最后，熟练性直觉与启发式直觉在客观上共同存在与发挥作用，这为两个理论流派的合作提供了现实的必要性与可行性。㊀

12.2.2　创业直觉决策的影响因素

自然决策理论与启发式偏见理论的互动性探讨为我们分析“如何提高创业直觉质量”提供了理论基础，但要就此提出切实可行的策略或建议，必须首先挖掘出创业者在直觉判断中存在的主要问题。为此，我们可以从创业客观条件与创业者主观特征两个方面来分析创业直觉判断中存在的主要不确定因素及问题。

1. 创业客观条件

第一，创业本身是一个复杂的动态体系和过程。在创业情境下，直觉判断缺乏通用、可循的规律或经验，多项创业活动本身便充满不确定性。单就机会识别而言，某一特定机会的产生以大量信息、现象的存在为基础，并且有严苛的时间、空间要求，很多机会可能在被识别的短暂过程中便失效了。

第二，创业过程由多种内在因素交织构成。在创业链条上，因果关系及效应机制模糊难辨，进一步加剧了创业直觉判断的难度。诸多创业研究尝试探讨创业者与创业机会之间的互动关系及其对创业绩效的影响，但很难就此达成一致的意见。创业领域的很多核心问题都是如此。

第三，创业活动深受所嵌入的外部环境的影响。市场、制度、文化等宏观环境包含很多可能对创业产生作用的复杂、动态因素，是一个不确定性高、动态变化频繁的总体。我们经常会发现，在某一研究情境中得出的有关创业的规律，在稍有差异的情境中便失去适用性，环境的影响作用显而易见，而塑造、界定情境的因素往往难以刻画、捕捉，创业直觉判断的难度进一步提升。

第四，创业主体与外部环境的互动频繁且错综复杂。创业者与创业环境的互动过程和结果难以被预测或控制，而且，创业者在决策过程中很容易忽视外部环境的重要作用，更难准确把握其与创业内部要素之间的互动关系，而这些既是直觉产生的情境条件，也是相关决策实施与执行的主客观环境，自始至终影响着直觉判断的过程与结果。

㊀ 张慧玉，李华晶．创业直觉判断可靠吗？基于自然决策理论与启发式偏见理论的评析 [J]. 科学学研究，2016.

2. 创业者主观特征

第一，创业经验、专业技能难以界定。自然决策理论所倡导的熟练性直觉以经验及专业技能为基础。尽管已有研究肯定了经验及专业技能在创业中的重要作用，并尝试从不同的角度对二者进行测度，如先前创业经历、相关行业的工作经验等，但由于创业涉及财务、营销、人力资源、生产、研发等多个复杂的领域，很难清晰地判断创业经验和专业技能的实际构成。

第二，创业者对自身直觉的来源及质量缺乏判断。尽管有较多的创业者强调直觉的重要性，但对他们而言，直觉十分抽象，难以言传、模仿或借鉴。也就是说，创业者在产生、接受直觉的过程中只是“凭感觉走”，并不知道直觉的来源，也无从判断某一直觉的可靠程度。创业经验及专业技能的难以界定让这一问题更加突出，这也使很多创业者无从阐释自身失败的原因。

第三，创业者对判断或决策环境的了解有限，难以把握各种细节。创业内部因素与外部环境的复杂性在客观上决定了创业者很难充分掌握正确决策的信息，而创业决策的时效性以及创业者自身的信息资源局限更加剧了这一状况。信息与资源有限是新企业的显著特征，而创业机会转瞬即逝，决策对时效性要求很高，面对这样的挑战，势单力薄的创业者通常会在紧迫的情况下更多地依赖直觉进行判断，忽略情境中的诸多细节甚至关键信息。

第四，创业者对自身直觉过度自信。已有研究表明，创业者比其他人更加乐观、自信，这是他们愿意承担风险、从事创业活动的重要原因。创业者的自信同样会体现在直觉判断中。尽管主客观条件都暗示着创业直觉判断存在很高的不确定性，但创业者依然很容易越过自信与过度自信之间的微妙界限。

第五，创业者难以充分把握和利用直觉系统与人为系统之间的互动关系，不能妥善完成对直觉判断的处理过程。人为系统可以即时地收集更充分的信息，对直觉系统产生的信息进行相对深入的判断，补充、修正直觉判断中的相关内容，提高创业直觉判断的质量。但是，存在过度自信倾向的创业者直接依赖直觉系统产生的最初反应和判断，忽视了人为系统处理过程的重要性。

创业聚焦　　相信直觉的创业者

滴滴打车创始人程维：“很多人问我在开始创业的时候有没有看好这样一个风口、这样一个机会，我扪心自问是没有的，我觉得真正有能力去规划未来、有能力看清楚这些战略未来机会的人，可能都没有去创业。”创业源于冲动、源于直觉、源于勇气，一开始我们觉得就是机会，做好了就有人用，当时真的没有很清晰的判断。机会肯定是在任何时代随时随地都存在的，关键还是要凭你的直觉和冲动，还需要一点勇气去抓住它。

美团网创始人王兴： 许多团队为了确定方向不断研究与拜访业界，但自己并没有花太多的时间研究，而是凭借直觉判断觉得可行，就毫不犹豫地投入进去。过去的“校内网”“海内网”“饭否网”如是，今天的“美团网”也如是。不过，他对互联网有着自己的看法，直觉正是建立在这些理解之上的。互联网就是一张“四纵三横”的网，其中“四纵”是四大应用，分别是获取信息（如门户）、沟通互动（如 IM、E-mail）、娱乐（如游戏）、商务（包括 B2B、B2C、C2C、购物搜索）。

阿里巴巴集团首席人力资源官、蚂蚁金服首席执行官彭蕾： DT 时代的体验经济，提示我们不要放弃自己的直觉——画面感和体感。作为女性，我觉得我们不要放弃自己的直觉和执着的权利，因为有些时候你作为女人，在某些场景里面，你要讲道理的话是讲不过男人的。所有的事情，我们要去努力，要沿着自己当时心里面直觉最应该做的决定去努力，但是努力到最后，我们要对这个结果坦然接受，不要较劲。

真格基金总经理方爱之： 女性天生有着强烈的直觉，这种能力能够使她们敏捷地思考问题，也让她们对市场机会更敏感，所以女性创始人应该学会更加相信自己的直觉而不是行业标准，尝试做一个标准制定者而不是行业跟风者。

12.2.3 创业直觉决策可靠性的保障

根据自然决策理论、启发式偏见理论及二者的互动整合，我们可以总结和凝练出创业直觉判断可靠性的行动路径，并以此为基础找到切实可行的提升方案。

首先，创业者需要通过多种途径积累相关经验和专业技能。尽管很难对创业经验及专业技能进行准确的界定，但已有的研究与实践从不同角度指出了二者的来源，即可以分为直接来源和间接来源。直接来源包括以往创业经历、相关行业的工作经历、管理经验、工作职能经验等，它们是创业者的亲身经历，也是经验最重要、最深刻的来源，因此可靠性保障效果较好。间接来源指的是创业者通过学习获取的经验，包括通过高等院校的 EMBA 及 MBA 项目向专业教师学习，通过合作交流向其他创业者学习以及通过竞争互动向竞争对手学习，等等。间接来源的优势在于效率较高，可以在较短的时间内获取广泛的经验信息。这些元素构成熟练性直觉判断的形成基础，促使创业者能够在紧迫的直觉产生过程中迅速捕捉到可以借鉴的信息及情境。已有研究表明，风险投资者的直觉判断质量远高于一般创业者，在很大程度上是因为他们通过直接参与或间接观察的方式接触过大量的创业者及新企业，积累了丰富的创业经验，能够在较短时间内做出准确度较高的直觉判断。

其次，创业者需要培养自身迅速收集和整理数据的能力。创业直觉判断情境中的高效度线索以数据的形式分散在内外部环境中，而创业者了解这些线索的机会有限，并且这些线索存在较强的时效性，这便要求创业者具备迅速收集、整理数据的能力。除了通过经验积累提高自身对情境线索的敏感性之外，恰当的专业训练也能够提高创业者的观察能力和数据整理能力。例如，掌握 SWOT 分析、五力模型、甘特图等简洁、有效的管理工具，能够帮助创业者更全面地收集所需要的数据，更科学地整理和分析已收集的数据，并系统地做出判断。网络、统计软件等现代技术的发展也进一步增强了创业者的数据整理能力。此外，组建效率和效果兼具的辅助或智囊团队也是减少数据盲点、完善数据处理的重要方式。

再次，创业者需要完善自身迅速加工和处理信息的能力。被收集、整理的数据只有在创业者的认知系统中转化成信息才能服务于直觉判断。鉴于创业直觉判断客观条件的复杂性以及创业者自身难以避免的局限，通过信息后期的加工、处理来提高直觉判断的质量显得十分关键。直觉系统高速完成从数据到信息再到直觉的转化，而人为系统的积极运作是对信息及直觉进行的最重要的一次加工处理。创业者应该探寻并正视决策的难度与自身的认知局限，充分利用直觉系统产生直觉判断之后的短暂时间对其进行积极的修正，避免盲目自信。我们通常所说的“三思”尤其适用于创业者决策情境。同时，创业者可以合理运用已有的认知改善方式或模型进一步处理信息与直觉。贝叶斯方法被认为是区分决策信号与噪声、提高预测准确度的重要方法，同样适用于信息与直觉质量的改善。该方法要求创业者将自身的直觉估测当成一种概率，而不是绝对的数字，并根据新信息不断改进估测。此外，在直觉判断处理的过程中，利用统计软件等现代技术手段进行更充分的预测与验证，也是提高直觉判断可行性与可靠性的重要方式。

最后，创业者要善于利用创业伙伴、新企业管理者、员工等外部网络资源改善直觉判断的质量。创业伙伴及新企业管理者对决策环境持有与创业者相似甚至更多的了解，他们的直觉判断或分析具有重要价值，而员工则有机会接触到更多容易被忽视的细节问题。创业者应当正视直觉判断的局限性及不确定性，勇于挑战自身的权威，在决策之前对直觉判断多加质疑和检测，尤其要重视亲近人际关系网络中的不同看法。对过度自信或固执己见的创业者来说，听取他人的意见尤为重要。

12.3 基于过程的创业决策方式

根据创业决策所面对的情境不确定性程度和创业决策的过程阶段，我们可以把创业决策分为因果逻辑决策、效果逻辑决策、即兴而作决策和启发式决策 4 种常见的方式。同时，卓有成效的创业者会在适当的时候采用适当的方式来进行决策，而一般的创业者常常会习惯性地沿用某一种决策方式。因此，探索创业决策方式的适用情境对理性认识创业决策、有效指导创业者科学决策来说具有重要的意义。[⊖]

⊖ 郑秀芝，龙丹．基于过程观的创业决策研究述评与展望 [J]. 外国经济与管理，2012, 34(8): 11-17.

12.3.1　4 种创业决策方式

1. 因果逻辑决策

因果（causation）逻辑是在传统管理理论中被研究和讨论较多的一种决策方式。其特点就是以目标为导向，以预测为基础，基本思路在于未来可以预测、目标可以预定。创业者要做的就是发现最可行的手段去实现预定的目标，创业者以回报最大化为原则，通过预测、分析来决定行动方案。在需要承担风险的情况下，创业者更关注预期回报的大小，寻求能使回报最大化的机会，而不是降低风险。

因果逻辑在稳定、线性的环境下较常采用，因为在这样的环境下，决策的任务就是根据某种标准（如既定目标下的回报最大化）在可供选择的工具和方案中做出理性选择，以实现预定的目标。遵循因果逻辑的决策者常常十分注重竞争分析，关注不确定未来的可预测方面，尽量把不确定性控制在可预测的范围内，并且会尽力规避意外。

在创业过程中，遵循因果逻辑决策的典型路径是，创业者首先识别机会，发现推出新产品、开发新业务或是挖掘潜在市场的商机，然后通过竞争分析和市场调查，根据目标消费者的特征把潜在市场分成几个独立的细分市场，并确定每个细分市场的潜在购买力，再制订商业或创业计划。通过争取利益相关者的认同和获得开发机会所需的资源来实施计划，随着时间的推移不断适应环境，最终实现预定的目标。

2. 效果逻辑决策

效果（effectuation）逻辑是学者为了抽象创业现象、探索创业本质所概括的一种超越古典决策逻辑、创业者所特有的行为方式，可能是目前解释创业者在不确定环境或市场不存在的情况下创建新企业的独特行为的最有说服力的理论之一。[㊀] 这种行为方式不同于人们习惯的因果逻辑，它的出现一方面与环境不确定、未来不可能完全预测的现实有密切关系，另一方面又是对传统因果逻辑的补充与发展。

效果逻辑是指创业者在不确定情形下识别多种可能的潜在市场，不在意预测信息，投资他们可承担损失范围内的资源，并以在与外部资源持有者的互动过程中建立利益共同体的方式整合更多的稀缺资源，充分利用突发事件来创造可能结果的一种思维方式。在充满不确定性且难以预测的环境中，具体任务目标无法明确，但创业者具备的资源或拥有的手段是已知的，他们只能通过现有手段的组合创造可能的结果。

因果逻辑从给定的目标出发，重点在于从现有手段中筛选出最优方案以实现预设的目标；效果逻辑通常是从一组给定的手段开始，重点在于从这组手段中创

㊀ 张玉利，田新，王瑞 . 创业决策：Effectuation 理论及其发展 [J]. 研究与发展管理，2011, 33(2): 48-57.

造出可能的结果。因果逻辑关注在给定的目标和可能的手段下应该做什么；效果逻辑则强调在给定的手段和可能出现的结果下可以做什么，在这里，目标不是预先设定的，随着时间的推移，创业者和利益相关者根据他们的设想不断对目标加以调整。

3. 即兴而作决策

即兴而作（improvisation）最早是指在没有事先准备的情况下同时进行创作和执行的行为方式。管理学研究认为，在环境动态变化、不确定性高且资源匮乏的情况下，当组织遇到突发情况或事先计划不周时，就可以通过即兴而作来把握机会。后来，研究发现即兴而作可用来描述想法的形成和执行几乎同时完成的创业决策，以解释创业者在发现机会后，既不制订商业计划，也不进行直觉推断，而是随即决定、迅速开发机会的情形，是一种特殊的创业决策方式。

即兴而作具有普适性、可移植性和可及性等特点，最重要的特征是“即兴”和“创作”。即兴，是指遇到突发事件时能即刻通过调动一切可利用的资源来应对；创作，是指应对行动不但要迅速，还应有创意。因此，即兴而作的结果常常难以预料。不确定性和时间压力是迫使创业者采取即兴而作这种决策方式的两个重要因素。依据这两个因素，即兴而作决策分为 4 种类型，如表 12-2 所示。

表 12-2　即兴而作决策的类型

时间压力 / 不确定性	低	高
高	发现型即兴而作	完全即兴而作
低	事前计划	修饰型即兴而作

资料来源：CROSSAN M, CUNHA M P, VERA D, CUNHA J. Time and Organizational Improvisation[J]. Academy of Management Review, 2005, 30(1):129-145.

4. 启发式决策

启发式（heuristic）是决策者在制定决策时必须遵循的一条重要原则。创业者不可能等到系统分析完不确定事件以后再进行决策，而常常是采用探试方式来快速决策和完善决策。其实，启发式决策是创业者区别于一般管理者的显著特征之一。在创业情境下，机会转瞬即逝，创业情境动态变化，创业者必须快速决策并采取行动。在高度不确定、快速变化的创业情境下，相对于理性分析而言，探试有利于提高决策效率，改善创业绩效。

启发式决策更加快捷且成本较低。有研究比较了启发式决策和理性决策方式，结果发现启发式和理性分析的决策结果相同，甚至有时候更好。不过，也有学者认为启发式有时会导致决策失误。例如，启发式具有一定的主观性，难免不受经验的影响，因而有可能会导致包括乐观偏差和证实偏差等在内的认知偏差。

⊙ 专栏 12-2

设定启发式决策规则的技巧

启发式是人类固有的认知“捷径”，它会造成许多思维的偏差。在日常生活中，巧妙地运用启发式进行决策，可以帮我们节省大量精力。但是，运用不是套用，有效的做法是什么呢？是事先给自己设定好几条简单的规则，当遇到对应情景时，直接调用这些规则，以此来指导自己的行为，这就叫作“直觉决策”。

那么，有哪些设定启发式规则的技巧呢？心理学家爱丽丝·博伊斯（Alice Boyes）提出了几个例子，可以给你一些启示。

（1）我的时间价值是________。

计算一下自己的时间值多少钱，填在后面的横线上，比如 50 元 / 小时、400 元 / 天。然后，当遇到需要花时间去做的事情时，思考一下：这件事情能为我带来多少收益？如果我不自己做，而是请别人来解决，需要花多少钱？如果收益小于价值，那就不要去做。如果价格低于价值，那就尽量请别人来做。这条启发式规则，能非常有效地帮你过滤掉诸多琐碎、无意义的小事。你会发现，许多让你烦恼的事情，这么计算、代换一下，其实都不值一提。

（2）一有心情和时间，我就________。

许多人会告诉你，要去衡量任务的重要性、划分优先级，但其实，什么事情重要、什么事情不重要，我们心里一清二楚。所以，更有效的做法，不是烦琐地一个个去做任务分析、标记，而是给自己定下规则：只要有空、有心情，我就去做最重要的事情。请把你能想到的最重要的事情，填在后面的横线上。这个回答当然可以经常变动，也无须特意去安排时间，只需要设定这么一条规则，就可以让自己清楚：我需要聚焦的是什么，什么才是我需要去推进的？

（3）当我有心情去收尾时，我就去收尾。

这是一条很取巧的规则，但也非常有效。什么意思呢？有句话叫“靡不有初，鲜克有终”，也就是说我们总是习惯于开始一件事情，却不喜欢把它做完。因此，在我们的待办事项里面，一定充满了“还没有结果”的事情。这条规则，可以把你从繁重的时间分析、任务管理中解放出来。你无须把时间安排得满满当当，就这样放着吧，什么时候突然想到了，并且有心情去做，再把它收尾就行。

资料来源：36 氪 . 好的方法，哪需要什么“自律”？[2019-02-15]. https://36kr.com/p/5177183.

12.3.2　创业决策方式适用的情境

1. 因果逻辑决策适用的情境

经典职能管理和战略管理产生于稳定的市场环境，遵循经典经济学和社会学的基础假设，符合因果逻辑，即认为过去的经验、模式、方法对未来问题的解决能起到一定的作用。如果管理者在某种程度上能够预测未来，就可以指导下一步的行动，在此基础上开发出一系列的模型和工具（如 ERP、管理信息系统、平衡计分卡等）用于决策支持。随着竞争环境的快速变化，面对不断增长的业绩压力，具备创业导向的公司更容易获得成长，管理者需要通过开发新产品、进入新的区域市场、从事多元化经营等方式实现公司的成长。因此，管理者在战略管理中开始关注变化的市场，注意竞争的动态性和互动性，关心公司的持续竞争优势，强调战略柔性、速度和创新。但其基本逻辑依然遵循因果理性：公司的决策和行动建立在公司目标以及预测竞争对手的反应和行为的基础上。此时，公司的目标是已知的，可能的方法是既定的，管理者需要做的只不过是从几种可能的方法中挑选成本最低、效率最高或回报最大的一种，使公司获得最大化利益。

2. 效果逻辑决策适用的情境

一种情境是创业者有一个明确的创业意愿，或是为了实现某些想法，或是为了自己当老板；另一种情境是创业者规划的产品或市场在主观上是模糊或不存在的。需要注意的是，从客观上说，产品或市场有可能存在，也有可能尚未被创造出，但此时它们在主观上存在与否和创业者自身掌握的信息与认知有关。因此，创业者无法制定明确的战略目标或财务目标，也难以制定一系列的子目标，也不能明确需要投入的资源和能力。在一般人看来十分暗淡的前景中，专家型创业者（多次创业成功的创业者）却能发现机会，采取异于因果逻辑的方式开创新事业，审视人力资本（知识、经验等）、社会资本（社会网络等）、资源（资金、专利技术等），然后基于这些创造结果的手段，在市场中以共负盈亏的方式寻求外部资源持有者，获取更多的资源和法律保护来降低不确定性；同时，充分利用不确定环境下随时可能出现的突发事件来实现先前的愿景。

3. 即兴而作决策适用的情境

在创业情境中，机会转瞬即逝、环境不断变化，即兴而作，尤其是完全即兴而作，是在创业过程中常见的决策方式。例如，有研究比较了新产品开发过程中的理性分析和即兴而作，发现在新产品开发过程中即兴而作要比理性分析更加有效，尤其是在产品的不确定性程度高的情况下。再如，在技术型大企业的持续变化过程中，一些企业之所以取得了成功，就是因为它们在面对变化时能够成功地实施即兴而作，可以把即兴而作融入正式的组织活动，由组织通过创造即兴而作的机会和支持即兴而作的过程来计划即兴而作。

4. 启发式决策适用的情境

在动态变化的创业环境中，启发式是创业者认识真相从而进行决策的一种重要方式。如果不采用启发式来决策，那么机会开发过程就会变得任务繁重、成本高昂。同时，也有研究发现，快速变化的环境并不会迫使创业者采用启发式来进行决策，创业者的先前经验和采用启发式决策两者之间存在联系。有经验的创业者在遇到新问题、新情况时，往往是先认知环境并基于反馈信息开展学习，然后，再采用启发式来进行决策，即创业者以往积累的经验会促使他们采用启发式来进行决策。另外，“师傅带徒弟”甚至受过正式的创业教育则会促使创业者采用启发式来决策。

12.4　提高创业决策质量的途径

12.4.1　改善决策制定者的创业认知

1. 创业者的风险认知

创业者特质学派认为，具有较高风险倾向的个体，面对不确定情境更有可能做出创业投入决策。从这个角度看，创业者就是冒险家，其特点是拥有经济眼光并愿意承担经营风险，创业是创业决策者对运气的乐观期望。与此相似，不少人认为，风险倾向是一种行为偏好，影响个体对于机会的态度。人们在面临可能的决策选项时，风险倾向会自发地影响决策选择结果，由此产生了创业者与非创业者的区别。

这就意味着，增强风险倾向，有助于强化创业者在不确定性承担方面的偏好，因此会对创业决策产生影响。对于这种影响的具体作用方式，人们有不同的观点。一种观点认为，风险倾向是一种个性特征，通过影响风险感知来影响创业决策，即在同样情境下，风险倾向高的个体感知的风险程度较低，因而敢于进行创业投入。另一种观点则认为，作为一种个性特征，即使风险倾向不同的人感知的风险程度相同，风险倾向高的行动者仍会做出创业投入的决策。

同时，创业者的风险感知也会产生直接作用。创业者对待风险的差异，原因并不都在于个性不同，还包括知识的积累和处理方式不同。具有较多经验认知的创业者，面对特定商业情境时能够更多地感知自己的优势与机会，而非风险与威胁，所以他们愿意创业。也就是说，风险感知较低的人更乐于进行创业投入。作为影响创业决策的直接因素，这种感知不一定与风险倾向相关，而是可能与情境认知相关。不同的人在同样的情境下之所以会看到不同的东西，产生不同的感受，可能不是因为个性倾向，而是因为认知方式。因此，通过培养和改变人们的认知方式，可以影响创业决策。㊀

㊀ 秦志华，赵婧，胡浪．创业决策机理研究：影响因素与作用方式 [J]. 经济理论与经济管理，2015(3): 94-102.

⊙ 专栏 12-3

跟不确定性和平共处

对每个人来说，我们当下面对的不确定性和风险，最重要的其实不是你有没有直面它的勇气，而是你有没有认知和理解它的能力，因为它已经存在。

类似于西西弗斯，当他在认知挣扎之后，其实他和它在相处了，当他和它相处时，他就可以不断地推巨石上山，当巨石落下时，他继续推。他和命运组合在一起，这就是今天跟以往完全不一样的地方。如果我们真的要认知和理解它，可能要扪心自问，我们是否拥有一个非常大的空间让内在的稳定性去感知这个世界，从而与它相处。

我其实花了很长时间不断地去修炼自己，有些时候可能会采用一些相对特殊的方式，比如说每年会选一个时间安静下来不说话，完全倾听，我觉得那可能是一个方法，禁言、噤声甚至禁思，就会回去倾听自己的内心，是否能用自己的稳定性感知整个世界，跟它相处。

我觉得今天我们之所以会焦虑，是因为我们不能跟不确定相处，不能跟波动相处，甚至我们感到每一个变化都很困难，但其实变化在今天是常态。你要做的一件事情就是跟它真正地相处，然后你能够真正地感受到你的稳定性，这个其实才是更重要的。

也许正是因为这样，我希望大家区别理解很多事情，并不是仅关注外在的变化，就像我非常喜欢的一句话：我们生活在一个移动技术的世界里，但移动的并不是设备，移动的是你。其实在今天，真正需要的是定义你自己的意义与价值，这全赖于我们自身对世界的看法，并不是由其他人决定，而是由你自己决定的。

资料来源：陈春花女士在2019影响力峰会上的发言实录，https://www.huxiu.com/article/279949.html.

2. 创业者的认知风格

基于创业情境的模糊性、动态性、复杂性和不确定性，创业者常被视为具有较强的直觉型认知风格，会基于自身所储备的经验，采取启发推理与类比推理方式进行决策。因为在高度不确定条件下，已有知识不能直接应用于当下问题的解决，为了避免产生信息加工的负担，创业者更有可能采用节省认知资源的自动化信息加工模式，寻找信息加工捷径，表现出启发式、情感注入等认知偏差。

同时，认知风格也与工作环境相匹配。创业情境的多样性和随着时间推移的动态性，使得成功创业者往往更善于在直觉风格与分析风格之间形成很好的平衡。换言之，创业者能更好地决定在何时及多大程度上使用直觉风格。

创业者认知风格的选择是一个动态平衡的过程，从而能够实现对创业决策的动态跟进。创业者的先前知识和经验，影响着创业过程中的认知风格选择，经验丰富的创业者拥有更为完善的知识结构与认知图式，因而会更加积极、有效地使用直觉认知风格的推理机制，这使得他们能够在不确定性较高的环境中更好地进行创业决策。同时，创业者基于先前知识结构的认知还能及时根据环境中的反馈调整认知过程和策略，形成较强的认知适应性。

⊙ 专栏 12-4

《流浪地球》启示录：好的决策靠的是科学

作为国产科幻电影里程碑式的作品，尽管《流浪地球》这部电影有瑕疵，但不得不说它真的已经做到了尽可能的完美。今天我们要聊的，不是影评，也不是讨论电影情节的合理性，而是站在理性的角度思考，当遭遇重大危机的时候，我们究竟该如何做决策。

当“太阳极速老化，不断膨胀，将会吞没整个地球”的时候，人类面临的第一个决策就是如何延续人类文明。尽管电影并没有详细交代决策的过程，但是最终人类的选择是“带着地球去流浪”。第二个艰难的决策是，就像电影中描述的那样，当地球被木星引力捕获、靠自身无法逃逸时，究竟是孤注一掷地引爆木星，还是开启“火种计划”放弃地球几十亿人的生命？

这样做决策，真的没问题吗？

回到第一个决策上来。尽管表面上看，这样的决策是很高明的，因为这可以确保整个人类文明的延续，最大限度地降低了灾难带来的损失程度。可问题是，2 500 年的漫长跨度，存在太多偶然性因素了。想要打造一家百年企业的主要问题在于，百年企业必然意味着传承，而传承就意味着极大的不确定性。所以，为了确保计划万无一失，最合理的方式应该是，建造非常多的宇宙飞船，载着人类的基因和文明，先于地球踏上“流浪之旅”。又或许，就像电影最后说的那样，其实一开始莫斯就已经预测到了这次计划会失败，只不过是给活着的地球人更多的希望罢了。从这个角度来说，这样的一个决策其实只是一场游戏。

再说第二个决策。在我看这个电影的时候，我就在想，为什么引爆木星的方案是刘启提出来的，难道仅仅是因为主角光环吗？好在电影最后给出了解释，那就是引爆木星的方案早在几个小时前就由以色列科学家提出，只是最终人类联合政府经过测算成功的概率为零，于是选择了放弃。可能你会说，也许联合政府的测算是错误的，但是请注意，就像“莫斯”一样，其实那时候的人工智能技术已经十分成熟，再加上全世界顶尖科学家的联合智慧，也就是说，人工智能不可能输给一个普通人。

尽管，在电影的情节设定中，撞击木星取得了成功，可其实只是电影编剧的一厢情愿。因为，这样做的代价是：空间站里的 100 万个人类胚胎，以及地球上所有的动植物基因族谱和人类的核心数字资料，将彻底毁损。如果说这次成功是靠着运气和牺牲侥幸赢了，那么下一次呢？要知道，这是一趟 2 500 年的旅行。如果这是现实场景，我想这颗“破球”不一定非得救！

好的决策，靠的是科学；低效率的决策，靠的是运气。

对于企业来说，绝不能将生死寄希望于某次冒险上，绝不能笃定“1%的概率也可能成功”。就像吴晓波在去年《十年二十人》节目中总结中国成功企业家的共性时说的那样，其实他们都是一群乐观的保守主义者。何为乐观的保守主义者？就像掷一枚硬币，50%朝上的概率太低，必须要达到70%甚至80%的可能性才值得去做。一个真正的高手，一定是输得起的。从这个角度说，《流浪地球》的决策尽管看起来很美，但实际上它是一场输不起的赌博。

资料来源：创业家.《流浪地球》启示录：好的决策靠的是科学，绝不是运气[2019-02-13]. http://www.chuangyejia.com/article-12094918.html.

3. 创业者的认知心理

情绪、动机等创业认知的心理状态也会影响创业决策。在情绪方面，积极情绪能够增加个体的认知广度和创造力，促使创业者使用多元化的信息搜索渠道并将信息以更具创造力的方式联结。创业者的积极情绪通过两条路径影响创业决策：一是通过启发式加工加速创业意愿的形成，二是通过建构式加工促使创业能力的形成，二者共同导致创业者的创业倾向不断增强，从而扩大了创业认知范围，并提升了创业决策能力。在动机方面，在满足成长需求的促进定向动机的主导下，创业者更倾向于追求信息加工的速度，对收益信息更加敏感。而在满足安全需求的预防动机主导下，创业者更加追求信息加工的准确性，对损失信息更加敏感。在高度不确定性的创业情境压力下，创业者的认知过程会受到情感因素的影响，创业者必须拥有顽强的心理品质来有效地应对，这种心理品质也被称为心理资本。

行动指引

怎样做到情绪调节

张一鸣有次在采访中说，创业者最好的状态，是在轻度喜悦和轻度沮丧之间。

硅谷元老级创业者、天使投资人本·霍洛维茨（Ben Horowitz）在《创业维艰》一书中回忆起早年的创业经验，坦陈他在8年的CEO经历中，只有3天是晚上睡得着觉的。“坚定”是支撑他走过最艰难时刻的唯一法门。他说，创业公司的CEO不应该计算成功的概率，而是坚信破局方法始终存在，也需要坚信自己能够找到，在无路可走时，也要有选择最佳路线的能力。

2018年，特斯拉位于加利福尼亚州和内华达州的工厂两度发生火灾，生产暂时陷入停滞，马斯克也因为外界铺天盖地的安全质疑，瞬间被卷入舆论中心。

这位CEO在每周的工作时长80～90小时的巨大压力之下，反应迅速，立刻敦促上报工人受伤情况，并随后在内部邮件中宣布将亲自前往工厂车间，执行和受伤员工同样的工作，以便更好地找出事故原因。

在公司的危急关头，行动才是良药，解决问题应该始终是创业者的行为核心。迅速的反应和落到实处的同理心，不仅加快了外部舆论平息，也安抚了因事故频发而心存芥蒂的员工。

创业并不一定一直充满焦虑和剧烈的内心起伏，实则在喜悦和沮丧的平衡之间，我们对事情走向的决定权，总是比想象中更多。

资料来源：华映资本．最牛的创业者，每天都在轻度喜悦和轻度沮丧之间 [2019-04-09]. https://mp.weixin.qq.com/s/pWcDxoDCMJmanEg6ciT8BQ.

12.4.2　加强创业活动的学习机制

1. 创业学习的概念

创办新企业是一种尝试和检验创新想法的活动，在从最初的创意产生到开发出成熟的产品或服务的整个过程中，要求创业者有能力识别机会、整合资源和运营管理。同时，创业过程也是新企业组织能力形成的过程，在这个过程中，资源进入新企业并在初始资源的基础上加以重构，以创造出能够产生经济利益的生产性资源和能力，这些能力的形成都离不开创业学习。

重要概念

创业学习

创业学习，是指创业者在创业过程中将个人的经验、信息、知识转化为创业所需的专门技能从而提高创业效果的学习过程。

学习技能是发展创业技能的核心，创业被看成学习的过程。通过有效的学习，创业需要的技能、知识和能力才能被获取并应用，在瞬息万变的动态环境下尤其如此。创业过程与学习过程存在互动关系，创业者调整角色定位以适应环境、个人经验，并为此改变个人行为。创业学习除了有助于提高创业能力从而提升创业效果外，对创业活动的频率和程度也具有调节作用，会影响管理系统的进化并驱动组织学习。正因为如此，提高创业决策的质量，首先要了解创业者如何学习。此外，提高对创业学习的了解，有助于创业教育和培训项目的有效设计。

一个完整的学习循环包括具体经验、反思性观察、抽象概念和主动实践 4 个阶段，如图 12-2 所示。循环圈内的两个箭头说明个人如何获取并转化信息：纵向的箭头说明个人获得信息的两种不同方式——具体经验和抽象概念；横向的箭头说明个人转化信息的不同的方式——反思性观察和主动实践。循环圈的箭头表示一个完整的学习循环过程：从学习者的具体经验开始，在经验的基础上形成观察和反思，然后把观察转化到概念中，以指导新的实践，实践的结果又会形成新的具体经验，如此循环反复。

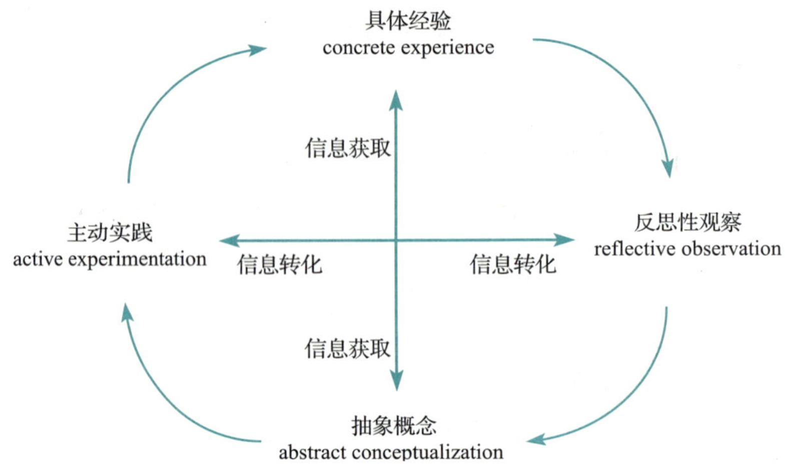

图 12-2　学习循环 4 阶段模型

资料来源：KOLB D A. Experience as the Source of Learning and Development. [M]. Englewood Cliffs, NJ: Prentice-Hall, 1984.

2. 创业学习的途径

（1）从关键事件中学习。个体和组织既可以从日常积累中学习，也可以从关键事件中学习。大型企业结构稳定、规章完善、系统庞杂，因此以日常积累性学习为主，例如学习曲线反映的就是企业通过积累性学习提高生产效率并降低单位成本的过程。与大型企业不同，创业活动本身的高风险性和创业环境的高不确定性使得创业过程充满了变数与挑战，这些变数与挑战造成的关键事件对创业者产生的影响是巨大的，因此创业者依靠的不是日常的积累，而更多的是从关键事件中反思、学习。不仅如此，学者还指出，关键事件引发的学习通常是质变的、高水平的，而高水平的学习使创业者做事更加与众不同，而不是改善现有的行为。

（2）"干中学"式学习。研究发现，与书本知识相比，实践经验对创业具有更为重要的意义，尤其是创业经验。以往的创业经验会使创业者积累很多关于创业的隐性知识，这些隐性知识能够帮助创业者在高度不确定性且时间紧迫的情况下尽量做出恰当的决策。正因为如此，"干中学"的学习方式被创业学习研究的主流学派所认同。很多实证研究支持了创业是"干中学"的论断，例如有研究发现，具有创业经验的创业者开创的新企业的绩效更好。有经验的创业者体验过创业中出现的新问题、新状况，因此再次创业的时候会相对从容稳健。

（3）试错式学习。创业学习本质上是一个不断试错进而有所发现的活动。创业者每做出一项决策后就会根据决策结果进行修正，在错误中积累经验教训，不断向前推进，因此，创业采用的是从试错中发现信息的演化路径，创业学习是一种试错式学习。正是因为如此，很多学者倡导为创业者提供宽容错误和失败的创业环境。既然创业者需要从实干中学习，需要从关键事件中去学习，那么就需要为他们提供一个包容的创业环境，不能过分打击失败的创业者，要给他们重新来过的机会和鼓励。只有允许错误和失败，创新意识和企业家精神才能在全社会范围内得到发扬。

（4）基于问题的学习。这种学习源于这样一个假设，那就是创业者可以通过体验来学习某个学科的知识。因为学习中的信息和内容通常外化为有价值的物品，所以教师的角色对创业者的学习至关重要。教师是学习的导师，发挥着激励者的作用，具体支持、指导和监督学习的全过程。教师需要激励作为学习者（学生）的创业者，为他们建立自信去直面亟待学习的问题，鼓励他们拓展自己的认知。基于问题的学习可以极大地促进创业者的沟通、问题解决、批判性思维、合作和自我引导等技能。这与社会建构主义的学习方法一脉相承：理解和学习是通过我们与环境的互动获得的；认知冲突或者困惑是学习的刺激物；知识随着社会协商以及对可行性和理解的评估而演进，一般而言，这通过共同解决问题的合作型群体而得以发生。

（5）循证学习。循证学习的前提假设在于，学习者将会运用最合适的信息来做出复杂慎重的决策。循证学习被广泛运用于健康护理和临床医学领域，主要关注以下 3 个要素的融合：最有可能带来可预测的、有价值的和有效果的产出的前期研究成果，基于广博学识的专业判断，以及科学的信息。以社会工作领域为例，社会工作者在社会工作情境下，首先需要考察工作环境，接着从可能发挥作用的已有的社会干预方法中获取证据支持，然后将自己的判断和找寻到的证据进行整合，最终找到社会干预的方法。循证学习的技能包括寻找经验和证据，批判、解释和整合研究发现，判定文献（或证据）到底如何支持或否定特有的社会干预方法。在实践中，循证学习强调自我指导性、积累性和重复性的学习。

延伸阅读

究竟是什么，让萨提亚成为担此重任的不二人选

在正式宣布萨提亚任命的微软员工“与首席执行官见面”大会上，作为三位受邀者之一，我要在比尔·盖茨、史蒂夫·鲍尔默和萨提亚上台前致辞介绍萨提亚。我几乎没有时间准备演讲稿，记得我当时在想：“究竟是什么，让萨提亚成为担此重任的不二人选？”我的脑海里闪现出两个词：强悍的学习能力和激励型导师。

我相信，萨提亚“以人为本”的方法论的核心是他“打破砂锅问到底”的好奇心。就学习能力来讲，没有多少人能与萨提亚相提并论。你只需要和他开一次会，就可以了解到他对事物思考的深度和对事物了解的广度，远远超过你的想象。他具有超乎寻常的能力，能迅速对复杂的事物抽丝剥茧，直触本源，同时又能耐心地引导团队。这种兼具深入浅出、化繁为简和团结他人、以同理心领导公司的能力实属罕见，也让萨提亚在众多优秀领导者中脱颖而出。

回首他作为首席执行官的过去 4 年，再回想我在 2014 年的讲话，显而易见，萨提亚持之以恒、求知若渴的精神和他具有

启发性的领导才能主导了微软诸多积极的改变。在他升任首席执行官之前，我们已经是一家强大的公司。今天，我们更是注入了新的能量和远大的愿景：人工智能、混合现实、量子计算。这些都源于萨提亚的卓越领导力。他启发我们跳出思维定式，不再墨守成规，更激励我们畅想新的可能。

而今，在萨提亚的带领下，微软将不断创新，砥砺前行！

资料来源：萨提亚·纳德拉.刷新：重新发现商业与未来[M].陈召强，等译.北京：中信出版社，2018: 14-16.

12.4.3 建设创业生态系统环境

1. 创业生态系统的概念

创业生态系统是创业决策所依存的一种客观环境状态，由于决策制定者（创业者）和决策载体（创业活动）的独特性，而具有不同于一般商业生态系统的内涵。[㊀]

商业生态系统是基于组织互动的经济联合体，有其内在结构特征和演化机制，通常是指由客户、供应商、主要生产商、投资商、贸易合作伙伴、标准制定机构、工会、政府、社会公共服务机构等具有一定利益关系的组织或群体构成的动态结构系统。从生态学视角看，商业生态系统由占据不同但彼此相关的生态位的企业所组成，是一种由众多具有共生关系的企业构成的经济共同体，强调在这个系统内部成员企业可以通过合作来创造单个企业无法独立创造的价值。从网络视角来看，商业生态系统是由具有一定关系的组织组成的动态结构，是一种为企业提供资源、合作伙伴以及重要市场信息的网络，这种网络是基于网络内部成员企业之间长期的互动关系形成的，构建并发展商业生态系统需要创业洞察力和战略思维的互相匹配。

重要概念

创业生态系统

创业生态系统是由创业者和新企业及其生存和发展的客观环境所构成的相互影响、共同演进的创新系统。

创业生态系统作为商业生态系统的一种，具有以下3个特点。一是创业活动主体是一种富有生命力的组织活动。创业活动的发展过程如同生命体一样，拥有孕育、诞生、成长、成熟等阶段，这种阶段性成长特征决定了新创企业需要如同生物体一样不断汲取资源，并且形成与外部支持要素之间相互依存的密切联系。这是从生态学角度理解创业活动的起点。二是创业活动的发展过程遵循优胜劣汰的竞争原则。自然界讲求优胜劣汰，激烈的生存竞争将导致一些新物种的出现，以及另一些物种的消

㊀ 林嵩.创业生态系统：概念发展与运行机制[J].中央财经大学学报，2011(4): 58-62.

亡。创业活动同样拥有类似的特征，这就使得创业决策必须审时度势，寻找最为妥当的发展策略，经由真正的市场竞争“洗礼”，才有可能诞生和成长为富有生命力的企业。三是创业活动依托于具体的创业环境。在创业决策过程中，创业环境是重要的活动空间，它决定着创业企业的生存条件、健康状况、运行方式和发展方向。不同的创业环境会造就不同的创业活动主体，同时，创业主体在从创业环境中汲取资源、积极成长的同时，也在直接或间接地影响和塑造创业环境，这就形成了创业活动与创业环境之间相互依存的紧密联系。

2. 创业生态系统的作用

（1）良好的创业生态系统，有助于提供创业决策所需的资源。创业活动的成长助力来自外部支持要素所提供的各类资源，创业生态系统所特有的资源汇聚机制使得各个不同的外部组织所提供的资源能够以一个系统化整体出现，并且充分服务于创业活动的成长。由风险投资、政府部门、行业协会、孵化机构等不同支持要素和外部创业环境所构成的综合性系统所能够汇聚的资源是多元化的，通过创业生态系统内部稳定有序的流动机制，这些资源能够以一定的规律汇聚于创业活动上，从而保证了新创企业的良性成长。

（2）良好的创业生态系统，有助于保证创业决策实现价值。在不同的外部组织为创业活动提供资源的同时，新创企业也在以不同的形式回馈这些组织机构。这种双向的联系使得双方都能从中获益。如果把价值链的分析视角拓展到单一的企业之外，在整个生态系统内分析其存在机理，可以发现，新创企业识别机会、开发创新项目和实现市场成长的过程，也是其不断与外部组织交换价值的过程。这一过程以创业活动为中心进行整合，最终形成生态系统内部的价值网络，从而维系整个创业生态系统的运转。

（3）良好的创业生态系统，有助于调节创业决策的动态平衡。平衡，指的是创业活动的发展以及与外部环境之间的交流和联系达到的稳定状况。在平衡状态下，整个区域范围内的创业活动呈现出稳定发展的整体特征，系统内部的资源汇聚机制和价值交换机制也始终稳定运行，这是一种有益于创业活动发展的良性环境。创业生态系统平衡性的存在依托于其内部的调节机制，这是系统环境、系统组织与创业活动所发生的千丝万缕的联系在发展中衍变出来的自发调整机制。

⊙ 专栏 12-5

中关村创新创业系统与硅谷创新创业生态系统

中关村，源于 20 世纪 80 年代初的“中关村电子一条街”，是中国第一个国家级高新技术产业开发区，历经几次扩建，目前形成“一区十六园”的空间格局。该地区拥有以清华大学、北京大学为代表的一批高校和科研机构，具有得天独厚的人才和技术优势，聚集了以联想、百度为代表的一批行业领先企业，也涌现出大批新创企业及创业服务机构，且每年吸引的天使投资和创业投资在全国范围内占将近40%，具有良好的科技金融环境。目前中关村汇集了各类型的创业主体，多样性显著。

硅谷，位于美国加利福尼亚州，是旧金山市和圣何塞市之间一块约48公里长、16公里宽的狭长地带。这里是美国重要的电子工业基地，也是世界最为知名的电子工业集中地。在硅谷，发明者有了好的创意或技术，从资金筹集、申请营业执照到财务管理、公司上市等，都会有各种专业性公司来帮助运作，就像用专业设备和流水线生产企业一样。这一系列相互依赖的体系经常被人简称为“生态系统”“创新的社会结构”“孵化器区域”。这样的“生态系统”帮助诞生了成千上万的高科技公司，助力了一些企业和高新技术产业取得独一无二的地位。

基于2006～2015年《中关村年鉴》《硅谷指数》等材料中的数据，通过纵向对比法和对标分析法（与硅谷对比），可以对中关村创业生态系统的形成及所处发展阶段加以判定。2006～2015年，中关村各项动态指标均呈上升趋势，且大多数指标增速也呈现递增趋势，体现出中关村良好的自我维持性，中关村初步形成了创业生态系统。此外，与成熟的创业生态系统硅谷相比，虽然中关村各项指标的增长趋势均高于硅谷，但其绝对产出与相对产出水平，以及新企业创建数、专利授权数与硅谷尚存在较大差距，中关村尚未形成成熟的创业生态系统，仍处于创业生态系统的成长初期，但具有良好的发展态势。

资料来源：蔡义茹，蔡莉，杨亚倩，等．创业生态系统的特性及评价指标体系：以2006～2015年中关村发展为例[J]. 中国科技论坛，2018(06): 133-142.

本章要点

- 创业的整个过程就是创业决策的过程，创业活动为决策提供了独特的情境。
- 创业决策是在高度动态复杂的条件下，对创业过程中的动态行为进行评价、判断和选择的过程。
- 创业决策由创业活动、决策制定者和环境三大部分构成。
- 创业决策包括机会评价决策、创业进入决策、机会开发决策、创业退出决策、决策制定过程中的启发和偏见、创业决策制定者的特征和作为决策情境的环境这7个方面的决策问题。
- 我们可以从创业客观条件与创业者主观特征两个方面分析创业直觉判断中存在的主要不确定因素及问题。
- 根据自然决策理论、启发式偏见理论及二者的互动整合，我们可以总结和凝练出创业直觉判断可靠性的行动路径，并以此为基础找到切实可行的提升方案。
- 根据创业决策的过程阶段，我们可以把创业决策分为因果逻辑、效果逻辑、即兴而作和启发式4种常见的决策方式。不同的决策方式有其各自的适用情境。
- 提高创业决策的质量，可以从创业者认知、创业学习、创业生态系统3个角度进行。

重要概念

创业决策　创业警觉认知　即兴而作　启发式决策
自然决策理论　启发式偏见理论　创业学习　因果逻辑
效果逻辑　创业生态系统

复习思考题

1. 请举例并对比说明，创业决策与一般决策有什么异同之处。
2. 一项创业决策活动，通常由哪几个部分构成？
3. 创业直觉决策可靠吗？为什么？请用实例说明。
4. 在创业决策中，因果逻辑和效果逻辑的明显差异是什么？
5. 即兴而作决策有哪些类型？
6. “师傅带徒弟”对创业决策有效果吗？为什么？
7. 如何提高创业决策的质量？
8. 创业学习与一般学习的不同之处在哪里？请举例说明创业学习的方式。
9. 结合当地创业生态系统的现状，分析其对创业的影响有哪些方面。

实践练习

实践练习 12-1　连环创业者的决策分析

近年来，连环创业者开始受到关注。有的连环创业者用成功造就再次成功，有的则是失败铺垫出的成功。连环创业让他们拥有丰富的创业经验，创业—退出—再创业—再退出—再创业……类似的循环在他们的创业过程中一再上演。请选取一位中国的连环创业者，梳理其每次创业的关键决策，并结合本章内容，对其每次决策的特点、方式和可能存在的问题展开分析。

实践练习 12-2　在创业决策中常见的问题与对策

有着“硅谷最强智库”之称的美国科技市场研究公司 CB Insights，通过分析 101 家科技创业公司的失败案例，总结出了创业公司失败的 20 个主要原因：没有分析需求就贸然开发产品；融资用完，无法获得新融资；团队不行；竞争力不足；定价 / 成本出现问题；糟糕的产品；缺乏商业模式；糟糕的营销；忽视客户；产品推出时间点不对；精力不集中；创始人和投资者意见不合；发展方向偏离轨道；缺乏热情；地理位置不佳；无融资和投资者支持；法律风险；未有效利用网络和倾听意见；筋疲力尽；未能及时纠偏。

请结合实例，围绕上述一个或多个原因，从创业者、创业活动或创业生态系统角度，分析在创业决策中常见的问题和可能的解决措施。

参考文献

[1] 内森·弗，保罗·阿尔斯特伦．有的放矢：NISI 创业指南 [M]. 七印部落，译．武汉：华中科技大学出版社，2014.

[2] 诺姆·沃瑟曼．创业者的窘境 [M]. 七印部落，译．武汉：华中科技大学出版社，2017.

[3] 史蒂夫·布兰克．四步创业法 [M]. 七印部落，译．武汉：华中科技大学出版社，2012.

[4] 阿玛尔·毕海德．新企业的起源与演进 [M]. 魏如山，译．北京：中国人民大学出版社，2004.

[5] 埃里克·莱斯．精益创业：新创企业的成长思维 [M]. 吴彤，译．北京：中信出版社，2012.

[6] 埃里克·施密特，等．重新定义公司：谷歌是如何运营的 [M]. 靳婷婷，译．北京：中信出版社，2015.

[7] 本·霍洛茨基．创业维艰：如何完成比难更难的事 [M]. 杨晓红，钟丽婷，译．北京：中信出版社，2015.

[8] 彼得·德鲁克．创新与企业家精神 [M]. 蔡文燕，译．北京：机械工业出版社，2009.

[9] 彼得·蒂尔，布莱克·马斯特斯．从 0 到 1：开启商业与未来的秘密 [M]. 高玉芳，译．北京：中信出版社，2015.

[10] 布鲁斯·巴林格，杜安·爱尔兰．创业管理：成功创建新企业 [M]. 杨俊，薛有志，等译．北京：机械工业出版社，2010.

[11] 布鲁斯·巴林杰．创业计划书：从创意到方案 [M]. 陈忠卫，等译．北京：机械工业出版社，2016.

[12] 海迪·内克，帕特里夏·格林，坎迪达·布拉什．如何教创业：基于实践的百森教学法 [M]. 薛红志，等译．北京：机械工业出版社，2015.

[13] 贾森·弗里德，戴维·海涅迈尔·汉森．重来：更为简单有效的商业思维 [M]. 李瑜偲，译．北京：中信出版社，2010.

[14] 杰弗里·蒂蒙斯，小斯蒂芬·斯皮内利．创业学 [M]. 周伟民，吕长春，译．北京：人民邮电出版社，2005.

[15] 杰弗里·摩尔．跨越鸿沟：颠覆性产品营销圣经 [M]. 赵娅，译．北京：机械工业出版社，2009.

[16] 卡尔·施拉姆．烧掉你的商业计划书：不按常理出牌的创业者才能让企业活下去 [M].

李文远，译．杭州：浙江大学出版社，2018.

[17] 克莱顿·克里斯坦森，等．与运气竞争：关于创新与用户的选择 [M]. 靳婷婷，译．北京：中信出版社，2018.

[18] 克莱顿·克里斯坦森．创新者的窘境 [M]. 胡建桥，译．北京：中信出版社，2010.

[19] 伦纳德·施莱辛格等．创业：行动胜于一切 [M]. 郭霖，译．北京：北京大学出版社，2017.

[20] 罗伯特·巴隆，斯科特·谢恩．创业管理：基于过程的观点 [M]. 张玉利，等译．北京：机械工业出版社，2005.

[21] 莫瑞亚．精益创业实战 [M]. 张玳，译．北京：人民邮电出版社，2013.

[22] 史蒂夫·布兰克，鲍勃·多夫．创业者手册：教你如何构建伟大的企业 [M]. 新华都商学院，译．北京：机械工业出版社，2013.

[23] 斯科特·沙恩．寻找创业沃土 [M]. 奚玉芹，金永红，译．北京：中国人民大学出版社，2005.

[24] 斯图尔腾·瑞德，萨阿斯·萨阿斯瓦斯，等．卓有成效的创业 [M]. 新华都商学院，译．北京：北京师范大学出版社，2015.

[25] 孙陶然．创业 36 条军规 [M]. 北京：中信出版社，2015.

[26] 唐纳德·库拉特科．公司创新与创业 [M]. 李波，等译．北京：机械工业出版社，2013.

[27] 亚历山大·奥斯特瓦德，等．价值主张设计：如何构建商业模式最重要的环节 [M]. 余锋，等译．北京：机械工业出版社，2015.

[28] 亚历山大·奥斯特瓦德，伊夫·皮尼厄．商业模式新生代 [M]. 王帅，毛心宇，严威，译．北京：机械工业出版社，2011.

[29] 伊查克·爱迪思．企业生命周期 [M]. 赵睿，陈甦，何燕生，译．北京：中国社会科学出版社，1997.

[30] 伊迪丝·彭罗斯．企业成长理论 [M]. 赵晓，译．上海：上海三联书店，上海人民出版社，2007.

[31] 约翰·马林斯．如何测试商业模式：创业者与管理者在启动精益创业前应该做什么 [M]. 郭武文，叶颖，译．北京：机械工业出版社，2016.

推荐阅读

中文书名	作者	书号	定价
创业管理（第4版） （“十二五”普通高等教育本科国家级规划教材）	张玉利等	978-7-111-54099-1	39.00
创业八讲	朱恒源	978-7-111-53665-9	35.00
创业画布	刘志阳	978-7-111-58892-4	59.00
创新管理：获得竞争优势的三维空间	李宇	978-7-111-59742-1	50.00
商业计划书：原理、演示与案例（第2版）	邓立治	978-7-111-60456-3	39.00
生产运作管理（第5版）	陈荣秋，马士华	978-7-111-56474-4	50.00
生产与运作管理（第3版）	陈志祥	978-7-111-57407-1	39.00
运营管理（第4版） （“十二五”普通高等教育本科国家级规划教材）	马风才	978-7-111-57951-9	45.00
战略管理	魏江等	978-7-111-58915-0	45.00
战略管理：思维与要径（第3版） （“十二五”普通高等教育本科国家级规划教材）	黄旭	978-7-111-51141-0	39.00
管理学原理（第2版）	陈传明等	978-7-111-37505-0	36.00
管理学（第2版）	郝云宏	978-7-111-60890-5	45.00
管理学高级教程	高良谋	978-7-111-49041-8	65.00
组织行为学（第3版）	陈春花等	978-7-111-52580-6	39.00
组织理论与设计	武立东	978-7-111-48263-5	39.00
人力资源管理	刘善仕等	978-7-111-52193-8	39.00
战略人力资源管理	唐贵瑶等	978-7-111-60595-9	45.00
市场营销管理：需求的创造与传递（第4版） （“十二五”普通高等教育本科国家级规划教材）	钱旭潮	978-7-111-54277-3	40.00
管理经济学（“十二五”普通高等教育本科国家级规划教材）	毛蕴诗	978-7-111-39608-6	45.00
基础会计学（第2版）	潘爱玲	978-7-111-57991-5	39.00
公司财务管理：理论与案例（第2版）	马忠	978-7-111-48670-1	65.00
财务管理	刘淑莲	978-7-111-50691-1	39.00
企业财务分析（第3版）	袁天荣	978-7-111-60517-1	49.00
数据、模型与决策	梁樑等	978-7-111-55534-6	45.00
管理伦理学	苏勇	978-7-111-56437-9	35.00
商业伦理学	刘爱军	978-7-111-53556-0	39.00
领导学：方法与艺术（第2版）	仵凤清	978-7-111-47932-1	39.00
管理沟通：成功管理的基石（第3版）	魏江等	978-7-111-46992-6	39.00
管理沟通：理念、方法与技能	张振刚等	978-7-111-48351-9	39.00
国际企业管理	乐国林	978-7-111-56562-8	45.00
国际商务（第2版）	王炜瀚	978-7-111-51265-3	40.00
项目管理（第2版） （“十二五”普通高等教育本科国家级规划教材）	孙新波	978-7-111-52554-7	45.00
供应链管理（第5版）	马士华等	978-7-111-55301-4	39.00
企业文化（第3版） （“十二五”普通高等教育本科国家级规划教材）	陈春花等	978-7-111-58713-2	45.00
管理哲学	孙新波	978-7-111-61009-0	49.00
论语的管理精义	张钢	978-7-111-48449-3	59.00
大学·中庸的管理释义	张钢	978-7-111-56248-1	40.00

推荐阅读

中文书名	作者	书号	定价
公司理财（原书第11版）	斯蒂芬 A. 罗斯（Stephen A. Ross）等	978-7-111-57415-6	119.00
财务管理（原书第14版）	尤金 F. 布里格姆（Eugene F. Brigham）等	978-7-111-58891-7	139.00
财务报表分析与证券估值（原书第5版）	斯蒂芬·佩因曼（Stephen Penman）等	978-7-111-55288-8	129.00
会计学：企业决策的基础（财务会计分册）（原书第17版）	简 R. 威廉姆斯（Jan R. Williams）等	978-7-111-56867-4	75.00
会计学：企业决策的基础（管理会计分册）（原书第17版）	简 R. 威廉姆斯（Jan R. Williams）等	978-7-111-57040-0	59.00
营销管理（原书第2版）	格雷格 W. 马歇尔（Greg W. Marshall）等	978-7-111-56906-0	89.00
市场营销学（原书第12版）	加里·阿姆斯特朗（Gary Armstrong），菲利普·科特勒（Philip Kotler）等	978-7-111-53640-6	79.00
运营管理（原书第12版）	威廉·史蒂文森（William J. Stevens）等	978-7-111-51636-1	69.00
运营管理（原书第14版）	理查德 B. 蔡斯（Richard B. Chase）等	978-7-111-49299-3	90.00
管理经济学（原书第12版）	S. 查尔斯·莫瑞斯（S. Charles Maurice）等	978-7-111-58696-8	89.00
战略管理：竞争与全球化（原书第12版）	迈克尔 A. 希特（Michael A. Hitt）等	978-7-111-61134-9	79.00
战略管理：概念与案例（原书第10版）	查尔斯 W. L. 希尔（Charles W. L. Hill）等	978-7-111-56580-2	79.00
组织行为学（原书第7版）	史蒂文 L. 麦克沙恩（Steven L. McShane）等	978-7-111-58271-7	65.00
组织行为学精要（原书第13版）	斯蒂芬 P. 罗宾斯（Stephen P. Robbins）等	978-7-111-55359-5	50.00
人力资源管理（原书第12版）（中国版）	约翰 M. 伊万切维奇（John M. Ivancevich）等	978-7-111-52023-8	55.00
人力资源管理（亚洲版·原书第2版）	加里·德斯勒（Gary Dessler）等	978-7-111-40189-6	65.00
数据、模型与决策（原书第14版）	戴维 R. 安德森（David R. Anderson）等	978-7-111-59356-0	109.00
数据、模型与决策：基于电子表格的建模和案例研究方法（原书第5版）	弗雷德里克 S. 希利尔（Frederick S. Hillier）等	978-7-111-49612-0	99.00
管理信息系统（原书第15版）	肯尼斯 C. 劳顿（Kenneth C. Laudon）等	978-7-111-60835-6	79.00
信息时代的管理信息系统（原书第9版）	斯蒂芬·哈格（Stephen Haag）等	978-7-111-55438-7	69.00
创业管理：成功创建新企业（原书第5版）	布鲁斯 R. 巴林格（Bruce R. Barringer）等	978-7-111-57109-4	79.00
创业学（原书第9版）	罗伯特 D. 赫里斯（Robert D. Hisrich）等	978-7-111-55405-9	59.00
领导学：在实践中提升领导力（原书第8版）	理查德·哈格斯（Richard L. Hughes）等	978-7-111-52837-1	69.00
企业伦理学（中国版）（原书第3版）	劳拉 P. 哈特曼（Laura P. Hartman）等	978-7-111-51101-4	45.00
公司治理	马克·格尔根（Marc Goergen）	978-7-111-45431-1	49.00
国际企业管理：文化、战略与行为（原书第8版）	弗雷德·卢森斯（Fred Luthans）等	978-7-111-48684-8	75.00
商务与管理沟通（原书第10版）	基蒂 O. 洛克（Kitty O. Locker）等	978-7-111-43944-8	75.00
管理学（原书第2版）	兰杰·古拉蒂（Ranjay Gulati）等	978-7-111-59524-3	79.00
管理学：原理与实践（原书第9版）	斯蒂芬 P. 罗宾斯（Stephen P. Robbins）等	978-7-111-50388-0	59.00
管理学原理（原书第10版）	理查德 L. 达夫特（Richard L. Daft）等	978-7-111-59992-0	79.00

推荐阅读

中文书名	作者	书号	定价
组织行为学（第3版）	陈春花等	978-7-111-52580-6	39.00
组织行为学：互联时代的视角	陈春花等	978-7-111-54329-9	39.00
组织行为学（第2版）	李爱梅等	978-7-111-51461-9	35.00
组织行为学（第2版）	肖余春等	978-7-111-51911-9	39.00
组织行为学（第2版）	王晶晶等	978-7-111-46172-2	35.00
组织行为学（原书第7版）	史蒂文 L. 麦克沙恩（Steven L. McShane）等	978-7-111-58271-7	65.00
组织行为学（英文版·原书第7版）	史蒂文 L. 麦克沙恩（Steven L. McShane）等	978-7-111-59763-6	79.00
组织行为学精要（原书第13版）	斯蒂芬 P. 罗宾斯（Stephen P. Robbins）等	978-7-111-55359-5	50.00
人力资源管理（原书第12版）（中国版）	约翰 M. 伊万切维奇（John M. Ivancevich）等	978-7-111-52023-8	55.00
人力资源管理（英文版·原书第11版）	约翰 M. 伊万切维奇（John M. Ivancevich）等	978-7-111-32926-8	69.00
人力资源管理（亚洲版·原书第2版）	加里·德斯勒（Gary Dessler）等	978-7-111-40189-6	65.00
人力资源管理（英文版·原书第2版）	加里·德斯勒（Gary Dessler）等	978-7-111-38854-8	69.00
人力资源管理	刘善仕等	978-7-111-52193-8	39.00
人力资源管理（第3版）	张小兵	978-7-111-56841-4	35.00
战略人力资源管理	唐贵瑶等	978-7-111-60595-9	45.00
员工招聘与录用	孔凡柱	978-7-111-58694-4	39.00
绩效管理	李浩	978-7-111-56098-2	35.00
薪酬管理：理论与实务（第2版）	刘爱军	978-7-111-44129-8	39.00
领导学：在实践中提升领导力（原书第8版）	理查德·哈格斯（Richard L. Hughes）等	978-7-111-52837-1	69.00
领导学：方法与艺术（第2版）	仵凤清	978-7-111-47932-1	39.00
企业文化（第3版）（“十二五”普通高等教育本科国家级规划教材）	陈春花等	978-7-111-58713-2	45.00
管理伦理学	苏勇	978-7-111-56437-9	35.00
企业伦理学（中国版）（原书第3版）	劳拉 P. 哈特曼（Laura P. Hartman）等	978-7-111-51101-4	45.00
商业伦理学	刘爱军	978-7-111-53556-0	39.00
管理沟通：成功管理的基石（第3版）	魏江等	978-7-111-46992-6	39.00
管理沟通：理念、方法与技能	张振刚等	978-7-111-48351-9	39.00
商务与管理沟通（原书第10版）	基蒂 O. 洛克（Kitty O. Locker）等	978-7-111-43944-8	75.00
商务与管理沟通（英文版·原书第10版）	基蒂 O. 洛克（Kitty O. Locker）等	978-7-111-43763-5	79.00
国际企业管理	乐国林等	978-7-111-56562-8	45.00
国际企业管理：文化、战略与行为（原书第8版）	弗雷德·卢森斯（Fred Luthans）等	978-7-111-48684-8	75.00
国际企业管理：文化、战略与行为（英文版·原书第8版）	弗雷德·卢森斯（Fred Luthans）等	978-7-111-49571-0	85.00
组织理论与设计	武立东	978-7-111-48263-5	39.00
人力资源管理专业英语（第2版）	张子源	978-7-111-47027-4	25.00
卓有成效的团队管理（原书第3版）	迈克尔 A. 韦斯特（Michael A. West）	978-7-111-59884-8	59.00